Comparaisons, raisons, raisons d'État

Ateliers des
Deutschen Historischen Instituts Paris

Herausgegeben vom
Deutschen Historischen Institut Paris

Band 6

R. Oldenbourg Verlag München 2010

Comparaisons, raisons, raisons d'État

Les Politiques de la république des lettres
au tournant du XVIIe siècle

sous la direction d'Armelle Lefebvre

R. Oldenbourg Verlag München 2010

Ateliers des Deutschen Historischen Instituts Paris
Herausgeberin: Prof. Dr. Gudrun Gersmann
Redaktion: Veronika Vollmer
Anschrift: Deutsches Historisches Institut (Institut historique allemand)
Hôtel Duret-de-Chevry, 8, rue du Parc-Royal, F-75003 Paris

Bibliografische Information der Deutschen Nationalbibliothek
Die Deutsche Nationalbibliothek verzeichnet diese Publikation in der Deutschen
Nationalbibliografie; detaillierte bibliografische Daten sind im Internet
über <http://dnb.d-nb.de> abrufbar.

Open Access
Download der mit dieser Druckfassung identischen digitalen Version
auf www.oldenbourg.de.

© 2010 Oldenbourg Wissenschaftsverlag GmbH, München
Rosenheimer Straße 145, D-81671 München
Internet: www.oldenbourg.de

Das Werk einschließlich aller Abbildungen ist urheberrechtlich geschützt. Jede Verwertung
außerhalb der Grenzen des Urheberrechtsgesetzes ist ohne Zustimmung des Verlages unzulässig und strafbar. Dies gilt insbesondere für Vervielfältigungen, Übersetzungen, Mikroverfilmungen und die Einspeicherung und Bearbeitung in elektronischen Systemen.

Umschlaggestaltung: Thomas Rein, München

Gedruckt auf säurefreiem, alterungsbeständigem Papier (chlorfrei gebleicht).
Gesamtherstellung: Grafik + Druck GmbH, München

ISBN 978-3-486-59769-1

Sommaire

Préface d'Armelle LEFEBVRE 7

Comparaisons – Les usages politiques de l'érudition

Lothar SCHILLING
La comparaison dans le discours juridico-politique français du XVIe siècle 14

Thomas NICKLAS
Pouvoir, raison, comparaison
Histoire et politique des origines en France au XVIe siècle 27

Albert CREMER
L'Empire ottoman, modèle de l'État moderne?
La Turquie vue par des auteurs politiques du XVIe siècle 37

Raisons – De la politique de la tradition à la politique de l'écriture

Armelle LEFEBVRE
La »République d'Allemagne« dans l'»Histoire« de Jacques-Auguste de Thou
Anatomie d'une culture politique 76

Giuliano FERRETTI
Les stratégies d'opposition dans l'académie Dupuy 108

Dinah RIBARD
Historiographies d'un écrivain au service d'aristocrates
Michel de Marolles 133

Raisons d'État – Les lettres entre secret et découverte

Jean-Pierre CAVAILLÉ
»Une chose bien remarquable et importante à la République des Lettres«.
Gabriel Naudé et l'attribution frauduleuse de l'»Imitation de Jésus-Christ«
à Jean Gersen 152

Laurie CATTEEUW
Le paradoxe des mystères publiés
La raison d'État entre censure et publication (XVIe–XVIIe siècle) 178

Index des personnes 206

Index des matières 209

Les auteurs 211

Préface

L'érudition comporte-t-elle un enjeu politique aux yeux du lettré? Notre interrogation renvoie aussi bien à la diversité des dimensions de l'expérience et aux disparités de l'exercice d'observation du politique impliquées par la condition du savant qu'aux représentations sociales constitutives de l'érudition.

La république des lettres se compose de réseaux d'hommes dont certains n'étaient en rien de purs érudits, non seulement parce qu'ils se considéraient au service autant de la République que des lettres[1], mais parce que pour nombre d'entre eux, notamment les de Thou, Dupuy, Naudé, ils étaient au moins autant dans le tumulte de la négociation et de la Cour que dans le silence de leur cabinet. Ainsi Peiresc compare-t-il les lettres que lui envoyaient de Paris les frères Dupuy aux lunettes de Galilée et de Methius, lesquelles »approchent aux ieulx de ceux qui regardent par icelles les plus grandes merveilles du ciel comme s'ils les voyaient du ciel même et non de la terre«:

> Car vous nous faites approcher le théâtre de la cour, comme si les actes qui s'y jouent se faisoient en vue de nos fenestres, et qui plus est vous nous y faictes voir par forme d'intermède tout ce qui se passse de plus digne dans l'Angleterre, dans les Païs Bas, dans l'Allemagne et dans toute l'Europe, sans que nous bougions de nostre Cabinet[2].

Mais à l'articulation des XVIe et XVIIe siècles, en France, puisqu'il en est surtout question dans ce volume, la situation de l'érudit ne peut être appréciée qu'en référence à une compétence documentaire et philologique qui prétend fonder des pouvoirs de toute sorte sur des titres et droits historiques: la science diplomatique issue de l'humanisme juridique, dont elle a profondément transformé le legs en adaptant sa méthodologie à de nouveaux usages, au mépris de sa culture politique[3].

À partir de cette expertise, partagée par l'ensemble des érudits et savants, se hiérarchise selon divers modes de valorisation un espace intellectuel et social qui n'a guère retenu, en matière de république, que l'idéal, ou l'idéalisation de sa pratique et de son rôle, qu'il faudrait encore ressaisir comme une part de l'institution savante, en exposant quelles attitudes en étaient résultantes et quelles distances pouvaient être prises à cet égard. Certaines contributions ici présentées mettent cette idéalité à l'épreuve en

---

[1] De Thou rapporte que l'on disait de Brisson, homme de grande érudition, que sa mort avait été une perte plus grande pour les Lettres que pour l'État, cf. Anne TEISSIER-ENSMINGER, Jacques-Auguste de Thou, La vie de Jacques-Auguste de Thou. I Aug. Thuani Vita, Paris 2007, p. 885. Lui-même affirme avoir senti que cet homme était plus remarquable par son érudition que par ses qualités morales, ibid., p. 623.

[2] Lettre du 8 novembre 1626, dans: Lettres de Peiresc, publiées par Philippe TAMIZEY DE LARROQUE, Paris 1888, t. I. (décembre 1617–décembre 1628), p. 79–80. Il ne reste malheureusement qu'une soixantaine de ces lettres parmi des milliers.

[3] Je me permets, pour une vue plus détaillée de cet héritage, de renvoyer à mon article: Sémantiques absolutistes et comparatisme des discours politiques. Essai métahistorique de définition de l'absolutisme, dans: Lothar SCHILLING (dir.), Absolutismus, ein unersetzliches Forschungskonzept. Eine deutsch-französische Bilanz, Munich 2008 (Pariser Historische Studien, 79), p. 193–204.

mesurant l'écart entre les valeurs d'authenticité et d'utilité, où s'inscrit la république des lettres.

Se préoccuper de pratiques argumentatives érudites[4], les comparaisons, raisons, raisons d'État, permettait d'organiser l'enquête à partir de la compréhension des dynamiques méthodologiques à l'œuvre dans le système des connaissances sociales.

Il fallait préciser la définition opératoire de telles dynamiques, à la fois épistémiques et axiologiques, à commencer par celle de la comparaison, que l'humanisme juridique avait posée à la base de la réflexion politique. Cela définissait un axe rétrospectif, car il s'agissait d'effectuer un retour en arrière vers le XVIe siècle pour mieux comprendre le XVIIe à partir de ce qu'il refoulait – et cela assurait le fil d'Ariane d'une sémantique historique.

Ainsi, à travers le comparatisme humaniste, transparaissait la dimension politique de l'érudition comme force active, impliquée dans la mise en évidence initiale de la notion juridico-politique d'»État«, en opposition avec celle de souveraineté[5].

Et dans la sémantique politique associée à la comparaison des »Estats«, la défense des assemblées s'entendait comme le principe fondamental du droit public.

Pour ceux qui accepteront ce cadre, toute violation sera dès lors tyrannie selon certains, privilège souverain selon d'autres. Mais la position de force consiste à refuser ce cadre, et à produire une réfutation de la comparaison. Les enjeux de ce débat s'épanouiront au moment des guerres civiles d'articulation confessionnelle, posant une alternative centrale concernant le pouvoir temporel: existe-t-il ou non une référence commune à tous les »Estats« présents ou passés, une sorte de vérité de l'État valant pour tous, ou bien chaque État est-il son propre critère, sa propre raison?

La critique de l'universalisme est le but du relativisme, impliquant le particularisme: chaque peuple est particulier, et incommensurable chaque État. L'absolutisme, représenté à sa naissance par le parti des Politiques, est attaché à la réfutation d'un droit universel. Ces développements sont exposés par Lothar Schilling et Thomas Nicklas.

Albert Cremer explore ensuite la construction d'un modèle de l'État sur la base d'une autre approche de la comparaison, consistant à »parangonner« (ériger en miroir ou faire un parallèle). Chez les auteurs de la littérature politique de la raison d'État qui se répand alors en Europe, l'Empire ottoman, redouté comme le nouvel ennemi de la chrétienté, est ainsi admiré pour sa puissance et son organisation militaire. Les discours de la raison d'État, trop souvent isolés des ouvrages dont ils sont généralement des parties, se rattachent en effet à un contexte historique plus vaste, celui de la guerre future et inéluctable que la chrétienté aura à soutenir contre le Turc[6]. Les idéaux de ces

---

[4] Il y a lieu de considérer la notion d'argument dans le sens »actif« que John DEWEY, Logique: la théorie de l'enquête, Paris 1993, et, après lui, Toulmin, donnent au raisonnement et à la logique comme guides pratiques de la recherche; cf. Stephen TOULMIN, Les usages de l'argumentation, Paris 1993.

[5] Concernant le premier concept d'État au XVIe siècle, je me permets une nouvelle fois de renvoyer à mes travaux: Le »modèle germanique français«. Recherches sur le concept d'État d'Hotman à Rousseau, dans: Réalisme et mythologie de la raison d'État. Numéro spécial de la Revue de synthèse 130 (2009), p. 323–362.

[6] Telle est l'une des analyses les plus proches des préoccupations actuelles concernant la raison d'État, cf. Michel SENELLART, Les méditations militaires de Scipione Ammirato. Guerre et

théoriciens politiques de la fin du XVIe siècle, incarnés dans le modèle turc, sont inscrits dans la mise en correspondance des systèmes intérieurs avec une condition de rivalité: la guerre[7]. Tête de pont du »parangonage«, où s'expriment les constructions de la science politique de l'époque, la bibliothèque politique des »turciques« illustre une conception ›alternative‹ de l'État dont les relations civiles (précarisées par l'éventualité d'une suspension) ne sont pas la condition essentielle.

Le relativisme des premiers Politiques contre la singularité politique de l'usage juridique de la comparaison n'eut qu'un temps; il fut suivi de l'irruption des raisons, par la vertu desquelles s'amorce le transit de la substance politique des assemblées vers la communication diplomatique qui accompagne et explique la plus grande relevance de la politique extérieure au XVIIe siècle.

Dans la politique savante de la tradition, les raisons de chaque peuple sont tirées de l'observance, condensée en la souveraineté et interprétée par les doctes, ce qui explique les vers thuaniens: »Mais sans cesse surgissent de nouveaux détracteurs, qui trouvent déplaisant / Que j'aie vu dans les lois et les coutumes de nos pères / D'autres divinités, car ils ne savent pas ce qui sert de socle à l'État«[8]).

Ces raisons sont actives parce qu'elles visent à modérer l'ambition monarchique. Les lettrés, au service du droit public monarchiste, veulent bien l'avènement de l'État monarchique, c'est-à-dire absolu et illimité (sans supérieur), mais raisonné ou arraisonné.

À l'extérieur, ils tendront à expérimenter les ressorts de l'arraisonnement de la monarchie dans l'Empire en guerre: de l'empereur Habsbourg dont ils dénoncent en chœur avec Richelieu les tendances »monarchiques«. Entre la bataille de Lépante et la première décennie de la guerre de Trente ans se joua le revirement d'attitude à l'égard de la Sublime Porte, faisant évoluer le paradigme guerrier de la Raison d'État qui pour les Italiens, comme pour les Espagnols liés à la sphère Habsbourg, était lié à la menace turque. Autour de Richelieu et du Père Joseph se précisa la dénonciation de la monarchie universelle et la nécessité d'arraisonner l'ambition de la maison d'Autriche.

À l'intérieur, la dictature de la raison sur l'État monarchique contredit l'absolutisme qu'elle est censée soutenir, d'où une culture politique savante dissociée. La collaboration se désagrège vers la fin de la guerre de Trente Ans, alors qu'une chaîne de révolte parcourt l'Europe. Ce changement de polarité, visible dans la théorie politique, est étudié par Giuliano Ferretti et par Armelle Lefebvre.

Pour ceux qui doivent cependant vivre de l'érudition, cette fin des illusions est le moment analyseur. Chez les plus favorisés des lettrés la collaboration à la puissance

---

raison d'État, dans: Mots. Les langages du politique 73 (février 2004). Mis en ligne le 13 octobre 2008. http://mots.revues.org/index16932.html.

[7] En faveur de cette inscription de la raison d'État au cœur de la théorie de la souveraineté plaide l'analyse de Charles Tilly. »War makes state«, expose-t-il dans ses travaux de sociologie historique. La protection de l'État s'apparente selon lui à une entreprise de rançonnement, cf. Charles TILLY, War Making and State Making as Organized Crime, dans: Peter EVANS, Dietrich RUESCHEMEYER, Theda STOKPOL (dir.), Bringing the State Back, Cambridge 1986, p. 169–186.

[8] I. Aug. Thuani vita V, IV, 14; cf. Anne TEISSIER-ENSMEINGER, La vie de Jacques-Auguste de Thou (voir n. 1), p. 887.

semble avoir un prix. Des stratégies sont élaborées pour que la compétence trouve sa propre mesure.

Mais cette démarche peut être plus discrète, furtive, intérieure, surtout quand la dépendance envers un patron n'est pas compensée par une puissance propre. L'inégalité de la condition de ces acteurs bien spécifiques que sont les érudits et lettrés au XVIIe siècle, qui sépare radicalement les membres de la république des lettres les uns des autres, provient évidemment de la société d'ordres et de ses hiérarchies, même si elles sont contestées – par les officiers qui aimeraient à constituer un quatrième ordre[9] sur le modèle du clergé dont les membres viennent de tous les autres ordres, ainsi que, infime nuance, par la noblesse de robe[10]. Le cas de la haute robe à laquelle appartiennent les de Thou, ces grands magistrats des cours souveraines dont la noblesse personnelle »ne fait pas des nobles de robe, mais des représentants éminents des élites citadines«[11], est différent de ceux de la majorité des autres érudits, et particulièrement important à ce titre.

Le problème de la condition savante quant au politique pose la question du statut de la découverte dans le domaine de l'action humaine. La politique peut être considérée comme la découverte des ressorts secrets d'une action dont le dévoilement serait limité à ceux qui effectuent cette action – c'est ainsi que le savoir politique, qui théorise à l'usage des acteurs prépondérants leur propre pratique, permet d'en affiner le procédé. À moins que la diffusion ne vienne élargir le domaine de la découverte: la vaste matière que recouvre la dialectique du secret et de la découverte comporte par suite aussi bien les stratégies de publication des auteurs qui se revendiquent des »raisons d'État« que les domaines d'action plus discrets à l'abri desquels se (re)politise l'écriture érudite. Car la politique est aussi la conscience de ceux qui la découvrent.

L'exploration des pratiques lettrées offre l'opportunité de relier une existence lettrée, qui suppose l'appartenance à un milieu, aux règles sociales qui définissent l'activité érudite et ses productions. Dinah Ribard montre que l'échelle d'observation crée le phénomène, en politique comme en physique; c'est dans la dimension autobiographique – où s'analyse l'implication de l'érudit – qu'elle situe la réflexion politique de ceux qui construisent à l'aide de ces compétences, bradées à l'utilité des puissants, des témoignages d'une réalité sociale et historique vécue.

L'activité littéraire et savante de certaines figures, à l'arrière-plan desquelles jouent les rapports avec de nobles patrons et leur maison, peut alors être éclairée grâce à l'analyse de l'espace social dans lequel s'inscrivent et circulent certaines productions

---

[9] Il en est question à propos des assemblées des notables, évoquées en décembre 1626 dans la correspondance de Peiresc: »l'on fait perquisition à toutes les assemblées pour savoir comment l'on en a usé par le passé, et veut-on que les officiers fussent considerés comme un quatriesme ordre dans l'État et il y a un passage formel dans le premier tome de l'histoire de Mr de Thou en l'an 1556 qui a été allégué par Mr le garde des sceaux«, Lettres de Peiresc (voir n. 2), appendice, p. 780.

[10] ZAMPINI évoquait, bien qu'en la rejetant, cette possibilité dans son traité »Des Estats de France et de leur puissance«, Paris 1588 (1578 pour la première édition latine).

[11] Robert DESCIMON, Quelques réflexions à propos des commissaires du roi dans la rédaction et la réformation des coutumes au XVIe siècle, dans: Cahiers du Centre de recherches historiques 26 (2001), p. 93–106.

écrites marginales. On y entraperçoit la préoccupation de ces lettrés qui, employés auprès des puissants et attachés à leur fournir certaines prestations, cherchent à tenir honnêtement une position se donnant comme leur condition même. On éprouve alors, à percevoir cette condition dans ses déterminismes, ou plutôt ses servitudes, le mérite dans l'adversité qui forme le noyau de la vertu que l'érudit attribue à l'œuvre savante et qu'il s'attache à faire fructifier. Une certaine conscience peut s'épanouir et former de nouveaux types de textes – même s'ils sont coulés dans des formes répétées – lorsque les érudits mettent à profit la position dans laquelle ils se trouvent de par leur condition pour se constituer subrepticement observateurs indépendants du politique, sur la base de leur compétence, dans des travaux qui évaluent l'action de la politique sur la société.

Sans sortir des compétences officielles dans le maniement des documents impliquées dans la »politique de la tradition«, d'autres services que celui des puissants sont élaborés. Ils sont incarnés dans des formes d'écriture relativement furtives. Le souci de la »vérité du présent« – fût-elle sans force face au sens de l'histoire – s'y manifeste.

Il s'agit toujours d'éclairer obliquement la manière dont la réflexion politique s'exerce. La critique de la collaboration de l'érudition à l'établissement politique des plus forts, enlisant les mérites passés, et la noblesse véritable, se double de la conviction de participer à l'effondrement. Un ordre des choses, parfois seulement suggéré, s'est évanoui, que la mémoire active instaure en témoignage. L'indépendance ainsi repérée est fugace, mais stratégique, car elle construit la possibilité de dire la vérité, ce à quoi il n'a pas été renoncé.

Or cette vérité subsiste – à travers la catégorie de l'authenticité – dans une économie de l'expertise au sein de laquelle la valorisation de la compétence érudite entre plus ou moins en conflit avec la dynamique de la découverte. L'expertise est un capital dont l'intéressé – et dépositaire – explore les méandres, récolte les avantages tout comme les charges et les inconvénients, et dont il entend préserver la rente.

La compétence prend une importance considérable, dont l'usage doit être contrôlé. Dans l'évolution vers le contrôle de la censure, la république des lettres s'institue en régulateur de la circulation sociale de la vérité et s'organise plus spécifiquement comme un service d'assistance à la gestion de la vérité, en somme comme un service de censure.

Le rôle que se donnent les lettrés est défini par la relation entre les critères de la vérité pour les lettres et de l'utilité pour la politique. Avec cette vérité lettrée s'affirme l'autonomie des lettres, autonomie de valeur et de référence, qui n'est pas indépendance sociale et encore moins matérielle.

Les communications proposées par Jean-Pierre Cavaillé et Laurie Catteeuw abordent ce spectre et permettent de se représenter les multiples faces d'une activité qui doit se développer tout en se différenciant. Dans cet essor, la politisation revêt la forme d'un ostensible paradoxe, puisque c'est en devenant pilier du pouvoir que la compétence érudite s'éprouve elle-même. En dépit de la vision – autoproclamée et idéalisante – d'une communauté liée par *l'otium*, que ses rapports au politique ne sauraient troubler, cette situation fait place à la nécessité de saisir l'ambiguïté de la dépendance envers le politique et ses puissants acteurs.

Paris, avril 2010   Armelle Lefebvre

Comparaisons
Les usages politiques de l'érudition

LOTHAR SCHILLING

La comparaison dans le discours juridico-politique français du XVIe siècle

Dans les domaines du droit et de la science politique, la comparaison est depuis longtemps une méthode reconnue. Or, »comparer ne relève pas de l'évidence, mais doit faire l'objet d'une construction«[1]. Toute comparaison juridico-politique présuppose une construction – et contribue en même temps au développement de l'outillage conceptuel qui permet de saisir et de mettre en relation des faits sociaux. C'est dans cette perspective que le présent article se propose d'esquisser la comparaison dans le discours juridico-politique du XVIe siècle. Il essaye de démontrer que les tentatives comparatistes de cette époque reflètent la manière dont la conceptualisation de la domination et de la chose publique évolue, en distinguant cinq types d'argumentation qui correspondent grosso modo à cinq phases successives.

I.

Avant le XVIe siècle, les érudits qui, dans le domaine juridico-politique, se servent de la comparaison construisent leur objet à l'aide de plusieurs concepts différents qui permettent d'abord de classer, selon des caractéristiques générales, les différentes formes et modalités de gouvernement. Le but de ces classifications, entreprises dans la tradition de Platon et d'Aristote, est évidemment normatif. Il s'agit d'identifier les caractéristiques du régime idéal, de distinguer les trois régimes modérés de leurs formes perverties ou de propager un »régime mixte« – idéal à nouveau très populaire pendant les premières années des guerres de Religion[2]. D'autres comparaisons se font par rapport à l'Empire et à l'empereur, par rapport au *merum imperium* et au *mixtum imperium*. Les questions abordées dans ce contexte sont souvent formulées à l'aide de concepts issus du droit romain, qui domine le discours juridique et dont les formules sont adaptées de manière plus ou moins maladroite à l'ordre féodal des sociétés médiévales[3].

---

[1] Simone VIGOUR, La comparaison dans les sciences sociales. Pratiques et méthodes, Paris 2005, p. 10.
[2] Cf. Arlette JOUANNA, art. »Monarchie mixte«, dans: EAD., Jacqueline BOUCHER, Dominique BILOGHI, Guy LE THIEC (dir.), Histoire et dictionnaire des guerres de Religion, Paris 1998, p. 1106–1109; Lothar SCHILLING, Normsetzung in der Krise. Zum Gesetzgebungsverständnis im Frankreich der Religionskriege, Francfort/M. 2005, p. 174–176.
[3] Cf. Helmut QUARITSCH, Souveränität. Entstehung und Entwicklung des Begriffs in Frankreich und Deutschland vom 13. Jahrhundert bis 1806, Berlin 1986, p. 40.

Ainsi, la question de savoir si le *merum imperium*, c'est-à-dire le suprême commandement, est détenu par l'empereur seul, par tous les princes chrétiens ou par un nombre encore plus élevé d'autorités incluant aussi les grandes communes est fort discutée par les juristes de l'époque. En témoigne une anecdote connue de la plupart des juristes du bas Moyen Âge et du XVIe siècle – anecdote selon laquelle l'empereur Henri VI aurait posé, en 1191, la question du *merum imperium* à deux jurisconsultes renommés, Azon de Bologne et Lothaire de Crémone. Au contraire de Lothaire, qui aurait attribué ce pouvoir à l'empereur seul, Azon aurait déclaré que même une ville comme Bologne disposait du *merum imperium*. Lothaire aurait été rémunéré d'un cheval pour sa réponse, tandis qu'Azon serait resté les mains vides – ce que ce dernier aurait commenté par un jeu de mots en disant: »amiserim equum – sed non fuit [a]equum« (»j'ai dû renoncer au cheval, mais ce n'était pas juste«[4]).

Le débat juridique médiéval sur les différents degrés de l'*imperium* et plus généralement sur l'adaptation des termes du droit romain à la société féodale n'a pas seulement conduit à des jeux de mots, mais aussi à la comparaison du rang, du statut juridique, des droits et des privilèges des autorités de l'époque. On sait que, dans le cadre de ce débat, les légistes français ont très tôt commencé à souligner le rang du roi de France, notamment par rapport à l'empereur et – un peu plus tard – au souverain pontife. La diffusion rapide, à partir du XIIIe siècle, d'adages et de formules tels que »rex est imperator in regno suo« et »rex Franciae superiorem non recognoscit«[5] montre que les tentatives d'exalter le rang du roi de France passaient par la comparaison de ses droits avec ceux d'autres monarques et surtout avec ceux de l'empereur – non seulement de l'empereur médiéval, mais aussi de l'empereur romain de l'Antiquité. Lorsque, vers la fin du XIVe siècle, pour n'en donner qu'un exemple, l'auteur du »Songe du vergier« essaye de définir le pouvoir législatif du roi de France, il explique qu'»ainsi conme l'empereur puet, sur ceulx de son Empyre, faire loys et constitucions qui lez lient [...] ainssi le Roy puet faire loys ou constitucions toutes novellez entre sez subjés«[6] – une explication qui évidemment ne vise pas l'empereur du Saint Empire romain germanique (qui à cette époque ne légifère guère[7]) mais les empereurs romains. La comparaison médiévale se fait donc souvent par rapport à un passé dont la normati-

---

[4] Cf. Myron Piper GILMORE, Argument from Roman Law in Political Thought, Cambridge/Mass. 1941, p. 18–19.

[5] Cf. André BOSSUAT, La formule »Le roi est empereur en son royaume«. Son emploi au XVe siècle devant le parlement de Paris, dans: Revue historique de droit français et étranger, série 4, 39 (1961), p. 371–381; Robert FEENSTRA, Jean de Blanot et la formule »Rex Franciae in regno suo princeps est«, dans: Études d'histoire du droit canonique, dédiées à Gabriel Le Bras, Paris 1965, II, p. 885–895; Sophie PETIT-RENAUD, »Faire loy« au royaume de France de Philippe VI à Charles V (1328–1380), Paris 2003, p. 23–53.

[6] Marion SCHNERB-LIÈVRE (éd.), Le Songe du vergier. Édité d'après le manuscrit royal 19 C IV de la British Library, vol. I, liv. 1, chap. 36, Paris 1982 (Sources d'histoire médiévale, 49), p. 56.

[7] Cf. Dietmar WILLOWEIT, Deutsche Verfassungsgeschichte. Vom Frankenreich bis zur Teilung Deutschlands. Ein Studienbuch, Munich 1990, p. 78.

vité s'explique par l'autorité du droit romain, auquel les juristes français – malgré la politique de relégation menée par la royauté – font continuellement référence[8].

La tradition médiévale ne s'éteint pas au XVIe siècle, même si elle connaît des modifications. Ainsi le débat sur le *merum imperium* et le *mixtum imperium* est repris dans nombre d'ouvrages juridiques de l'époque (même encore chez Loyseau[9]), mais les interprétations médiévales et surtout le concept des différents degrés du *merum imperium* développé par Bartole cèdent la place à une historicisation et donc à des analyses plus critiques qui mettent souvent en doute l'adaptabilité des concepts romains à l'ordre juridique du temps.

II.

Parallèlement aux argumentations liées à la réception du droit romain apparaît, dès le début du XVIe siècle, un second type de comparaison qui renoue avec l'exaltation traditionnelle du rang du roi de France. Contre les théories de juristes humanistes italiens soutenant la suprématie de l'empereur, des auteurs comme Jean Ferrault, Barthélemy de Chasseneuz et Charles de Grassaille reprennent, augmentent et systématisent les arguments des légistes français médiévaux tout en combinant les formules du *corpus iuris* avec les honneurs, prérogatives et privilèges du roi de France[10] – le tout dans la perspective de »rendre ›particulière‹ la situation du roi de France«[11]. Dans ces textes, on trouve aussi bien des références au grand et saint conseil (»magnum sacrumque consilium«) de ce roi[12] que l'argument qu'il est nommé »lex a[n]i[m]ata in terris«, que ce qu'il décide »pro lege servatur« et qu'il est »solus legibus solutus«[13]. Ferrault énumère vingt privilèges et prérogatives du roi de France, Chasseneuz en connaît deux

---

[8] Cf. Jacques KRYNEN, Droit romain et État monarchique. À propos du cas français, dans: Joël BLANCHARD (dir.), Représentation, pouvoir et royauté à la fin du Moyen Âge. Actes du colloque organisé par l'université du Maine les 25 et 26 mars 1994, Paris 1995, p. 14–23; la politique officielle de relégation du droit romain paraît par contre surestimée par Blandine BARRET-KRIEGEL, La défaite de l'érudition, Paris 1988 (Les historiens et la monarchie, II), p. 95–99.

[9] Cf. Charles LOYSEAU, Cinq livres du droit des offices, première édition 1610; cité selon l'édition dans: ID., Les œuvres [...], Paris 1666, première partie, p. 53–58, qui donne une interprétation du *merum imperium* qui se distingue nettement de celle qui est fournie par les légistes médiévaux.

[10] Jean FERRAULT, Insignia peculiaria christianissimi Francorum regni, numero viginti, seu totidem illustrissimae Francorum coronae prerogative ac preeminentie, Lyon 1512; Barthélemy DE CHASSENEUZ, Catalogus gloriae mundi, laudes, honores, excellentias, ac Praeeminentias omnium fere statuum [...], Lyon 1529; Charles DE GRASSAILLE, Regalium Franciae libri duo. Jura omnia & dignitates christianiss. Galliae regis continentes. Carolo Degrassailo Carcassonensi authore. Item tractatus iura seu privilegia aliqua Regni Franciae continens, per Ioannem Ferrault V.I. licentiatum editus, Paris ³1545 (première édition 1538).

[11] Patrick ARABEYRE, Aspects du »nationalisme culturel« dans le domaine du droit au début du XVIe siècle. Les grands juristes français selon Barthélemy de Chasseneuz, dans: Annales de Bourgogne 74 (2002), p. 161–188, ici p. 163.

[12] GRASSAILLE, Regalium Franciae libri duo (voir n. 10), p. 115.

[13] CHASSENEUZ, Catalogus (voir n. 10), Pars Quinta, Consideratio 35, fol. 32r.

cent huit et Grassaille y ajoute encore un très grand nombre pour les classer en quarante rubriques[14].

Dans le »Catalogus gloriae mundi« de Chasseneuz, qui a d'ailleurs connu, jusqu'à 1692, quinze éditions[15], l'énumération des droits du roi et des offices, dignités et charges de la couronne de France fait partie d'un recueil exhaustif des prérogatives, prééminences, qualités et excellences (»de praerogativis, preeminentiis, prestantiis et excellentiis«[16]) de tous les êtres créés, depuis les anges jusqu'aux minéraux. C'est une somme du savoir de son temps qui ne se limite pas à des questions juridiques, mais les intègre dans un tableau philosophique visant à établir un ordre universel. Dans ce contexte, Chasseneuz fait l'éloge de la France, qui selon lui – grâce à la beauté et à la fertilité de ses paysages, aux mœurs et à la piété de ses habitants, au nombre de ses villes, à sa littérature, à sa force militaire et à ses grands juristes – est la plus digne parmi les cinq régions de l'Europe[17]. Quant au roi de France, Chasseneuz lui réserve – ce n'est pas une surprise – la première place parmi tous les rois de la chrétienté. Il n'y a que l'empereur – et seulement si celui-ci est couronné par le pape – à qui Chasseneuz reconnaît la préséance par rapport au roi de France[18], tout en reprenant l'argument traditionnel qu'à l'intérieur de son royaume ce dernier est lui-même empereur[19].

Grassaille entre encore davantage dans le détail pour démontrer l'éminence du roi de France[20]. Aucun des cinquante-deux autres princes de l'Europe ne l'égale. Ayant été son vassal, le roi d'Angleterre lui est inférieur, même si certains disent qu'il est également empereur dans son royaume. Le roi des Espagnes pose quelque problème vu qu'il possède plusieurs royaumes, mais lui aussi a été le vassal du roi de France par le biais du royaume de Majorque, donc lui aussi est inférieur au Roi Très Chrétien. Le roi de Sicile lui est bien évidemment inférieur, car il dépend du Saint-Siège, alors que celui-ci ne relève que de Dieu. Quant à l'empereur, Grassaille ne se limite pas à répéter que le roi de France est »imperator in regno suo«, mais tend à prouver son égalité vis-à-vis de celui-ci et même sa supériorité, arguant notamment que le pouvoir du roi de France ne relève pas du consentement d'Électeurs, mais seulement de Dieu, et que le Roi Très

---

[14] Cf. pour les trois auteurs Enzo SCIACCA, Ferrault, Chasseneuz e Grassaille. Alle origini della teoria della sovranità nel pensiero politico moderno, dans: Studi in onore di Cesare Sanfilippo, vol. 6, Mailand 1985, p. 695–752; pour Ferrault, Jacques POUJOL, Jean Ferrault on King's Privileges. A Study on the Medieval Sources in Renaissance Political Theory, in: Studies in the Renaissance 5 (1958), p. 15–26; pour Grassaille, Guillaume LEYTE, Charles de Grassaille et la monarchie française, dans: Marguerite BOULET-SAUTEL (dir.), Pensée politique et droit. Actes du colloque de Strasbourg (11–12 septembre 1997), Aix-en-Provence 1998, p. 315–326; pour Chasseneuz, Jean-Henri PIGNOT, Un jurisconsulte au seizième siècle: Barthélemy de Chasseneuz, premier commentateur de la coutume de Bourgogne et président du parlement de Provence, Paris 1880, notamment p. 143–209 (avec des jugements quelque peu dépassés); Christian DUGAS DE LA BOISSONNY, Barthélemy de Chasseneuz (1480–1541), Grenoble s.d. [1977]; ARABEYRE, Aspects (voir n. 11).

[15] Ibid., p. 166.

[16] CHASSENEUZ, Catalogus (voir n. 10), Praefatio, fol. A IIr.

[17] Cf. ARABEYRE, Aspects (voir n. 11), p. 168–170.

[18] CHASSENEUZ, Catalogus (voir n. 10), Pars Quinta, Consideratio 28, fol. 24v.

[19] Ibid. Pars Quinta, Consideratio 30, fol. 26r–v.

[20] Cf. pour ce qui suit LEYTE, Charles de Grassaille (voir n. 14), p. 321.

Chrétien a bien le droit et la vocation d'être élu empereur – une allusion évidente à la candidature de François Ier à l'Empire en 1519.

La comparaison chez ces auteurs est caractérisée par le but de ranger les princes (et chez Chasseneuz de façon plus générale les créatures de Dieu) selon leurs honneurs, leurs droits et prééminences. Les critères qui servent à établir ces distinctions restent – malgré les tentatives de systématisation – hétérogènes et additifs. En fait, contrairement à certains historiens qui qualifient ces auteurs de précurseurs de la théorie bodinienne de la souveraineté, de protoabsolutistes ou même d'absolutistes[21], il faut souligner qu'aucun d'entre eux ne dispose d'un concept permettant de synthétiser l'ensemble des droits d'un prince. Enfin, l'approche que ces auteurs ont des structures politico-juridiques reste strictement personnaliste, la comparaison ne portant ni sur des États (aussi Chasseneuz parle-t-il seulement de »regiones«), ni sur des constitutions, ni même (ou du moins seulement peu) sur des lois.

III.

Or, quant aux lois, on peut remarquer que, depuis le milieu du XVIe siècle, leur variabilité et leur diversité intéressent de plus en plus les juristes et les amènent à un troisième type d'usage de la comparaison. Il faut certes concéder que l'idée de la variabilité des lois n'est pas une invention du XVIe siècle. Chez les juristes médiévaux, on trouve très souvent des remarques sur la *diversitas temporum* qui rend nécessaire l'adaptation des lois aux circonstances – remarques qui sont presque toujours contrebalancées par l'assurance que la fin des lois doit rester inchangée; pour citer la formule du fameux décrétaliste Panormitain (1386–1445): »finis [...] iuris est invariabilis, sed constitutiones mutantur et deserviunt fini«[22].

Mais dans les débats juridico-politiques du XVIe siècle, le problème de l'historicité, de la variabilité et de la diversité des lois prend une tout autre envergure. Il y a au moins deux facteurs qui en sont responsables. D'abord, on ne peut guère sous-estimer l'influence de l'humanisme juridique, qui entreprend de réévaluer l'héritage juridique de l'Antiquité et de remettre le droit romain dans son contexte historique – tentative qui va de pair avec le développement de méthodes historiques et comparatistes. Aux connaissances approfondies de la culture de l'Antiquité et des peuples de l'Europe de l'époque s'ajoute souvent un changement de perspective. Désormais, pour nombre de juristes, le statut du droit romain change; ce dernier ne représente plus la référence prédominante, mais est considéré comme un système juridique parmi d'autres. Les érudits rompent les schémas de la vieille école de la glose et du commentaire, sortent

---

[21] Cf. SCIACCA, Ferrault, Chasseneuz e Grassaille (voir n. 14); POUJOL, Jean Ferrault (voir n. 14); William F. CHURCH, Constitutional Thought in Sixteenth-Century France. A Study in the Evolution of Ideas, Cambridge/Mass. 1941, p. 44; Henri MOREL, L'absolutisme français procède-t-il du droit romain?, dans: ID., L'influence de l'Antiquité sur la pensée politique européenne, préface de Michel Ganzin, Paris 1996, p. 113–130, ici p. 122.

[22] PANORMITANUS, In quartum et quintum Decretalium libros, ad X.4.14.8, cité dans PETIT-RENAUD, »Faire loy« (voir n. 5), p. 63, n. 46.

de la recherche antiquaire et s'adonnent à la comparaison. La conséquence en est un élargissement de l'horizon, qui permet de comparer une plus grande multiplicité de normes et de lois qu'au bas Moyen Âge et de le faire plus librement – sans se fixer au modèle du *corpus iuris*[23].

Le second facteur qui incite les juristes à se pencher sur la variabilité des lois est la crise politique de la France des guerres de Religion. Cette crise est à l'origine d'un grand nombre de changements de lois parfois très brusques, non seulement en ce qui concerne le statut juridique des protestants, mais aussi par rapport à l'ordre institutionnel, à la vénalité des offices, aux impôts, etc[24].

Face à ces changements, nombre de juristes abordent la diversité historique et géographique des normes juridiques. Ainsi, Pierre Ayrault, lieutenant criminel au siège d'Angers, éditeur de Quintilien et auteur de plusieurs ouvrages qui portent notamment sur l'instruction criminelle et la *patria potestas*, rédige un »Bref discours de la nature, variété et mutation des lois«, où il remarque que les lois sont »en tant de lieux si differentes qu'elles sembleroyent du tout contraires«[25]. Ces différences occupent et même préoccupent beaucoup de juristes et les amènent à réfléchir sur les fondements du droit. Parmi les conséquences qu'ils en tirent, on peut distinguer différents types d'argumentation.

D'abord une argumentation »patriotique«, qui renoue avec les éloges du rang du roi de France du début du siècle. En fait, dans le discours juridique et politique du temps des guerres de Religion, on rencontre très souvent l'argument selon lequel dans aucun pays du monde les lois ne sont aussi bonnes qu'en France[26] et que la France est la patrie des bonnes lois, qui sert de modèle à tous les autres pays[27]. D'autres auteurs opposent les bonnes lois françaises au droit romain et surtout au *corpus iuris civilis* corrompu par les juristes de l'Antiquité tardive et par les glossateurs et les post-

---

[23] Cf. Diego QUAGLIONI, À une déesse inconnue. La conception pré-moderne de la justice, Paris 2003, p. 166–167.
[24] Cf. SCHILLING, Normsetzung (voir n. 2), p. 89–90 et *passim*.
[25] Pierre AYRAULT, Bref discours de la nature, variété et mutation des lois, préface dans: François GRIMAUDET, Paraphrase du droict de retraict lignager, recueillie des coustumes de France, & glosateur d'icelles [...], Paris 1567, sans pagination.
[26] Cf. ANON., Sainct & charitable conseil à messieurs les Prevosts des Marchans, & Eschevins, Citoyens, & Bourgeois de la ville de Paris: pour se departir de leur ligue & se reunir au Roy leur souverain Prince [...], Paris 1589, p. 8: »vous trouverez qu'il n'y a peuple sur la terre qui ait iamais eu de si belles & sainctes loix«; Philibert BUGNYON, Commentaires sur les ordonnances faictes par le Roy Charles Neufiesme en sa ville de Moulins au mois de février l'an 1566, [...], Lyon 1567, p. 1: »Il n'y a personne de bon & syncere iugement qui ne croye & confesse que les loix de France sont fondees sur la plus grande equité qu'il n'a esté possible aux legislateurs de penser.«
[27] Cf. ANON., Advis, remonstrances et requestes aux Estats Generaux tenus à Paris 1614. Par six paisans, s.l. 1615, p. 20: »La France est pleine de belles loix. C'est d'elle que nos voisins les ont empruntees«; Bernard de Girard, seigneur DU HAILLAN, De l'Estat et Succez des Affaires de France [...], Paris 1572, 2ᵉ pagination, p. 2, parle des lois, »qui decorent & soustiennent cest Estat, & qui le rendent en soy fort & admirable aux estrangers«. Dans les proclamations et les lois royales le même argument est également utilisé.

glossateurs médiévaux[28]. Enfin, les lois françaises servent de référence dans les polémiques contre l'influence des Lorrains[29], des Italiens[30] ou des Espagnols[31] à qui on prête l'intention de changer ces bonnes lois et d'introduire les mauvaises lois de leurs pays respectifs. Il paraît fort discutable de qualifier les approches liées à de tels arguments de comparatistes, car les lois non françaises servent souvent de repoussoir. Il n'en est pas moins vrai que ces arguments reflètent une certaine connaissance de normes juridiques étrangères et une conscience approfondie de leur diversité.

D'autres juristes comprennent cette connaissance au contraire comme une chance qui permet d'améliorer, grâce à la comparaison, les lois de leur propre pays. Cette argumentation est – il est vrai – moins répandue, mais elle connaît tout de même une certaine résonance parmi les juristes de l'époque. Le représentant le plus éminent de cette position est sans doute le jeune Jean Bodin[32]. Dans sa »Méthode pour faciliter la connaissance de l'histoire«, publiée pour la première fois en latin en 1566, il critique sévèrement le travail des commentateurs et des glossateurs du droit romain et propose une autre manière de travailler, selon un plan qui combine l'idée platonicienne du gouvernement des sages avec un certain optimisme quant à la valeur pratique des méthodes comparatistes dans le domaine juridique:

[28] La critique du *corpus iuris* corrompu est au centre des travaux de l'école humaniste de Bourges et du *mos gallicus*; l'expression la plus pertinente de cette critique se trouve dans l'ouvrage de François HOTMAN, Antitribonian ou Discours d'un grand renommé iurisconsulte de nostre temps, sur l'estude des loix. Fait par l'aduis de feu Monsieur de l'Hospital Chancelier de France en l'an 1567, Paris 1603, réimpression, éd. par Henri DURANTON, Clermont-Ferrand 1980; cf. Donald R. KELLEY, Foundations of Modern Historical Scholarship. Language, Law and History in the French Renaissance, New York, London 1970, p. 87–115; Arlette JOUANNA, Histoire et polémique en France dans la deuxième moitié du XVIe siècle, dans: Storia della Storiografia 2 (1982), p. 57–76, notamment p. 58–67; BARRET-KRIEGEL, La défaite (voir n. 8), p. 100–114.
[29] Cf. Odet DE LA NOUE, Resolution claire et facile sur la question tant de fois faite de la prise des armes par les inferieurs [...], Reims 1577, p. 62: »[il faut résister] s'il y a un Lorrain, un Espagnol, ou quelque autre que ce soit, qui corne ces belles loix au Roy.«
[30] Cf. [Lambert DANEAU], Response au cruel et pernicieux conseil de Pierre Charpentier [...], s.l.n.d. [1575], p. 26: »Et certes ie puis dire [...] qu'un temps a esté que l'on tiroit de nos anciennes loix, & du gouvernement de nostre nation Françoise un formulaire & patron de toute equité, iustice, courtoisie & bonne police, qui servoit & edifioit tous les autres rois. Mais maintenant que peut-on apprendre de tes François, ou plustost Italienfrancois [...] qui vivent & regnent en France, sinon exemple de toute cruauté, barbarie, furie, inhumanité, perfidie & de trouble?«
[31] Cf. un pamphlet publié dans le contexte des états généraux de 1614, qui défend la régente Marie de Médicis contre l'argument selon lequel le »double mariage espagnol« du dauphin et de sa sœur Élisabeth arrangé par la régente permettra à l'Espagne d'influencer la politique française »pour alterer nos loix, nos coustumes, & façon de vivre«; ANON., Les veritables intentions de la Noblesse Françoise, s.l. 1615, p. 26f.
[32] La littérature sur Bodin est abondante; cf. par exemple Horst DENZER (dir.), Jean Bodin. Verhandlungen der internationalen Bodin-Tagung in München, Munich 1973; Jean Bodin. Actes du colloque interdisciplinaire d'Angers, Angers 1985; Yves Charles ZARKA (dir.), Jean Bodin. Nature, histoire, droit et politique, Paris 1996; pour l'interprétation de la »Méthode«, notamment Marie-Dominique COUZINET, Histoire et Méthode à la Renaissance, une lecture de la Methodus de Jean Bodin, Paris 1996.

S'ils [c'est à dire les juristes qui ont commenté le droit romain] avaient lu Platon, ils auraient vu qu'il n'y avait pour lui qu'un seul moyen d'établir des lois et de gouverner une cité, c'était de réunir toutes les lois de toutes les Républiques (ou au moins des plus illustres) et de confier à des hommes prudents le soin de les comparer entre elles pour en tirer la forme la meilleure. C'est à ce soin que j'ai consacré toutes mes études et toute ma réflexion[33].

Et en fait, avec la »Méthode«, Bodin développe une nouvelle méthodologie de la science juridique, fondée sur la comparaison historique des systèmes juridiques et politiques, et dans sa »Iuris universi distributio«, qui paraîtra en 1578[34], il essayera de réaliser ce plan. Mais, entretemps, son jugement quant à l'usage à faire des connaissances tirées de la comparaison sera devenu beaucoup plus sceptique. Nous allons y revenir dans la dernière partie de cet article.

IV.

Avant cela, il faut esquisser un quatrième usage de la comparaison, qui n'est pas en contradiction avec le programme proposé par Bodin dans sa »Méthode«, mais qui le politise dans le cadre du débat sur les états généraux – débat qui (après une absence presque totale du discours juridico-politique pendant la première moitié du siècle) surgit au premier plan à la veille des guerres de Religion.

Dans ce contexte, la comparaison sert à démontrer que les états généraux ont – comme d'autres assemblées représentatives en Europe – la vocation de contrebalancer le pouvoir du prince. Cet argument se trouve par exemple dans la relation finale de l'ambassadeur vénitien en France, Michele Suriano, rédigée en 1561. Dans ce texte, l'auteur porte un jugement très critique sur le pouvoir apparemment illimité du roi de France – et il ajoute: »se alcuna autorità in Francia può moderare l'autorità assoluta del re, è quella dell'assemblea delli tre stati, che rappresenta tutto il corpo del regno, come è in Inghilterra e Scozia il parlamento generale, e in Germania la dieta«[35]. Suriano interprète les états généraux donc comme la variante française d'un type d'assemblée représentative commun à plusieurs grands pays de l'Europe. Même si le texte exprime d'abord le jugement de l'ambassadeur vénitien, on peut supposer que cet écrit (qui a d'ailleurs circulé en France dans un nombre considérable de copies manuscrites[36]) reflète une argumentation répandue parmi ses interlocuteurs français.

---

[33] Jean BODIN, Methodus, ad facilem historiarum cognitionem, première publication en 1566, dans: Œuvres philosophiques de Jean Bodin, éd. par Pierre MESNARD, Paris 1951 (Corpus général des philosophes français, Auteurs modernes, 5.3), p. 101–473, ici p. 274 (trad. française).
[34] ID., Iuris universi distributio, Paris 1578; trad. française: ID., Exposé du droit universel, texte traduit par Lucien Jerphagnon [...], commentaire par Simone Goyard-Fabre, [...] notes par René-Marie Rampelberg [...], Paris 1985.
[35] Niccolò TOMMASEO (éd.), Relations des ambassadeurs vénitiens sur les affaires de France au XVIe siècle, vol. I, Paris 1838 (Documents inédits sur l'histoire de France, 115–116), p. 512.
[36] Cf. Jean BALSAMO, Les origines parisiennes du »Tesoro politico« (1589), dans: Bibliothèque d'humanisme et Renaissance 57 (1995), p. 7–23.

Une argumentation comparable se trouve dans un discours que Charles Marillac, juriste, archevêque de Vienne et membre du Conseil du roi, aurait tenu en août 1560, lors d'une assemblée de notables. À cette occasion, Marillac, que des missions diplomatiques ont mené en Suisse, en Allemagne, en Angleterre et même à Constantinople, propose au roi de convoquer les états généraux, qui n'ont pas été réunis depuis presque quatre vingts ans. Pour justifier cette proposition, il aurait attiré l'attention sur l'ancienne coutume de la France et sur l'exemple d'autres pays d'Europe:

En cette sorte [c'est à dire en assemblant régulièrement les états] la maison de France s'est maintenue environ onze cens ans, et n'y a royaume bien ordonné, qui ne suive ceste ancienne et saincte coustume d'assembler les estats, comme l'on voit en l'empire, où l'on tient les diètes, et d'ailleurs aux royaumes d'Espagne, d'Angleterre, d'Ecosse, de Danemarch, Suède, Bohesme, Hongrie, et partout ailleurs[37].

Comme dans beaucoup d'argumentations politiques de l'époque, l'usage de la comparaison est dans ce discours accompagné d'une construction historique qui – vu l'importance limitée et plutôt ponctuelle des états généraux dans la France du bas Moyen Âge – paraît bien osée. Ensemble, l'argumentation historique et la comparaison servent à justifier le modèle du »royaume bien ordonné« dont les traits essentiels sont ceux de la »monarchie mixte« ou – pour utiliser le terme proposé par Helmuth Koenigsberger – du »dominium politicum et regale«[38]. Or, ce texte souvent cité par les historiens[39] pose un problème jusqu'à ce jour irrésolu: on ne sait pas s'il reproduit fidèlement le discours de Marillac tenu en 1560 ou s'il a été modifié plus tard par Régnier de la Planche, auteur protestant à qui nous en devons la publication, en 1576[40].

En fait, pendant les années 1570, la comparaison entre les états généraux et les assemblées représentatives d'autres monarchies de l'Europe devient courante dans le discours juridico-politique français – et ce sont surtout les monarchomaques protestants qui tendent à prouver que partout en Europe des assemblées représentatives ont le droit de contrôler le monarque, de contrebalancer son pouvoir, voire même de le destituer s'il viole les anciennes lois et constitutions du royaume. Combinant comparaison

---

[37] Discours du 23 août 1560, publié pour la première fois dans: Louis REGNIER DE LA PLANCHE, Histoire de l'estat de France, tant de la Republique que de la religion; sous le regne de François II, s.l. 1576; éd. par Édouard MENNECHET, Paris 1836 (Histoire de France par les écrivains contemporains, 1–2), p. 389–390.

[38] Cf. Helmut G. KOENIGSBERGER, Dominium regale or dominium politicum et regale. Monarchies and parliaments in Early modern Europe, dans: ID.: Politicians and Virtuosi. Essays in Early Modern History, London 1986, p. 1–25.

[39] Le texte est à nouveau publié dans LALOURCE, DUVAL (éd.), Recueil de pièces originales et authentiques, concernant la tenue des états généraux, vol. I, Paris 1789, p. 76–99; des extraits aussi dans Gordon GRIFFITHS (éd.), Representative Government in Western Europe in the Sixteenth Century. Oxford 1968, Commentary and documents for the study of comparative constitutional history, p. 138–142; cf. Pierre DE VAISSIERE, Charles de Marillac. Ambassadeur et homme politique sous les règnes de François Ier, Henri II et François II, 1510–1560, thèse Paris 1896, réimpression Genève 1971, p. 138–142; James Russel MAJOR, From Renaissance Monarchy to Absolute Monarchy: French Kings, Nobles & Estates, Baltimore, London 1994, p. 51.

[40] Cf. pour les détails SCHILLING, Normsetzung (voir n. 2), p. 201.

et construction historique, ils voient dans les autres pays européens et surtout dans l'Empire germanique une pratique constitutionnelle qui en France leur paraît affaiblie et dénaturée par la monarchie héréditaire – monarchie qui, selon eux, abuse, depuis des siècles, de ses pouvoirs.

Mais les monarchomaques ne s'arrêtent pas à ce constat. De l'existence et de l'influence d'assemblées représentatives dans nombre de monarchies de l'histoire aussi bien que du temps présent certains d'entre eux concluent que la tenue de telles assemblées constitue un droit inaliénable de tous les peuples. Pour Hotman, le fait que des monarques ne respectent pas ce droit justifie de les traiter de *iuris gentium violatores*; selon lui, de tels rois ne sont pas des rois, mais des tyrans qu'il faut destituer[41]. Voilà donc des conclusions qui font voir quel est le potentiel critique de la comparaison, tant qu'on en fait un usage politique. Elle sert à postuler un droit des gens qui oblige tous les monarques et à établir ainsi la monarchie mixte comme seule forme de monarchie légitime. Il n'est pas surprenant que cet usage de la comparaison ne soit pas resté sans réplique.

V.

En effet, à la tentative d'établir à l'aide de la comparaison des normes juridiques universelles s'oppose très vite un cinquième usage, qui se sert de la comparaison dans une perspective relativiste. Ce n'est pas un hasard si les protagonistes de cet usage de la comparaison se trouvent surtout parmi le groupe des Politiques.

Un représentant de ce groupe est Étienne Pasquier, juriste et historiographe, dont les »Recherches de la France«, parues au début des années 1560, en ont fait l'un des érudits les plus connus de son temps. Vers la fin des années 1570, il écrit à un autre juriste: »Dites moy, ie vous supplie, y a[-t-]il chose tant bigarree entre les hommes que la loy? Icy vous verrez le larcin avoir esté deffendu sur peine de la hart: en un autre lieu estre permis & loué, comme habilité d'esprit. Icy l'adultere rigoureusement chastié: ailleurs [...] permis«[42] – une observation qu'il illustre par nombre d'autres exemples. Pour Pasquier, les lois en vigueur dans différentes cultures ne semblent pas seulement se contredire, mais elles se contredisent bel et bien.

Quelles conséquences tirer de ce résultat peu rassurant de l'approche comparatiste? Pasquier en conclut qu'il est très difficile de juger de façon certaine sur le bien-fondé

---

[41] François HOTMAN, Francogallia, première publication en 1573, éd. et trad. par Ralph E. GIESEY et J.M.H. SALMON, Cambridge 1972, p. 316: »cum [...] gentium ac nationum omnium commune hoc institutum semper fuerit, quae quidem regio ac non tyrannico imperio utentur [...]: perspicuum est, non modo praeclaram illam communis concilii habendi libertatem partem esse iuris gentium, verum etiam Reges qui malis artibus illam sacrosanctam libertatem opprimunt, quasi iuris gentium violatores, & humanae societatis expertes, iam non pro Regibus, sed pro tyrannis habendos esse«.

[42] Lettre à son ami Odet de Tournebu, poète et avocat au parlement de Paris: Étienne PASQUIER, Les Lettres [...], dans: ID., Les Œuvres [...], Amsterdam 1723, II, liv. 10, n° 1, p. 249–259, ici p. 256.

des lois. Dans la même lettre, il résume donc: »Tant est l'esprit de l'homme composé de diverses pieces, qu'il est mal-aisé de dire si nos loix prennent leurs fonds de ce que nous appelons Raison, ou d'une vague & fluctuante opinion«[43]. Quant aux conséquences politiques de ce relativisme, Pasquier hésite. Il refuse les demandes des monarchomaques quant aux états généraux sur lesquels il porte depuis le début des guerres de Religion un jugement très défavorable[44]. En même temps, il ne veut pas tout à fait renoncer au concept de la raison des lois, mais cette raison pour lui ne se dévoile pas par la comparaison avec les normes juridiques d'autres peuples, mais par rapport à ce qu'il appelle »le sens commun de la cité«, terme qu'on pourrait traduire par la »conscience du droit« d'une communauté ou d'un peuple. Selon Pasquier, ce »sens commun de la cité« est représenté en France par les parlements, dont le droit de vérification est pour lui le garant de la raison des lois et de la cohérence de la société française[45]. Chaque peuple a donc ses propres lois, et leur bien-fondé ne peut être jugé que par rapport à la tradition et à la culture spécifique de chacun d'entre eux.

Un autre représentant du comparatisme relativiste des Politiques est Jean Bodin qui, dix ans après avoir publié la »Méthode pour faciliter la connaissance de l'histoire«, refuse, contre les monarchomaques, tout usage de la comparaison amenant à des normes juridiques ou politiques universelles. Certes, il n'y a guère d'ouvrage juridique du XVIe siècle qui soit à tel point imprégné d'observations et de réflexions comparatistes que »Les six livres de la République«, parus en 1576. Mais la comparaison telle que Bodin la conçoit dans cet ouvrage sert à relativiser l'expérience politique dans son ensemble et à construire une science politique qui se fonde sur l'étude de la nature spécifique des différents peuples – nature à laquelle les formes du pouvoir et les normes juridiques doivent s'adapter. Ainsi, malgré sa préférence pour la monarchie, Bodin concède que, sous certaines conditions géographiques et sociales, l'aristocratie ou la démocratie lui peuvent être préférables[46]. L'insistance sur la diversité fondamentale des peuples rend en même temps impossible toute utilisation politique de la comparaison telle qu'on l'a vue chez les monarchomaques.

Comme Pasquier, et même de façon plus radicale que lui, Bodin aboutit à une vision relativiste du droit, des institutions politiques et de l'histoire humaine. Mais au

---

[43] Ibid.
[44] Cf. une lettre de Pasquier à »Monsieur Fronsomme, Gentilhomme Vermandois« [1561], dans: PASQUIER, Les Lettres (voir n. 42), liv. 4, n° 9, p. 83–86, ici p. 84: »C'est une vielle folie qui court en l'esprit des plus sages François, qu'il n'y a rien qui puisse tant soulager le peuple que telles assemblees. Au contraire, il n'y a rien qui luy procure plus de tort, pour une infinité de raisons, que si ie vous deduisois, ie passerois les termes & bornes d'une missive«.
[45] Étienne PASQUIER, Pourparler du Prince, Paris 1560, dans: Béatrice SAYHI-PERIGOT (éd.), Étienne Pasquier (1529–1615). Pourparlers. Édition critique accompagnée d'un commentaire, Paris 1995 (Textes de la Renaissance, 7), p. 59–159, ici p. 90; cf. pour l'identification du »juste et raisonnable« et du »sens commun de la cité« Arlette JOUANNA, Die Debatte über die absolute Gewalt im Frankreich der Religionskriege, dans: Ronald G. ASCH et Heinz DUCHHARDT (dir.), Der Absolutismus – ein Mythos? Strukturwandel monarchischer Herrschaft in West- und Mitteleuropa (ca. 1550–1700), Cologne, Vienne 1996 (Münstersche Historische Forschungen, 9), p. 57–78, ici p. 67; CHURCH, Constitutional Thought (voir n. 21), p. 141–144.
[46] Cf. Jean BODIN, Les six livres de la République, Paris 1576, liv. VI, chap. 1, p. 664.

contraire de Pasquier, pour combler le vide normatif laissé par ce relativisme, il ne se réfère pas au sens commun et à la tradition juridique d'une société. Il propose par contre de combler ce vide par un volontarisme catégorique, qui a pour base la souveraineté indivisible, concept qui intègre l'ensemble des prérogatives, droits et privilèges que les juristes du début du siècle s'étaient efforcés d'énumérer. En identifiant cette souveraineté au droit de »donner loy aux subiects en general sans leur consentement«[47], Bodin conçoit la positivisation de tout le droit créé par les hommes. Contre les normes universelles postulées par les monarchomaques, Bodin propose donc un concept normatif qui par sa construction exclut toute monarchie mixte et pour cela ne s'applique que très difficilement à la pratique constitutionnelle d'une grande partie des pays de son temps et notamment à celle de l'Empire[48].

Inutile de répéter ici que Bodin est tout de même loin de prôner un gouvernement illimité et arbitraire – au contraire, il explique longuement que le souverain est tenu de respecter le droit divin et naturel, la justice, la raison, le bien commun et même les traditions juridiques de la société. Mais en même temps il souligne, et c'est là la leçon fondamentale qu'il tire de son usage relativiste de la comparaison, que souvent la justice et la raison des lois et des autres actes politiques ne peuvent guère être déterminées: »la iustice et la raison qu'on dit naturelle, n'est pas tousiours si claire qu'elle ne treuve des adversaires: et bien souvent les plus grands iurisconsultes s'y trouvent empeschés et du tout contraires en opinions«[49].

La tâche du législateur est autre:

l'un des plus grands, & peut estre le principal fondement des Republiques, est d'accomoder l'estat au naturel des citoyens, & les edicts & ordonnances à la nature des lieux, des personnes, & du temps. Car quoy que die Balde, que la raison & l'équité naturelle n'est point bornee ny attachee aux lieux, cela reçoit distinction, c'est à sçavoir, quand la raison est universelle, & non pas où la raison est particuliere des lieux & des personnes reçoit une consideration particuliere[50].

Selon Bodin, il est donc impossible de fonder le caractère obligatoire des lois sur leur justice et leur raison. Je cite: »les loix du Prince souverain, ores qu'elles fussent fondees en bonnes & vives raisons, neantmoins [...] ne dependent que de sa pure & franche volonté«[51]. Faute de critères évidents pour juger du bien-fondé des actes du souverain, c'est sa volonté qui doit suffire – voilà la conséquence que Bodin déduit de son comparatisme relativiste. Ainsi, il ne limite pas seulement l'impact critique de la com-

---

[47] Ibid., liv. IV, chap. 6, p. 610–611.
[48] Ibid., liv. II, chap. 6, p. 322; cf. Bernd ROECK, Reichssystem und Reichsherkommen. Die Diskussion über die Staatlichkeit des Reiches in der politischen Publizistik des 17. und 18. Jahrhunderts, Stuttgart 1984, p. 52; Michael STOLLEIS, Geschichte des öffentlichen Rechts in Deutschland, vol. 1: 1600–1800, Munich 1988, p. 174–186 (traduction française: 1998); ID., La réception de Bodin en Allemagne, dans: Quaderni fiorentini per la storia di pensiero giuridico moderno 24 (1995), p. 141–156; J. M. H. SALMON, L'héritage de Bodin: La réception de ses idées politiques en Angleterre et en Allemagne au XVIIe siècle, dans: ZARKA (dir.), Jean Bodin (voir n. 32), p. 175–200.
[49] BODIN, République (voir n. 46), liv. III, chap. 4, p. 416.
[50] Ibid., liv. V, chap. 1, p. 666.
[51] Ibid., liv. I, chap. 8, p. 133.

paraison en soulignant la diversité des peuples et des sociétés, il en fait en même temps un argument pour légitimer un pouvoir souverain qui servira de noyau juridique au concept de l'État.

VI.

Le but de cet article était de montrer que l'usage que les juristes du XVIe siècle font de la comparaison est très variable, ou mieux: qu'il n'y a pas une forme, une méthode, une pratique de la comparaison qui soient généralement reconnues, mais une multiplicité d'accès différents. Étant donné que le concept d'»État« n'est qu'en voie de construction, les différents accès comparatistes visent différents aspects de l'ordre juridique, de la »constitution«, des coutumes et des lois. Enfin, ces accès différents amènent à des résultats et à des conclusions eux aussi tout à fait différents.

La proposition de distinguer cinq usages de la comparaison ou, mieux, cinq types de comparaison est – il est vrai – schématique et approximative. Il en est de même de la suggestion de lier ces cinq types à cinq phases successives du débat mené sur et par rapport à la comparaison. Certes, ces types de comparaison ne prennent pas la relève l'un de l'autre, mais sont en partie pratiqués simultanément. Tout de même, il y a apparemment une évolution. Cette évolution mène des tentatives d'établir un ordre universel entre les princes de la chrétienté, en passant par celles qui visent à améliorer, grâce à la comparaison, les lois et celles qui en font dériver un modèle politique et constitutionnel, à un relativisme juridique qui, chez Bodin, se sert de la comparaison pour légitimer la souveraineté. À la fin du siècle, c'est en effet le nouveau concept de »souveraineté« et par là celui d'»État« qui marquent de leur empreinte toute forme de comparaison. Ce sont ces deux concepts incontournables qui désormais lui imposent les perspectives et qui en limitent l'impact politique.

THOMAS NICKLAS

Pouvoir, raison, comparaison
Histoire et politique des origines en France au XVIe siècle

Créer un nouveau code linguistique, culturel et politique en temps de crises et de transitions – voilà le défi qu'a relevé l'humanisme à la fin du Moyen Âge. Établir un autre discours sur le passé, c'était le travail auquel s'adonnèrent les penseurs humanistes en Italie d'abord, en France, en Allemagne, en Angleterre, en Espagne ensuite. C'est un élément constructeur de la modernité que cette constitution d'une république des lettres (*res publica litteraria*) à l'expression latine, une république certes décentralisée, mais bien organisée, avec une identité définie, et qui comprenait l'Europe des élites du Portugal à la Suède, de Naples à Cambridge[1].

On peut qualifier de paradoxal le fait qu'au sein de cette république supranationale se soit formé un nouveau code qui traitait du passé national, de l'histoire des nations qui commençaient à se constituer et à se percevoir comme telles[2]. Nous observons là la

---

[1] Il suffira de renvoyer aux ouvrages de: Robert MANDROU, From Humanism to Science 1480–1700, Harmondsworth 1985 (d'abord: Des humanistes aux hommes de science, XVIe–XVIIIe siècle, Paris 1973); Albert RABIL jr. (dir.), Renaissance Humanism. Foundations, Form and Legacy, vol. 2: Humanism beyond Italy, Philadelphie 1988; Klaus MALETTKE, Jürgen VOSS (dir.), Humanismus und höfisch-städtische Eliten, Bonn 1990 (Pariser Historische Studien, 27); Anthony GOODMAN, Angus MCKAY (dir.), The Impact of Humanism on Western Europe, London 1990; Roy PORTER, Mikulas TEICH (dir.), The Renaissance in National Context, Cambridge 1992; Alexandre FONTANA, Marina MARIETTI, Mario POZZI (dir.), La circulation des hommes et des œuvres entre la France et l'Italie à l'époque de la Renaissance. Actes du colloque international 22–24 novembre 1990, Paris 1992; Lisa JARDINE, Man of Letters. The Construction of Charisma in Print, Princeton 1993; Peter BURKE, Die Europäische Renaissance. Zentren und Peripherien, Munich 1998; Barbara SASSE, Davide CANFORA, Eric HAYWOOD, Umanesimo e culture nazionali europee. Testimonianze letterarie dei secoli XV-XVI, a cura e con prefazione di Francesco Tateo, Palerme 1999. Depuis quelques années les synthèses ne manquent plus pour la république des lettres, phénomène européen issu du mouvement humaniste. À considérer d'abord: Hans BOTS, Françoise WACQUET, La république des lettres, Paris 1997 (définitions: p. 11–27); Marc FUMAROLI, Rome et Paris – capitales de la république européenne des lettres, Hambourg 1999; Notker HAMMERSTEIN, Res publica litteraria. Ausgewählte Aufsätze zur frühneuzeitlichen Bildungs-, Wissenschafts- und Universitätsgeschichte, Berlin 2000 (universités au Saint-Empire entre 1650 et 1800). On trouve des définitions du terme »république des lettres« dans: Marc FUMAROLI, La république des lettres, dans: Diogène 143 (1988), p. 131–150; Françoise WACQUET, Qu'est-ce que la république des lettres? Essai de sémantique historique, dans: Bibliothèque de l'École des chartes 147 (1989), p. 473–502.

[2] Johannes HELMRATH, Ulrich MUHLACK, Gerrit WALTHER (dir.), Diffusion des Humanismus. Studien zur nationalen Geschichtsschreibung europäischer Humanisten, Göttingen 2002; Ulrich MUHLACK, Die humanistische Historiographie. Umfang, Bedeutung, Probleme, dans: Franz BRENDLE, Dieter MERTENS, Anton SCHINDLING et al. (dir.), Deutsche Landesgeschichtsschreibung im Zeichen des Humanismus, Stuttgart 2001, p. 3–18; Thomas MAISSEN, Von der Legende zum Modell. Das Interesse für die französische Vergangenheit während der italieni-

tension propre au sein de l'humanisme entre l'unité et la particularité. Nous ne comprendrons pas cette prédilection des humanistes pour l'histoire nationale si nous ne tenons pas compte de la soif de pouvoir qui les animait. Le spécialiste anglais Robert Black l'a très bien formulé: »Humanism succeeded because it persuaded Italian and ultimatively European society that without its lessons no one was fit to rule or lead[3]«. Régner, dominer: voilà l'enjeu de l'humanisme. Les étudiants européens affluaient dans les cours des professeurs célèbres pour y apprendre l'art de la conquête et de l'exercice du pouvoir[4]. D'où l'importance des textes politiques: *lectio transit in mores* (»la lecture forme les mœurs«). Cette lecture du passé s'organisait en transferts (*translationes*), non pas en évolutions. Prenons à titre d'exemple le transfert des Francs et de la liberté germanique en Gaule, figure d'argument très appréciée de François Hotman.

D'où vient le pouvoir spécifique de la république des lettres et de ses citoyens? On peut y voir le résultat de l'invention de l'imprimerie. Jusqu'alors chacun avait le droit de construire des généalogies, de raconter des histoires et d'inventer des traditions sans y aller par quatre chemins. Mais l'imprimerie assurait désormais la possibilité de vérifier ces assertions sur le passé. Critiquer les mythes fondateurs des royaumes et des principautés devint l'action propre de l'historiographie humaniste qui maîtrisait les textes. Cette compétence de faire ou de défaire une légitimité politique puisée dans les sources de l'histoire pouvait remplir les intéressés d'une profonde douleur ou d'une grande joie. Enea Silvio Piccolomini, qui sera dès 1458 le pape Pie II, l'a bien démontré en se raillant impitoyablement des fictions historiques de la Bohême pour combattre ainsi la noblesse tchèque, appui de l'hérésie du hussitisme (»Historia Bohemica« de 1458, imprimée pour la première fois à Rome en 1475[5]). Pauvres Tchèques, heu-

---

schen Renaissance, Bâle 1994; Franck COLLARD, Un historien au travail à la fin du XVe siècle: Robert Gaguin, Genève 1996; Claude-Gilbert DUBOIS, La conception de l'histoire en France au XVIe siècle (1560–1640), Paris 1977; Philipp DESAN, Nationalism and History in France during the Renaissance, dans: Rinascimento 24 (1984), p. 261–288.

[3] Robert BLACK, Humanism, dans: Christopher ALLMAND (dir.), The New Cambridge Medieval History 7 (1415–1500), Cambridge 1998, p. 243–277, ici p. 276; même jugement synthétique: Charles G. NAUERT jr., Humanism and the Culture of Renaissance Europe, Cambridge 1995, p. 13. À voir de même: Gerrit WALTHER, Adel und Antike. Zur politischen Bedeutung gelehrter Kultur für die Führungselite der Frühen Neuzeit, dans: Historische Zeitschrift 266 (1998), p. 359–385.

[4] Un tel élève exemplaire, parce que très ambitieux, de l'humanisme était Lazare de Schwendi, né fils illégitime d'un hobereau de Souabe et qui devint l'un des personnages les plus influents de l'histoire allemande au XVIe siècle: Thomas NICKLAS, Um Macht und Einheit des Reiches. Konzeption und Wirklichkeit der Politik bei Lazarus von Schwendi (1522–1583), Husum 1995, p. 22–56; ID., La redistribution du pouvoir entre Églises et États: un débat en Rhénanie au lendemain de la Saint-Barthélemy, dans: Françoise KNOPPER, Jean-Louis BRETEAU, Bertrand VAN RUYMBEKE (dir.), Protestantisme(s) et Autorité, Toulouse 2005 (Anglophonia. French Journal of English Studies 17), p. 87–96; Olivier CHRISTIN, Lazarus von Schwendi: un »politique« allemand?, dans Thierry WANEGFFELEN (dir.), De Michel de l'Hospital à l'édit de Nantes: Politique et religion face aux Églises, Clermont-Ferrand 2002, p. 85–96.

[5] Joseph HEJNIC, Hans ROTHE (éd.), Aeneas Silvius Piccolomini: Historia Bohemica, Cologne 2005; pour les expériences qu'Aeneas, ambassadeur de l'empereur Frédéric III, a faites en Bohême: Howard KAMINSKY, Pius Aeneas among the Taborites, dans: Church History 28 (1959), p. 281–309.

reux Suisses, qui en la personne d'Aegidius Tschudi, landamman de Glaris, possédaient un humaniste averti qui donnera de belles couleurs à l'histoire des Helvètes, en créant des mythes d'une longévité singulière et un héros légendaire voué à un très grand succès, Guillaume Tell[6].

C'étaient les humanistes d'origine italienne qui parcouraient d'abord, vers la fin du XVe siècle, l'Europe entière à la recherche de sources de revenus et de légitimités politiques à refaire. Pour la France, il faut mentionner Paolo Emilio (Paulus Aemilius), l'auteur de l'ouvrage »De rebus gestis Francorum«, qui s'était attribué le titre d'honneur de fondateur de l'histoire des Gaules: »Gallis condimus historias«[7]. Des érudits comme Emilio se faisaient fort d'adapter la tradition historique de leur pays d'adoption aux exigences du présent en remplaçant les légendes sur les origines par un discours sur le passé national authentifié par les textes et appuyé sur la raison humaniste, une rationalité temporelle sécularisée, si l'on préfère. Ce jeu et ses enjeux historiographiques prenaient une autre dimension, une plus grande portée en temps de crises. Quand le vivre ensemble était en péril, le discours historico-politique surmontait les limites de la république des lettres. Il se produisait une diffusion des idées et des slogans au-delà des frontières de cette république. Il faut insister sur cette diffusion, qu'il conviendra d'examiner de plus près.

L'esprit de comparaison peut prendre possession de tout un peuple. Il ne s'agit donc plus de crédibiliser ou de discréditer un paradigme historique auprès de l'élite, mais de discuter les fondements du royaume devant tous ceux que le débat concerne. L'effondrement du système politique français après 1559 invita et incita à une plus ample comparaison. L'histoire devint une arme de l'opposition politique. On se souvenait des anciennes lois qui mettaient des bornes à l'arbitraire du souverain; on regrettait l'époque où la »nation« était régulièrement consultée, aux champs de mai, aux parlements, aux états généraux, qui avaient aidé les rois de leurs conseils. Le mécontentement généralisé attisait la passion de la comparaison: mécontentement d'une noblesse domestiquée, mécontentement d'un tiers en présence des impôts tous les jours croissants. Autant de motifs qui devaient favoriser la pratique de contraster le présent avec le passé[8]. L'histoire justifiait alors ceux qui s'étaient conjurés pour arriver à un changement radical des choses. Elle fit voir que jadis les peuples avaient élu leurs souverains et quelquefois même déposé des monarques incapables. Qu'en était-il en 1562 ou en 1572? À côté du droit monarchique, longtemps prépondérant, vint s'imposer un droit nobiliaire, fondé sur les conquérants francs de la Gaule romaine, et un droit populaire, qui s'appuyait sur le souvenir des ancêtres lointains qu'étaient les Gaulois.

---

6 Bernhard STETTLER, Tschudi-Vademecum. Annäherungen an Aegidius Tschudi und sein »Chronicon Helveticum«, Bâle 2001; Katherina KOLLER-WEISS, Christian SIEBER (dir.), Aegidius Tschudi und seine Zeit, Bâle 2002.
7 Franck COLLARD, Paulus Aemilius' »De rebus gestis Francorum«. Diffusion und Rezeption eines humanistischen Geschichtswerks in Frankreich, dans: HELMRATH, MUHLACK, WALTHER (dir.), Diffusion (voir n. 2), p. 377–397.
8 Une étude qui n'a pas cessé d'être utile: Georges WEILL, Les théories sur le pouvoir royal en France pendant les guerres de Religion, Paris 1891 (réimp. Genève 1971), p. 3–9.

D'où la portée politique de l'aventure littéraire qu'entreprenait Pierre de Ronsard. En septembre 1572, quelques jours seulement après la Saint-Barthélemy, parut la première partie de son épopée »La Franciade«, avec une dédicace au roi Charles IX: »Charles mon prince, enflez moy le courage, en vostre honneur j'entrepren cet ouvrage, Soyez mon guide, & gardez d'abismer, Ma nef qui flotte en si profonde mer«. À l'apogée d'une crise singulière de la royauté, le poète de la cour tenta de conférer un sens discursif à l'incantation des origines mythiques de la dynastie royale dans la Troie en flammes. Avant de commencer son poème artistiquement et politiquement hardi, Ronsard implore la muse de la poésie de bénir le travail qu'il s'était proposé: »Muse qui tiens les sommets de Parnasse / Guide ma langue & me chante la race / Des Roys Francoys yssuz de Francion / Enfant d'Hector, Troyen de nation«[9]. Ce très légendaire Francion, fils d'Hector, sera à la suite de sa fuite de Troie le fondateur du royaume de France et l'ancêtre de la dynastie. En se soumettant à la réanimation d'un mythe cultivé par la poésie historisante et l'histoire poétisante du Moyen Âge, Ronsard le serviteur lyrique de la couronne voulait décrocher le présent du passé et arrêter les mécanismes de la comparaison. Le mythe où fourmillent les géants et les héros supposa l'incomparable, il plaça la royauté au-dessus de la critique et chercha à établir un discours qui mettait en cause la raison de la république des lettres.

La réplique à cette tentative était dure. »La France se mocqua dès lors de Ronsard«, écrivit Michel de Simonin, le plus récent biographe du poète[10]. Les historiens parlèrent avec dédain de ses fantaisies »versatiles«; François Hotman s'exprima avec un mépris mêlé d'amertume: »Quant aux autres, qui pour le goût qu'ils ont pris à des fables et contes faits à plaisir, ont rapporté l'origine des François aux Troiens et à un ne sais que Francion fils de Priamus: je n'en veux dire autre chose, sinon qu'ils ont plutôt fourni de matière à écrire aux Poètes qu'aux historiens véritables«[11].

La raison de la république des lettres avait identifié son adversaire et son contraire: la poésie politisante. Mais il fallait repousser de même un autre discours qu'on pourrait qualifier de démocratisant et qu'avancèrent des érudits controversés, comme Guillaume Postel ou Pierre de La Ramée. Postel, savant original mais marginalisé, assignait un rôle éminent dans le monde à la »gent gallique« et fit paraître, en 1552, deux ouvrages qui exaltaient la grandeur de ces ancêtres lointains (»Apologie de la Gaule contre les malévoles escripvains«, »Histoire mémorable des expéditions depuys le

---

[9] Pour une argumentation détaillée: Thomas NICKLAS, Gallier, Germanen, Trojaner. Zur Geschichtspolitik im Frankreich des 16. Jahrhunderts, dans: Francia 32/2 (2005), p. 145–158. L'article plaide pour l'application du concept de »Geschichtspolitik« aux controverses historiographiques du XVIe siècle. À voir aussi: Jörn GARBER, Trojaner – Römer – Franken – Deutsche. Nationale Abstammungstheorien im Vorfeld der Nationalstaatsbildung, dans: Klaus GARBER (dir.), Nation und Literatur im Europa der Frühen Neuzeit. Akten des I. Internationalen Osnabrücker Kongresses zur Kulturgeschichte der Frühen Neuzeit, Tübingen 1989, p. 108–163. Les citations d'après: Pierre DE RONSARD, Œuvres complètes, XVI: La Franciade (1572), éd. par Paul LAUMONIER, Paris 1950.
[10] Michel de SIMONIN, Pierre de Ronsard, Paris 1990, p. 331.
[11] François HOTMAN, La Gaule françoise, Cologne 1574, p. 45 (traduction de Simon Goulart). La discussion allait continuer même après la mort du poète: Richard A. KATZ, Ronsard's French Critics, 1585–1828, Genève 1966.

déluge faictes par les Gauloys ou Françoys«[12]). Ses théories bizarres impressionnèrent Pierre de La Ramée, qui, en dépit du désaveu du monde officiel de la Sorbonne, fit une carrière ascendante afin de devenir, en 1551, professeur du roi en éloquence et philosophie[13]. Il publia en 1559 »De moribus veterum Gallorum«, dont Michel de Castelnau établit une traduction française. L'auteur attribua aux Gaulois, peuple libre et fier, le droit d'élire ses supérieurs. En s'appuyant sur les écrits de Jules César, l'auteur conclut: »Doncques l'on voit [...] l'autorité politique du peuple, quant les Magistratz ne sont pas seulement esleuz dicelluy peuple, mais aussi chasséz et deposez«[14]. Voilà le brouillon d'un droit populaire »gallique« et l'esquisse de la souveraineté élargie du peuple.

Il convenait d'établir incontinent un discours majoritaire sur les origines du royaume pour répondre aux questions touchant à sa constitution. »Estans doncques les Français arrivez ès Gaules, & s'en estans faicts maistres & patrons«, lit-on dans l'ouvrage monumental d'Étienne Pasquier »Les Recherches de la France«, qui paraissait dans six éditions entre 1560 et 1611[15]. Les origines de la nation ne sont pas situées dans l'ascendance héroïque de ses rois ou dans la prétendue démocratie de base associée par Pierre de La Ramée à la pratique politique des Gaulois, c'est la conquête de la Gaule par les Francs qui a jeté les fondements de l'État. Cette thèse franque paraissait convaincante aux humanistes de tous les bords confessionnels. Étienne Pasquier l'embrassa, l'historiographe issu de l'élite juridique, catholique modéré par principe conservateur et défenseur malgré lui de la royauté des Valois. Il fit de la stabilité de l'État, de ses institutions et de sa société l'axiome de ses »recherches de la France«. Il dériva du fait initial de l'histoire française, de la conquête de la Gaule romaine par les guerriers francs, un effet de stabilisation sur une société en mouvement. La prépondérance de la noblesse trouve selon lui une justification dans le droit du conquérant perpétué de siècle en siècle. Le droit nobiliaire supplanta le droit populaire que préconisèrent les adhérents de la thèse gauloise.

L'autre grand partisan du germanisme était François Hotman, le rebelle huguenot, l'agitateur, le polémiste. L'auteur de la »Franco-Gallia«, parue en 1573, brilla en tant que maître de l'analogie qui jouait politiquement sur les parallèles entre le passé et le présent[16]. C'est lui qui invita les contemporains à de plus vastes comparaisons. Le titre

---

[12] William J. BOUWSMA, Concordia mundi: the Career and Thought of Guillaume Postel (1510–1581), Cambridge/Mass. 1957; Marion L. KUNTZ, Guillaume Postel, Prophet of the Restitution of All Things. His Life and Thought, La Haye 1981; Jean-Claude MARGOLIN (dir.), Guillaume Postel. Actes du colloque international d'Avranches, Paris 1985.

[13] Reijer HOOYKAAS, Humanisme, science et Réforme: Pierre de La Ramée 1515–1572, Leyde 1958; Guido OLDRINI, La disputa del metodo nel Rinascimento. Indagini su Ramo e sul ramismo, Florence 1997.

[14] Pierre DE LA RAMÉE, Traitté des meurs et façons des anciens Gauloys, Paris 1581, p. 83 (traduction française du Liber de moribus veterum Gallorum, établie par Michel DE CASTELNAU).

[15] Étienne PASQUIER, Œuvres complètes I, Amsterdam 1723 (réimp. Genève 1971), p. 131; Corrado VIVANTI, »Les Recherches de la France« d'Étienne Pasquier, dans: Pierre NORA (dir.), Les lieux de mémoire, vol. 2, Paris 1997, pp. 2245–2300.

[16] Son dernier biographe KELLEY lui a donné l'étiquette de »révolutionnaire«: Donald R. KELLEY, François Hotman. A Revolutionary's Ordeal, Princeton 1973, p. VII: »François Hotman was one of the first modern revolutionaries«.

»Franco-Gallia« suggère que l'acte fondateur de la nation était la fusion entre la majorité des Gaulois et les envahisseurs francs qui les avaient libérés du joug des Romains. Le livre était dédié au palatin Frédéric III, l'électeur calviniste de Heidelberg qui avait envoyé des mercenaires pour secourir les »chrétiens persécutés de France«, c'est-à-dire ses coreligionnaires huguenots[17]. Hotman fonda de grands espoirs sur ce soutien germanique. Les libérateurs francs reviendront de l'autre côté du Rhin, sous les auspices de la liberté religieuse. Les scènes de l'histoire se répètent dans les mêmes costumes: les libérateurs en provenance de Germanie combattant les oppresseurs originaires d'Italie. Les légions des Césars s'étaient transformées en clergé romain. Ils avaient assujetti la pauvre Gaule par le moyen du droit romain, dont les adeptes dominaient les parlements français. À la cour de France complotaient des proconsuls italiens occupant les fonctions les plus notables, à commencer par la régente Catherine de Médicis ou le chancelier Birague, issu du Milanais. Sans doute, François Hotman était le maître des analogies. Il préconisa, en se référant aux origines germaniques de la constitution française, le droit nobiliaire et la vocation des élites enclines au calvinisme à participer aux affaires politiques du royaume.

Le discours germaniste était devenu majoritaire grâce à l'argumentation pertinente de la »Franco-Gallia«, mais les adversaires de Hotman n'admettaient pas qu'on en tirât les conséquences qu'il avait tirées. En se démarquant des partisans de la thèse gauloise et de la souveraineté du peuple, Hotman préconisa le principe de la représentation, incarné par les états généraux auxquels il assignait le droit d'élire des rois, de les déposer et de leur prescrire la manière dont il fallait gouverner. Firent opposition à cette doctrine tous les membres de la république des lettres qui restaient attachés à la royauté. Prenons à titre d'exemple Louis Le Roy (1510–1577), défenseur farouche des droits de la couronne. Humaniste démuni, érudit errant, il fut nommé en 1572 professeur au collège royal, à un âge avancé. Par manque d'argent, il avait publié dès 1560 nombre d'analyses politiques en langue française, à la portée d'un vaste public[18]. Dans son livre »De l'Excellence du gouvernement royal«, imprimé en 1575, il s'attaqua aux conséquences que tirait Hotman de la thèse franque en acceptant le principe même du germanisme. Il visa explicitement ses concitoyens dans la république des lettres qui aspiraient à la transformation de la constitution française en subordonnant sa variante actuelle aux modèles du passé. Le Roy voulait »respondre à quelques uns, lesquels simulans avoir odieux les changemens, proposent neantmoins occasions de changer trespreiudiciables, ayans mis nagueres en avant, que le Royaume de France estoit anciennement electif, & gouverné plus par l'advis du peuple, que par l'authorité du Roy, & de son Conseil«[19].

---

[17] Ralph E. GIESEY, John H. M. SALMON, Francogallia by François Hotman, Cambridge 1972, p. 136–145.

[18] Son ouvrage »Des differens et troubles advenants entre les hommes par la diversité des opinions en la religion« de 1562 connut six réimpressions: Werner L. GUNDERSHEIMER, The Life and Works of Louis Le Roy, Genève 1966, p. 69; Abraham Henri BECKER, Un humaniste au XVIe siècle: Loys Le Roy (Ludovicus Regius), Paris 1896 (réimp. Genève 1969), p. 223–226.

[19] Louis LE ROY, De l'excellence du gouvernement royal, avec exhortation aux François de perseverer en iceluy, sans chercher mutations pernicieuses, Paris 1575, p. 25v.

Adversaire impitoyable d'un ordre démocratique quelconque[20], il craignait l'émiettement de la France, qui serait, selon lui, l'inévitable résultat d'une mutation constitutionnelle[21]. Partisan d'un absolutisme mesuré[22], il plaida pour la modération dans le débat politique et pour des réformes qui se fassent »doucement«[23]. L'arme dont Le Roy se servit pour combattre les avocats des états généraux est celle qu'en même temps Montaigne mania avec beaucoup d'habileté pour des propos philosophiques: le relativisme issu du procédé comparatif. Dans sa grande étude historique »De la Vicissitude ou varieté des choses en l'univers« (1575), Le Roy fit preuve de sa conception réaliste et relativiste qu'il rapportait magistralement à l'histoire de la culture humaine[24]. Il professa, en s'appuyant sur Platon, sa croyance en »la dissimilitude des hommes, & des actions, & l'instable condition des choses humaines« qui »ne permet qu'aucun art puisse constituer simplement quelque cas universel de tous affaires, & tousiours durable: car il est impossible mettre quelque ordre certain, & d'une sorte & simple, és choses qui tousiours varient, & ne sont iamais d'une sorte«[25].

Le triste sort du poète Ronsard, bafoué et humilié pour avoir renoué avec la légende troyenne, fut pris à titre d'avertissement par Le Roy. Après avoir pesté contre »l'état populaire« qui voulait s'immiscer dans les affaires de gouvernement, Le Roy s'en prend à Hotman, bien que lui-même doive admettre qu'après la conquête franque il y avait élection des rois et contrôle populaire des gouvernants au moyen de l'assemblée. Le Roy fit donc une concession importante à l'auteur de la »Franco-Gallia«. Mais, ajoute-t-il, chaque génération a ses lois particulières, bonnes pour elle, et qui se modifient par l'effet du temps qui passe. Les états ont pu être puissants jadis, concède-t-il, mais au cours des siècles on a reconnu l'inconvénient qu'ils représentaient. Leurs membres ne connaîtraient rien aux affaires publiques, prétend-il. Et l'élection des rois, si chère à Hotman et à ses camarades de combat? Le Roy se réfère à la situation en Pologne, où chaque vacance du trône provoque, selon lui, des émeutes de la foule et des brigues de la part des nobles ambitieux. Et puis la nature humaine est ainsi faite que l'on n'obéit pas volontiers à celui qui est parti de rien; tous au contraire s'inclinent devant une dynastie occupant le trône depuis longtemps.

---

[20] Ibid., p. 10: »Rien n'y a plus ignorant, ne plus insolent, qu'un populaire occupé en viles mestiers, & gains deshonnestes, n'ayant apprins bien ny honneur, qui se ruë indiscrettement sur les affaires. Leur principal but est la liberté, & equalité, procurans songneusement qu'aucun pour vertueux qu'il soit, sçavant, vaillant, ou habile, ne s'avance, ou esléve par dessus les autres: qui est au grand advantage des mauvais, & inutiles.«

[21] Ibid., p. 21v.–22: »Quelle folie est-ce donc, quelle fureur, quelle rage, vouloir pervertir cest ordre anciennement accoustumé, & dissouldre ce beau corps de Royaume, le divisant en plusieurs menuës seigneuries?«

[22] Ibid., p. 20: »En apres l'authorité du Roy y a esté iusques à présent moderee par bonnes loix, & costumes, à fin qu'elle ne fust totalement absoluë, ny trop astreincte.«

[23] Ibid., p. 23: »Quand doncques la necessité presse changer, à fin que nouvelle mutation ne soit trop griefve, il convient la faire peu à peu doucement, non rompre tout à une fois impetueusement.«

[24] GUNDERSHEIMER, Life and Works (voir n. 18), p. 95–121.

[25] LE ROY, De l'excellence (voir n. 19), p. 26.

Nous trouvons dans cette dissertation de Le Roy une tout autre logique de la comparaison. Les théoriciens réformés cherchaient le principe en vertu duquel s'est formé l'État. Pour eux, il fallait revenir à la bonne première forme de la constitution parce que la perfection se trouve à l'origine et le changement, pour être bénéfique, doit être une restauration, un retour aux sources. On comparait l'état actuel à l'état original afin d'en tirer les conséquences les plus favorables pour la cause qu'on défendait.

Cette figure d'argumentation s'était rapidement répandue: les conjurés d'Amboise en 1560 qui vantent les bonnes lois anciennes de la France qui ont fait sa grandeur, les Guise tâchant de les supprimer, d'y substituer leur arbitraire[26]. C'était le lieu commun du bon ancien droit dont chacun commençait à parler. Même Charles de Marillac, l'archevêque de Vienne, qui lors de l'assemblée de notables à Fontainebleau, en août 1560, parlait de »ceste ancienne et saincte coustume d'assembler les etats« et du bon ancien droit qu'il fallait maintenir[27]. Un tout autre discours se trouve chez Le Roy, qui remplace la relation du présent au passé par une comparaison systématique. Il renvoie aux inconvénients de la monarchie élective en Pologne et prêche le caractère relatif et évolutif du processus historique: chaque génération a ses lois particulières qui se modifient par l'effet du temps. C'est l'autodestruction du discours des humanistes. Le repère historique perd sa valeur argumentative. Les systèmes où l'histoire était interprétée selon le caprice de chacun cessèrent d'être l'arme de destruction massive dans le débat et le combat politiques. La notion de relativité fit son apparition: la constitution qui dépend de l'époque, de la géographie et même du climat. Les humanistes se désarment. Dès lors sont puissants ceux qui tiennent le pouvoir en main.

Il faut quand même concéder que le procédé relativiste qu'a choisi Le Roy n'est pas représentatif des critiques de Hotman. Beaucoup d'entre eux tâchèrent de le battre en se servant de sa propre méthode, celle de la comparaison et de l'analogie appliquée à la vie politique. Il suffit ici de citer Pierre Grégoire, dit Toulousain (1540–1597), un disciple de Jean Bodin. Après des études et des enseignements en droit à Toulouse, sa ville natale, et à Cahors, il fut en 1582 nommé professeur à Pont-à-Mousson par le duc Charles III de Lorraine. Il publia en 1596 »De Republica«, livre d'une vaste érudition et d'une volonté inflexible de systématisation, où il se penche sur les traités politiques qui portent préjudice à l'autorité royale[28]. Il essaie de battre Hotman avec sa propre méthode en remontant aux sources de l'État. Il localise celles-ci dans la Genèse. Contrairement à Hotman, qui lie la fondation de l'État à la fusion entre Francs et Gaulois, Grégoire déduit de l'Écriture sainte que les rois et les gouvernements ont précédé les peuples. On lit dans la Genèse qu'aux premiers temps du monde les hommes for-

---

[26] Arlette JOUANNA, Le temps des guerres de Religion en France (1559–1598), dans: EAD., Jacqueline BOUCHER, Dominique BILOGHI, Guy LE THIEC (dir.), Histoire et dictionnaire des guerres de Religion, Paris 1998, p. 56.

[27] Gordon GRIFFITHS, Representative Government in Western Europe in the Sixteenth Century, Oxford 1968, p. 142.

[28] Claude COLLOT, L'École doctrinale de droit public de Pont-à-Mousson (Pierre Grégoire de Toulouse et Guillaume Barclay), Paris 1965, p. 112–126, p. 132–152; Luigi GAMBINO, Il »De Republica« di Pierre Grégoire: ordine politico e monarchia nella Francia di fine cinquecento, Milan 1978, p. 15–23.

maient de grandes familles obéissant à leurs chefs. Ces chefs de famille ou de tribu sont les ancêtres des rois de ce monde[29]. L'autorité familiale a donc été la source du pouvoir royal, transmis ensuite par l'hérédité. Par conséquent, il faut accepter la monarchie de bon gré parce qu'elle correspond à la nature humaine, aux origines du genre humain. Pour les états généraux, leur autorité est déduite de celle des rois et par conséquent inférieure à la leur.»L'inférieur ne donne pas sa loi au supérieur«, prononce Grégoire en citant une autorité de l'histoire ecclésiastique[30]. Et cette distribution des compétences est immuable. Les peuples ont définitivement transféré le pouvoir aux rois, sans le moindre moyen de le révoquer.

Mais l'argumentation centrale de Pierre Grégoire repose sur une logique de la comparaison très spécifique, qui diffère de la comparaison pratiquée par Hotman ou Le Roy. Son point de repère original n'est pas l'histoire, il s'appuie plutôt sur les lois de la nature et l'organisation de l'univers. Le fort domine le faible – voilà la règle que prescrit la nature[31]. Certains individus, certains éléments ou des composantes des animaux, des plantes, des hommes et même des planètes sont aptes à commander; d'autres, plus faibles, à obéir. La nature humaine, vouée à l'imperfection, nécessite un gouvernement monarchique pour la corriger. Bien plus, la constitution monarchique est conforme au droit naturel puisqu'elle régit l'organisation de l'univers et celle du corps humain. Plus encore, elle reflète l'image de la puissance divine: »constitutio regis inter homines est conformis iuri naturali: repraesentat enim gubernationem mundi ab uno Deo«[32]. C'est l'organisation de l'univers, non l'interprétation de l'histoire, qui propose un modèle pour l'État. Très attaché aux théories médiévales, Grégoire stipule que les princes sont à l'image de Dieu, incomparables aux autres humains. Il les appelle même des »Dieux et Semi-Dieux« parce que c'est de Dieu qu'ils tiennent leur puissance[33].

Cette déification du pouvoir royal annonce déjà la »Politique« de Bossuet, où le fondement divin de la puissance absolue du monarque s'accuse expressément. Elle arrête les mécanismes de la comparaison déclenchés par la raison politique de la république des lettres dans son premier siècle sous l'impulsion de l'humanisme. Démontrer la supériorité de la monarchie héréditaire, c'est rejeter les thèses aristocratiques et la théorie démocratique jadis formulées et défendues au sein de cette même république. La dépolitisation de la *res publica litteraria* était-elle inévitable après l'épuisement des idées et des arguments à la fin du XVIe siècle? Voilà bien des questions qui se posent.

Essayons de faire un bilan. Au début de l'époque moderne, on observe une mise en cause perpétuelle de l'autorité. Pierre de l'Estoile a très bien décrit cet état mental à propos des Rochelois: »ils se déclarent très humbles serviteurs du roi, pourvu qu'on

---

[29] Petrus GREGORIUS THOLOZANUS, De Republica libri sex et viginti, vol. I: De origine & causis principatus, Francfort/M. 1597, p. 1253–1265:.
[30] COLLOT, L'école doctrinale (voir n. 28), p. 291.
[31] GREGORIUS THOLOZANUS, De Republica libri sex et viginti, (voir n. 29), p. 292: »Nec praetermittendum est [...] vim, virtutem aut potentiam esse quandam in rebus omnibus quae habet innatum infirmioribus dominari & imperare, ut inferioribus innatum quoque videtur parere«.
[32] Ibid., p. 294.
[33] COLLOT, L'école doctrinale (voir n. 28), p. 139 et p. 266–269.

fasse ce qu'ils veulent«[34]. D'où l'importance d'une légitimité en fondement de l'autorité ébranlée. D'où la recherche d'une légitimation séculière à partir des origines. Cette politisation de l'histoire est un phénomène de l'Europe moderne, dont le potentiel s'est épanoui dès que la réflexion sur le passé s'est substituée à la tradition, aux légendes troyennes et autres. La recherche et la théorisation de l'histoire inaugurèrent au XVIe siècle la formation d'une historiographie moderne caractérisée par la volonté de transcender les mythes et les fictions, munie de l'arsenal de la philologie humaniste qui maîtrisait les textes. L'enjeu était la légitimité politique, donc le pouvoir.

Par conséquent, la rivalité des personnes et des groupes dans l'arène politique se traduisait par la concurrence des conceptions de l'histoire. Alors fourmillèrent les idées sur les origines de l'entité nationale. L'étude des enjeux historiographiques dans la France du XVIe siècle montre la portée de ce tournant de l'histoire. Gaulois, Germains, Troyens, trois concepts différents du passé illustrèrent les controverses sur les modalités de l'avenir. Quelle raison pour rationaliser les origines? Une fois sapée la légitimation théologique de l'exercice du pouvoir dans l'époque des dissensions entre les théologies, la légitimité séculière que l'on puise dans les sources de l'histoire était devenue le trophée dans le combat des opinions. Construire un nouveau sens politique, tel était le défi que devaient affronter les humanistes juridiques et les théoriciens réformés. Ils y arrivèrent en s'appuyant sur la comparaison.

---

[34] Cité d'après: Georges WEILL, Les théories sur le pouvoir royal (voir n. 8), p. 78.

ALBERT CREMER

L'Empire ottoman, modèle de l'État moderne?
La Turquie vue par des auteurs politiques du XVIe siècle

De nouveaux horizons firent leur apparition en Europe au début du XVIe siècle. Les découvertes de nouveaux continents, de nouveaux pays et avec eux de nouvelles formes de la vie sociale et politique lui ouvraient des perspectives non seulement sur l'inconnu, mais aussi sur son propre passé et son présent. Le désir d'en savoir plus sur les nouveaux mondes a été fort. Dans de nombreuses bibliothèques privées, on trouvait les récits des Ramusio, Nicolay, Alvares, Léon l'Africain, Osório de Fonseca, Lodewijcksz et d'autres auteurs. Ces volumes témoignaient d'un intérêt pour les découvertes et d'une curiosité pour les autres, les inconnus, les étrangers et l'étrange; un autre genre de littérature, beaucoup plus politique, conduisait le lecteur inévitablement à la comparaison et à l'appréciation des structures des différents États. D'abord présentées au doge et au sénat de la République de Venise et puis largement diffusées à travers l'Europe, les *relazioni*, rédigées par les ambassadeurs de retour d'un poste à l'étranger en leur patrie, analysaient parfois très en détail la situation et les structures de l'État concerné. Les caractères géographiques, la religion, l'agriculture et la nourriture, l'artisanat, les armes et les milices, les finances publiques, la forme du gouvernement, les officiers, la judicature se trouvaient ainsi exposés de manière que le lecteur attentif soit amené à une comparaison entre le système dans lequel il vivait et ceux d'autres États. Ce qui fut de plus largement favorisé par la désacralisation de l'État, autrement dit la rupture entre l'éthique et l'action politique. La façon de manier les conflits et les guerres qu'a notamment connus l'Italie au XVe et au XVIe siècle, et les réflexions suscitées chez les acteurs et les théoriciens politiques, comme Machiavel, avaient engendré une toute nouvelle conception de l'État. Les valeurs médiévales perdaient leur poids, comme la responsabilité du roi chrétien pour le salut des âmes de ses sujets, face à l'exigence de la rationalité et de l'efficacité de l'État. Le nouveau vocabulaire renonçait à toute notion de morale pour y substituer des mots clés tels qu'intérêt, occasion, domination, conservation, secret d'État, arcanes d'État. Le grand sujet, la rationalité de l'État, que le mouvement intellectuel de l'époque mettait au centre de la réflexion politique, fut appelé »ragione di Stato« pour la première fois dans la littérature par Giovanni Della Casa en 1547 (»Orazione a Carlo V«), mais il semble que la notion en soit alors assez répandue déjà. Le nombre de volumes consacrés à la raison d'État et publiés au siècle suivant fut immense, et, depuis, la littérature sur leurs auteurs est à nouveau très importante, de Meinecke à Mattei, Zarka, Baldini, Viroli et tant d'autres.

Évidemment, les auteurs de la raison d'État avaient observé les divers États et les structures de leurs gouvernements. Ainsi, Machiavel s'était déjà particulièrement intéressé à la France. Plus le siècle avançait, plus un autre État s'imposait à tout débat sur ce qu'un État était et devrait être à même d'accomplir: l'Empire ottoman, qui après la conquête de Constantinople avait incorporé les Balkans, l'empire des Mamelouks, l'Afrique du Nord, et était en train de s'emparer des îles de la Méditerranée l'une après l'autre, avait menacé Vienne, et pratiquait régulièrement des incursions dans le sud de l'Italie. Tandis que l'Espagne, l'empereur, le Saint-Siège, Venise cherchaient à résister à la poussée des Ottomans, la France avait choisi la voie des négociations pour enfin finir par conclure un traité avec cette puissance.

À la fin du siècle, cette étonnante réussite de l'empire que Campanella n'hésitait pas à intituler »la tête sinistre de l'aigle impériale«[1] ne pouvait que susciter l'horreur chez les responsables politiques et une admiration réfléchie chez les penseurs politiques. Que savaient ces derniers de l'Empire ottoman? Bien sûr, il y avait la dispute des religions entre l'islam et le christianisme, dont on citera notamment la grande lettre que le pape Pie II avait adressée (ou non) au sultan Mehmet II et les écrits de théologiens tant catholiques que protestants. On nommera les opuscules de quelques historiens, Richer, par exemple, et surtout Paul Jove, qui exerçait sans doute la plus grande influence. Une bonne part de cette littérature, de Kantakouzène à Vivès, a été rassemblée par le pasteur zurichois Théodore Bibliander dans un fort volume, préfacé par Luther et commenté par Melanchthon[2]. Les pèlerins en Terre sainte publiaient pareillement des récits de leurs voyages et expériences dans l'Orient, parmi eux Bartholomaeus Georgieviz (Bartolomej Durdevic, † 1566) connut un remarquable succès en librairie au XVIᵉ siècle[3]. Enfin on notera les célèbres relations des navigations qu'avait publiées Nicolas de Nicolay[4]. Mais une véritable connaissance de

---

[1] Tommaso CAMPANELLA, De Monarchia hispanica discursus, Amsterdam 1640, »Turca verò est sinistrum caput aquilae Imperialis« p. 390. Une version allemande avait déjà paru en 1620, Von der Spanischen Monarchy ..., s.l.

[2] Theodor BIBLIANDER, Mahumetis Saracenorum principis, eius'que successorum vitae, doctrina, ac ipse Alcoran, Quo velut authenico [sic] legum divinarum codice Agareni et Turcae, alij'que Christo adversantes populi reguntur. quae ante annos CCCC, vir multis nominibus, Divi quoque Bernardi testimonio, clarissimus, D. Patrus Abbas Cluniacensis, per viros eruditos, ad fidei Christianae ac sanctae matris Ecclesiae propugnationem, ex Arabica lingua in Latinam transferri curavit. His adiunctae sunt etiam Confutationes multorum [...] unà cum doctiss. viri Philippi Melanchthonis praemonitione [...]. Adiuncti sunt etiam De Turcarum [...] Libelli aliquot lectu dignissimi, Bâle 1550.

[3] Bartolomej DURDEVIC ou GEORGIEVIZ, La manière et cérémonies des Turcs par Bartholomieu, hongrois, pèlerin de Hiérusalem lequel ayant été [...] esclave a cogneu par expérience tout ce qui est contenu en ce présent livre, Lyon [1514]; ID., Liège 1600; ID., Libellus vere Christiana lectione dignus diversas res Turcharum brevi tradens, Rome 1552; ID., De Turcarum moribus epitome, Leyde 1558 et 1598; ID., De origine Turcorum eorumque administratione et disciplina [...]. Cui libellus de Turcorum moribus, collectus a B.G., Cum prefatione reverendi viri D. Philippi Melanchtonis, Wittenberg 1562; ID., Voiage de la saincte cité de Hiérusalem, jointe la description des citez, villes, ports, lieux et autres passages. Ensemble les Cérémonies des Turcs, avec l'estat de leur empereur [...] descrits par Bartelemi Georgivitz, hongrois, pèlerin dudit voiage, par un long temps esclave en Turquie. Le tout remis en lumière par M. Lambert Darmont, Liège 1600. S'y ajoutent d'autres œuvres et traductions, notamment en allemand.

[4] Nicolas DE NICOLAY, Les quatre premiers livres des navigations et pérégrinations orientales, Lyon 1568; ID., Les navigations, pérégrinations et voyages faicts en la Turquie, Anvers 1576, 1577; ID., Discours et histoire véritable des navigations, pérégrinations et voyages faicts en la

l'Empire ottoman, une turcologie, se développa dans la seconde moitié du XVIe siècle, et le cadre de la curiosité anthropologique fut dépassé par le besoin d'un parangonnage des systèmes. Comme la littérature contemporaine sur la Turquie est vraiment immense, nous avons dû nous limiter à quelques rares spécimens qu'en revanche nous avons préféré présenter plus amplement, vu que ces textes sont peu connus et parfois d'accès difficile.

VERS LES DÉBUTS D'UNE TURCOLOGIE

GUILLAUME POSTEL

Les connaissances de l'Empire ottoman connurent une considérable poussée en avant avec Guillaume Postel, qui, orientaliste éminent et, selon Braudel, utopiste admirable[5], polyglotte et ayant séjourné à deux reprises au Proche-Orient, s'attachait à réconcilier les mondes chrétien, musulman et hébraïque, visée dont témoigne notamment son œuvre principale »De orbis terrae concordia«, parue à Bâle chez Oporin en 1544[6]. Après avoir acccompagné le premier ambassadeur de France près la Porte, Jean de La Forest, en 1535, il publia un ouvrage sur la Turquie, qui se distingua nettement, et par son volume et par sa richesse d'information, des écrits antérieurs sur le sujet. Il parut en 1560 en trois parties chez Marnef sous le titre »De la Republique des Turcs«[7], et formera pour longtemps la base de toute discussion et réflexion sur l'Empire turc. Tandis que les deuxième et troisième parties ont leur titre à part, la première n'est pas désignée comme telle, peut-être fut-elle originairement la seule prévue. Postel y étalait un tableau plutôt anthropologique de la vie en Turquie. Débutant avec le mariage, l'éducation des enfants, la nourriture, l'artisanat, il venait ensuite aux »choses publiques«, c'est-à-dire en premier lieu à la religion, aux cérémonies, à sépulture. Une analyse de la justice venait clore cette première partie. On en retiendra tout particulièrement quelques points jusqu'alors moins connus ou controversés à l'avenir, mais essentiels pour le discours qui va s'ouvrir.

Turquie, Anvers 1586. Pour la curiosité dans l'autre direction, cf. Thomas D. GOODRICH, The Ottoman Turks and the New World. A Study of Tarih-i Hind-i garbi and Sixteenth-Century Ottoman Americana, Wiesbaden 1990.

[5] Fernand BRAUDEL, La Méditerranée et le monde méditerranéen à l'époque de Philippe II, Paris ²1966, t. II, p. 101.

[6] Cf. notamment William J. BOUWSMA, The Career and Thought of Guillaume Postel, Cambridge/Mass. 1957; Georges WEILL et François SECRET, Vie et caractère de Guillaume Postel, Milan 1987; Daniel MÉNAGER, Postel, Guillaume, dans: Colette NATIVEL (dir.), Centuriae latinae. Cent une figures humanistes de la Renaissance aux Lumières, offertes à Jacques Chomarat, Genève 1997, p. 645–649; Clarence Dana ROUILLARD, The Turk in French History, Thought and Literature (1520–1660), Paris 1938, p. 206–212.

[7] Guillaume POSTEL, De la Republique des Turcs, et là ou l'occasion s'offrera, des meurs et loys de tous Muhamedistes, Poitiers 1560. Une seconde édition parut sous le titre: Des Histoires orientales et principalement des turkes ou turchikes et schitiques ou tartaresques et aultres qui en sont descendues, œuvre pour la tierce fois augmentée, Paris 1575.

Respectant l'ordre de Postel, nous soulignons l'accent qu'il a mis sur l'éducation des enfants. Ceux-ci étaient instruits à lire et apprenaient le Coran par cœur, puis s'attachaient aux autres »disciplines humaines«, excepté l'histoire et la rhétorique – ce qui lui donnait l'occasion d'une digression sur la non-existence d'avocats qui s'appliqueraient uniquement à »rendre proces immortels«[8] –, enfin aux exercices d'armes. Quant à la religion, Postel n'hésitait pas à assaisonner son récit de quelques pointes à l'avantage des Turcs; ainsi, lorsqu'il parlait de l'hospitalité, de l'aumône, de la foi de la parole, et de la qualité de l'artisanat, entre autres exemples, le Turc était »merveilleusement équitable«[9], tandis que »nous autres ponentins occidentaus sugets à l'Eglise Romaine«[10], nous nous comportons en usuriers[11], etc.

En passant par les différentes religions, Postel fit une petite remarque qui mérite d'être retenue. »Tous ces parents du Prophette, avoue-t-il, sont comme gentilshommes, là ou ils sont, sans rien paier au Prince, sinon qu'en temps de guerre en leur païs se soudoient aus armes«[12]. Une noblesse restreinte existait donc aux provinces, aux seuls privilèges fiscaux. Quant à la justice, qui embrassait comme à l'ouest la politique proprement dite, Postel était plein d'éloges, concernant le Coran et dix volumes traitant *de rebus, de personis*, etc.; la position du muphti, qui »represente Iustice, et l'image de Dieu«[13]; les quatre vacations par semaine au lieu où le prince se trouvait; l'absence d'avocat ou encore la procédure. Le vizir, assisté de quatre pachas, dirigeait le divan, qui traitait les affaires de plus grande importance. La réunion du divan se déroulait d'une manière qui fascinera les auteurs très longtemps encore. Le sultan ne participant pas à la séance, ni effectivement ni symboliquement, pouvait tout de même suivre les débats d'une chambre adjacente par une fenêtre grillagée qui donnait sur la salle du conseil. Personne ne savait si le sultan était présent ou non, »et encor' que jamais n'y feust, on pense tousjours qu'il y soit«, alors »le mentir est mortel«. Le vizir, les débats terminés, se rendait auprès du sultan pour lui faire part des conclusions, puis regagnait sa maison, où il écoutait »jusque au plus pauvre homme et n'en laisse pas un qui ne luy donne sentence diffinitive«[14].

UBERTO FOGLIETTA

Un petit traité d'une vingtaine de pages sur les causes de la grandeur de l'Empire ottoman est dû à Uberto Foglietta. Ce Génois né probablement en 1518, mort en 1581, a laissé plusieurs œuvres remarquables, qui ont pour objet l'histoire de sa ville natale,

---

[8] Ibid., 1re partie, p. 36.
[9] Ibid., p. 69.
[10] Ibid., p. 46.
[11] Ibid., p. 70.
[12] Ibid., p. 107.
[13] Ibid., p. 118.
[14] Ibid., p. 122–124.

la théorie de l'historiographie, la politique dans l'espace méditerranéen[15]. Il exposa une vision nettement antinobiliaire de l'histoire de Gênes dans le volume »Delle cose della Repubblica di Genova«, 1559, dont le doge et le sénat de la République cherchèrent à empêcher la diffusion.

L'attitude antinobiliaire se retrouve dans le traité »De caussis magnitudinis Turcarum imperii«, dédié à l'un des vainqueurs de Lépante, Marc'Antonio Colonna, publié dans un recueil avec d'autres petits écrits en 1574[16]. Bien qu'il attirât les foudres d'Henri Estienne sur son auteur dans un discours violemment opposé[17], quatre réimpressions dans l'Allemagne protestante et une en Angleterre lui assurèrent un notable succès[18].

Foglietta aborda le sujet d'une manière nouvelle et, à l'époque, déconcertante sinon inquiétante, puisqu'il ne se contenta pas de rechercher les causes du succès de l'Empire ottoman, mais posa la question d'une façon plutôt provoquante.

Simul qua re fiat, ut tot de nostris hominibus ad illos continenter transfugiant; Christiana'que religione eiurata Mahumetanae sectae dent, cum contra nulla, aut perrara illorum ad nos fiant transfugia[19].

Pourquoi tant de chrétiens changeaient de camp tandis que l'inverse ne se produisait pratiquement pas?

La démonstration débuta par une thèse selon laquelle, dans les pays conquis, les Turcs avaient éliminé tous ceux qui s'élevaient au-dessus du commun par leurs facultés intellectuelles, leur fortune, leur prestige, leur dignité – par conséquent la noblesse –, en les assassinant ou en les bannissant dans les régions les plus reculées. L'extension de l'Empire exigeait surtout l'obéissance et la discipline, qui, toutes les deux, étaient fondées sur la religion à laquelle, enfin, adhéraient tous les ambitieux de pouvoir et de gloire[20]. Celle-ci ignorant la crainte de la mort puisque tout dépendait de l'inévitable nécessité du destin (»Divina moderatione«, »Divino Numine«), peu importait si l'on mourait à la maison ou sur le champ de bataille. Comme les études de philosophie étaient interdites, la religion ne pouvait pas être mise en doute, tandis que, chez nous, les philosophes par leurs disputes péripatéticiennes ébranlaient toute certitude (»Numinis maiestate indigna«)[21].

---

[15] Carlo BITOSSI, Foglietta, Oberto (Uberto), in: Dizionario biografico degli Italiani, t. 48, Rome 1997, p. 495–498; Tommaso BOZZA, Scrittori politici italiani dal 1550 al 1650. Saggio di bibliografia, Rome 1980 (Storia lettratura, 23), p. 36–37.
[16] Uberto FOGLIETTA, De caussis magnitudinis Turcarum imperii ad M. Antonium Columnam ducem clarissimum, dans: ID., Opuscula nonnulla, Rome 1574, p. 48–65.
[17] Henri ESTIENNE, Oratio Henri. Stephani ad augustiss. Caesarem Rodolphum II. [...] Adversus lucubrationem Uberti Folietae de magnitudine et perpetua in bellis felicitate Imperii Turcici [...], Francfort 1594; Cf. Jean CÉARD (dir.), La France des Humanistes. Henri II Estienne, éditeur et écrivain, Turnhout 2003, p. 686–690.
[18] Nuremberg 1592, Rostock 1594, Leipzig 1595 et 1599, Londres 1600.
[19] FOGLIETTA, De caussis (voir n. 16), p. 50.
[20] Ibid., p. 53.
[21] Ibid., p. 55–56.

L'enlèvement des garçons, puis leur éducation orientée exclusivement vers l'endurcissement, le manque de tolérance, la parcimonie, l'obéissance, tout chez les Turcs se référait à la guerre. Ceux qui s'y distinguaient, c'est-à-dire qui contribuaient à accroître l'Empire, se voyaient récompensés par les plus grands honneurs. Et chez nous, c'était exactement l'inverse, argumentait Foglietta. La noblesse, qui détenait les plus hautes places, mais qui s'occupait plutôt de la splendeur des familles, bloquait la voie aux gens valeureux, qui ne voyaient d'autre issue pour avancer que de déserter[22]. Mais le malaise était plus général encore. Tandis que tout le système turc était orienté vers la guerre, chez nous, les études, les arts, les loisirs étaient grandement appréciés. Beaucoup de ressources étaient de plus soustraites à la guerre par le nombre de prêtres et de moines possédant de très grandes richesses, aussi bien que par le nombre de juges, d'avocats, etc. Le luxe, la magnificence des édifices publics et privés, l'argenterie, les tapisseries, le nombre de domestiques diminuaient les ressources qu'on pourrait employer à la guerre et à l'agrandissement de l'État. À l'inverse, les Turcs étaient incultes et rustiques, le nombre des membres du clergé restreint, le culte sans splendeur, la juridiction brève et à un degré, donc sans grande cohue de juristes; il n'y avait pas d'institutions de moines, pas de grands édifices. Foglietta évidemment ne connaissait ni Istanbul ni la Turquie. Il insistait: les études, les lettres, les arts, les philosophes, les théologiens, les juristes, le luxe dans les villes, les conseils privés et la cupidité des nobles, tout cela »énerve« la guerre, »omnia apud nos corrupta, et soluta«[23]. La solution, il l'attendait du *summus Imperator*.

Quand on résume le traité, force est de constater que Foglietta mettait en cause la totalité de la civilisation occidentale. Bien qu'il fût issu d'une famille de notaires, lui-même juriste et comme tel au service de Rome, il méprisait non seulement la juridiction échelonnée élaborée pendant plus de trois cents ans, mais les études tout autant. Sa famille, bien établie à Gênes – elle figurait dès 1528 dans le Liber civitatis –, menait une politique active parmi les *populares*, ce qui pourrait expliquer son attitude antinobiliaire, mais ses attaques se dirigeaient également contre le clergé et, à travers l'artisanat, contre le tiers-état, donc en fin de compte contre toute la stratification sociale. Le centralisme ottoman se posait en modèle alternatif.

UN MODÈLE?

JEAN BODIN

Un certain sens pratique, l'expérience de la vie vécue, un sentiment antinobiliaire, mais moins de connaissances approfondies avaient inspiré Foglietta à vanter le système de l'Empire ottoman. Jean Bodin aborda le problème de façon plus théorique[24]. En plus

---

[22] Ibid., p. 59–61.
[23] Ibid., p. 64.
[24] Nous citons les éditions suivantes: Jean BODIN, Les six livres de la République de I. Bodin Angevin, Paris ³1578; ID., Bodini Andegavensis, De Republica libri sex, latine ab autore redditi multo quam antea locupletiores, Paris 1586.

de sa grande connaissance de la littérature, il a eu accès aux lettres et mémoires de l'ancien ambassadeur près la Porte Jean de La Vigne[25]. Bien que Bodin professât régulièrement son attachement à la »monarchie Royale«, force est de constater chez lui une indéniable sympathie pour la »monarchie seigneuriale«[26]. Dans la première les sujets obéissaient aux lois du monarque et celui-ci aux lois de la nature (et à d'autres encore), la liberté et la propriété des biens et des personnes restant intactes. Le prince dans une monarchie seigneuriale, par contre, était bien seigneur des biens et des personnes par le droit des armes et de bonne guerre, »gouvernant ses sugets comme le pere de famille ses esclaves«[27]. Le rôle du père de famille, du *pater familias*, hantait l'esprit de Bodin. On se rappellera que l'État s'était, selon Bodin, constitué par »plusieurs familles«. Cette monarchie seigneuriale n'était pas du tout à dédaigner, puisqu'il fallait »garder les coustumes de son païs«; Bodin citait Dion et Xiphiline[28], exposant le point de vue d'un capitaine de garde à l'encontre de Thémistocle: »Vous estimez la liberté, et l'equalité: mais nous estimons la plus belle chose du monde, de reverer, servir et adorer nostre Roy comme l'image du Dieu vivant«[29]. Comment ne pas se rappeler l'équivalent dans le droit public français? Il n'existait guère que quelques exemples de monarchies seigneuriales. Après quelques-unes dans l'Antiquité, ce fut l'Empire ottoman qui en représenta le type même. Quelle a été sa structure et, au-delà, son efficacité? Quelle a été la position du prince; qu'en était-il des esclaves, de son mode de gouvernement?

---

[25] Ibid., fr. p. 657; lat. p. 666. La Vigne était en poste à Istanbul de 1557 à 1559 et décéda au voyage de retour en France. Sa correspondance a été publiée par Ernest CHARRIÈRE, Négociations de la France dans le Levant ou Correspondances, mémoires et actes diplomatiques des ambassadeurs de France..., t. II, Paris 1850, p. 374–608; cf. Bertold SPULER, Die europäische Diplomatie in Konstantinopel bis zum Frieden von Belgrad (1739), 3ᵉ partie, dans: Jahrbücher für Kultur und Geschichte der Slaven N.F. 9 (1935), p. 350; Nicolae JORGA, Geschichte des osmanischen Reiches, t. 3, Gotha 1910, p. 101.

[26] Après la rédaction des pages qui suivent, nous avons eu connaissance de l'article de Guy LE THIAC, L'Empire ottoman, modèle de la monarchie seigneuriale dans l'œuvre de Jean Bodin, dans: Gabriel-André PÉROUSE, Nicole DOCKÈS-LALLEMENT, Jean-Michel SERVET (dir.), L'œuvre de Jean Bodin. Actes du colloque tenu à Lyon à l'occasion du quatrième centenaire de sa mort (11–13 janvier 1966), Paris 2004, p. 55–76. On prendra acte tout de même que l'ensemble des éléments que Le Thiac et nous citons, et qui sont sans nul doute des caractéristiques de la monarchie seigneuriale, Bodin ne les a pas réunis dans le chapitre correspondant, mais les a semés à travers l'œuvre comme éléments de la »République bien ordonnée«. Nous ne suivons pas les arguments relatifs aux diverses sources littéraires. Berriot a abordé le sujet de façon plus large mais aussi plus contestable: François BERRIOT, Jean Bodin et l'Islam, dans: Jean Bodin. Actes du colloque interdisciplinaire d'Angers, 24 au 27 mai 1984, t. 1, Angers 1985, p. 171–182. Ne se limitant pas aux aspects politiques, il a souvent recouru aux »Heptaplomeres«, dont l'authenticité a été fortement mise en doute par Karl F. FALTENBACHER, Das Colloquium Heptaplomeres und das neue Weltbild Galileis. Zur Datierung, Autorschaft und Thematik des Siebenergesprächs, Stuttgart 1993 (Akademie der Wissenschaften und Literatur, Geistes- u. Wiss.klasse, 2).

[27] BODIN, République (voir n. 24) II, 2, fr. p. 200. Dans la version latine on lit: »Quasi paterfamilias servos moderatur«, p. 189.

[28] Dio lib. 57; Xiphil. in Adriano.

[29] BODIN, République (voir n. 24) II, 2, fr. p. 201; lat. p. 190.

La monarchie, à n'en pas douter, représentait l'ordre naturel, comme il n'y avait qu'un Dieu souverain, qu'un soleil, et ainsi de suite, jusqu'aux animaux sociables qui ne pouvaient souffrir plusieurs rois. Quand, en 1552, le sultan Suleyman fit tuer trois de ses quatre fils, il ne fit qu'appliquer cette maxime: il n'y a »qu'un Dieu au ciel, et un Sultan en terre«[30]. Ses sujets étaient décriés en Europe comme esclaves, ce qu'ils n'étaient pas vraiment. Certes, le roi des Turcs fut appelé le »Grand Seigneur«, non pas en raison de l'étendue de ses pays – le roi d'Espagne le surpassait de dix fois dans ce domaine –, mais parce qu'il était le »seigneur des personnes et des biens: encores qu'il n'y a que ces gentils-hommes eslevez et nourris en sa maison, qu'on appelle ses esclaves«[31]. Dans la version latine adressée à un public plus large en Europe, Bodin s'expliquait plus amplement. Le seigneur des Turcs traitait en fait ses gens beaucoup plus humainement et plus librement que ne le faisait le »bonus pater familias« envers ses serviteurs. Ceux que nous appelons »serfs« ou »serfs du prince«, mais que les Turcs nomment *Zamoglomos*, c'est-à-dire »fils du tribut«, sont éduqués et instruits comme ses fils et se voient conférer les droits de noblesse (»iura nobilitatis«) tant convoités par d'autres[32]. Ici Bodin jouait sur la confusion. Réduisant le problème de l'esclavage au seul groupe des enfants du tribut, il taisait le principe selon lequel le sultan se réclamait le seigneur de toutes les personnes et de tous les biens. En Europe, l'Église avait réussi à diminuer le nombre des esclaves; cela joint à »la publication de la loy de Mehemet, qui afranchit tous ceux de la religion«, il en résultait que vers 1200 les servitudes se trouvaient abolies quasi partout dans le monde hormis aux »Isles Occidentales«[33]. Bodin voyait pourtant bien que des gens appartenant à l'élite des pays de l'Empire ottoman comptaient leurs esclaves par milliers, qui leur avaient été attribués ou qu'ils avaient pris eux-mêmes lors d'une conquête, par exemple pendant celles de Sinan Pacha[34]. Il reconnaissait tout de même que l'attitude des »Mehemetistes« n'était pas sans ambiguïté: »car ayant circoncy et catechizé leurs esclaves Chrestiens, les retiennent tousiours esclaves, et toute leur posterité«. Dans la version latine, il devait parler clairement de fraude[35]. Mais, après tout, l'esclavage comme suite d'une bonne guerre, Bodin n'y voyait pas un grand inconvénient, et en ce qui concernait les enfants du tribut, c'était en réalité un faux problème. Les jeunes chrétiens recrutés par force dans les Balkans n'entraient pas selon lui dans la catégorie des esclaves, »ains au contraire, il n'y a que ceux là, et leurs enfans iusques à la troisiesme lignee, qui soient nobles, et ne l'est pas qui veut: attendu qu'il n'y a que ceux là qui iouissent des privileges, estats, offices, et benefices«[36].

---

[30] Ibid., VI, 4, fr. p. 711; lat. p. 714: »Unus est in caelo Deus, unus in terris Sultanus«.
[31] Ibid., II, 2 fr. p. 201; lat. p. 190.
[32] Ibid., II, 2 lat. p. 189–191.
[33] Ibid., I, 5 fr. p. 43; lat. p. 41.
[34] Ibid., I, 5 fr. p. 43, 46–47; lat. p. 41–43.
[35] Ibid., p. 41.
[36] Ibid., p. 47. Dans la version latine on lit: »Ego illos pro servis nunquam habui, cum in familiam principis conscribantur, ac soli magistratibus, honoribus, sacerdotiis, imperiis, nobilitate fruantur; quae nobilitas ad nepotes usque pertinet: pronepotes vero ac posteri deinceps ignobiles habentur, nisi sua virtute ac rerum gestarum gloria dignitatem avorum tueantur: non soli Turcae

Bodin tout en balayant l'aspect profondément inhumain du »devchirmé« voyait bien que le sultan par ce moyen formait une élite étroitement dépendante de lui et dévouée à sa personne. Sans attaches à une famille avec ses ressources, ses influences, son statut, ses aspirations, les enfants étaient l'objet d'une éducation qui les dirigeait soit vers la cour, soit vers l'armée. Le résultat en était que le sultan face à cette »noblesse« ne se trouvait pas en situation de devoir la prendre en compte et moins encore de se plier aux ambitions des grandes familles nobiliaires comme cela se passait en France. La critique implicite à l'égard de la France reprenait même le vieil antagonisme débattu pendant des siècles entre la noblesse de vertu, la noblesse d'office et la noblesse héréditaire. Bien que les offices fussent à l'origine attribués pour un temps, les titulaires avaient réussi à les transformer en patrimoine et avaient ainsi constitué une noblesse qui, les temps écoulés, n'était plus à même d'exercer les fonctions, bloquait l'ascension des gens compétents, donc des juristes, mais jouissait des privilèges et honneurs[37]. Les Turcs avaient bien fait, puisque »par tout où ils ont voulu commander, ils n'ont pas espargné un gentilhomme«[38]. Chacun trouvait sa place dans la hiérarchie sociale selon ses vertus, ajoutait Bodin dans la version latine de son œuvre; la vertu ou noblesse des aïeux ne déployait plus ses effets au-delà des petits-enfants: »prudenter illi quidem«. Chacun essayait ainsi de renouveler le lustre des ancêtres ou se retrouvait parmi les gens du commun et les plébéiens. Par contre, »nostris vero moribus depravatis et corruptis«, chez nous, plus quelqu'un se trouvait éloigné des hauts faits de ses ancêtres, plus sa noblesse montait en considération[39].

Pas de noblesse héréditaire et encombrante, pas d'esclavage mal réputé, mais tout le monde étroitement dépendant de lui: quelle situation extraordinaire et désirable pour un prince. Le sultan étant donc maître des personnes et des biens, comment et par quels moyens avait-il enfin gouverné? Bodin ne prenait pas la peine d'analyser les rouages du gouvernement, mais se contentait de quelques observations isolées. Le divan avait attiré son attention. Dans les »Republiques bien ordonnees« – et Bodin ne citait à cet endroit que la Pologne et l'Empire ottoman! –, l'accès au sénat se trouvait bien réglementé. En l'occurrence n'entraient au divan à Istanbul que »les quatre Bachats, les deux Cadilesquiers, et les XII. Bellerbeis, apres les enfans du Prince qui president au conseil en l'absence du pere«[40]. Quelques pages plus loin il se faisait l'écho du mythe

---

ex omnibus pene populis veram nobilitatem virtute non generis antiquitate metiuntur; et quo plus a stirpe virtutis, eo longius absunt a nobilitate«, lat. p. 43.

[37] Arlette JOUANNA, Le thème de l'utilité publique dans la polémique anti-nobiliaire en France dans la deuxième moitié du XVIe siècle, dans: Théorie et pratique politiques à la Renaissance. Actes du XVIIe colloque international de Tours, Paris 1977 (De Pétrarque à Descartes, 34), p. 287–299; Albert CREMER, La genèse de la notion de noblesse de robe, dans: Revue d'histoire moderne et contemporaine 46 (1999), p. 22–38.

[38] BODIN, République (voir n. 24), IV, 1. fr. p. 391. En latin, cette demi-phrase devenait: »Turcae quidem, ubicumque armis et opibus superiores fuerunt, regium genus ac nobilitatem internecione deleverunt, ut plebem omnino exarmatam quasi pecudes agerent: ex quo Rerumpublicarum in Oriente interitus, et maxima imperii Turcarum secuta sunt incrementa«, lat. p. 385.

[39] Ibid., III, 8. lat. p. 357. Ce chapitre III, 8 De ordinibus civium ne figure pas dans les éditions françaises.

[40] Ibid., III, 1. fr. p. 256; lat. p. 243.

du treillis. Pour que les sujets n'eussent pas le sentiment que le sultan ne prît en égard leurs problèmes et difficultés, il pouvait suivre les débats depuis ses appartements dans une chambre dont une fenêtre munie d'un treillis donnait sur la salle du divan, »à fin de tenir les Bachats, et ceux du conseil en cervelle, et qu'ils pensent tousiours que leur Prince les voit, les oyt, les entend«[41]. La version latine présente quelques nuances: comme le prince n'avait que rarement coutume de suivre les débats du sénat, mais désirait les entendre sans être vu, »ita fit ut senatores, qui Principem se assiduè intueri putant in officio contineantur«[42]. Mal renseigné, puisque, dès la seconde moitié du XVe siècle, les sultans à partir de Mehmet II avaient cessé de présider le divan et n'avaient pas non plus confié cette tâche aux fils, mais au grand vizir, qui, les réunions terminées, mettait le sultan au courant des résultats[43], Bodin suggérait des moyens pour remédier aux difficultés des instances françaises. Pourtant le roi de France n'était nullement réduit à devoir observer et contrôler les délibérations du Conseil d'État par une fenêtre treillagée, parce qu'il assistait lui-même nécessairement aux séances. L'inefficacité, voire le désordre, venait surtout du trop grand nombre de conseillers, dont beaucoup faisaient prévaloir un droit d'entrée au Conseil.

À la formation d'une noblesse de service – Bodin n'a pas utilisé ce mot – et au contrôle des ministres il joignit un troisième pilier qui garantissait la stabilité de l'État: la religion. L'évidence en Europe enseignait plutôt le contraire, où les différends doctrinaux servaient en plus de prétexte aux ambitions de factions ou de particuliers. Néanmoins Bodin partait d'une affirmation sans équivoque: même les athées tombaient d'accord

qu'il n'y a chose qui plus maintienne les estats et Republiques que la religion, et que c'est le principal fondement de la puissance des Monarques et seigneuries, de l'execution des loix, de l'obeissance des sugets, de la reverence des magistrats, de la crainte de mal faire, et de l'amitié mutuelle envers un chascun[44].

Peu importait pour cette fin quelle religion était la meilleure, et par conséquent il n'y avait pas la moindre raison d'en imposer une par la force. En laissant les gens vivre en liberté de conscience on éviterait émotions, troubles et guerres civiles et l'on pourrait même éventuellement les attirer à la religion que favorisait le prince. Théodose le Grand s'était comporté de cette manière envers les ariens, et conformément à ce principe, on vit toujours en Asie et en Afrique, »sous la loy de Mahemet«. Et Bodin de continuer:

---

[41] Ibid., fr. p. 259.
[42] Ibid., lat. p. 246.
[43] Bernard LEWIS, Diwan-i humayun, dans: Encyclopaedia of Islam, t. II, Leyde, Londres 1965, p. 337–339; Joseph VON HAMMER, Des osmanischen Reichs Staatsverfassung und Staatsverwaltung, t. II, Vienne 1815 (réimpression Hildesheim 1977), p. 412–436; Gülru NECIPOGLU, Architecture, Ceremonial, and Power. The Topkapi Palace in the Fifteenth and Sixteenth Centuries, New York, Cambridge/Mass., Londres 1991, p. 76–84.
[44] BODIN, République (voir n. 24), IV, 7. fr. p. 480; lat. p. 481.

Mais le Roy des Turcs [...] garde sa religion aussi bien que Prince du monde, et ne force personne: ains au contraire permet à chascun de vivre selon sa conscience: et qui plus est, il entretient auprès de son serail à Pera, quatre religions toutes diverses, celle des Iuifs, des Chrestiens à la Romaine, et à la Grecque, et celle des Muhamedistes, et envoye l'aumosne aux calogeres, c'est à dire aux beaux peres ou religieux du mont Athos Chrestiens, afin de prier pour luy: comme faisoit Auguste envers les Iuifs.

Dans la version latine, Bodin y adjoint encore les religions des Éthiopiens et des Perses, c'est-à-dire les coptes et les chiites[45]. L'Empire ottoman serait donc l'État de la liberté de conscience, de la tolérance, de la générosité? À n'en pas douter, l'État avait maintes fois fait preuve d'une grande tolérance, notamment lorsqu'il accueillit les Juifs d'Espagne. Cependant, on devrait se demander si Bodin n'avait pas plutôt infléchi les faits selon ses conceptions idéalisantes. Certes, les populations des pays conquis ne furent pas contraintes d'adhérer à l'islam, à l'exception des enfants du »devchirmé«. La situation des chrétiens et des juifs n'était pourtant pas très confortable, puisqu'ils payaient des impôts plus élevés et subissaient de multiples contraintes. De plus, la liberté de religion n'avait pas du tout lieu pour les croyants eux-mêmes, car tous ceux qui abandonnaient l'islam pour se rallier à une autre religion étaient tout naturellement passibles de la peine de mort. La stabilité à l'intérieur de l'État prévalait tellement pour Bodin qu'il ne fit pas non plus la moindre allusion à l'extrême agressivité de l'Empire ottoman, engendrée par la religion qui obligea ce dernier à exterminer les non-croyants par la guerre sainte.

On remarquera encore une certaine contradiction. La question de savoir quelle religion devait prévaloir n'avait guère d'importance, pourvu qu'elle contribuât à stabiliser l'État, ce qui par conséquent suppose qu'elle ne devrait pas elle-même être mise en doute et risquer par là de perdre ses certitudes. Louant Théodose et les empereurs turcs pour leur tolérance autorisant la coexistence de plusieurs religions, il finit pourtant par conclure: »Il faut bien prendre garde qu'une chose si sacree [la religion], ne soit mesprisee ou revoquee en doubte par disputes: car de ce poinct là despend la ruine des Republiques: et ne faut pas oüyr ceux qui subtilisent par raisons contraires«[46].

Le système des finances publiques en Turquie inspirait quelques développements plutôt positifs à Bodin dans le cadre du chapitre »Des Finances« dans »Les six livres de la République«[47]. Il s'y attachait à mettre en évidence le lien étroit qui unissait les organisations des finances et de la guerre. Tout d'abord, il évoquait »le grand bien« qui venait des colonies. Le sultan Mehmet envoyait des esclaves chrétiens en colonies aux pays conquis en leur baillant à chacun quinze arpents de terre (un peu plus de cinq hectares), deux buffles et de la semence pour une année. Après douze ans, et dès lors perpétuellement, il prenait la moitié de la récolte et le septième de l'autre moitié[48]. Auparavant le sultan Amurath I [Murat Ier] avait fait passer une ordonnance concernant

---

[45] Ibid., IV, 7. fr. p. 482; lat. p. 483.
[46] Ibid., IV, 7. fr. p. 480; lat. p. 483. Cf. Albert CREMER, Traiano Boccalini als Kritiker Bodins, dans: Quellen und Forschungen aus italienischen Archiven und Bibliotheken 55/56 (1976), p. 229–250.
[47] BODIN, République (voir n. 24). VI, 2. fr. p. 628–670; lat. p. 638–680.
[48] Ibid., fr. p. 636; le septième dans l'autre moitié ne figurait pas dans la version latine, p. 645.

les timariots, auxquels il faisait assigner des héritages et des rentes foncières, les »timars«, à la charge de se trouver à la guerre, quand ils étaient appelés, avec un certain nombre de chevaux selon la taille du fief. Ce statut de »timariot«, Bodin ne le disait pas explicitement, était réservé aux gens issus du »devchirmé«. Quand le timariot mourait, le timar revenait au sultan jusqu'à ce que celui-ci l'eût de nouveau conféré à quelqu'un. En règle générale, la dîme de toutes les successions devait revenir au prince qui avait conquis les pays d'autrui, donc par droit de guerre et non pas comme une imposition sur les anciens sujets. Pour la Turquie, cela signifiait que »les plus grands et clairs deniers des finances« provenaient des parties casuelles et que les guerres ne nécessitaient pas de nouvelles charges[49]. Un troisième moyen d'augmenter les revenus de l'État était, selon Bodin, les présents que les sultans attendaient des amis, des tributaires, des étrangers. L'inconvénient en était l'aspect hypothétique ou même la rareté, et également le problème de l'interprétation. L'acte de donation représentait-il un geste d'amitié, de soumission, de paiement d'un tribut? Bien que les deux parties ne fussent pas toujours d'accord sur ce point, les sultans n'hésitaient pas à faire grand étalage de la magnificence des présents pour éblouir le peuple et impressionner les étrangers[50].

La Turquie n'était plus guère mentionnée lorsque Bodin énumérait d'autres moyens d'accroître les revenus de l'État. Par contre, constatait-il, si l'on regardait les finances de l'Égypte depuis Ptolémée le Flûtiste jusqu'à Suleyman, pendant les seules dernières cinquante années, les charges avaient été haussées de deux tiers, »pour l'abondance d'argent qui s'est porté d'Occident en Levant«[51].

Ce n'était pas seulement la conjoncture extérieure qui élevait l'organisation financière turque au-dessus de celles de l'Europe, c'était aussi l'organisation de la perception des impôts qui servait de modèle: pas de vénalité des offices, une hiérarchie limpide dans les provinces et en somme peu de gens chargés de cette tâche et, de plus, cela correspondait un peu aux vieilles traditions françaises, à tel point que Bodin se voyait même amené à proposer dans ce contexte que les offices de trésorier de France fussent dorénavant conférés aux »gentils-hommes d'honneur et de maison noble et illustre«[52].

En critiquant les pratiques des banques, il jugea après la lecture des papiers de l'ambassadeur de La Vigne que lors »du dernier voyage des François à Naples« un éventuel secours du Grand Seigneur avait échoué en raison de la crainte de pachas, dont notamment le grand vizir Rustem Pacha, et d'autres négociants turcs, de perdre leurs capitaux mis à la banque de Lyon[53]. À part cette circonstance défavorable à la France, Bodin accusait une nette préférence pour l'épargne traditionnelle par rapport aux investissements à intérêt. En bon prince, alias *pater familias*, l'on devrait toujours pouvoir disposer de la »reserve qu'on en [des finances] doit faire pour la necessité, afin qu'on ne soit pas contraint de commencer la guerre par emprunts et subsides«. Les meilleurs exemples d'un tel bon ménage ont été offerts par les Romains et les Turcs.

---

[49] Ibid., fr. p. 636; lat. p. 645.
[50] Ibid.
[51] Ibid., fr. p. 649; lat. p. 659.
[52] Ibid., fr. p. 670; lat. p. 479.
[53] Ibid., fr. p. 656; lat. p. 666.

»Les Roys des Turcs gardent tresbien ceste odonnance: car outre le thresor des receptes ordinaires, qui est au serail du Prince, il y en a un autre au chasteau des sept tours à Constantinople, où les anciens deniers sont reservez, ausquels on ne touche point, si la necessité des guerres n'est pas grande«[54].

RENÉ DE LUCINGE

Mépris, admiration et volonté d'agir joints à la conviction polybéenne de la montée et du déclin des États ont motivé René de Lucinge, sieur des Alymes, après une carrière politique à la cour de Savoye et d'ambassadeur savoyard en France, à publier un petit ouvrage sur la »Naissance, duree et cheute des Estats«, qui parut en 1588 et connut un succès considérable[55]. Bien que le titre semble promettre un traité plus général du phénomène de l'ascension et de la décadence des États, c'était le seul Empire ottoman qui faisait l'objet de cette enquête, qui fut, après celle de Postel, la plus exhaustive.

Partant d'une contradiction apparente – »rien de si esmerveillable que la fortune des Ottomans«, d'un côté; de l'autre, »aucun sentiment de civilité ou courtoisie«, rien »de plus rude, grossier et mal poly que l'esprit de ces gens-là«[56] –, Lucinge soumettait le système turc à trois analyses: les moyens pour arriver à la grandeur; la conservation de l'acquis; la façon de bouleverser l'Empire. Quant au premier point, Lucinge n'hésitait pas à avancer des lieux communs: les Turcs ne pensaient qu'à la guerre, ils méprisaient les arts et les lettres, abhorraient la sculpture, ne faisaient aucun cas de l'architecture, évitaient toute »mignardise« occidentale. Certes de grands militaires, comme Alexandre et César, avaient pratiqué les sciences, les mathématiques, l'histoire, comme le faisaient pareillement Mehmet II, Selim, Suleyman, et ce qui pouvait aider à former de sages capitaines, mais aux soldats appartenait de »bien obeïr seullement«[57]. Ceci représentait plutôt l'opinion de l'auteur sur la façon dont les choses devraient se passer que sur la manière dont la réalité se présentait effectivement en Turquie. Puis il énumérait les qualités éminentes de la machinerie militaire turque et les avantages dont elle pouvait se prévaloir vis-à-vis de l'Occident et notamment de la France. Eux menaient toujours une guerre offensive, ne tenaient pas compte des forteresses, avaient dressé

---

[54] Ibid., fr. p. 665; lat. p. 675. Dans la version latine, on lit: »Turcarum quoque principes sanctius aerarium habent, praeter id quod ex vectigalibus ac tributis ordinariis conflatur, ut sit aliquod extremis temporibus imperii munimentum«.

[55] René de LUCINGE, De la naissance, duree et chute des Estats, éd. critique par Michael J. HEATH, Genève 1984 (Textes littéraires français, 325). Le titre complet de l'ouvrage: De la naissance, duree et cheute des Estats, Ou sont traittees plusieurs notables questions, sur l'establissement des Empires, et Monarchies, Paris 1588. Pour les autres éditions et traductions cf. l'introduction de Heath à son édition; A. Enzo BALDINI, Botero et Lucinge: les racines de la raison d'État, dans: Yves Charles ZARKA (dir.), Raison et déraison d'État. Théoriciens et théories de la raison d'État aux XVIe et XVIIe siècles, Paris 1994, p. 67–99.

[56] Ibid., p. 33.

[57] Ibid., p. 43–50.

des soldats valeureux[58], gardaient une excellente discipline militaire, tandis qu'on pouvait soupçonner que »toutes les rencontres ou batailles que nous leur avons donnees n'ayent esté perdues (que) par le seul desordre et des-obeissance des nostres«[59]. Le Turc ne se servait que de ses propres forces et de vaillants capitaines; chez nous le commandement risquait d'être attribué à des gens qui, bien qu'ayant la faveur du roi, étaient tout de même indignes; il ne faisait »aucun sault en ses entreprises« (»Le François [...] la plus belliqueuse nation [...] impatient [...]«); ne poursuivait pas d'entreprise de peu d'importance, s'était sagement prévalu des occasions (après avoir été appelé par des princes chrétiens). De plus le sultan allait en personne en guerre, n'avait jamais combattu hors de saison, jamais divisé ses forces, n'avait fait la guerre longuement contre un seul[60]. Cet étalage de qualités éminentes, on s'en doute, ne résistera pas à des vérifications un peu poussées.

Pour conserver l'État, les sultans utilisaient également des moyens très efficaces. En premier lieu Lucinge alléguait la religion dont les princes se servaient pour contenir le peuple en obéissance. Le Coran enseignait certainement une doctrine erronée et on l'avait accommodé par des »plaisirs de la chair et du monde«, ainsi que l'avaient fait Luther et Calvin avec la religion chrétienne. En outre, les discussions sur la religion n'étaient pas tolérées[61].

Deuxième élément de la stabilité du système, selon Lucinge, la dépendance totale dans laquelle le Grand Turc maintenait les sujets, car c'était à lui qu'appartenait tout: les personnes, les biens, les maisons, etc. Toutes les personnes étaient ses esclaves, même les grands personnages qui gouvernaient et qui, issus de la sélection des enfants, étaient formés par et pour le système. Comme il n'y avait pas de signe d'une noblesse héréditaire, toute prééminence se fondait sur la vertu[62]. Le Turc avait ôté tout usage des armes aux provinces, les juifs et les chrétiens n'avaient même plus le droit de tenir des chevaux; en Grèce, en Valachie et en Bosnie on »extorqu[a], par forme de décime, des peres et meres leurs propres créatures«[63]. »En fin, il ne leur demeure autre suject pour s'exercer que le labourage de la terre, à quoy, et à tous autres arts mechaniques, ils s'amusent, et de là ils deviennent vils, abjects, et inhabiles à la guerre«[64]. Par ailleurs, il maintenait une grande paix et tranquillité par tout l'État, la justice était distribuée équitablement, il y avait une abondance de vivres – par opposition, certes, il y avait la violence des soldats en temps de guerre, l'iniquité des juges en temps de paix, la cherté ou famine dans les deux temps, et l'injustice, l'abus et l'avarice des ministres et magistrats. La juridiction turque »esgalle et brefve« malgré la corruption évidente

---

[58] Lucinge connaissait bien la carrière des »esclaves, tirez et enlevez de la mamelle et du sein de leurs meres et peres, enfans de tribut«, ibid., p. 33.
[59] Ibid., p. 78.
[60] Ibid., p. 51–162.
[61] Ibid., p. 164–170.
[62] Ibid., p. 171–176.
[63] Ibid., p. 178.
[64] Ibid., p. 179.

recevait de grands éloges en comparaison de celle de la France et des autres princes chrétiens[65].

Restait encore le problème des grands. Comme les Ottomans étaient de nature barbare et cruelle, les sultans n'ont pas hésité devant l'accomplissement de meurtres exécrables, qu'il s'agisse de ceux de leurs enfants, pères, frères ou amis; des alliés et toute la noblesse dans les pays conquis, même les princes, avaient été exterminés, la vie des ministres dépendait de la faveur ou de l'indignation du sultan[66].

Le troisième livre, »La cheute et ruine des Estats«, s'employait à démontrer qu'il existait aussi des points faibles dans le système qui pouvaient le mettre en péril, de sorte que Lucinge se crut autorisé à proclamer: »L'empire des Ottomans [...] s'approche et achemine à déclination«[67]. Non seulement la cruauté pourrait agacer le peuple, mais pareillement la pusillanimité. Ainsi, Bayezit II s'était abandonné à toutes sortes de plaisirs, cultivait une vie privée et s'adonnait à la »lecture de bons autheurs«, ce qui eut pour conséquence qu'il fut contraint de remettre l'Empire à son fils Selim. Comme les événements l'avaient bien démontré, on pouvait vaincre la Turquie; Tamerlan, Charles-Quint et Juan d'Autriche l'avaient prouvé. Ce qu'il fallait pour abattre l'ennemi, c'était une union de tous les princes et États avoisinants »bien concordamment concordants«. Afin de déstabiliser l'empire turc, Lucinge n'hésitait pas à proposer des moyens, dont quelques-uns assez machiavéliques: corrompre les vizirs, soutenir les chrétiens des Balkans, exhorter les janissaires à se rappeler leurs origines chrétiennes, implanter le doute et le soupçon dans l'esprit du sultan, introduire des livres en langue »esclavonne« et arabe dans l'Empire, à commencer par l'Inde, pour faire apparaître le ridicule du Coran[68]!

LES GRANDS DIVULGATEURS

THÉODORE SPANDOUNES / FRANCESCO SANSOVINO

Au XVe siècle, l'on appréciait beaucoup les recueils groupés autour d'un sujet commun et dont les articles avaient été rédigés par différents auteurs. Francesco Sansovino en publia un sur le gouvernement des royaumes et des républiques en 1566[69]. Le suc-

---

[65] Ibid., p. 182–183.
[66] Ibid., p. 189–192.
[67] Ibid., p. 208.
[68] Ibid., p. 195–261.
[69] Francesco SANSOVINO, Del Governo de i regni et delle Republiche Cosi aniche come moderne libri XVIII, Venise 1561; [...] libri XXI, Venise 1567, 1578; [...] libri XXII, Venise 1583, 1607. Nous nous servons de l'édition augmentée et la plus largement répandue, de 1578: Del Governo et amministratione di diversi regni et republiche, cosi antiche come moderne di M. Francesco Sansovino libri XXI. Ne'quali si contengono diversi ordini magistrati, leggi, costumi, historie, et altre cose notabili, che sono utili et necessarie ad ogni huomo civile et di stato. Con nuova aggiunta di piu Republiche et Regni in diverse parti del mondo, Venise 1578. Sansovino dédia le volume à Paolo Giordano d'Aragona Orsino, Duca di Bracciano, Conte d'Anguillara, Baron Supremo di Roma, et Governator Generale di Santa Chiesa; Daniela FRI-

cès fut tel qu'il fut réimprimé en 1567, 1578, 1583 et 1607 et puis repris encore par Chappuys; d'autres imitèrent l'exemple. Francesco Sansovino, fils du célèbre architecte Jacopo Sansovino, juriste de formation, devenu homme de lettres, polymathe et libraire éditeur[70], avait déjà publié un ouvrage sur la Turquie, et un autre allait suivre[71]. Il avait réuni dans le volume sur les gouvernements d'abord dix-huit, puis vingt et un et enfin vingt-deux articles qui se répartissaient dans l'édition de 1578 en dix royaumes, une cour (Rome) et dix républiques, dont l'ultime fut l'Utopie par Thomas More, la seule contribution où Sansovino mentionnât l'auteur, laissant par ailleurs le lecteur dans l'opinion que c'était lui l'auteur des autres articles. Bien que Sansovino se présentât comme un spécialiste de la Turquie, il prit pour base un texte de Théodore Spandounes paru pour la première fois en 1519, mais plus largement répandu en 1551[72].

Spandounes/Sansovino commencèrent leur petit traité par une description de la ville de Constantinople assez détaillée. On sent l'émotion du réfugié évoquant les monuments de la cité et célébrant le site comme »divino« et à mettre devant tous les autres du monde. Les Turcs avaient gardé un certain degré de cosmopolitisme dont témoignait la présence d'une infinité de Juifs, les marranes chassés d'Espagne, qui avaient enseigné tous les artifices aux Turcs et continuaient à le faire; la plus grande partie des boutiques était tenu par les marranes et l'artisanat essentiellement exercé par eux[73]. Puis, après avoir esquissé l'histoire des Ottomans jusqu'à Suleyman à présent régnant, Spandounes/Sansovino donnaient une liste exhaustive des domestiques et officiers de la Porte; chacun y figurait avec ses attributions, gages, vêtements octroyés, éventuellement avec ses substituts, et le nombre de ses esclaves. Par ailleurs, on ne retiendra que deux points: la présence de cinq cents jeunes garçons âgés de huit à vingt ans, qui étaient »le delitie del Signore« et qui furent instruits spécialement dans les lois, l'écriture, la doctrine des lois et l'équitation avant d'être répartis sur les offices et l'armée[74]. Pour ce qui concernait la direction de l'État, les officiers suprêmes se trou-

---

GO, Sansovino e Botero: forme di governo e modelli amministrativi degli stati nelle »relazioni« del secondo Cinquecento, dans: A. Enzo BALDINI (éd.), Botero la ›Ragion di Stato‹. Atti del convegno in memoria di Luigi Firpo (Torino, 8–10 marzo 1990), Florence 1992 (Fondazione Luigi Firpo, Centro di studi sul pensiero politico, Studi i testi, 1), p. 201–219.

[70] Elena BONORA, Ricerche su Francesco Sansovino imprenditore librario e letterato (Istituto Veneto di Scienze, Lettere ed Arti, Classe di Scienze morali, lettere ed arti, Memorie 52), Venise 1994.

[71] Francesco SANSOVINO, Dell'historia universale dell'origine et imperio de' Turchi. Raccolta da F.S., 3 vol., Venise 1560–1561, 1564, 1582, 1600; ID., Gl'Annali overo Le vite di principi et signori della casa othomana di M. F. S., ne quali si Leggono di tempo in tempo Le guerre particolarmente fatti dalla nation de turchi, in diverse provincie del mondo Contra i Christiani, Venise 1571, 1573; cf. BONORA, Scritti (voir n. 70), p. 97–137: La costruzione delle opere turchesche; Paolo PRETO, Venezia e i Turchi, Florence 1975 (Fac. dell'Univ. di Padova, 20), p. 295–301: Gli scritti »turcheschi« del Sansovino et l'Ottomanno di Lazzaro Soranzo.

[72] Theodoro SPANDUGINO, I Commentari di Th. Sp. Cantacuscino, gentilhuomo constantinopolitano, dell'origine de principi turchi, et de' costumi di quella natione, éd. p. Lodovico Domenichi, Florence 1551; ID., La Généalogie du grand Turc et la dignité des offices et ordre de sa court, avec l'origine des princes et la manière de vivre et cérémonies des Turcz, Lyon 1570.

[73] SANSOVINO, Del Governo (voir n. 69), fol. 37v–38r.

[74] Ibid., fol. 39r.

vaient traités comme les autres, et Spandounes de conclure: »Questi Bassa entrano al Signor per le cose di stato, et sono in fatto quelli che governano il tutto a modo loro«[75]. Sans s'étendre plus amplement sur la question, il avait bien vu que le gouvernement se trouvait entre les mains de quelques pachas réunis au divan et que le sultan n'y participait pas. En somme, ce n'était pas beaucoup sur l'Empire ottoman, mais on ne pouvait guère attendre d'un réfugié de chanter les louanges de cet empire. L'horreur, plutôt, perçait lorsqu'il parlait des soldats, »sani, membruti, ma leggiadri et destri, animosi sopra tutto, et piutosto crudeli che pietosi. In questi è riposta la forza, et tutta la fermezza de gli eserciti del Turco, i quali perche si essercitano sempre et vivono insieme, divengono di tutti quasi un corpo solo, et per la verità sono tremendi«[76].

GABRIEL CHAPPUYS

Le succès du volume que Sansovino avait publié avait, semble-t-il, inspiré Gabriel Chappuys (1546–1613)[77], qui en aurait pris connaissance lorsqu'il accompagnait le cardinal de Guise à Rome pour recevoir le chapeau. Littérateur, poète de cour, historiographe de France et surtout traducteur, il a été un grand divulgateur de textes étrangers en France, tel l'ouvrage qui intéresse ici, »L'Estat, description et gouvernement des royaumes et republiques«, paru en 1585[78]. Le titre complet indique clairement que c'était l'utilité pour les hommes d'État et de l'administration publique qui avait motivé la rédaction du livre. La date de la publication, un point culminant des guerres civiles en France, avait marqué l'œuvre. La dédicaçant au roi Henri III, Chappuys reconnaissait dès le début la supériorité de la monarchie devant l'aristocratie et la démocratie. »Mais quand i'entens la maiesté souveraine d'un Roy, auquel le nom de Roy ne peut convenir, s'il n'est absolument souverain, hereditaire, ou electif par faute de legitime et hereditaire successeur«[79]. Si ces propos se lisaient comme un avertissement à ses anciens patrons les Guise, aux ambitions nationales, Chappuys s'adressait ensuite à tous ceux »constituez et establis en charges publiques« auxquels les différents articles rédigés par lui et plusieurs hommes doctes étaient destinés pour leur servir »de miroir et d'exemple« afin qu'ils pussent »parangonner« leurs charges à celles d'autrui, remarquer en quoi ils étaient inférieurs aux autres ou bien en quoi ils les surpassaient, pour s'amender ou persister toujours et faire de bien en mieux. Les descriptions des États, royaumes et républiques n'étaient pas imaginaires, assurait Chappuys, à l'exception de

---

[75] Ibid., fol. 39v.
[76] Ibid., fol. 41r.
[77] Michel PRÉVOST, art. »Chappuys (Gabriel)«, dans: Dictionnaire de biographie française, t. 8, Paris 1959, col. 442.
[78] Gabriel CHAPPUYS, L'Estat, description et gouvernement des royaumes et republiques du monde, tant anciennes que modernes. Comprins en XXIIII livres, Contenans divers reiglemens, ordonnances, loix, coustumes, offices, Magistrats, et autres choses notables appartenantes à l'histoire, et utiles à toutes manieres et conditions d'hommes, tant en affaires d'Estat que de Police, et propres en temps de paix et de guerre, Paris 1585.
[79] Ibid., Avant-propos, n.p.

celle du chancelier Thomas More »qui l'a faite à plaisir, comme pour un vray modele et vraye figure d'une parfaite Republique«. Lui, Chappuys, a recouru à plusieurs auteurs de renom: »Ce que ie dy, pour clorre la bouche à une infinité de Contrerolleurs, qui appelleront plus tost cecy traduction, ramas ou rapsodie, qu'invention ou autrement. Mais ie ne me soucie pas comme ils l'appellent pourveu que ie serve au public«[80].

Chappuys, au chapitre consacré à l'Empire ottoman, »Du Royaume du Turc, autrement appelé le Grand Seigneur, gouvernement et administration d'iceluy«[81], ne reprenait pas simplement le texte de Spandounes et de Sansovino, qu'il connaissait bien, mais citait, outre les Chalcondyle, Postel, Bodin et notamment Georgieviz. Après avoir brièvement esquissé l'origine des Turcs, une description d'Istanbul et de la religion – où l'on remarque les observations sur les écoles, où les *Hogsialar* (précepteurs) enseignaient l'astrologie, la philosophie et l'art poétique tant aux filles qu'aux garçons (!) –, des *sarays* du prince, des esclaves chrétiennes, du mariage à plaisir, de la privauté des Turcs, l'auteur se tourna vers la »iustice Politique, et [...] la discipline et ordre militaire gardé par le Prince des Turcs en guerre«[82]. Les deux plus hauts représentants de la justice, les »cadilesquer«, jouissaient d'une très grande estime de la part du sultan, de sorte qu'ils se voyaient appelés au conseil du prince, le divan, si l'affaire l'exigeait. Ce que Chappuys avait à dire sur le divan n'excédait guère ce que d'autres auteurs avaient déjà exposé. Il était composé de quatre pachas, dont un supérieur qui était la seconde personne de l'Empire et qui avait pour charge, au fait de la justice, de tenir la cour ouverte quatre jours la semaine. Le divan traitait en premier lieu les affaires d'État, puis les autres concernant les particuliers. »Le Baschat superieur en informe à la verité le Prince, et luy declare l'advis de sa Cour, à laquelle n'advient pas souvent qu'il repugne«[83]. La cour levée, le pacha supérieur s'en allait chez lui pour y rendre justice jusqu'au »plus petit qui se presente«.

Aucun satrape ni pacha ne possédait une province ou une ville par droit d'héritage de manière qu'il lui fût possible de la laisser après sa mort à ses enfants sans le consentement du prince. Si celui-ci avait cédé quelques possessions à certains des ducs et princes, cela se passait de façon que la valeur et les revenus annuels fussent évalués et qu'un certain nombre de soldats fussent à même d'en vivre. Le satrape ou le pacha était alors tenu d'avoir toujours ce nombre de soldats prêts à marcher en guerre. Les pachas, expliquait Chappuys, étaient ceux qui avaient été pris fort jeunes, des chrétiens que le prince avait fait dresser et entretenir aux *sarays*, et avait depuis élevés à cette haute dignité. Même si un pacha épousait une fille du sultan, il ne possédait par droit d'héritage ni château, ni ville, ni village dans les pays sujets de l'Empire turc, de manière que le prince gardât »sa souveraineté et puissance«. »Il n'y a Prince qui luy contredise: il n'y a Province ou ville, qui se rebelle ou revolte contre luy, comme l'on

---

[80] Ibid.
[81] Ibid., fol. 88v–110r.
[82] Ibid., fol. 98v–102v.
[83] Ibid., fol. 99v.

voit advenir souvent par deça, aux Estats et Royaumes des Princes Chrestiens, et en fin n'y a aucun, qui ne le craigne et revere grandement«[84].

Pour ce qui était des offices, des revenus, etc., Chappuys suivait largement Sansovino, tandis que les passages sur les finances s'orientaient d'après Bodin. Chappuys partageait avec beaucoup d'autres une vue très sélective et contradictoire de l'Empire ottoman. Est-ce que »cest Estat souverain du Prince des Turcs, ou Grand Seigneur« était un modèle de l'État moderne? À certains égards, sans doute: l'absence d'une noblesse héréditaire, le système financier et militaire, la »souveraineté et puissance« du prince, qui, ne connaissant pas de révoltes, était craint et révéré. Les contradictions ne manquaient pas. Tous les sultans se seraient félicités s'il n'y avait pas eu les révoltes endémiques des janissaires et d'autres. Un sultan, prince souverain, qu'on dirait absolu, idéalisé selon les vœux de l'époque, mais exclu du conseil d'État, du divan, prenant et suivant cependant les »avis« de celui-ci, ne correspondait guère aux attentes de la science politique contemporaine.

COMINO VENTURA

Une diffusion très remarquable a caractérisé le »Thesoro politico«[85], un recueil de nombreux articles de science politique, dont plusieurs voués à l'Empire ottoman, que Comino Ventura avait publiés pour la première fois en 1589. Un premier »Discorso come l'Imperio turchesco, anchorche Tirannico, et violente, sia perdurabile, et per ragion naturali invincibile«[86], mettait l'accent sur le fait que le sultan, bien que tyrannique et violent, n'avait rien à craindre de qui que ce fût. Le Grand Turc n'avait pas d'égal; personne n'aspirait à l'Empire sauf ses propres fils, bien éloignés par précaution; les sujets étaient tous des Turcs, mais les principaux ministres ne l'étaient pas par naissance, plutôt des chrétiens renégats qui étaient venus d'un pays étranger, sans prétention de parenté, riches, honorés et dotés d'une autorité qu'aucun Turc ne saurait jamais atteindre. Par ailleurs, l'auteur insistait sur la très grande puissance militaire du Turc, sa rapidité, sa véhémence. Tandis que la Turquie était dirigée par un seul chef, la chrétienté s'en offrait plusieurs. En somme, l'Empire ottoman ne pourrait être vaincu que par une assistance surnaturelle. Trois autres articles du »Thesoro politico«, rédigés

---

[84] Ibid., fol. 101v.
[85] Comino VENTURA, Thesoro politico, cioè Relationi, instruttioni, trattati, varij Discorsi varii d'Ambri, pertinenti alla cognitione e intelligenza delli stati, interessi et dipendenze de' più gran principi del mondo. Nuovamente impresso a beneficio di chi si diletta intendere et pertinentemente discorrere li negotii di stato, Nell'Academia italiana di Colonia 1589. D'autres éditions: 1592, 1592, 1593, 1598, 1598... cf. BOZZA, Scrittori (voir n.15), p. 68–71. Édition consultée: Comino VENTURA, La Prima Parte (Parte seconda) del Thesoro Politico in cui si contengono Relationi, Instruttioni, Trattati, et varij Discorsi, pertinenti alla perfetta intelligenza della Ragion di Stato Et all'intera cognitione de gli interessi, et dipendenze de' più gran Prencipi, et Signori del Mondo. Raccolto per Comino Ventura da essemplari dell'Academia italiana di Colonia, 2 vol., Milan 1600–1601.
[86] Ibid., t. 1, p. 134–140.

sensiblement d'après l'impression laissée par la bataille de Lépante, analysaient les moyens de faire la guerre à la Turquie.

LA FIN DU MODÈLE?

GIOVANNI BOTERO

Dans son ouvrage principal sur la raison d'État[87], Botero[88] fit référence à plusieurs reprises à l'Empire ottoman tout en suivant de près les arguments de Lucinge. Il disposait d'autres sources encore lorsqu'il rédigeait les Relationi universali[89], dans lesquelles il consacrait un chapitre au »Gran Turco«[90]. Dès le début, il classait »il Turco« à côté du roi d'Espagne et du souverain pontife, trois princes »quasi universali« dont le pouvoir dépassait les limites d'un continent. Après avoir donné au lecteur une idée de l'ampleur de l'Empire en énumérant les pays, les mers, les îles sans reculer devant des chiffres, il consacrait un chapitre aux richesses de celui ci[91]. Il y avait des pays richissimes en hommes et en provisions. Quatre villes d'une opulence inestimable y contribuaient tout particulièrement: Constantinople, avec sept cent mille habitants, la plus peuplée d'Europe (»quasi due Parigi«); Alep, qui excellait dans le commerce; Taris, aux deux cent mille habitants; et Le Caire, véritable carrefour en relation avec l'Afrique, la Méditerranée et même avec l'Inde. Mais pour expliquer le succès de l'Empire, son saut »a una grandezza tremanda a' Principi Christiani« Botero s'appuyait étroitement sur Lucinge: alléguant les discordes des chrétiens et l'art de la guerre notamment.

Le chapitre sur le gouvernement n'entrait malheureusement pas dans les détails de l'appareil de l'État. Botero se contenta de constater que le gouvernement était vraiment »despotico«, parce que le »Gran Turco« était tellement maître de tout et de tous que les habitants s'appelaient ses esclaves et non pas ses sujets. Il y était arrivé par deux moyens. D'un côté il avait enlevé toutes les armes à la population et de l'autre il avait mis »ogni cosa« aux mains de renégats recrutés dans leur jeunesse par voie de tribut, ce qui avait pour conséquence que les provinces se trouvaient dépourvues des »fleurs et du nerf des hommes« tandis que lui s'armait et se protégeait lui-même. Les jeunes

---

[87] Giovanni BOTERO, Della Ragion di Stato libri dieci, Venise 1589. Pour les éditions et traductions, cf. BOZZA, Scrittori (voir n. 15), p. 66–68; BOTERO, Della Ragion di Stato, éd. par Chiara CONTINISIO, Rome 1997.

[88] Cf. toujours Federico CHABOD, Giovanni Botero (1934), dans: ID., Opere, t. II: Scritti sul Rinascimento, Turin 1967, p. 271–458; A. Enzo BALDINI (éd.), Botero e la ›Ragion di Stato‹. Atti del convegno in memoria di Luigi Firpo (Torino 8–10 marzo 1990), Florence 1992 (Fondazione Luigi Firpo, Centro di studi sul pensiero politico, Studi i testi, 1); ID., Botero et Lucinge (voir n. 55); Yves Charles ZARKA, Raison d'État et figure du prince chez Botero, dans: ZARKA (dir.), Raison (voir n. 55), p. 101–120.

[89] Giovanni BOTERO, Le Relationi universali di G. B. Benese, divise in quattro parti, [...] Nella seconda, si dà contezza de' maggiori Prencipi del Mondo, et delle cagioni della grandezza de i loro Stati, [...], nouv. éd., Venise 1597.

[90] Ibid., seconda parte, libro quarto, p. 117–129.

[91] Ibid., p. 118. Sur Botero économiste cf. CHABOD, G. Botero (voir n. 88), p. 302–303.

gens se convertissaient à l'islam sans s'en apercevoir. Puis Botero aborda la force militaire. Selon l'opinion commune le sultan disposait de huit millions d'écus de revenu ordinaire. Vu l'étendue de l'Empire, cela ne semblait pas représenter beaucoup. Botero en voyait la raison dans le fait que les Turcs ne se souciaient d'autre chose que de la guerre. Leur nature les conduisait plutôt à ruiner et à détruire qu'à conserver. En négligeant l'agriculture et le commerce, ils vivaient aux dépens des peuples. Malgré l'immensité du territoire, il n'existait que peu de villes peuplées, et la plus grande partie de la campagne était désertée, »mancando l'agricoltura manca ogni cosa«. Le commerce se trouvait entre les mains des Juifs et des chrétiens venant d'Europe, de Raguse, de Venise, de la France et de l'Angleterre, tandis que peu de villes de l'Empire entretenaient un commerce notable avec l'Europe. Les revenus extraordinaires provenant des confiscations et des dons étaient appréciables, et les immenses richesses des pachas finissaient par arriver au trésor du sultan. Le système des timari (cent cinquante mille chevaux) et le recrutement des garçons pour les janissaires formaient les principales bases de l'Empire turc. L'extraordinaire discipline militaire, surtout des spahi et des janissaires, l'insolence, la cruauté, l'impunité, les privilèges, la forte position de leurs agas, le rôle qu'ils étaient à même de jouer lors de l'avènement d'un sultan les rendaient particulièrement redoutables. Mais aujourd'hui cette milice était »imbastardita« parce que des Turcs et même des gens d'Asie pouvaient entrer chez les janissaires, qui de plus et contre l'ancien usage se mariaient, et Constantinople, »città [...] piu delitiosa«, les avait rendu paresseux. Quant à la marine, aucun prince n'avait pareille commodité pour équiper une flotte, grâce à l'abondance de forêts (dans les arsenaux travaillaient d'ailleurs des artisans chrétiens attirés par l'appât du gain) et d'habitants des îles pour équiper les galères. Trois choses, donc, inspiraient l'horreur, résumait Botero: la multitude inépuisable d'hommes, la discipline imperturbable et la munition infinie.

GIROLAMO FRACHETTA

Vers la fin du siècle, l'analyse devait céder la place de plus en plus aux idées reçues qui en fin de compte ne faisaient qu'exhorter à la guerre contre les Turcs. Girolamo Frachetta (1558–1619) appartenait à cette catégorie d'auteurs politiques[92]. De Rome, il avait défendu âprement le duc de Mayenne et la Ligue catholique dans la crainte d'un éventuel avènement du huguenot Henri de Navarre, ce qui le rapprochait du parti espagnol. Stipendié enfin par l'Espagne, il emprunta pareillement les vues de ses patrons à l'encontre des Turcs, qu'il appelait à combattre dans de nombreux discours. Ce sont surtout deux ouvrages qui émergent de sa production littéraire, »Il seminario de' Governi di Stato, et di Guerra«, paru à Venise en 1613 et six fois réimprimé[93] (un recueil de plus de huit mille) sentences d'auteurs classiques concernant le bon gouver-

---

[92] Enzo BALDINI, Frachetta, Girolamo, dans: Dizionario biografico degli Italiani, t. 49, Rome 1997, p. 567–573.
[93] BOZZA, Scrittori (voir n. 15), p. 121–122.

nement de l'État, et un petit livre paru auparavant et intitulé »Il Prencipe, Nel quale si considera il Prencipe et quanto al governo dello Stato, et quanto al maneggio della Guerra«, édité à Rome en 1597, qui connut cinq rééditions[94]. Frachetta, certes, s'y prononça pour un modèle du prince, qui était guidé par l'utilité et l'honnêteté et soumis à la morale et à la religion. L'Empire ottoman n'y jouait qu'un rôle secondaire, certains comportements se voyaient blâmés, telle l'éducation des enfants. Pendant que les sultans régnaient, ils laissaient les garçons pour les tenir occupés »attendere alle volutta carnali«[95]. Dès l'avènement d'un sultan, celui-ci faisait assassiner ses frères pour vivre en sécurité et pacifiquement, ce que Frachetta ne jugea pas seulement barbare, mais encore contre la »Ragion de Stato«, parce qu'il pourrait arriver que le prince meure avant d'avoir lui même des fils ou que ceux-ci soient encore trop jeunes pour pouvoir gouverner. Les frères assassinés alors, »senza dubbio l'Imperio saria perduto«[96]. En bon catholique il reprochait aux sultans que, pour se divertir, ils imitassent l'empereur romain Commode, aux centaines de concubines. À part ces discours moralisateurs, il fit allusion à l'Empire ottoman à trois reprises. La première fois, c'était la juridiction qui était concernée. Évidemment on devait en charger des hommes aussi intègres et justes que sages et prudents. Mais les procès civils exigeaient en surplus un contrôle par le souverain, comme l'avait exercé l'empereur Basile et plus récemment Louis XII de France, qui, caché dans une petite chambre, passa la nuit au Palais de Justice afin de pouvoir, le lendemain, sans aucune compagnie, suivre les procès dans les diverses chambres. Plus qu'il ne les louait, il estimait les empereurs ottomans, qui par une fenêtre treillagée d'une chambre contiguë surveillaient les »Bassà Visiri«[97]. Quand il ne s'agissait pas de rendre la justice, mais de délibérer sur les affaires de l'État, le prince devait prendre en compte les effets et les conséquences des discussions des conseillers. Comment prendre leurs avis, ensemble ou séparément, sans qu'ils lui parlassent seulement pour lui complaire, et sans que les rivalités, les influences, les dépendances des uns vis-à-vis des autres introduisissent des éléments importuns dans la prise de décision? Frachetta vantait l'usage des empereurs ottomans qui, quand ils voulaient traiter des choses difficiles et de la grande importance à l'État, s'en allaient en dehors à la campagne et en chevauchant appellaient par ordre leurs conseillers l'un après l'autre et écoutaient l'avis de chacun d'eux sans que l'un sache l'opinion de l'autre[98]. C'était une jolie idée originale, mais qui n'avait rien à voir avec la réalité et le protocole très sophistiqué du divan. Frachetta stigmatisa en outre la vénalité des offices en Turquie[99], et jugea défavorablement le fait que le conseil de guerre ne fût pas distingué du conseil d'État[100].

---

[94] Ibid., p. 90.
[95] Girolamo FRACHETTA, Il Prencipe, Rome 1597. Nous nous servons ici de l'édition revue parue à Venise en 1599, p. 42–43.
[96] Ibid., p. 41.
[97] Ibid., p. 33.
[98] Ibid., p. 71.
[99] »In questo errore di vender gli uffiti, ò di conferirli per donativi, sono incorsi i Prencipi della casa Ottomana, et de gli altri«, ibid., p. 62.
[100] Ibid., p. 197.

Dans une lettre que Frachetta aurait adressée à Botero[101], mais qui a été reconnue être un faux[102], il reprocha à l'auteur des »Relationi universali« d'avoir disserté sur des pays qu'il ne connaissait que par la lecture. C'était exactement le problème de beaucoup d'auteurs et de Frachetta en tout premier lieu. Bien qu'il ne connût ni la France ni la Turquie, il se comportait en ardent propagateur de la Ligue catholique, et des lectures plus étendues lui auraient évité certainement des assertions douteuses sur la Turquie.

UNE VOIE SANS ISSUE?

L'image globale que les auteurs cités nous avaient laissée de leur compréhension de cet empire en pleine expansion est assez mitigée. Celui-ci était craint et redouté; le Turc était destructeur, mais pareillement estimé pour son système politique rationnel et efficace. Toute une liste d'exemples, qui représentaient en même temps des desiderata des États occidentaux, en disait long sur les idéaux politiques de l'époque. Bien que les auteurs ne tombassent pas toujours d'accord sur un grand nombre de points, certains éléments revenaient régulièrement. L'éducation des enfants en dehors de la famille d'origine et orientée exclusivement vers le service, que ce soit à la cour ou, plus encore, à l'armée; pas de philosophie déstabilisante, donc nécessité d'une censure rigoureuse; pas de noblesse; pas de grands; pas d'États; un monarque régnant seul et contrôlant le système; une justice exemplaire; les impôts et leur levée; leur affectation directe à la guerre; une armée d'une combativité extraordinaire et sans scrupules érigeaient l'Empire ottoman en État modèle selon les critères de la raison d'État.

Certes, on doit concéder aux auteurs que la plupart d'entre eux ne connaissaient pas la Turquie par une vue immédiate, mais puisaient leurs connaissances dans la lecture, notamment de Paul Jove, de Guillaume Postel et de Nicolay, et des images reçues, avec la conséquence que des informations erronées marquaient tous les ouvrages. Parmi les sujets secondaires, on notera par exemple que certains niaient qu'il y avait un enseignement des lettres et de la philosophie aux jeunes gens, d'autres soutenaient le contraire, et Chappuys le faisait attribuer même aux filles. Montaigne n'avait pas de problème pour expliquer l'existence de l'État le plus fort du monde par l'estime des armes autant que par le dédain des lettres: »Le plus fort estat qui paroisse pour le present au monde, est celuy des Turcs: peuples également duicts à l'estimation des armes et mespris des lettres«[103]. Quelle erreur! Montaigne et tant d'autres ne savaient évidemment rien de la haute culture livresque dans les pays arabes et turcs, rien du sultan lecteur, du sultan calligraphe. Une semblable ignorance se manifestait à l'égard de l'architecture – c'était quand même l'époque où Sinan Pacha érigeait ses monumen-

---

[101] CHABOD, Giovanni Botero (voir n. 88), III: Una lettera di Girolamo Frachetta al Botero, p. 447–458.
[102] A. Enzo BALDINI, Le guerre di religione francesi nella trattatistica italiana della ragion di Stato: Botero e Frachetta, dans: Il Pensiero Politico 22 (1989), p. 301–324.
[103] Michel DE MONTAIGNE, Essais I, 25, dans: Œuvres complètes, éd. Albert THIBAUDET et Maurice RAT, Paris 1962, p. 143 (= I, 24, dans: Les Essais, éd. Jean BALSAMO, Paris 2007, p. 149).

taux édifices – et, plus généralement, de tous les liens culturels qui existaient entre Istanbul et l'Occident.

Il conviendrait de mentionner les sujets généralement laissés de côté. À n'en pas douter, un théoricien politique français ou italien ne voyait pas forcément un trop grand inconvénient aux restrictions imposées à la population ou à la vile populace, quand tout tournait autour de la guerre; aux impôts qu'on levait sur les Juifs; aux massacres et à la misère des pays conquis. Seul le »devchirmé«, jugé généralement inhumain, posait des problèmes, et Bodin d'attribuer la véritable noblesse précisément à ces enfants enlevés. La morale n'entrait que difficilement dans la comparaison.

Une grossière fausse appréciation est à remarquer lorsqu'il s'agissait du divan, divan que quelques auteurs ne mentionnaient même pas, d'autres n'y voyant qu'une cour de justice, et d'autres encore se sentant fortement impressionnés par la fameuse fenêtre grillagée par laquelle le sultan se trouvait à même de contrôler le travail du conseil. Il n'aurait sans doute pas fallu s'arrêter à ce seul point. Dans le pays d'Europe pareillement, l'action gouvernementale a été interprétée comme une issue ou une suite de la juridiction, et les cas d'une importance extraordinaire ont toujours été réservés au Conseil d'État, comme ils l'étaient au divan ou aux institutions respectives dans les autres pays. Malgré les anciens et toujours persistants liens entre la juridiction et le pouvoir exécutif, les fonctions s'étaient séparées et furent attribuées à différents organes. Le divan, correspondant le plus au Conseil d'État français, présidé par le grand vizir et composé d'autres pachas permanents – pour lequel on nommait des »beylerbeys«, d'autres pachas et hauts officiers –, formait en fait le gouvernement de l'Empire ottoman. Depuis Mehmet II, le sultan n'assistait plus aux séances, mais, lorsque celles-ci étaient terminées, le grand vizir se rendait à la porte de la félicité, qui séparait l'espace public du privé, pour lui communiquer les conclusions des débats, conclusions auxquelles il se pliait[104]. La Turquie était ainsi en avance sur la France, où, au XVIe siècle le Conseil d'État et privé n'était même pas autorisé à se réunir sans la présence effective du roi, qui par conséquent n'avait nullement besoin d'une fenêtre grillagée. À l'époque, c'était le nombre de ceux qui avaient droit d'entrée au conseil et le fait qu'ils étaient motivés par des intérêts autres que ceux de l'État, qui empêchaient le Conseil de devenir un instrument efficace. Les réformes de Louis XIV par lesquelles les membres du Conseil d'en haut furent réduits au-dessous d'une douzaine de personnes eurent entre autres résultats que le roi se voyait obligé de suivre les votes du Conseil[105]. Louis XIV le Grand Turc, ainsi qu'il fut appelé dans des pamphlets. Bien que les auteurs politiques du XVIe siècle ne pussent prévoir les développements en France, il reste toutefois remarquable qu'ils ne savaient ou ne voulaient pas reconnaître et apprécier l'état déjà atteint en Turquie: l'élimination très avancée du souverain de l'appareil gouvernemental. Ce cas de figure, non prévu dans le système aristotélicien, ne devait pas se produire en »bonne raison d'État«.

---

[104] Cf. n. 43 pour le fonctionnement des organes du gouvernement.

[105] Albert CREMER, Weshalb Ludwig XIV. kein »absoluter« König war, dans: Bernhard JUSSEN (dir.), Die Macht des Königs. Herrschaft in Europa vom Frühmittelalter bis in die Neuzeit, Munich 2005, p. 319–325.

Vers la fin du XVIe siècle, l'Empire ottoman perdait toujours plus son caractère de modèle de l'État moderne. Dans la foulée de la victoire de Lépante, on se rendait compte que la Turquie n'était pas du tout invincible[106], et les nostalgiques, comme Cervantès, cultivaient l'émotion du haut fait. Le redressement de la France et le renouveau du catholicisme faisaient réapparaître l'idée de la croisade. La science politique, à l'instigation de Juste Lipse, se tournait vers un autre dieu, l'Empire romain tel que l'avait transmis Tacite. Le mythe de la Turquie restait tout de même vivant, notamment dans la littérature[107], et Racine de conclure: »les personnages turcs, quelque modernes qu'ils soient, ont de la dignité sur notre théâtre«[108].

ANNEXE

Dans quelle mesure le discours turc a-t-il été répandu? La situation politique, notamment en Italie et dans le Saint-Empire où la proximité et les aggressions quasi permanentes des Turcs avaient engendré une crainte endémique, eut pour conséquence une production littéraire énorme et dont témoignent pareillement les multiples rééditions des ouvrages majeurs. Mais qui les avait lus? Un sondage effectué dans une cinquantaine de bibliothèques des magistrats du parlement de Paris en fonctions entre 1560 et 1610 fait apparaître un intérêt plutôt faible quant à la question turque. Certes, pour ces juristes à formation classique l'Empire ottoman ne se trouvait pas au centre de leurs réflexions sur l'histoire, le pouvoir, l'État. Bodin, qui se référait tant de fois à la Turquie dans la »République«, avait déjà dans sa »Methodus«, de 1572, tenu à ce qu'on prête plus d'attention à l'histoire et aux systèmes politiques d'autres pays que la France. S'il a été sans aucun doute un représentant d'exception de la »science Politique« de l'époque, il n'avait pourtant pas réussi une carrière au parlement.

Les bibliothèques de ces magistrats ne nous sont connues que par les inventaires après décès[109], à part celui du président Jacques Auguste de Thou[110]. Ils étaient dressés

---

[106] BRAUDEL, La Méditerranée (voir n. 5), t. 2, p. 429.
[107] ROUILLARD, The Turk (voir n. 6).
[108] Jean RACINE, Bajazet, [Seconde] Préface (1676), dans: Œuvres complètes, éd. Raymond PICARD, t. I, Paris 1969, p. 531
[109] Nous avons retrouvé une cinquantaine de bibliothèques dans les inventaires après décès des magistrats de l'époque. L'inventaire d'une des plus importantes bibliothèques a été publié par Jérôme DELATOUR, Une bibliothèque humaniste au temps des guerres de religion. Les livres de Claude Dupuy d'après l'inventaire dressé par le libraire Denis Duval (1595), Paris 1998; Cf. pareillement les publications d'autres inventaires, de Roger DOUCET, Les bibliothèques parisiennes au XVIe siècle, Paris 1956, à Robert DESCIMON, La bibliothèque de Jean Hotman de Villiers (1636), dans: Ouzi ELYADA et Jacques LE BRUN (dir.), Conflits politiques, controverses religieuses. Essais d'histoire européenne aux XVIe–XVIIIe siècles, Paris 2002, p.211–221.
[110] L'inventaire de la collection fut dressé en 1617: BnF, ms. lat. 10389; Antoine CORON, »Ut prosint aliis«. Jacques-Auguste de Thou et sa bibliothèque, dans: Claude JOLY (dir.), Histoire des bibliothèques françaises, t. II: Les bibliothèques sous l'Ancien Régime, 1530–1789, Paris 1988, p. 101–125; Marie-Pierre LAFFITTE, Les manuscrits de la collection de Thou, dans: ibid., p. 108–109; Henry HARRISSE, Le président de Thou et ses descendants, leur célèbre bibliothèque, leurs armoiries, Paris 1905.

par des notaires soutenus par des marchands libraires (éventuellement par l'un des quatre jurés de l'Université) dans le but d'une évaluation de la fortune du défunt en vue du partage entre les parties concernées. Les librairies furent généralement soigneusement inventoriées, bien qu'elles ne jouassent aucun rôle dans le partage, car elles tombaient sous le règlement du préciput prévu par la coutume de Paris, qui, à part d'autres catégories de biens, attribuait les livres avant partage à l'époux survivant. Quelques inconvénients des inventaires après décès doivent être pris en compte, dont notamment l'existence d'éventuelles librairies cachées (livres interdits tus par connivence des libraires et notaires). Le seul président de Thou, aussi puissant qu'il fût et par la circonstance que l'inventaire ne fut pas dressé par des notaires, n'avait pas hésité à former toute une section intitulée »Librj improbatae lectionis«, qui regroupait la théologie protestante, et il existait en outre une librairie cachée que nous ne connaissons pas. Dans un tout autre but, mais dont les conséquences coïncidaient malheureusement, se faisait le regroupement de livres en lots, qui par ce procédé se trouvaient anonymisés, cette fois-ci non pas en raison de leur présence illégale dans les collections, mais de leur moindre valeur monétaire estimée. Si donc un certain nombre d'ouvrages nous échappe, il n'en reste pas moins que la majorité des volumes, dont les plus importants titres, se trouvait signalée.

Quand on analyse la cinquantaine de librairies qui nous sont connues par les inventaires après décès, auxquelles on peut bien ajouter celle de De Thou, non fixée par un instrument notarial, mais également établie quelques mois après la mort de son fondateur, on est tout d'abord surpris du petit nombre de livres traitant de l'Empire ottoman *stricto sensu*. Même le grand ouvrage réunissant tant de traités très importants sur les Turcs et l'Islam publié par Bibliander en collaboration avec Luther et Melanchthon ne se retrouve dans aucune collection[111]. Il était, semble-t-il, un peu trop protestant, bien qu'il renfermât par exemple l'importante lettre de Pie II au sultan Mehmet II.

Comme évidemment l'histoire ne s'épuisait pas dans les récits des temps passés, elle étalait plutôt des précédents politiques et juridiques. Les références les plus nobles se rencontraient dans l'histoire romaine, grecque également, et enfin byzantine à la rigueur, mais pas du tout dans l'histoire ottomane. Si tel était le cas, il n'en reste pas moins que deux ouvrages majeurs du XVIe siècle occupèrent une place privilégiée dans pratiquement l'ensemble des collections. C'était d'abord Paolo Giovio avec ses »Historiarum sui temporis libri« qui avaient connu plusieurs éditions au cours des années cinquante, et »Les six livres de la République« par Jean Bodin, qui, parus en 1576, se trouvent dès l'année suivante dans toutes les bibliothèques connues des ma-

---

[111] Theodor BIBLIANDER (éd.), Mahumetis Saracenorum principis, eius'que successorum vitae, doctrina, ipseque Alcoran, quo velut authentico legum divinarum codice Agareni et Turcae, alijque Christo adversantes populi reguntur quae ante annos CCCC, vir multis nominibus, Divi quoque Bernardi testimonio, clarissimus, D. Petrus Abbas Cluniacensis, per viros eruditos, ad fidei Christianae ac sanctae matris Ecclesiae propugnationem, ex Arabica lingua in Latinam transferri curavit. His adiunctae sunt Confutationes multorum, et quidem probatiss. authorum, Arabum, Graecorum, et Latinorum, unà cum doctiss. viri Philippi Melanchthonis praemonitione [...] Adiunctae sunt etiam Turcarum, [...] origine, res gestae maximè memorabiles, à DCCCC annis ad nostra usque tempora, Bâle [J. Oporin] 1543; s.l. 1550.

gistrats parisiens et dont on a souligné l'importance ci-dessus pour la connaissance de l'Empire ottoman, une œuvre dont la portée a été plus forte peut-être que l'ensemble des autres ouvrages sur la Turquie. Sansovino et Chappuys par contre n'avaient guère trouvé de lecteurs dans ce milieu de la haute magistrature[112]. En somme, si les ouvrages sur l'Empire ottoman sont assez rares, on peut tout de même observer qu'on les rencontre un peu plus fréquemment à partir de 1600. L'extrême richesse, dans ce domaine également, de la bibliothèque de Jacques Auguste de Thou ne fut pas la règle.

TURCICA *DANS LES BIBLIOTHÈQUES DES MAGISTRATS*

Saint-André, Pierre de, i.a.d. de son épouse Marguerite Budé, fille de Guillaume Budé, i.a.d. du 28 mai 1565, Min. cent., LXXXVI–101

† 4 mars 1572. Sgr de Montbrun, de Goupillières et de Marly-la-Vallée. Conseiller puis président au Parlement de Paris de 1563 à 1572. – Librairie: 900 volumes dont 10 mss. dont 8 grecs.

Jtem vng postel de la Republicque des turcs Jn quarto[113] Relie prise cinq solz tz Pource v stz

Rivière, Denis de, 30 août 1566, Min. cent., IX–147

† 30 août 1566. Sgr de Granges et d'Aube. Conseiller en 1555. – Librairie: 673 volumes, 6 mss.

Opera quedam postellj En vng volume[5] Prise vii s tz

Prévost, Bernard, 10 oct. 1585, Min. cent., LXXXVI–159

† 22 sep. 1585. Sgr de Morsan et de Villabry. Conseiller puis président dès 1549. – Librairie: 876 volumes plus 2 lots, 1 ms.

Chronica Turquoru' philippi Leoniceri[114] prise trois liures dix solz j° x s

Brisson, Barnabé, 7 déc. 1591, Min. cent., LXXVIII–155

† 15 nov. 1591, (victime des Seize). Sr de Gravillers, du Breuil et d'Épinay-sur-Orge. 6ᵉ président 1580, 1ᵉʳ président par la ligue[115]. – Librairie: 3076 volumes imprimés, 353 manuscrits

---

[112] Sansovino ne se rencontre que dans trois bibliothèques, Chappuys dans une seule.
[113] Guillaume POSTEL, De la Republique des Turcs, et là ou l'occasion s'offrera, des meurs et loys de tous Muhamedistes, Poitiers, Marnef, 1560.
[114] Philipp LONICER, Chronicorum Turcicorum: in quibus Turcorum origo principes, imperatores, bella, praelia, caedes victoriae, reique militaris ratio, et caetera huc pertinentia, continuo ordine & perspicua brevitate exponuntur, 3 t. en 1 vol., in-fol., Francfort, S. Feyerabend, 1578; in-8°, J.Wechel, S. Feyerabend, 1584

Jtem de vita & Moribus Turcicis fol'[116] p'se cy vi s
Jtem Cronicum Turcoorum [sic] fol'[117] p'se cy xxv s

Dupuy, Claude, 20 jan.1595, Min. cent., XLIX–220
† 1er ou 3 déc. 1594. Seigneur de Saint-Germain-Laval. Conseiller en 1576.[118] – Librairie: 1412 volumes dont 76 mss., en plus 41 lots.
Castrioti Historia turcorum[119] fo velin 10
Postel De la republique Des turcs 4°[120] velin 7 [s] 6 [d]
Historia Di turchi 4° 2 voll'es[121] lun rel velin lautre prest a couurir 20
Turcograecia crusij fol[122] fo l 15

Masparraulte, Pierre de, **Le Voye (Le Voix)**, Loyse, inv. de séparation, 23 mars 1599, Min. cent., XXVI–39
† 28 déc. 1602. Sgr de Chennevières-sur-Marne. Docteur en droit. Conseiller, maître des requêtes, conseiller d'Etat dès 1555. Sa seconde épouse Loyse Le Voix (signature: Le Voys).[123] – Librairie: 255 volumes

Postel Des turcs[124] prisez 5 s [7 ?]

---

[115] Élie BARNAVI, Robert DESCIMON, La Sainte Ligue, le juge et la potence. L'assassinat du président Brisson (15 novembre 1591), Paris 1985; Paul GAMBIER, Au temps des guerres de religion. Le président Barnabé Brisson, ligueur (1531–1591), Paris 1957.
[116] Marino BARLEZIO (BARLETTI), De Vita, moribus ac rebus praecipue adversus Turcas gestis Georgii Castrioti, clarissimi Epirotarum principis, qui propter celeberrima facinora Scanderbegus, hoc est Alexander Magnus cognominatus est, libri tredecim, per Marinum Barletium [...] conscripti, Strasbourg, Crato Mylius, 1537.
[117] Philipp LONICER, Chronicorum Turcicorum (voir n. 6).
[118] Jacques Auguste DE THOU, Historia sui temporis, Orléans 1620, t. 5, p. 457–458; Dictionnaire de biographie française, t. 12, Paris 1970, col. 581–582; Léopold DELISLE, Le cabinet des manuscrits de la Bibliothèque impériale, t. 1, Paris 1868, 261–265; Jérôme DELATOUR, Les frères Dupuy (1582-1656), dans: École nationale des chartes. Positions des thèses (1996), p. 93–100, surtout n. 1; et ID., Une bibliothèque (voir n. 1).
[119] BARLEZIO, De Vita (voir n. 8).
[120] POSTEL, De la Republique (voir n. 5).
[121] Francesco SANSOVINO, Dell'Historia universale dell'origine et imperio de'Turchi, Venise, F. Rampazetto, 1564. Gl'Annali Turcheschi, overo Vite de principi della casa othomana, Venise, L. de Alaris, 1573.
[122] Martin CRUSIUS, Turcograeciae libri octo a Martino Crusio [...] edita, quibus Graecorum status sub imperio turcico in politia et ecclesia, oeconomia et scholis jam inde ab amissa Constantinopoli ad haec usque tempora luculenter describitur, Bâle, L. Ostein, 1584.
[123] Robert DESCIMON, Qui étaient les Seize? Étude sociale de deux cent vingt-cinq cadres laïcs de la Ligue radicale parisienne (1585–1594), dans: Paris et Île-de-France, Mémoires, 34, (1983), p.189–190; Maïté ETCHECHOURY, Les maîtres des requêtes de l'hôtel du roi sous les derniers Valois (1553–1589), Paris 1991, p. 249–250; Pierre ROBLIN, Pierre de Masparraulte, seigneur de Chennevières-sur-Marne (1532–1602). Un officier royal pendant les guerres de religion, Paris 2003.
[124] POSTEL, De la Republique (voir n. 5).

Masparraulte, Pierre de, 3 fév. 1603, Min. cent., CVII-99
librairie: 394 volumes
Jtem La Republicque des Turs [*sic*] Jncarto Relie en parchemin prise Sept solz six deniers vij s vi d

Pastoureau, François, i.a.d. de son épouse Marie Marchant, 29 jan. 1607, Min. cent., XLIX–260
Conseiller dès 1587. – Librairie: 821 volumes dont 521 en 30 lots, mss. (4 au plus).

I Turcor geno. foll[125] Rp'chem' 1--

Viole, Jacques, 15 fév. 1610, Min. cent., XVIII–214
† 29 jan. 1610. Sr de Douzereaux, d'Aigremont et d'Andrezel. Conseiller depuis 1574, puis président. – Librairie: 1552 volumes plus 1 lot.

Jtem Turco Graetia Jn follio[126] rellie en parchemain Pse xx s

Thou, Jacques Auguste de, 1617, Bibl. nat., ms. lat. 10389
8 oct. 1553–7 mai 1617. Président, conseiller d'État. – Librairie: ca 6600 volumes imprimés, 830 mss.[127]

fol. 58v–59 Histor. Jmpp. Constantinop.

fol. 59
Saracenica

Machometis natales II uaticinia Seueri et Leonis in oriente impp. 1597.[128] / Historia Cronologica pannoniae ad ann CD D CVI 4° Bry. 1608[129].

---

[125] CRUSIUS, Turcograeciae (voir n. 14).
[126] Ibid.
[127] Voir n. 2.
[128] Johann Theodor DE BRY, Johann Israel DE BRY, I. Acta Mechmeti I. Saracenorum Principis natales vitam, victorias, imperium et martem eius omnium complectentia. Genealogia successorum eiusdem ad modernum usque Mechmetem III., ex variis hinc inde auctoribus fide dignis diligenter congesta. II. Vaticinia. Severi Et Leonis in Oriente Impp. cum quibusdam aliorum aliis, interitum regni Turcici sub Mechmete hoc III. praecidentia. Iconibus Artificiose in aere sculptis passim exornata, recens foras data, [Francfort, de Bry], 1597.
[129] Johann Adam LONICER, Jean Jacques BOISSARD, Theodor DE BRY, Historia chronologica Pannoniae: res per Hungagariam [*sic*] et Transyluaniam, iam inde à constitutione regnorum illorum, vsque ad inuictiss. Rom. Imp. Rodolphum II. Hungariae regem Christianum XXXX. & sereniss. Sigismundum Bathorium, Transyluaniae Ducem, maximè vero hoc diuturno bello gestas: Icones item vitasque et victorias, regum, ducum & procerum, tam Christianorum quam Turcicorum à Ioanne Iac. Boissardo Vesuntino delineatas, continens. Ad annum usque M.D.CVII. continuata & deducta, studio & opera M. Gotardi Arthus Dantiscani. Addita est tabula Chorographica totius Hungariae noua, effigiationes item topographicae aliae, in aes ar-

Histoire de La decadence de Lempire grec par les turcs, descrite en X liures par Nic Chalcondile athenien tourné en francois par B uigener 4° Paris 1577[130].

de originibus tartarorum, persarum, turcarum, et omnium ab Abrah. et noachi Alumnorum ex libris noachi et hanochi Commentatio Gul. postelli. 8, oporin. 1553[131].

J Commentari di Theodoro spandugino gentilhuomo Constantinopolitano delle origine de principi turchi et de Costumi di quella gente Lib II Fior 1551.[132] / delle Cose de turchi Lib III 8°. uineg. 1541[133].

Augerii Ghislenii Busbequii Legationis turcicae epistolae IIII elegantissimae 8 paris. 1591[134].

Relaciones de don Jan de persia diuididas en III libros 4° ualladolid 1604[135].

fol. 59v
Comment. di Andrea Cambeni for della origine de Turchi e' Casa ottomana 1540[136]/ turco uincibile in ungheria dy achille Tarducci 8.° ferra 1600[137].

tificiosè incisae & in lucem datae, per Theodori de Bry relictam viduam & filios haeredes, 1608. Francfort, [haeredes Theodori de Bry], 1608.

[130] Laonicus CHALCONDYLE, L'Histoire de la décadence de l'Empire grec et establissement de celuy des Turcs, comprise en dix livres, par Nicolas Chalcondyle, [...] de la traduction de Blaise de Vigenère, Paris, N. Chesneau, 1577.

[131] Guillaume POSTEL, De originibus seu de varia et potissimum orbi Latino ad hanc diem incognita aut inconsyderata historia, quum totius Orientis, tum maxime Tartarorum, Persarum, Turcarum et omnium Abrahami et Noachi alumnorum origines et mysteria Brachmanum retegente [...] / ex libris Noachi et Hanochi totiusque avitae traditionis a Mosis alumnis ad nostra tempora servatae et Chaldaicis literis conscriptae Guil. Postellus posteritati eruit, exposuit et proposuit, Bâle, Oporin, [1553].

[132] Theodoro SPANDUGINO (SPANDOUNES), I. Commentari di Theodoro Spandugino Cantacuscino, gentilhuomo costantinopolitano, dell'origine de principi turchi, et de'costumi di quella natione, Florence, L. Torrentino, 1551.

[133] Delle Cose de Turchi libri tre, Venise, in casa di Maestro Bernardin, Milanese, 1541.

[134] Ogier Ghislain DE BUSBECQ, Augerii Gislenii Busbequii D. legationis turcicae epistolae quatuor, quarum priores duae ante aliquot annos in lucem prodierunt sub nomine »Itinerum Constantinopolitani et Amasiani«. Adjectae sunt duae alterae. Ejusdem de re militari contra Turcam instituenda consilium, Paris, ex officina Plantiniana, apud Ae. Beys, 1595. Le manuscrit porte bien l'année 1591, mais Beys n'avait publié l'ouvrage qu'en 1589 et en 1595. Le catalogue imprimé en 1679 confirme qu'il s'agissait de l'édition de 1595, Catalogus Bibliotheca Thuanae, 1, p. 448.

[135] Juan DE PERSIA, puis ULUG BEY BEYAT (OULOUG BEG), Relaciones de Don Juan de Persia [...] dividadas en tres libros, donde se trovan las cosas notables de Persia, la genealogia de sus reyes, guerras de Persianos, Turcos y Tartaros, y las que vido en el viaje que hizo á España, y su conversación y la de otros cavalleros persianos, Valladolid, J. de Bostillo, 1604.

[136] Andrea CAMBINI, Commentario de Andrea Cambini fiorentino, della origine de Turchi e imperio della casa ottomanna, s.l. 1540.

[137] Achille TARDUCCI DA CORINALDO, Il Turco vincibile in Ungaria con mediocri aiuti di Germania, discorso appresentato à i supremi capitani dell'esercito confederato contra il Turco, e doppo mandato alli suoi amici d'Italia Ferrara, V. Baldini, 1600.

Christophori Richerii thoringii de rebus turcarum origine gestis et moribus Lib V 4.°
R. Steph. 1540[138].
Historia belli sacri ab anno chr. CD XCIII Regis Philippi Fr. usque ad regnum Balduini IIII J. annum Chr. CD CLXX VIII Lib. XXIII. Comprehensa à guilielmo tyri archiepisc.. Continuationis belli sacri lib VI Jo Basil. Herold. item Rhyhini Florent. M. de Capta ptolemuide. de bello hispan. Contra sarac. item de Albigen. heres. II fol. Basil 1560[139].
Bellum Christianorum principum praecipue Gallorum Contra Saracenos anno CD LXXXVIII pro terra s. gestum autore R. Monacho. C. uerardus de expugnatione regni granatae. de legatione regis aethiopiae ad Clementem septimum Pon. Maximum Fol. H. P. 1533[140]. / Freculfi lexoniensis epis Chroni. Colon. 1539[141].
Gesta dei per Francos ex uariis autoribus maiorem partem v' editis aut amplioribus et Castigationibus Collecta studio Joan. bongarcii. Fol. Hanouiae 1611. II uolum[142].
Chronicon Hyerosolimitanum id est de bello sacro Historia exposita libris XII ab anonymo et in lucem nunc primum edita opera et studio Reinardi reinexii 4°. Helmstadt. 1584. pars prima[143].

---

[138] Christophe RICHER, De rebus Turcarum ad Franciscum Gallorum regem Christianiss libri quinque, Christophoro Richerio Thorigneo Senone [...] authore. De origine Turcarum et Ottomanni imperio; De moribus & institutis illius gentis. De Tammerlanis Parthi rebus gestis. De expugnata à Maomette Constantinopli. De Castellinovi Dalmatiae oppidi recenti direptione, Paris, R. Estienne, 1540.

[139] Guillaume DE TYR, Johannes HEROLD, POYSSENOT, Philibert et PANTALEON, Heinrich (éd.), Belli sacri historia, libris XXIII comprehensa, de Hierosolyma ac terra promissionis [...] per [...] principes christianos recuperata [...] narrationis serie usque ad regnum Balduini quarti [...] [a Joanne Herold continuata]. Opus [...] Philiberti Poyssenoti opera in lucem editum, Gulielmo Tyrio, [...] autore. La IIe partie a pour titre particulier: De Bello sacro continuatae historiae libri VI p. c. Johanne Herold authore. Adjecimus de Expugnatione urbis Ptolemaidos Monachi, [...] archiepiscopi Acconensis rythmum. Insuper etiam de Sarracenis profligatis ab Alphonso X [...] rescriptum, cum epistola procerum eorum, quorum opera Albigenses haeretici deleti fuerunt, 2 p. en 1 vol., Bâle, N. Brylinger et J. Oporin, 1549–1560.

[140] Robert LE MOINE, Bellum christianorum principum, praecipue Gallorum, contra Saracenos, anno salutis M. LXXXVIII, pro Terra Sancta gestum, autore Roberto Monacho. Carolus Verardus de expugnatione regni Granatae quae contigit ab hinc quadragesimo secundo anno, per catholicum regem Ferdinandum Hispaniarum. Christophorus Colom de prima insularum, in mari Indico sitarum, lustratione, quae sub rege Ferdinando Hispaniarum facta est. De legatione regis Aethiopiae ad Clementem pontificem VII ac Regem Portugalliae [...] Joan. Baptista Egnatius de origine Turcarum. Pomponius Laetus de exortu Maomethis, Bâle, H. Petrus, 1533.

[141] FRÉCULPHE, Freculphi, [...] Chronicorum tomi II, quorum prior ab initio mundi usque ad Octaviani Caesaris tempora... posterior dehinc usque ad Francorum et Longobardorum [sic] regna [...] historiam continet, Cologne, M. Novesianus, 1539.

[142] Guibert DE NOGENT-SOUS-COUCY, Marino SANUDO, Jacques DE BONGARS, Gesta Dei per Francos, sive Orientalium expeditionum et regni Francorum Hierosolymitani historia, a variis sed illius aevi scriptoribus litteris commendata, nunc primum aut editis, aut ad libros veteres emendatis [...] orientalis historiae tomus primus. – Liber Secretorum fidelium crucis super Terrae Sanctae recuperatione et conservatione [...] cujus auctor Marinus Sanutus, dictus Torsellus, patricius Venetus [...] ex mss. veteribus editus orientalis historiae tomus secundus. (edidit J. Bongars), 2 t. en 1 vol., Hanovre, heredes J. Aubrii, 1611.

[143] Reinerus REINECCIUS, Chronicon hierosolymitanum [Alberti Aquensis], id est de Bello sacro historia, exposita libris XII et nunc primum in lucem edita, opera et studio Reineri Reineccii,

Pars secunda rerum Hyerosolimitanum Conradi uicerii regii secretarii Commenta. de rebus gestis henrici 7.[i] ex Lucemburgionum principum familia ab anno 802. ad annum … Caroli IIII imperatoris Commenta de uita sua historia orientalis haitoni. Marci Pauli ueneti de regionibus orientalibus li. III Fragmentum ex uincentii belluasensis speculo hist. 30. I II appendix Reinerii Reinexii ad haytonum in qua stemmata saracenicarum Familiarum 4° Helmstadt. 1585[144].

Histoire de Geofroy de uillardoin mareschal de Champagne et de Romanie de la Conquete de Constantinople par les Barons francois associez aux uenitiens Lan CD CCIV en son uieil langage et expliqué par un plus facile par B uigenere. 4.° Paris 1585[145].

Histoire de Geofroy de uillardoin extraite de la biblioth de uenise fol. Lion 1601[146].

fol. 60
Les passages de oultre mer de noble Godefroy de Bouillon du bon Roy st Louys et autres auec plusieurs faits des Rois de Hongrie et despagne 8. Paris. 1598 [*sic*][147].
De bello Contra barbaros à christianis gesto pro christi sepulchro et Judaea recuperandis. Ben. de accoltis lib IIII 8° Basil. uuinter 1544[148].
Historia de Cosas del oriente I, y II por amaro Centeno 4° Cordoua 1595[149].

[…] quae operis subjecti est pars prima; sunt omnia […] brevibus scholiis et aliis enarrationibus illustrata, Helmstadt, J. Lucius, 1584.
[144] ID., Pars secunda continens duorum priorum familiae Lyceburg. imperatorum historia, in quibus alterius, Caroli IIII una cum oratione funebri de eodem [per Johannem archiepiscopum Pragensem] nunc primum vulgatur. Accessit propter argumenti afffinitatem cum Chronico hierosol. inprimis ob rerum Sarracnicarum et Turcicarum, quas rursus Tartaricae excepere, implicatam mentionem Historiae orientalis Haythoni, cui instar a subjici recte posse videbatur Marci Pauli Veneti Itinerarium, item fragmentum e Speculo historiali Vincentii Belvacensis, singulis partim emendatis, partim locupletatis, ita quidem, ut Historiae orientalis explanatio ad haec nostra tempora usque pertineat, auctore Reinero Reineccio, Helmstadt, J. Lucius, 1585.
[145] Geoffroy DE VILLEHARDOUIN, L'Histoire de Geoffroy de Villehardouyn, mareschal de Champagne et de Roménie, de la Conqueste par les barons français associez aux Vénitiens, l'an 1204, d'un costé en son vieil langage et de l'autre en un plus moderne et intelligible, par Blaise de Vigenère, Paris, A. L'Angelier, 1585.
[146] ID., L'Histoire, ou Chronique du seigneur Geoffroy de Ville-Harduin, […] représentée de mot à mot en ancienne langue françoise d'un vieil exemplaire escrit à l main qui se trouve dans les anciennes archives de la Sérénissime république de Venise, contenant la Conqueste de l'Empire de Constantinople faicte par les barons françois, confédérez et unis avec les seigneurs vénitiens, l'an 1204. Ensemble la description de la prinse de Constantinople, extraicte de la fin des Annales de Nicète Coniates, historien grec et chancelier des empereurs constantinopolitains, de nouveau mis en françois, 2 p. en 1 vol., Lyon, héritiers de G. Rouillé, 1601.
[147] Sébastien MAMEROT, (d'après le Père Lelong), Les Passages de oultre mer. Du noble Godefroy de buillon qui fut roy de Hierusalem. Du bon roy sainct Loys, et de plusieurs vertueux princes qui se sont croisez pour augmenter et soustenir la foy crestienne, Paris, se vendent en la rue sainct Jacques a lenseigne de lelephant, [env. 1525, selon B. Moreau III, 866 d'après l'état de la marque].
[148] Benedetto ACCOLTI, Benedicti de Acoltis Aretini de bello a Christianis contra Barbaros gesto pro Christi sepulchro et Judaea recuperandis lib. IIII, Bâle, R. Winter, 1544.

L'Empire ottoman, modèle de l'État moderne? 69

Historiae musulmanae lib XVIII Jo. Leunclauii Cura editi eiusdem Libitinarius index, Cum onomastico. 1591[150]. / annales sultanorum à Turcis sua lingua scripti à Jo. Leunclauio illustrati et aucti ad ann. CD DXXCVIII[151] eiusdem Leunclauii pandectas Fol uuechel 1596[152].

Chronicorum Turcicorum tom. III. I phil Loniceri et Jo Auentini. II ex diuersis. III Georgii Castrioti epirotarum principis gesta Continens marino barletio Lib XIII descripta – item de expugnatione sCondrensi [sic] Lib III eodem Barleno [sic] scriptore Fol. Francof. 1578[153].

De rebus turcicis Commentarii II Joach Camerarii[154] Gul Brussii scoti de Tartaris diarium 1598[155]. Coel August Curionis Saracenicae historicae Lib III uuol fangi dreschleri Turcicum Cronicon Cel Curionis descriptio regni marochensis. de bello melitensi CD D LXV Comment fol uvech. 1596[156].

[149] Amaro CENTENE, Historia de cosas del Oriente [...] Contiene una description general de los reynos de Asia [...] la historia de los Tartaros [...] las cosas del reyno de Egipto, la historia y sucesos del reyno de Hierusalem [...] Traduzido y recopilado [...] por Amaro Centeno, Cordova, M. Rodriguez, 1595.

[150] Johannes LEUNCLAVIUS (Löwenklau), Historiae musulmanae Turcorum, de monumentis ipsorum exscriptae, libri XVIII, opus Jo. Leunclavii Amelburni, lectu dignissimum; quod gentis originem, progressus, familias et principatus diversos, res Osmaneas a Suleimane Schacho, ad Suleimanem II memoriae nostrae, cum aliis maxime raris, et hactenus ignotis, continet. Accessere commentarii duo, libitinarius index Osmanidarum, quo fides historiae gentiliciis e thecis, ac titulis eorum funebribus, adstruitur; et apologeticus alter, Francfort, apud heredes A. Wecheli, C. Marnium et J. Aubrium, 1591.

[151] SA'D al-DÎN ibn HASANJÂN KHOJA EFENDI, Johannes LEUNCLAVIUS (Löwenklau), Johannes, Annales sultanorum Othmanidarum, a Turcis sua lingua scripti Hieronymi Beck [...] studio et diligentia Constantinopoli advecti MDLI [...] a Joanne Gaudier dicto Spiegel, interprete Turcico Germanice translati. Joannes Leunclavii [...] Latine redditos illustravit et auxit, usque ad annum MDXXCVIII, Francfort, apud haeredes A. Wecheli, C. Marnium et J. Aubrium, 1588, ou Editio altera, ibid., 1596.

[152] Johannes LEUNCLAVIUS (Löwenklau), Marquard FREHER, Juris Graeco-Romani tam canonici quam civilis tomi duo Joannis Leunclavii Amelburni, C. Cl. studio ex variis Europae Asiaeque bibliothecis eruti, Latineque redditi, nunc primum editi curâ Marquardi Freheri I. C. Cum eiusdem auctario, chronologia juris ab excessu Justiniani ad amissam Constantinopolin et praefatione [...], 2 t. en 1 vol., Francfort, haeredes P. Fischer, 1596.

[153] Philipp LONICER, et al. Chronicorum Turcicorum: in quibus Turcorum origo principes, imperatores, bella, praelia, caedes victoriae, reique militaris ratio, et caetera huc pertinentia, continuo ordine & perspicua brevitate exponuntur, 3 t. en 1 vol., Francfort, S. Feyerabend, 1578. Le tome 3 contient: Georgij Castrioti, Epirotarum Principis (qui propter egregiam virtutem Scanderbegus, hoc est, Alexander Magnus, cognominatus fuit) vitam, mores, res gestas, Autore Marino Barletio, sacerdote Scodrensi; et: Scodrae urbis expugnationem, Autore eodem Barletio.

[154] Joachim CAMERARIUS (l'ancien), De rebus Turcicis commentarii duo accuratissimi Joachimi Camerarii Pabepergensis, a filiis nunc primùm collecti et editi, Francfort, apud heredes A. Wecheli, C. Marnium et J. Aubrium, 1598.

[155] Guilielmus BRUSSIUS, Guilielmi Brussii Scoti de Tartaris diarium A. Wecheli, C. Marnium et J. Aubrium, 1598.

[156] Celio Augustino CURIO, Celio Secundus CURIO, Wolfgang DRECHSLER, Caelii Augustini Curionis Sarracenicae historiae libri III.: in quibus Sarracenorum, Turcarum, Aegypti Sultano-

Guerre de mahometo imper. de Turchi hauute per XV anni Con i uenetiani et ussun Cassana re di persia et re Ferdinando di Napoli et il uamoda [sic] di ualachia et altri descritte da M. marco Guazzo dall' anno CCCC.LXIV. insin al anno XCI uenet 1545.[157] successi dell'armata della M. Catolica destinata à Limpresa di Tripoli et Jsola di Zerbe scritti per ant. fr. Cirni Corso 8° uineg 1560[158].

P. Bizarri de bello à Solimanno in pannonia gesto Commentar. an. CD D LXVI ab hoc anno ad LXX rerum in europa gestarum liber. 1573. eiusdem de bello Cyprio Lib. III. 8.° P. 1574[159].

Discorso sopra Limpresa dell Austria fatta dal gran Turco nel CD DXXXII di M. Gio. di Parma 8. Bologna 1543[160].
Siege de Rhodes descrit par Fr^{ere} Jacques bastard de Bourbon fol. Paris 1527[161].
Hor nuculae Comment de bello aphrodisiensi Lib. V 8° Romae 1552[162].
Nic. uillagagnoni eq,. Hierosolim. de bello melitensi Comm.[163] item apologia de Capta tripoli ad Carol. V imp. 4° C. st 1553.

rum, Mamalucorum, Assassinorum, Tartarorum, Sophianorum'que, qui in Perside regnant, origines et incrementa, septingentorum'que annorum res ab illis gestae, brevissimè explicantur. His accessit Wolfg. Drechsleri, Sarracenicum et Turcicumque Chronicon, auctum, et ad annum MDLXVII usque perductus. Item Cae. August. Curionis Marochensis regni in Mauritania nobilissimi, a Sarracensis conditi, descriptio [...] Caelii Secundi Curionis de bello Melitensi a Turcis gesto historia nova, Francfort, apud heredes A. Wecheli, C. Marnium et J. Aubrium, 1596.

[157] Marco GUAZZO, Historie de Messer M. Guazzo ove se conteneno le Guerre di Mahometto imperatore de' Turchi havute per quindeci anni continui con la Signoria de Venetia poi con il Re di Persia Usuncassano: il Re di Napoli Ferdinando; et lássedio di Rodi [...] Con le guerre di suo figliuolo Baiasit fatte con il Carabogdan Vaivoda della Valachia, Venise, al segno della Croce, 1545.

[158] Antonfrancessco CIRNI, Successi dell'armata della Maestà Catolica destinata all'impresa di Tripoli di Barbaria, della presa di le Gerbe e progressi dell'armata turchesca, scritti per Anton Francesco Cirni, Corso, Venise, F. Lorenzini da Turino, 1560.

[159] Antoine GEUFFROY, Pietro BIZARRI, Aulae Turcicae Othomannicique imperii descriptio qua Turcarum palatina officia, mores, sectae item Mahometicae Imperiumque ex ea prodeuntium status, luculenter enarrantur, primum ab Antonio Geufraeo gallice edita, recens autem in latinam linguam conversa per Wilhelmum Godelevaeum. His commode accesserunt: Belli Cyprii inter Venetos et Zelymum Turcarum Imp. novissime gesti libri III, item Bellum Pannonicum contra D. Maximilianum II Romanorum Imp. a Solymanno Turc. Imp. motum. Una cum Epitome insigniorum atque recentiorum Europae historiarum, hinc inde gestarum ab anno 1564 usque in praesentem 73 deducta. Authore Petro Bizaro, 3 p. en 1 vol., Bâle, S.Henricpetri, 1573.

[160] Giovanni Luigi DI PARMA, Discorso di M. Giovan Luigi di Parma, sopra l'impresa del l'Austria fatta dal gran Turco, nel M.D.XXXII, Bologne, B. Bonardo e M. A. Grossi, 1543.

[161] Jacques DE BOURBON (dit le bâtard de Liège), La grande et merveilleuse et très cruelle Oppugnation de la noble cité de Rhodes, prinse naguères par Sultan Selyman [...] rédigée par escript par... frère Jacques, bastard de Bourbon,... et par ycelluy dernièrement reveue et [...] corrigée et augmentée en plusieurs lieux, Paris 1527.

[162] Horatius NUCULA, Commentariorum de bello aphrodisiensi libri quinque, auctore Horatio Nucula, Rome, apud V. et L. fratres Brixienes, 1552.

Commentar de II bello melitensi auctor. cl. Grangeo[164] Francor. Fabricionum panegyricus eodem autore 4° montalban 1581[165].

fol. 60v
Lib V della guerra di Transsyluania Contra Solimano della Rota di Ludouico XII insino al' anno CD DLIIII. descritta per ascanio Centorio de gli Hortensi 4° uenet: 1566[166].

Relaciones de P. Teixera del origen y descendencia de los reiis de persia Y hormus, y de un uiage hecho por el mismo dendo La india oriental hasta Jtalia por tierra. 8°. Amberes 1610[167].

Relaciones de don Jan de persia diuididas en III libros 4° ualladolid. 1604[168].
Guerra fra Turchi et persiani Historia de Gio Thomasso Minadoi diuisa in IX libri dall'anno LXXXVII in sino LXXXVI [sic] discorso della Cita de tauris 4° uenet. 1588[169].
Historia belli percici gesti inter amurathem III et mehemetem Hodabend. persarum R. Conscripta ab h. Porsio. eiusdem itineris Bysantini Lib III Carminum Lib II epigram. Lib III a uechel[170]. / La mesme histoire en francois depuis Lan 1578. auec des-

---

[163] Nicolas DURAND, chevalier de Villegagnon, De bello melitensi, ad Carolum Caesarem Nicolai Villagagnonis commentarius, Paris, Charles Estienne, 1553.
[164] Claude DE LA GRANGE, Commentarius de secundo bello melitensi autore Claudio Grangeo, Montauban, L. Rabirius, 1582.
[165] ID., Francorum Fabriciorum panegyricus authore Claudio Grangeo, [...] ejusdem autoris oratio de obitu Caroli Fabricii, Montauban, L. Rabirius, 1581.
[166] Ascanio CENTORIO Degli HORTENSI, Commentarii della guerra di Transilvania, del signor Ascanio Centorio de gli Hortensii, ne'quali si contengono tutte le cose che successero nell'Ungheria dalla rotta del re Lodovico XII, sino all' anno 1553 [...] – La seconda parte de' Commentari delle guerre e de' successi più notabili avvenuti cosi in Europa come in tutte le parti del mondo dall' anno 1553 fino a tutto il 1560 [...], 2 vol., Venise, G. Giolito di Ferrari, 1566–1568.
[167] Pedro TEIXEIRA, Relaciones de Pedro Teixeira del origen, descendencia y succession de los reyes de Persia [siguiendo la Cronica de Mirkond] y de Harmuz [siguiendo la História de Torunxa], y de un viage hecho por el mismo autor dende la India oriental hasta Italia por tierra, 3 p. en 1 vol., Amberes, H. Verdussen, 1610.
[168] Juan DE PERSIA, puis ULUG BEY BEYAT (OULOUG BEG), Relaciones de Don Juan de Persia [...] dividadas en tres libros, donde se trovan las cosas notables de Persia, la genealogia de sus reyes, guerras de Persianos, Turcos y Tartaros, y las que vido en el viaje que hizo á España, y su conversación y la de otros cavalleros persianos, Valladolid, J. de Bostillo, 1604.
[169] Giovanni Tommaso MINADOI, Historia della guerra fra Turchi et Persiani, di Gio. Thomaso Minadoi, [...] dall'istesso riformata, et aggiuntevi i successi dell'anno 1586. Con una descrittione di tutte le cose pertinenti alla religione, alle forze, al governo, et al paese del regno de' Persiani, et una Lettera all'Illre M. Corrado, nella quale si dimostra qual città fosse anticamente quella, c'hora si chiama Tauris, Venise, A. Muschio, 1588.
[170] Henricus PORSIUS, Historia belli persici gesti inter Murathem, Turcarum et Mehemetem Hodabende, Persarum regem [...] conscripta ab Henrico Porsio, [...] Ejusdem Itineris byzantini libri III. Carminum lib. II. Epigrammatum II. Poëta, Francfort, S. Feyerabend, 1583.

cription des magnifiques spectacles represantés à Constantinople en La Circoncision du fils damurat 1582. 8. Gen. 1583[171].

II. parti della sacra religione di s. Gioanni hierosolimit. dalla Fondatione di este religione sino alla presa di Rodo di Jac. Bosio: Fo. Roma 1594[172].

Relation del origen y successo de Los Xarifes, y de lo estado, de Los Reinos de marruecos, Fes zaradunte y de los de mas Compuesta por Diego de Torres 4° Seuilla 1586[173].

Dernier uoiage du Roy de portugal don sebastien en afrique tiré des memoires du s^r Joachim de Centelles portug. Paris 1578[174].

Jo Sturmii de bello aduersus turcos perpetuo administrando ad Rodolf. II Caes. sermones III Jenae 1592[175]. / Gul. Brussii scoti de bello aduersus turcos gerendo Consilium 8.° Lipsiae 1599[176].
Turcica uberti Folietae, Augerii Gislemi Busbeq. Fr. de Frangipanib. Bessarionis Cardin. Joach Camerarii Collecta a.d. Chytraeo. 8. Lips. 1599[177].
Othomanno dy Lazaro Soranzo milano 1599[178]. discorso del s de la noua[179] / parer del s: Lazaro schuendi 8 Ferrara 1600[180].

---

[171] ID., Briefve histoire de la guerre de Perse, faite l'an mil cinq cens septante huit et autres suyvans, entre Amurath, troisième de ce nom, empereur des Turcs, et Mahumet Hodabende, roy de Perse. Avec la description de jeux et [...] spectacles representez à Constantinople en la solennité de la circoncision du fils d'Amurath, s.l., V. Ratoire, 1583.
[172] Giacomo BOSIO, Dell'Istoria della sacra religione et illma militia de San Giovanni Gierosolimitano di Jacomo Bosio parte prima (-terza), 3 p. en 2 vol., Rome, Stamp. apostolica vaticana, 1594–1602.
[173] Diego DE TORRES, Relación del origen y sucesso de los Xarifes, y del estado de los reinos de Marruecos, Fez, Tarudante y de los mas que tiennen usurpados. Compuesta por Diego de Torres, Sevilla, J. López, 1586.
[174] Joachin DE CENTELLAS, Les Voyages et conquestes des Roys de Portugal ès Indes d'Orient, Éthiopie, Mauretanie d'Afrique et Europe: avec l'origine, succession et descente de leurs maisons, iusques au Sereniss. Sebastian, nagueres atteré en la bataille qui il eust contre le Roy de Fez. Le tout recueilly de fidèles tesmoings et mémoires du sieur Joachin de Centellas, Paris, J. d'Ongoys, 1578. (Le titre courant: Dernier voyage en Afrique.)
[175] Johann STURM, De Bello adversus Turcas perpetuo administrando, ad Rudolphum II. Romanorum Impera. Augustum commentaarii sive sermones tres, ex recognitione Nicolai Reusneri, Jena, s.n., 1592.
[176] Guilielmus BRUSSIUS, Ad Principes populumque christianum de bello adversus Turcos gerendo, non diminutis publicis vectigalibus, neque expectata dicordantium principum concordia, Guilielmi Brussii, [...] consilium, Leipzig, H. Grassius, 1595.
[177] David CHYTRAEUS (éd.), Turcica hoc est Uberti Folietae de causis magnitudinis imperii turcici; Augerii Busbequii consilium de re militarium adversus Turcas; Diogenis dolium; Francisci de Frangipanibus, Bessarionis cardin. et Joach. Camerarii orationes turcicae; Series Impp. Turcicorum & Narratio Celli Cyprij. Collecta et edita studio D. Davidis Chytraei, Leipzig, H. Grosius, 1599.

Othomanus Lazari Soranzi / Turchus uincibilis Achillis traduccii ex ital. uersi à Jac. Geudero. 8 Francof. 1601[181].

Reffuge (Refuge), Eustache de, 19 sep. 1617, Min. cent. LXXXVII–109
1564–13 sep. 1617. Conseiller au Parlement de Paris, 1592–1600, puis maître des requêtes, ambassadeur. – Librairie: 826 volumes[182], 2 mss., et une importante collection de cartes, d'astrolabes, etc.

1 Camerarj De rebus Turcic fol[183] -. 3-
1 Curionis Hist Saracenca 8[184] -. 5-
1 Histor Muzulmana per Leonclaij fol[185] 1. 5-
1 Luzinge des estats 8°[186] -.14-

Poille, Jacques, 4 déc. 1623, Min. cent., XXVI–82
Sgr de Saint-Gratien. Conseiller en 1591. – Librairie: 926 plus 1 lot

Jtem lJnuentaire generalle des turcs[187] couuert de parchemin prise xx s
Jtem LJstoire de Casteriot[188] couuert de veau rouge prise xx s

---

[178] Lazaro SORANZO, L'ottomano di Lazaro Soranzo, dove si da pieno ragguaglio non solamente della potenza del presente signor de turchi Mehemeto 3. [...], Milan, nella stampa del quon. Pacifico Pontio, 1599.
[179] François DE LA NOUE, Discorso del sig. Della Noue, che contiene il modo di scacciare i Turchi d'Europa con la Lega et unione de prencipi Christiani, Ferrara, V. Baldini, 1600.
[180] Lazarus VON SCHWENDI, Parere del signor Lazaro Suendi alemanno, come si possa resistere a'Turchi, Ferrara, V. Baldini, 1600.
[181] Lazaro SORANZO, Turca nikhtoj: hoc est de Imperio ottomannico evertendo et bello contra Turcas propere gerendo consilia tria [...] I. Lazari Soranzii, [...] quod Ottomannum, sive de rebus turcicis; II. Achillis Tarduccii: quod Turcam vincibilem inscribere placuit; III. Anonymi cujusdam dissertatio de statu Imperii turcici [...] Nunc primum [...] in latinum conversa a Jacobo Geudero ab Heroltzberga, Francfort, typis Wechelianis, apud C. Marnium et haeredes J. Aubrii, 1601.
[182] Les volumes contenaient 767 titres. Mais on y a pris les volumes tels quels sans prendre égard au nombre de titres reliés ensemble. Comme on n'apprend rien sur les recueils factices dans les autres bibliothèques, le seul recensement par volumes rend possible des comparaisons.
[183] Joachim CAMERARIUS l'aîné, De Rebus turcicis commentarii duo accuratissimi Joachimi Camerarii, a filiis (Joachimo et Philippo Camerariis) nunc primum collecti ac editi, Francfort, apud haeredes A. Wecheli, C. Marnium et J. Aubrium, 1598.
[184] Celio Augustino CURIO, Coelii Augustini Curionis Saracenicae historiae libri III.: in quibus Sarracenorum, Turcarum, Aegypti Sultanorum [...] origines et incrementa, [...] brevissime explicantur; Hic accessit Wolfgangi Drechsleri, rerum Sarracenicarum Turcicarumque Chronicon [...], Bâle, Oporinus, (1567); ibid., 1568; Francfort 1596.
[185] LEUNCLAVIUS, Historiae musulmanae Turcorum (voir n. 42).
[186] René DE LUCINGE, De la Naissance, durée et cheute des estats, où sont traittées plusieurs notables questions sur l'establissement des empires et monarchies, Paris, M. Orry, 1588.
[187] Michel BAUDIER, Inventaire de l'histoire générale des Turcz [...] depuis l'an 1300, Paris, S. Chappelet, 1617.
[188] Jacques DE LAVARDIN, Histoire de Georges Castriot, surnommé Scanderberg, roy d'Albanie, Paris, G.Chaudière, 1576; [...], revue [...] et poursuivie du mesme autheur jusques à la mort et

74   Albert Cremer

Jtem historiae turcorum[189] couuert de bazanne vert prise L s
Jtem Cronica turcica[190] relié en parchemin prise xxx s
Jtem lhistoire des Turcs[191] couuert de veau noir prise viij #

Machault, Jean Baptiste, i.a.d. de son épouse Marie de Mousoy, 29 sep. 1632, Min. cent., XVI–443

† 29 avr. 1635. Sgr de la Mothe-Romaincourt. Conseiller de 1583 à 1594[192]. – Librairie: 535 volumes

Jtem Historia Turcarum leonclauius grec & latin[193] rellie en bazanne verte Jn Folio prise xl s

tombeau de Mahomet second, Paris, G. Chaudière, 1597; recueillie [...] et poursuivie jusques à la mort de Mahomet II [...] De nouveau a esté adjoustée en cette édition une chronologie turcique [...] [par N. Faret], Genève, J. Arnault, 1604; [...], contenant ses [...] mémorables victoires à l'encontre des Turcs, pour le foy de Jésus-Christ, recueillie [...] et poursuivie jusques à la mort de Mahomet II [...], Dernière édition, augmentée d'une chronologie turquesque où sont [...] représentées les choses les plus remarquables advenues depuis Mahomet II jusques à Otthoman II [...] [par N. Faret], 2 p. en 1 vol., Paris, T. Du Bray, 1621; Paris, F. Julliot, 1621.

[189] LEUNCLAVIUS, Historiae musulmanae Turcorum (voir n. 42).
[190] LONICER, Chronicorum Turcicorum (voir n. 6).
[191] René DE LUCINGE, Histoire de l'origine, progrèz et déclin de l'empire des Turcs. - Complainte des esclaves chrestiens détenus [...] entre les mains des Turcs [...] faite en langue esclavonne par Grégoire Sleidan, [...] et traduicte en françois par B.V.P., Paris, P. Chevalier, 1614.
[192] DESCIMON, Qui étaient (voir n. 15), p. 184–185.
[193] LEUNCLAVIUS, Historiae musulmanae Turcorum (voir n. 42).

Raisons
De la politique de la tradition à la politique de l'écriture

ARMELLE LEFEBVRE

La »République d'Allemagne« dans l'»Histoire« de Jacques-Auguste de Thou
Anatomie d'une culture politique

En 1579, le futur auteur de l'ouvrage monumental qui prendra en français le titre d'»Histoire de Mr de Thou« rencontre à Bade, prenant les eaux, Hubert Languet l'homme des princes d'Allemagne, le Français dont la science des affaires d'Allemagne est telle qu'il instruit même »ceux du pays«[1]. Le jeune de Thou, soucieux de constituer une documentation pour le projet d'histoire qu'il a conçu à la suite du traumatisme de la Saint-Barthélemy, et d'accroître ses connaissances, ne quitte pas Languet durant trois jours[2], au terme desquels ce dernier lui fait présent d'un petit mémoire écrit de sa main[3] »[...] tum breviculum manu ipsius perscriptum, quod et nunc seruat, postquam hinc discessit, ab eo accepit, quo generalis Germaniae status, sicut hodie est, comitiorum ius, circulorum numerus, consiliorum ordo describitur«[4].

Cette »Lettre touchant les estats d'Allemagne«[5] est une description de l'Allemagne qui contraste avec les portraits communément donnés du Saint-Empire et heurte certaines idées reçues. Elle a d'ailleurs suscité chez un historien spécialiste de la période une réaction curieuse, une réflexion en quelque sorte inachevée et de nature à stimuler la curiosité de quiconque se sent désireux d'approcher les questions de la modernité politique en historien. Dans un article fondateur dont la problématique mérite d'être

---

[1] »Rerum Germaniae callentissimi, ut Germanos ipsos res patrias suas doceret«, écrit Jacques-Auguste de Thou dans sa Vita, liv. II, 1, 11, p. 368–370. Nous nous référons à Anne TEISSIER-ENSMINGER (éd.), Jacques-Auguste DE THOU, La Vie De Jacques-Auguste De Thou. I. Aug. Thuani Vita, Paris 2007 pour le texte latin, et nous emprunterons à deux traductions de ce texte en français, celle de l'ouvrage cité et celle, plus ancienne, de Jacques-Georges LE PETIT et Frédéric COSTARD D'IFS, Mémoires de la vie de Jacques-Auguste de Thou, Rotterdam 1711.
[2] Vita, II, 1 (voir n. 1), 10, p. 370.
[3] Ibid., 12, p. 370.
[4] Mémoires (voir n. 1), p. 44. L'ancienne traduction des mémoires décrit ainsi le manuscrit: »un petit mémoire [...] qui contenait l'état du corps germanique, les droits de ses diètes, le nombre et l'ordre de ses cercles«. Or le terme de »Corps germanique«, banal au XVIIIe siècle, ne se répand qu'après les traités de Westphalie; il est donc difficilement imputable au vocabulaire thuanien, qui doit être relié à la langue de l'articulation des XVIe et XVIIe siècles. La récente traduction d'Anne Teissier-Ensminger opte pour une tournure française neutre et restitue par »institutions administratives de l'Allemagne d'aujourd'hui« la forme latine »generalis Germaniae status, sicut hodie est«, cf. I. Aug. Thuani Vita, II, 1, 12, p. 371. Pour rendre davantage l'idée de la langue politique de l'époque, on pourrait employer des tournures telles que »l'estat de toute la Germanie tel qu'il est aujourd'huy«, ou »tel qu'il est à présent« ou encore »l'estat présent de toute la Germanie«, etc.
[5] BNF, Fonds français 2756, 8 Actes et memoires servans à l'histoire d'Allemagne, fol. 218, Lettre de Mr Languet à Monsieur de Tou, touchant les estatz d'Allemagne [...]. De Baden ce premier jour du mois de juin 1579.

reconsidérée au regard de l'importance de la question comparative qu'il soulève, Stefan Skalweit s'étonnait du contenu de la lettre de Languet et, citant cette affirmation que »les diètes impériales sont comme les assemblées des états en France«, se demandait: »Comment des institutions aussi peu comparables aux yeux des historiens peuvent-elles être aussi étroitement liées dans l'esprit d'un Français de l'époque aussi compétent?«[6] – et ce n'était pas trop dire d'un homme comme Languet qui avait assisté en personne à ces diètes[7].

Après un parcours évoquant la culture politico-juridique et la vision de l'histoire à même d'avoir alimenté l'opinion de Languet, qui fut non seulement un expert en politique mais également un érudit, Skalweit pensait pouvoir conclure que l'oubli, avec le concours de la monarchie absolue, avait enseveli au XVIIe siècle cette image des assemblées d'états et de leur rôle, une représentation qui permettait de comparer une institution sur le déclin et une institution florissante. Il terminait en conséquence son étude par ces mots: »Cinquante ans après Hubert Languet, personne ni en France ni en Allemagne n'aurait pu prétendre que les journées impériales sont comme l'assemblée des états de France«. Force était donc de présumer l'existence d'une opinion lettrée à l'égard des assemblées d'états, et dans laquelle la vision des virtualités de l'histoire était autre, oubliée au point de ne se laisser entrevoir qu'au hasard d'une comparaison à la justesse désormais inaccessible.

Or, ce qui selon Skalweit entraîne un tel ensevelissement, autant que la transformation corrélative des représentations du gouvernement en France, c'est en fin de compte la divergence croissante entre l'Empire et la France: »ces états généraux étaient trop rarement convoqués pour jouer un rôle déterminant dans l'image qu'on se faisait de la monarchie française. Ils ne sont plus qu'une réminiscence, lorsqu'au XVIIe siècle la constitution de l'Empire évolue de plus en plus au profit des états«[8].

Prenant le contrepied de ce raisonnement, nous voudrions montrer que c'est, plus que son caractère obsolète, la dangerosité ou le caractère subversif accru de cette comparaison qui est cause de son étrangeté au XVIIe siècle. À cette époque, verrons-nous, comparer les deux entités qu'étaient la France et l'Allemagne était devenu impossible, parce que la seconde faisait office de véritable contre-modèle de la première. Depuis Bodin, en effet, l'empire d'Allemagne incarnait le repoussoir de la souveraineté aux yeux des penseurs monarchistes et étatistes[9]. Nous constaterons en revanche que

---

[6] Stephan SKALWEIT, États généraux de France et diètes d'Empire dans la pensée politique au XVIe siècle, dans: Francia. Forschungen zur westeuropäischen Geschichte 12 (1984), p. 224–241, ici p. 224.

[7] Languet, l'un des principaux théoriciens »monarchomaques« (auteur putatif des »Vindiciae contra tyrannos« en l'absence de certitude contraire), était non seulement négociateur, mais savant; il parcourut la Silésie et la Bohême dès 1553 pour Flacius Illyricus à la recherche des documents, diplômes et chartes pouvant contribuer à fonder les »Centuries« et fut le pivot de ce réseau iréniste ouvert sur le calvinisme, que les spécialistes ont baptisé du nom de »philipporamisme«, cf. Béatrice NICOLLIER-DE WECK, Hubert Languet (1518–1581): un réseau politique international de Mélanchthon à Guillaume d'Orange, Genève 1995.

[8] SKALWEIT, États généraux de France (voir n. 6), p. 241.

[9] Je me permets de renvoyer sur ce thème à mon travail: Armelle LEFEBVRE, Le miroir évidé. Une histoire de la pensée française de l'Allemagne (XVIe–XVIIIe s.), Leipzig 2008 (Transfer –

l'équivalent ›oblique‹ de la comparaison, pour certaines opinions hétérodoxes, résidait dans l'évocation d'une autre vision de l'Allemagne que celle qui était reçue et diffusée par les pensées étatiste et monarchiste.

Comme l'a souligné Peter Blickle, qui a travaillé sur la question de la docilité et de l'ordre politique, non seulement l'ordre politique allemand dans sa spécificité était connu des contemporains – plus que des historiens postérieurs –, mais il s'était transformé en modèle théorique de la politique. La tradition philosophique des théories de la *conjuratio*, basée sur ce modèle germanique, relie les monarchomaques français à Jean-Jacques Rousseau, en passant par Althusius[10].

L'indication d'après laquelle nous nous orientons quant à nous réside simplement dans le fait que du point de vue de Skalweit il n'y a guère eu de combat: c'est la raison pour laquelle il n'attacha qu'une importance modérée à la postérité de telles vues, convaincu sans doute qu'elles représentaient à peine plus qu'un raté de l'histoire. Or, le comparatisme[11], s'il détermine un moment particulier de la pensée du XVIe siècle[12], peut voir son importance réelle mesurée à l'aune de l'adversité, à savoir l'acharnement que la pensée absolutiste montra à son égard, en en pourchassant, jusques aux formes linguistiques, toute expression.

Ce que nous entendons ici suggérer, c'est que, plutôt que la mise sur le même plan de deux entités aux destinées divergentes, la comparaison en elle-même fait le fond de la pensée de Languet. Pour rétablir les valeurs comparatives données aux termes qui servent à la description des institutions dans la lettre de Languet, nous pensons faire appel à une approche relativement simple. Il s'agira de faire converser les uns avec les autres en toute misologie – c'est-à-dire incompréhension, mauvaise foi, usage tortueux des termes… – différents textes contemporains, afin de recomposer la dimension polémique dans laquelle ils évoluaient, et ce, de préférence, précisons-le, à une démarche de reconstitution historico-politique du contexte dans lequel ils furent produits – contexte dont la reconstruction narrative s'imposerait comme la condition des textes.

Dans un deuxième temps, nous chercherons, en nous attachant à sa postérité, à cerner de quelle manière le contenu du texte permet de comprendre la culture politique de

---

Die Deutsch-Französische Kulturbibliothek 26); EAD., Le ›modèle germanique français‹. Recherches sur le concept d'État d'Hotman à Rousseau, dans: Revue de synthèse 130 (2009), p. 323–362.

[10] »The principles of the German political order, […] were more familiar to those who lived in early modern times that they were to the historians and political scientists of the nineteenth and twentieth century«, écrit-il. »Johannes Althusius […] developped a theory of parliamentary sovereignty based precisely on these principles. In the starkest possible contrast to the more widely known and influential theory of princely sovereignty constructed by Jean Bodin […] Althusius stood squarely in the tradition of the theory of popular sovereignty, which emerged with the political doctrines of the late sixteenth century French monarchomachs and attained its provisional completion with Jean Jacques Rousseau«, cf. Peter BLICKLE, Thomas BRADY, Obedient Germans? A Rebuttal: a New View of German History, université de Virginie 1997, p. 61.

[11] Sur la théorie de la comparaison des droits, cf. Pierre LEGRAND (dir.), Comparer les droits, résolument, Paris 2009.

[12] Jean-Louis THIREAU, Le comparatisme et la naissance du droit français, dans: Revue d'histoire des facultés de droit et de la science juridique 10–11 (1990), p. 153–191.

la fin du XVIe et du début du XVIIe siècle. Cet aspect sera traité à travers la description de l'Allemagne que donna Jacques-Auguste de Thou, dans son »Histoire« – quelques décennies après cette rencontre avec un homme dont la mémoire lui restera chère.

Tout au long d'un chapitre de son livre II, à travers une description de la »République d'Allemagne« si célèbre qu'elle a fait l'objet de publications à part en Allemagne, de Thou introduit une conception des corps politiques dont on pourra constater avec évidence qu'elle s'écarte du courant dominant[13]. Nous examinerons ce texte en nous fondant sur la traduction française tardive de Prévost d'Exiles, et sur celle, plus précoce, de Du Ryer; enfin, nous nous référerons aussi à ses versions latines, comme celle qui a été publiée à part en Allemagne et extraite du livre II de l'ouvrage[14].

Poursuivant encore le contexte misologique, nous ne chercherons pas à saisir le texte thuanien en lui-même – comme il serait pertinent de le faire pour un texte consensuel (ou ›diplomatique‹[15]) dont la production est soumise à un accord ou à une transaction entre collocuteurs –, mais dans son envergure polémique, plus indiquée pour l'interprétation de textes qui, politiques, tentent de s'approprier un vocabulaire conceptuel.

Au terme de cette étude, il serait possible de décrire la tradition thuanienne et de la rattacher aux grandes orientations de la conception des assemblées. La portée consensuelle en étant évacuée affleurera l'importance du dissensus concernant la nature des corps politiques dans la philosophie des débuts de l'époque moderne, rendant son éclat à la réflexion qui s'y est développée à propos des ligues.

COMPARAISON ET MODÈLES D'ÉTAT

D'une certaine configuration de la pensée politique au XVIe siècle le texte de Languet représente une sorte de quintessence, puisqu'il est assuré que cette époque de genèse de la pensée politique moderne était pourvue d'un attachement profond envers la des-

---

[13] Tel qu'il s'exprime dans la littérature monarchiste examinée, par exemple, dans l'étude classique de Gaston ZELLER, Les rois de France candidats à l'Empire, dans: ID., Aspects de la politique française sous l'Ancien Régime, Paris 1964, p. 13–89.

[14] Jacques-Auguste DE THOU, Histoire de ce qui s'est passé de plus remarquable dans toutes les parties du monde depuis MDXLV. jusqu'en M.DC.VII ecrite en latin par Mre. Jacques Auguste de Thou, Baron de Meslay et Conseiller d'État & Président à Mortier au Parlement de Paris, sous les Rois Henri III & Henri IV [...] Traduite en langue françoise, Tome Ier, La Haye, 1733 [tr. fr. PRÉVOST D'EXILES], liv. II, p. 105; Jacques-Auguste DE THOU, Histoire de M. de Thou, des choses arrivées de son temps, mise en français par Pierre DU RYER, Paris, Augustin Courbé, 1659, 3 vol. in-fol; Jacob LAMPADIUS, Tractatus de constitutione Imperii Romano-Germanici. Accessit Eiusdem Discursus de Natura Nummi, & Interpretatio liv. 2. C. de Usucap. pro Hered. Item Iacobi Augusti Thuani Germaniae Descriptio ex eius lib. 2. Histor., Leyde 1634.

[15] Nous avons défini ailleurs le mode de production diplomatique des textes et justifié le recours à une approche misologique pour les textes non-diplomatiques, cf. Armelle LEFEBVRE, Le miroir évidé (voir n. 9), p. 9, p. 54, p. 73, p. 142–143, et ID., Absolutisme et comparatisme: essai métahistorique de définition de l'absolutisme, dans Lothar SCHILLING (dir.), L'absolutisme, un concept irremplaçable?, Munich 2008, p. 193–204, p. 194–195.

cription des États[16]. C'est à travers les représentations d'État – ce que certains spécialistes de la pensée politique moderne définissent comme des concepts-exemples[17] – que l'importance normative et descriptive du raisonnement analogique et de la comparaison, déjà bien fondée dans la casuistique[18], s'inscrivit dans la pensée juridique et politique.

Pour comprendre l'impact des modèles d'État, il faut en premier lieu souligner que le droit romain représente au XVIe siècle un fondement suffisamment large pour constituer un vocabulaire commun aux lettrés et dont les traductions en langues vernaculaires se font dans le cadre des préoccupations de l'élite transnationale érudite. De telles traductions réagissent les unes par rapport aux autres, sont discutées, forment corpus. L'impact du processus contraire – la traduction des traités politiques en latin – est tout aussi déterminant[19]. La propriété fondamentale du regard comparatif, que nous voudrions l'évoquer, n'est pas seulement, donc, de comparer; elle réside aussi bien dans son aptitude à organiser la circulation des théories. Par ce biais, des thèses locales italiennes, anglaises, allemandes, etc. vont être discutées à la fois par rapport à leur espace d'origine et à d'autres espaces. Ainsi, même si l'on peut dire qu'il est des bodiniens en Allemagne, ils le sont souvent par rapport à leur espace[20]. La discussion politique en tant que telle s'inscrit dans un débat où les arguments se transmettent comme des brandons.

---

[16] Cf. dans ce même volume l'article d'Albert CREMER, L'Empire ottoman, modèle de l'État moderne? La Turquie vue par des auteurs politiques du XVIe siècle, p. 37–74.

[17] Marie GAILLE-NIKODONOV, Introduction, dans: ID. (dir.), Le gouvernement mixte. De l'idéal politique au monstre constitutionnel en Europe (XIIIe–XVIIe siècle), Saint-Étienne 2005, p. 7–14, ici p. 12.

[18] Serge BOARINI, Collections, comparaisons, concertations. Le traitement du cas, de la casuistique moderne aux conférences de consensus, dans: Jacques REVEL, Jean-Claude PASSERON (dir.), Penser par cas, Marseille 2005, p. 129–158.

[19] À commencer par la traduction en latin de sa »République«, qui servit à Bodin de support pour l'adaptation du langage tenu au sein du parti des Politiques, au lexique de la tradition juridique du droit commun, comme l'a montré Diego QUAGLIONI, »Imperandi ratio«: l'édition latine de la République (1586) et la raison d'État, dans: Yves-Charles ZARKA (dir.), Jean Bodin. Nature, histoire, droit et politique, Paris 1996, p. 161–179, ici p. 161. Pour une approche synthétique de la tradition juridique du droit commun, voir Jean-Louis THIREAU, La doctrine civiliste avant le Code civil, dans: Alain BERNARD et Yves POIRMEUR (dir.), La Doctrine juridique, Paris 1993, p. 13–51; sur les rapports conflictuels entre *mos italicus* et *mos gallicus*, voir Donald R. KELLEY, Le droit, dans: James H. BURNS (dir.), Histoire de la pensée politique moderne (1450/1700), Paris 1991, p. 60–86.

[20] Y compris celui des villes allemandes, avec leurs conflits endémiques entre bourgeoisie et sénat, qui suivaient le grand débat de l'époque sur la nature de la souveraineté, et avaient des juristes professionnels qui menaient leurs luttes dans des camps opposés. D'imposantes bibliothèques ne laissaient rien perdre des courants d'idées et débats politiques agitant l'Europe occidentale sur la nature de la République; le sentiment d'appartenance à l'Empire rendait ces débats particulièrement houleux. Cf. Marie-Louise PELUS-KAPLAN, Du souverain et des sujets dans l'Allemagne moderne: débats et lectures politiques à Lübeck, ville libre du Saint-Empire et ville hanséatique aux XVIe et XVIIe siècles – (v. 1550–v. 1680), dans: Joël FOUILHERON, Guy LE THIEC, Henri MICHEL et al. (dir.), Sociétés et idéologies des temps modernes. Hommage à Arlette Jouanna, t. 2, Montpellier 1996, p. 777–790.

Ces remarques peuvent faciliter l'intelligence des théories politiques. Ajoutons à cet effet que le concept d'»État moderne« peut se comprendre comme un concept d'observation des entités politiques corrélatif à ce système comparatif.

Le grand modèle qui inspire la méthode comparative, c'est Denys d'Halicarnasse[21], qui comme historien grec ayant écrit sur l'histoire romaine a apporté une sensibilité particulière, celle de *l'étranger*. Il n'est pas seulement, a écrit Jean Moreau-Reibel, le Trésor d'antiquités où l'on puise à pleines mains, il est le maître qui enseigne à comparer: »Graecorum leges ac ritus cum romanis institutis comparat«[22]. Il s'agit, désormais, de pouvoir »envisager les données antiques à la lumière de l'analogie«, c'est-à-dire de ce qui n'est pas antique. Après l'humanisme civique italien et sa mise au point d'un langage de justification d'entités aussi différentes que Florence et Venise, à partir de Platon, Thucydide, Tite-Live ou Cicéron[23], Guillaume Budé, ainsi que le faisaient traditionnellement les magistrats français eux-mêmes, »symbolise« les institutions romaines et athéniennes et celles de la magistrature française dans ses »Annotationes in Pandectas« (1508)[24], et ce »parallèle« lui permet d'esquisser une critique de l'état des choses[25]. Mais l'un des virtuoses modernes de la comparaison est Gasparo Contarini, admiré de Jean Bodin, ainsi que de Guillaume Postel. Dans son opuscule sur les magistratures d'Athènes, Postel le loue d'avoir su »emprunter les classifications et les types d'États proposés par Aristote et Platon, de manière à montrer que sa République renfermait en un seul les plus achevés d'entre eux«[26]. On discerne de la sorte comment comparaison et modèles d'État se trouvent inséparablement liés[27].

Ce qui fait la liaison c'est la mixité constitutionnelle qui fournit le support pour une mesure des proportions politiques, c'est-à-dire des formes de gouvernement dont chaque entité mixte porte certains traits.

L'étude de Thomas Berns sur Georges de Trébizonde, traducteur de Platon au XVe siècle, et auteur d'une »Comparaison de la République de Platon à la République des Vénitiens«, nous montre comment il est fait de la république vénitienne l'application d'une tradition platonicienne, et nous donne ainsi de précieux indices sur la

---

[21] Pour davantage de développements sur la méthode comparative, voir l'ouvrage de Jean MOREAU-REIBEL, Jean Bodin et le droit public comparé dans ses rapports avec la philosophie de l'histoire, Paris 1933, p. 45.
[22] MOREAU-REIBEL, Jean Bodin et le droit public comparé (voir n. 21), p. 46.
[23] Voir, pour plus de précision, Anthony GRAFTON, L'humanisme et la théorie politique, dans: BURNS (dir.), Histoire de la pensée politique moderne (voir n. 19), p. 9–27.
[24] MOREAU-REIBEL, Jean Bodin et le droit public comparé (voir n. 21), p. 46.
[25] Ibid., p. 47.
[26] Ibid., p. 48.
[27] Le premier grand modèle d'État étant la Venise de Contarini et de Donato Gianotti vers la fin de la première moitié du XVIe siècle, ces derniers d'ailleurs rapprochés dans plusieurs éditions vénitiennes sous le titre: Della Republica et magistrati di Venetia libri cinque, di M. Gasparo Contarini, [...] Con un ragionemento intorno alla medesima, di M. Donato Gianotti, [...] colle annotationi [...] di Nicolò Grasso [...] et i discorsi de' governi civili di M. Sebastiano Erizzo et 15 discorsi di M. Bartolomeo Cavalcanti. Aggiuntovi un discorso dell'eccellenza delle republiche, Venise 1550.

nature des éléments qui composent la république mixte[28]. Le paradigme de Venise, suggère-t-il mène à la définition de la *civitas* comme ce qui »correspond à ce que l'on peut imaginer intellectuellement«[29]. Le comparatisme politique se comprend dès lors comme un mouvement de l'abstrait au concret. Allons plus loin: les formes de gouvernement dont les proportions respectives viennent fusionner dans la *civitas* mixte sont des catégories pour penser l'entité politique – et ce de manière intrinsèquement comparative, puisque tel un patron, qui se laisse appliquer à d'autres étoffes, le corps politique ainsi pensé conserve sa plastique dans d'autres situations et permet d'appréhender d'autres »estats présents«.

La comparaison moderne n'est rien d'autre que la possibilité d'appliquer les catégories issues de l'Antiquité à des objets concrets, les entités politiques actuelles.

La comparaison effectue le passage du modèle intellectuel à l'entité concrète que la politique moderne s'attache à observer, »l'estat présent«, selon la langue de l'époque.

Rien d'étonnant ne saurait donc être trouvé à ce que des combats théoriques aient eu pour enjeu de tels modèles.

Lorsque Bodin cherchera à réfuter les thèses de Lycurgue[30] sur les régimes mixtes – consistant en un partage des pouvoirs entre le roi, les éphores et le sénat et, spécifiquement à Rome, entre consuls, sénat et comices[31] –, Venise deviendra la pierre de touche d'une démonstration révoquant les conceptions de Contarini[32] pour défendre celle de Giannotti[33], mais dont l'objectif véritable est la réfutation de la comparaison qui conduit à faire de la France un exemple de ce type: »On a voulu dire et publier par escrit que l'estat de France estoit aussi composé des trois Republiques, et que le Parlement de Paris tenoit une forme d'Aristocratie, les trois estats tenoyent la democratie, et le Roy representoit l'estat Royal«[34].

---

[28] Trébizonde, par sa comparaison, entend justifier l'idée que c'est »la même chose d'écrire au sujet de la meilleure république et de traiter de la république des Vénitiens«, et que les Vénitiens en sont redevables à Platon, puisque »la république des Vénitiens, sur les conseils de Platon, mélange les types de république«. Le titre d'un chapitre des »Comparationes« est le suivant: »ce que dit Platon est divin, à savoir que la meilleure république n'est pas simple, ce que seuls les Vénitiens ont expérimenté«; cf. Thomas BERNS, Construire un idéal vénitien de la constitution mixte à la Renaissance. L'enseignement de Platon par Trébizonde, dans: Marie GAILLE-NIKODIMOV (dir.), Le gouvernement mixte (voir n. 17), p. 25–38.

[29] Par opposition, expose Berns, au paradigme romain de la législation élaborée par l'histoire, l'expérience collective, Venise est rattachée à l'œuvre de la tradition platonicienne.

[30] MOREAU-REIBEL, Jean Bodin et le droit public comparé (voir n. 21), p. 60.

[31] Bodin niait toute »marque de majesté« au sénat romain et estimait que la souveraineté appartenait à Rome au peuple: »Le moindre magistrat en Rome et en Athènes avoit puissance de faire assembler tout le peuple, qui tenoit la majesté souveraine«, Jean BODIN, Les six livres de la République (1576), texte revu par Chistian FREMOND, Marie-Dominique COUZINET, Henri ROCHAIS. Livres I à VI, Paris 1986, liv. II, chap. 6, p. 103.

[32] »Contarin a faict mesme jugement de la Republique de Venise, disant qu'elle estoit meslee des trois Republiques comme celle de Rome et de Lacedemone. Car dit-il, la puissance royale est aucunement au Duc de Venize, l'Aristocratie au Senat, l'estat populaire au grand Conseil«, ibid., p. 18.

[33] »Janot a mis en lumière le vray estat de la République Venitienne«, ibid. p. 18.

[34] Ibid. p. 22.

Les démonstrations de Bodin concernant la constitution de l'Empire avaient également une certaine fonctionnalité polémique lorsqu'elle contraient les théories de la mixité, en faisant de l'Empire une aristocratie pure[35], par opposition à la monarchie pure que serait la France: cela avait pour résultat l'incommensurabilité des deux formes.

Bodin décrivait les mutations de l'Empire, engagé dans les réformes depuis Maximilien, à partir d'un diagnostic de déchéance, appliqué à tous les actes publics constitutionnels de l'Empire. Selon lui, lorsque Charles Quint, élu à l'Empire en 1519, signa la »Capitulation« par laquelle il s'obligeait à s'engager dans un gouvernement défini en une série de points et acceptait d'en partager l'exercice avec un *Regiment* (Régence) élu par la diète, se parachevait le déclin du principe souverain en Allemagne. Ce dernier avait auparavant été entamé par le »compromis« entre les »estats« de l'Empire et l'empereur, établi à la diète de Worms en 1495, qui aboutit à la proclamation d'une paix perpétuelle interdisant toute guerre privée dans l'Empire et établissant la cour de justice de la Chambre impériale (tribunal chargé en particulier des conflits fiscaux et territoriaux entre les »estats«) sur la base d'une réception du droit romain. Bodin décrivait la Chambre comme une instance supérieure aux membres de l'Empire, présidant irrésistiblement à la subordination de leur statut.

Bodin n'attachait pas une importance déterminante au potentiel polémique que recélait la valeur dépréciative de son diagnostic de décadence.

Car le point décisif chez lui est que la forme de l'État – dont les auteurs politiques tentaient d'appréhender les caractères à l'aide de ces noms qui leur étaient parvenus depuis l'Antiquité – ne désigne pas un régime, à savoir un gouvernement politique, mais une domination stable, basée sur un rapport de force que l'histoire a mené à maturité.

La conséquence de cette conception agonistique de la politique est que les États apparaissent comme des formes stables, imposées au cycle des rapports de force, et incommensurables. Chaque forme d'État, ayant son histoire propre, est fondée sur des rapports de force locaux. Il ne saurait être question d'admettre de l'universel, du commun, là où la force seule est déterminante.

L'État aristocratique, par exemple, correspond à un type singulier d'assemblée, une ligue-État, distincte des confédérations dont le prototype est incarné par les cantons suisses: il s'agit de l'Empire, qu'il faut assimiler à la ligue des Achéens élisant régulièrement un capitaine en chef: »il n'y en a pas une pareille, excepté celle des Etoliens, et à present l'estat et Empire des Allemans«[36].

---

[35] Même si la monarchie semblait correspondre à sa description de l'État bien ordonné (»il faut en l'estat bien ordonné, que la puissance souveraine soit à un seul, sans que les estats y aiyent part [...]. Quand on en vient à limiter la puissance du Monarque, pour l'assubjectir aux estats du peuple ou du Sénat, la Souveraineté n'a point de fondement asseuré«, Les six livres de la République de I. Bodin Angevin, 1583, p. 695, cité par Diego QUAGLIONI, La souveraineté partagée au Moyen Âge, dans: GAILLE-NIKODONOV [dir.], Le gouvernement mixte [voir n. 17], p. 15–24, ici p. 22–23), l'État aristocratique n'était guère différent qu'en ce que la souveraineté y était collective: les »estats« n'avaient donc pas part à la souveraineté *contre* le souverain: ils *étaient* le souverain de l'Empire, ce qui signifiait que l'empereur n'était pas un monarque, mais un membre parmi les autres de l'État aristocratique.

[36] BODIN, République (voir n. 31), liv. I, chap. VII, p. 169.

En substance, Bodin fait de l'Empire le modèle devant répondre à la question, cruciale à l'époque: une assemblée fait-elle un corps politique?

En référence à sa théorie de la confédération entre étrangers redéfinissant les réalités du droit des gens[37], il visait l'entière refonte de la théorie des alliances, en particulier de la ligue associative, et de la ligue-État.

Rappelons que dans le chapitre clef de la »République«, portant sur les confédérations[38], il formulait une première définition de »l'étranger« dans le cadre de la théorie de la souveraineté[39], en établissant que les *alliances* relèvent d'un droit externe (entre étrangers).

Afin d'entendre ce que c'est que la république, il entendait transformer la notion d'»alliance«, confuse selon lui, en suivant la récente impression des »Pandectes« autorisée par Cosme de Médicis:

ce point est décidé par une loy qui n'a point sa pareille et qui a esté alteree en diverses leçons: mais nous suyvrons l'original des Pandectes de Florence, qui tient que les Princes Souverains qui au traicté d'alliance recognoissent plus grand que soy, ne sont point leur subjects. Je ne doute point dit la loy, que les alliés, et autres peuples usans de leur liberté, ne nous soyent estrangiers[40].

Marquée auparavant par la communauté du vasselage, la notion d'»alliance« est devenue, à la fin de ce texte, non seulement ce qui relie des étrangers, mais aussi ce qui les définit comme étrangers.

Si l'on recadre ainsi le modèle germanique tel qu'il est réinterprété par Bodin, on s'aperçoit que la problématique de l'Empire renvoie chez lui à la démonstration de la capacité de la notion de souveraineté à distinguer la simple entente de l'État, c'est-à-dire à établir la discontinuité des assemblées, à travers l'avènement de la souveraineté comme unique critère permettant de définir une entité politique.

---

[37] Albert CREMER, La genèse du droit des gens moderne et la conscience européenne: Francisco de Vitoria et Jean Bodin, dans: La conscience européenne au XVIe et au XVIIe siècle, Paris 1982, p. 87–102.

[38] BODIN, République (voir n. 31), liv. I, chap. 7, p. 151–178.

[39] Selon les diverses applications des catégories politiques antiques qui étaient alors en vigueur, la pérégrinité, ou qualité de l'étranger, variait; ainsi pouvaient être considérés comme étrangers ceux qui n'avaient pas de droits politiques, ne participant pas à l'État. Cette conception est attribuée par Bodin à Aristote: »Mais la faute est bien plus grande de dire qu'il n'est pas citoyen, qui n'a part aux magistrats, et voix deliberative aux estats du peuple, soit pour juger, soit pour affaires d'estat. C'est la definition du citoyen, qu'Aristote nous a laissé par écrit. Puis apres il se corrige disant que sa definition n'a lieu, sinon en l'estat populaire«, BODIN, République, liv. I, chap. 6, p. 123. Elle est selon lui incompatible avec les données actuelles des cités ou républiques, et il reproche à Soderini de l'adopter pour Venise: »Guichardin nous raconte que Vespuce, faisant à Florence l'éloge de l'aristocratie cita Venise en exemple. Mais Soderini qui défendoit la forme democratique declara que c'était une erreur d'appeler patriciens les maîtres de Venise: il n'y avait là selon lui que d'authentiques *citoyens*, les gens dépourvus de *droits politiques* étant au vrai des *étrangers*«, BODIN, Methodus ad facilem cognitionem historiarum (1572), première traduction française par Pierre MESNARD, La Méthode de l'Histoire, Alger 1940, p. 368.

[40] BODIN, République (voir n. 31), p. 160.

La discontinuité des assemblées est produite par la différence entre une association interne réunissant des sujets – prohibée – et une association externe entre étrangers, ainsi que par la possibilité, uniquement pour la seconde, de former une union étatique. L'Empire, dont Bodin considère qu'il s'agit d'un État formé sur la base d'une ancienne ligue, est l'illustration de cette dernière possibilité.

À travers la possibilité pour une ligue, une alliance, de se muer en État souverain se joue le déni de l'identité entre un corps politique ou une collectivité et un État garanti par sa souveraineté – autrement dit la démonstration du fait qu'il ne suffit pas d'un accord pour former une unité, que seule la souveraineté définit.

En arrangeant ce point, il en fixe évidemment un autre, essentiel: l'Empire étant une ligue devenue État, l'existence du corps ne résulte pas du seul fait d'un *accord*, mais du fait que ses membres se soient accordés *sous* une même souveraineté. C'est cette souveraineté, union reconnue au-dessus de la communauté, qui en fait un État, impliquant en retour que ses composantes n'aient dorénavant plus aucune autonomie. Il n'y a pas dans l'Empire »d'États souverains particuliers«, concluait Bodin, qui concevait les institutions impériales comme des émanations d'une souveraineté collective supérieure à chacun des membres de l'Empire[41].

Selon le principe de subsidiarité ainsi instauré, la souveraineté ne saurait exister à deux niveaux: soit elle marque le corps politique à l'échelle d'éléments qui ne forment *pas* une entité supérieure – et le corps reste au stade de la ligue ponctuelle et éphémère –, soit elle se joue au niveau le plus global, mais les éléments s'y assujettissent.

LA CONCEPTION DES ASSEMBLÉES À LA FIN DU XVIe SIÈCLE

L'influence du Bodin de la »République«, insistant incessamment sur le caractère antithétique de l'empire d'Allemagne et du royaume de France – l'un *monarchique*, à la faveur de l'éclipse des »estats«, l'autre *aristocratique* à la faveur de leur prise de pouvoir, l'un fondé sur le pouvoir d'un seul, identique à la souveraineté, l'autre fondé sur le pouvoir d'un ensemble de membres reconnu au-dessus de chacun comme souveraineté collective n'appartenant à aucun en particulier[42] –, répondait à une volonté de les comparer – ou venait la contrarier – qui avait bénéficié d'une opinion germanophile influente à l'époque du concile de Trente, parmi ceux qui, légistes pour la plupart,

---

[41] Ibid., liv. I, chap. IX, p. 257–259.

[42] Si la structure »monarchique« est avant tout un pur monisme politique, c'est qu'il n'y a pas selon Bodin de souverain collectif; le partage de la souveraineté annule le principe souverain, laissant seule la souveraineté; la monarchie est donc: »une sorte de République, en laquelle la souveraineté absolue gist en un seul Prince [...] I'ay dit en un seul, aussi le mot de Monarque l'emporte: autrement si nous y en mettons deux ou plusieurs, pas un n'est souverain [...]. Il faut donc conclure que de deux Princes en une République egaux en pouvoir, et tous deux seigneurs de mesme peuple et de mesme païs par indivis, *ni l'un ni l'autre n'est souverain: mais bien on peut dire que tous deux ensemble ont la souveraineté de l'estat*«, BODIN, République (voir n. 31), liv. II, chap. 2, p. 33 (c'est nous qui soulignons).

s'exprimaient publiquement en France. Pour ces pionniers du gallicanisme, les deux mondes sont »frères«, jadis »unis« en un peuple par Charlemagne, issus de traditions et de peuplements inextricablement liés. Du Moulin, le plus influent légiste de son temps, tire de cette conception son antiromanisme: »Sed etiam universa Germania unica erant Monarchia indivisa: quamuis Gallia seu Francia Occidentalis non esset unita imperio, sed in jure suo pristino stare«[43].

La démarche devait son inspiration à la branche comparatiste du *mos gallicus*, qui recherchait quelle était la place réelle du droit romain dans l'ordre juridique positif[44], en procédant par la »comparaison« ou »conference« des principes et des législations.

Tout un mouvement des conférences avait commencé, pour ce qui est des coutumes, avec Charles Dumoulin[45] et continua jusqu'à Domat[46], en passant par Bernard Automne[47], Pierre de Lhommeau[48], Jean Duret[49], Pierre Louvet[50]. À la racine de ce mouvement, on trouve l'idée que la raison des institutions locales est à chercher en premier lieu dans celles du pays; il y a ensuite lieu de regarder dans le droit romain, pour voir s'il y a une institution fondée sur les mêmes notions: à ce moment-là, une transposition sera valable et fructueuse, afin de dépasser les coutumes locales, d'aller vers la généralisation et l'unification: »ce qui doit être tenu pour général en France pour ce que la raison en est générale«[51]. Laurière, lorsqu'il expose les points qui peuvent faciliter la connaissance du droit français, écrit ainsi que rechercher l'origine des coutumes, et compiler ces dernières n'y suffit pas: il faut encore faire la »conférence« des coutumes les unes avec les autres, aussi bien des anciennes avec les nouvelles que de celles d'un pays avec celles d'un autre[52].

---

[43] Charles DU MOULIN, Commentarii in consuetudines parisienses, author D. Carolo Molino, Parisiis, 1576, Epitome Tituli. I. de feudis, p. 41.

[44] Sur l'extension de la connaissance historique et philologique des sources du droit romain dans l'humanisme juridique, cf. Paul-Frédéric GIRARD, Les préliminaires de la renaissance du droit romain, dans: Revue historique de droit français et étranger, 4/I (1992).

[45] Charles DU MOULIN, De concordia et unione consuetudinum Franciae, dans Tractatus commerciorum et usurarum redituumque pecunia constitutorum et monetarum [...] authore Carolo Molinaeo [...], Oratio de concordia et unione consuetudinum Franciae [...]: Paris 1555.

[46] Jean DOMAT, Les lois civiles dans leur ordre naturel, Paris 1695.

[47] Bernard AUTOMNE, La conference du droict francais avec le droict romain civil et canon..., Bordeaux 1610.

[48] Pierre DE L'HOMMEAU, Deux livres de la jurisprudence française avec belles remarques et décisions notables tirées des loix françaises et romaines en ce qu'elles sont conformes au droit français et enrichies des plus célèbres arrêts du Parlement de Paris et autres cours souveraines de France, le tout rapporté sur chaque article de la coutume d'Anjou, Saumur 1605.

[49] Jean DURET, L'Harmonie et conférence des magistrats romains avec les officiers françois, tant laiz que ecclésiastiques, Lyon 1574.

[50] Pierre LOUVET, Coustumes de divers bailliages observées en Beauvaisis, à sçavoir de Senlis, Amiens, Clermont et Montdidier, conférées l'une à l'autre et à celle de Paris, Beauvais 1615.

[51] Michel REULOS, L'importance des praticiens dans l'humanisme juridique, dans: Pédagogues et juristes. Congrès du Centre d'études supérieures de la Renaissance de Tours (été 1960), Paris 1963, p. 119–133, ici p. 126.

[52] Claude BERROYER et Eusèbe LAURIÈRE, Préface au Nouveau coutumier général, cité par REULOS, L'importance des praticiens dans l'humanisme juridique (voir n. 51), p. 122–123.

On faisait donc appel à la comparaison pour établir la raison d'une loi, et l'on dépassait le caractère local d'une règle par la conférence avec un autre corpus ou une autre coutume. C'est ce qui inspire l'idée d'une sorte de *droit commun* des républiques: »les Républiques en général ont beaucoup de choses entr'elles communes et semblables, surtout en ce qui regarde et concerne le droit public et le Domaine royal comme si c'estait un élément naturel et commun à tout le monde«[53], admettait René Choppin.

La méthodologie ainsi mise en exercice confère à la recherche du droit commun fondée sur la *comparaison* un caractère de *raison* qui se distingue de la »raison écrite« qu'incarnait auparavant le droit romain[54].

On sait que Calvin, élève d'Alciat (l'initiateur du *mos gallicus*) de 1529 à 1531, encouragea ses disciples à chercher, dans l'ancienne constitution française notamment, des exemples de ces »autorités éphorales« dont il avait fait mention dans ses »Institutions«[55], ainsi que des arguments d'ordre aussi bien historique que religieux ou légaux. L'empire d'Allemagne, la Hongrie, l'ancienne constitution française étaient mobilisées pour donner fondement ancien – et non pas antique – au droit moderne des assemblées. Le droit romain débouchait sur une impasse pour la théorie des assemblées et confédérations, dont il annulait toute portée – ce que Bodin vit et mit parfaitement en œuvre dans le chapitre sur la protection, dont nous évoquions plus haut l'importance.

Pour les monarchomaques français – dont Languet est un des représentants les plus éminents avec Hotman – formés par l'humanisme juridique[56] et le *mos gallicus*[57], la comparaison, soit qu'elle permette de »conferer« (rapporter le local au global), soit qu'elle »symbolise« (visant à appliquer comparativement certaines catégories à travers l'usage des dénominations, le plus souvent antiques) était un pivot méthodologique.

Les auteurs du calvinisme politique en jouaient pour démontrer la validité commune du principe que constituait la liberté de s'assembler à travers ce qu'ils considéraient comme les réalisations institutionnelles de cette liberté.

Dans le monde contemporain, la liberté de s'assembler continuait à se manifester, tel un droit commun et public. La comparaison mettait cela en évidence sans nier pour autant les différences constitutionnelles: seulement elle les rapportait à la plus ou moins bonne conservation du principe. Privilégiée parmi les gouvernements politiques actuels, la constitution de l'Empire, où la liberté résidait particulièrement, avait su conserver ce fondement – au contraire de la constitution du royaume. L'»estat présent de l'Empire«, loin que ses réformes indiquent une décadence, révélait une capacité unique de conservation de l'accord originaire et, pour ainsi dire, la puissance du mo-

---

[53] Jean MOREAU-REIBEL, Un tournant de la pensée politique en Pologne (XVe–XVIe siècle), essai d'interprétation comparative, dans: Revue internationale d'histoire politique et constitutionnelle, Paris s.d. (tiré à part paginé p. 224–235), p. 235.

[54] Cf. Donald R. KELLEY, Le droit, dans: James H. BURNS (dir), Histoire de la pensée politique moderne (1450/1700), Paris 1991, p. 60–86.

[55] Cf. Quentin SKINNER, Les fondements de la pensée politique moderne, Paris 2001, p. 66–673.

[56] Jean-Louis THIREAU, Le comparatisme et la naissance du droit français, dans: Revue d'histoire des facultés de droit et de la science juridique 10–11 (1990), p. 153–191; Pierre LEGRAND (dir.), Comparer les droits, résolument, Paris 2009.

[57] Cf. KELLEY, Le droit (voir n. 54).

ment instituant, se passant d'une unité supérieure pour se reconduire de lui-même à travers les assemblées.

C'est afin de préciser cet ensemble de vertus, capable de dépasser l'opposition traditionnelle entre l'expérience historique et la puissance créatrice du philosophe (Rome et Venise), que François Hotman fit appel à une reconstruction historique de »l'assemblée des trois estats«.

Tant par la composition, que par l'origine et la nature, »l'assemblée des trois estats« diffère, chez Hotman, de ce qu'elle est ailleurs, notamment dans les conceptions de Claude de Seyssel[58]. Posant la question de savoir comment comprendre la division en »estats« de l'assemblée, Hotman évoque Seyssel dans un passage qui ne figure pas dans l'édition première (reprise dans l'édition Fayard, Paris 1991, cf. p. 93). On le trouve en revanche dans la seconde édition, celle de 1579; au chapitre dix intitulé: »Quelle forme de gouvernement politique on gardoit au Royaume de la France Gauloise«, il écrit:

La souveraine & principale administration du Royaume des Francs-Gaulois, appartenoit à la generale & solennelle assemblee de toute la nation, laquelle on a appelé depuis l'assemblee des trois Estats. Claude de Seissel, au livre par luy intitulé la Monarchie de France rendant raison de ce nom de trois Estats, estime qu'il le faut rapporter à trois degrez & ordres de citoyens: & attribue le premier & plus haut à la noblesse, le second à la justice & aux marchands, le dernier aux artisans & paysans[59].

Dans la conception de Seyssel – telle que rapportée par Hotman – les »estats« sont assimilés aux »degrez« qui divisent les citoyens. Hotman précise encore que le clergé, que Seyssel estime représenté dans les autres »Estats«, n'y est pas compris: »Au reste je ne mets point le Clergé au rang de ces trois Estats, car ils sont meslez parmi, mais je n'en compte que trois, asavoir la noblesse premierement, puis les plus notables du peuple, tiercement les plus petits [...].«

Selon cette vision, l'union de tous les »estats« au sein du royaume, favorisée par le maintien de leurs droits, permet un équilibre dont le royaume peut profiter; les trois »estats«, équilibrés, ne s'attaquent pas au monarque. Les conceptions de Seyssel, selon ce qu'en dit encore Hotman, mettent en symétrie »Roy« et »estats«, et en appellent au maintien de la république dans le royaume:

Voici à peu près ce qu'il en dit au treizième chapitre: Il y a en ce royaume quelque forme de Republique, fort louable & qu'on doit conserver: pource qu'elle est de grand importance pour conserver & affermir l'union de tous les estats: & n'y a doute que tandis qu'on gardera aux Estats le droit & la dignité qui leur appartient, qu'il sera bien mal-aisé d'esbranler le Royaume. Car chaque Estat a certain privilege, lequel estant conservé, il est impossible que l'un puisse renverser l'autre: & les trois Estats mesmes ensemble ne sauroyent conspirer contre le Prince & monarque...

---

[58] Claude de Seyssel, La Grand'Monarchie de France [...] Avec la Loy salicque, qui est la première et principale loy des François, Paris 1519.

[59] François HOTMAN, La France-Gaule ou Gaule Françoise, dans: Simon GOULART (éd.), Memoires de l'estat de France sous Charles IX, vol. II, Paris 1579, p. 271–349.

Hotman se plaît un moment à restituer le tableau composé par Seyssel, puis poursuit ainsi:

> Tel est l'avis de Seyssel. Mais avisons si ceste division ainsi rapportee à l'assemblee des Estats, & non à la conservation de la vie commune, ne se pourroit plus commodement rapporter à ceux dont ceste assemblee doit estre composee, asavoir, au Roy, aux notables personnages du Royaume, & aux deputez du peuple[60].

La proposition développée par Hotman consiste à incorporer le »Roy« à l'intérieur d'une assemblée qui n'est plus tant celle des »estats« comme degrés du peuple qu'une assemblée politique composée des »trois especes de gouvernement« représentant ces degrés: »de la Monarchie, ou il n'y a qu'un Roy qui commande souverainement, de l'Aristocratie, qui est l'estat de la noblesse, où un petit nombre des plus gens de bien a l'authorité entre mains; & de l'estat où le peuple est souverain«[61].

Selon lui, l'origine du nom »assemblée des estats« s'inscrit davantage ou mieux dans le modèle antique du gouvernement tempéré[62]. La comparaison entre l'ancienne Gaule-françoise et l'»Empire d'aujourd'huy« s'insère alors dans le raisonnement comme une forme de généralisation de la prudence, qui en transfère la vertu du législateur au moment instituant lui-même et au peuple qui en est le moteur:

> Ceste mesme prudence eurent les Alemans en establissant l'estat de l'Empire d'Alemagne: où l'Empereur represente le gouvernement de Monarchie. Les Princes, d'Aristocratie: et les Ambassadeurs et deputez des villes retienent l'apparence de Democratie, c'est à dire, de l'estat populaire: et il n'y a rien de tout ce qui appartient au gouvernement politique de l'Alemaigne, qui soit tenu pour ferme et inviolable, s'il n'a esté passé par l'assemblee de ces trois estats-là[63].

Dans ces conceptions de l'État, la légitimité du politique devient déterminante: il est un *droit public* non seulement constitutif du pouvoir autorisé par Dieu – et illustré à maintes reprises dans la Bible – (pour Bèze, pour Estienne Junius Brutus), mais qui inspire le droit authentique des »pays francs« (pour Hotman); ce droit public, *intact* encore »de nos jours«, dont parle Bèze[64].

Estienne Junius Brutus dit aussi s'inspirer d'un *droit* qui selon lui »existe aujourd'huy dans tous les Estats publics«[65]:

---

[60] Ibid.
[61] Ibid.
[62] Dans le même passage, le modèle mixte est appliqué à la France ancienne: »l'estat de ce Royaume estoit tout tel que celuy lequel au jugement des anciens philosophes, nommement de Platon & d'Aristote, que Ciceron & Polybius ont suivys, est le meilleur & le plus parfait de tous les autres: c'est asavoir celuy qui est composé & temperé de toutes les trois especes de gouvernemen [...] qui est aussi la forme de gouvernement politique, laquelle Ciceron a la plus approuvee de toutes en ses livres de la Republique«.
[63] François HOTMAN, La Gaule française (première édition), Paris 1991 [Cologne 1574], p. 96–97.
[64] Théodore DE BÈZE, Du droit des Magistrats [...], dans: Simon Goulart (éd.), Memoires de l'estat de France, p. 350–377, ici p. 370.
[65] De la puissance légitime du prince sur le peuple et du peuple sur le prince, par Estienne Junius BRUTUS, s.l. 1581, p. 113.

Quant aux Empires & Estats Publics d'aujourd'huy il n'y en a pas un qui ne soit ou qui n'ait esté jadis gouverné en la façon que nous avons descrite. Et si par la faute et lascheté des principaux Officiers il est advenu que les successeurs ont reçeu l'Estat en autre estat qu'il le faloit, ceux qui sont pour le présent és charges publiques sont néantmoins tenus, en tant qu'en eux est, de ramener toutes choses à leur ancien estat[66].

Ainsi le pouvoir n'est-il pas invariablement légitime. L'»estat«, pour rester légitime, doit notamment être transmis dans le respect d'une certaine *conformité* au moment instituant. L'exemplarité de l'empire d'Allemagne provient justement de ce qu'il n'a pas dévié par rapport à l'établissement premier grâce à la veille de l'assemblée:

En l'Empire d'Allemagne, qui est conféré par election, il y a les Electeurs & Princes Laics & Ecclésiastiques, les Comtes, Barons, villes Imperialles avec leurs deputez: & comme tous ceux là en leur endroit veillent pour le bien du public, semblablement ils représentent és journées la Majesté de l'Empire, estans obligez d'aviser alors que par les haines ou autres affections particulières de l'Empereur, l'Estat ne soit aucunement intéressé. Pour ceste cause l'Empire a son Chancellier comme l'Empereur a le sien: l'un & l'autre a ses Officiers, ses finances, ses thresoriers distinguez les uns des autres. Et c'est chose si notoire que l'Empire est préféré à l'Empereur, que tous disent communément que l'Empereur fait hommage à l'Empire [...]. Mais que dirons-nous des Royaumes que l'on dit estre successifs & hereditaires ? Il en est tout de mesme entierement[67].

Hotman définit également la nature du processus absolutiste à partir de ce »premier estat«: stigmatisant la France pour ses déviations tendancielles – chroniques depuis Louis XI[68]. Vis-à-vis de ce point de référence, il loue la capacité de l'Empire à *conserver* au contraire l'établissement premier.

La France et l'Allemagne, en tant que modèles, ne s'opposent pas comme l'avaient fait Venise et Rome sur le mode de l'alternative entre institution philosophique et institution empirique, ni même, comme voudront le croire certains auteurs français[69], sur le mode de la rivalité entre la mauvaise constitution mixte et le bon État monarchiste. Ce qui les distingue vraiment l'une de l'autre tient dans le pouvoir reconnu à l'assemblée de se muer en corps politique par la simple vertu de sa durée, sans reconnaître d'union supérieure à elle.

Un certain discours de la conservation ou de la permanence est au cœur de la validité accordée au moment instituant.

Sans sortir du niveau très général où nous nous situons, il est tentant de rattacher l'idée de la permanence du gouvernement politique dans le temps à l'évolution globale des principes de la communication aux débuts de l'époque moderne.

L'usage croissant de l'écriture à l'époque prémoderne a modifié le sens des rituels et des assemblées, en régulant les complexités que la nécessité de la présence personnelle, tant pour les revendications que pour les engagements, ne parvenait pas à pren-

---

[66] Ibid., p. 113–114.

[67] Ibid.

[68] »La vraye cause & la premiere source d'où tant de maux sont issus, n'est autre chose que la profonde playe que luy fit y a cent ans ou environs, celuy qui entreprit le premier de renverser les bonnes loix & statuts de nos ancestres«, Hotman, La France-Gaule (voir n. 59), p. 272.

[69] Voir pour une mise en perspective de ces représentations de l'Allemagne, LEFEBVRE, Miroir évidé (voir n. 9), post-scriptum, p. 341.

dre en charge (en créant un »engagement distancié« différent de celui qu'imposait le serment[70]).

Or l'écriture a, par ailleurs et inversement, été investie par une valeur institutionnelle accrue, le caractère institutionnel étant désormais promulgué à travers un mode de production de l'écrit consensuel: en effet, l'historiographie spécialisée a constaté depuis longtemps que les conceptions des assemblées et de l'observance avaient connu, au sein de la méthodologie pratique de rédaction des coutumes, un véritable bouleversement.

En France, dès 1498, la Couronne avait ordonné que les us et coutumes du Nord soient codifiés et des textes officiels produits; les assemblées locales avaient rédigé des brouillons de textes définissant leurs coutumes régionales. Des commissaires royaux attendaient l'étape finale pour les approuver et elles étaient ensuite promulguées au nom du roi[71].

Les tenants de la réformation des coutumes estimèrent cependant que la formulation de celles-ci devenait, de par le consentement des trois états à son propos, une véritable convention[72]. Cette conception est celle, précisément, du premier président Christophe de Thou, le père de Jacques Auguste. Son biographe, René Filhol, expose ainsi le changement majeur de la doctrine de l'observance: alors qu'autrefois, c'est-à-dire avant l'entreprise de réformation des coutumes, la règle de droit qu'établissait la coutume ne valait que par la durée, elle vaut désormais par le *consentement* (explicite), car elle se présente maintenant comme une sorte de transaction entre les trois états. Autrement-dit, alors que les députés étaient auparavant assemblés pour dire quel était *l'usage*, ils ont fini, pense-t-on désormais, par s'accorder sur la *règle* et la consentir en commun[73].

On trouve dans l'»Antitribonnien« d'Hotman un véritable appel à l'établissement d'une procédure selon lui nécessaire à »l'estat & forme de la Republique françoise: assembler un nombre de Jurisconsultes, ensemble quelques hommes d'estat & autant des plus notables Advocats & Praticiens de ce Royaume« et à leur donner: »charge de rapporter ensemblement ce qu'ils auroient admiré [...] tant des livres des Jurisconsultes que des livres de la philosophie & finalement de l'experience qu'ils auroient acquise au maniement des affaires«.

---

[70] Et créant à son tour d'autres limitations pratiques, cf. Niklas LUHMANN, Soziale Systeme. Grundriß einer allgemeinen Theorie, Francfort/M. 1984, p. 221. Pour avoir un aperçu de l'état de la recherche historique articulée autour du paradigme communicationnel et des points de vue ainsi générés sur l'histoire et la théorie des assemblées, voir l'article-bilan de Barbara STOLLBERG-RILINGER, La communication symbolique à l'époque pré-moderne. Concepts, thèses, perspectives de recherche, dans: Trivium 2 (2008). Article mis en ligne le 23 octobre 2008. Url: http://trivium.revues.org/index1152.html.

[71] O. F. ROBINSON, T. D. FERGUS, W. M. GORDON, An Introduction to European Legal History, Abingdon 1985, chap. XII: The Development of the French Law; John P. DAWSON, The Codification of the French Customs, Michigan Law Review 38 (1940), p. 765.

[72] Les spécialistes ont attaché une grande importance à la méthodologie pratique de reformulation des coutumes sous la bannière royale; voir René FILHOL, Le premier président Ch. de Thou et la réformation des coutumes, Paris 1937.

[73] Ibid., p. 66.

Hotman enfin, préconise de choisir »des Deputez qui dresseroient deux beaux volumes en langage vulgaire & intelligible tant du droit public, qui concerne les affaires d'Estat & de la couronne, que de toutes les parties du droit des particuliers[74]«.

La première innovation de ce qu'il conviendrait de comprendre comme l'esquisse du concept juridico-politique d'»estat« ou d'*État présent*, est le rôle attribué à l'écrit, aux chartes, aux documents du passé, éléments épars que l'on peut rassembler en vue de cette constitution, et surtout celui qui est attribué à la production d'écrits par des »déléguez«. De tels écrits relèvent d'un mode de production consensuel du texte. On peut appeler la condition de ce mode de production une »situation diplomatique«, dans laquelle les auteurs s'accordent sur le sens des termes employés, censés en cela représenter ou symboliser quelque chose d'extérieur au texte et au discours.

Pour préciser cette hypothèse d'un premier concept d'»État«, il se réfère à une double constitution, basée sur l'idée d'un corps composé.

Constitution à travers un corps physique et organisationnel d'abord, sur le modèle des ligues et des alliances (nous verrons dans le texte thuanien comment la »République d'Allemagne« se rapproche de ce modèle).

Le modèle impliqué est celui qui, à l'origine d'un corps politique, pose l'accord, et présuppose la possibilité pour un tel accord de durer. Contrairement à ce que l'on pourrait penser, cette vision des choses semble parfaitement naturelle aux contemporains, comme en témoignent les efforts consentis, de Bodin[75] à Hobbes, en faveur de son anéantissement:

les collectivités ne meurent jamais parce que les individus qui les composent se remplacent sans cesse. Ce sont les monarchies qui font difficulté [...]. Lorsqu'il s'agit d'une monarchie, régime où les seuls possesseurs du pouvoir sont mortels, en quel sens peut-on dire que le pouvoir souverain est perpétuel?

Cette constitution physique se doublait d'une constitution immatérielle et documentaire, à travers un corps doctrinal et écrit de »droit public«.

Ces remarques nous ramènent à la question de la politique érudite et des enjeux politiques de l'érudition. En France, le projet d'asseoir un »droict d'aujourd'huy« a porté les espoirs de professionnels érudits du droit, promus au rang d'élite du pouvoir à travers leur méthode; de celle-ci on attend le droit français; d'elle, le pouvoir royal espère obtenir les clefs de l'unification (avant la langue, le drame ou l'épopée, les coutumes et la possibilité de les construire en tant que corps représentèrent une telle issue. Comme l'écrivait Guy Coquille: »nos coutumes sont notre droit civil de même force et vigueur, comme étant à Rome le droit civil des romains«[76]). La fin du

---

[74] François HOTMAN, Antitribonian ou Discours d'un grand et renommé jurisconsulte de nostre temps. Sur l'estude des loix, fait par l'advis de feu monsieur de L'Hospital chancelier de France en l'an 1567. Et imprimé nouvellement, Paris 1603, p.109.

[75] Tel est selon Giesey le problème auquel est confrontée la définition par Bodin de la souveraineté, et le déficit qui pèse sur la monarchie lorsqu'elle perd la fiction du corps mystique. Cf. Ralph GIESEY, Cérémonial et puissance souveraine, 1987, p. 61–85.

[76] REULOS, L'importance des praticiens dans l'humanisme juridique (voir n. 51), p. 126.

XVIᵉ siècle, avec les conflits civils, voit la dislocation de cette génération de juristes, savants et influents, à travers l'entreprise de codification.

Ils avaient acquis une grande familiarité avec l'idée selon laquelle une certaine épaisseur temporelle réside dans la possibilité de produire de l'accord et non de le constater seulement au passé. Dans cette mise en évidence du maintien dans le temps de l'accord instituant s'inscrivait le nouveau prestige des assemblées.

Cette dynamique méthodologique fut cependant brisée. Une bonne part du milieu de l'humanisme juridique, tel qu'il se diffusait à partir de Bourges, était huguenote. Le *mos gallicus* huguenot émigrera dans sa presque totalité.

LA TRADITION THUANIENNE
LA QUESTION DES LIGUES VUE À TRAVERS
LA »RESPUBLICA GERMANORUM«

»Au XVIIᵉ siècle, ce qui avait été n'était plus, et ce qui aurait pu être n'eut jamais lieu«; un semblable constat – emprunté à Ralph Giesey[77] – résume la rupture entre deux époques que quelques décennies séparent. C'est en sondant ce hiatus que chemine l'œuvre historique de Jacques-Auguste de Thou, et que, en ce qui nous concerne, nous explorerons la continuité entretenue dans certains milieux, poursuivant de part et d'autre de la brèche les traces de la permanence d'une certaine culture politique, afin d'entrevoir la perspective dans laquelle se présentent les héritages délicats et les articulations par lesquelles opère leur modification.

Cet homme d'action, dont les mémoires sont aujourd'hui encore, avec son »Histoire«, parmi les principales sources de l'histoire de la seconde moitié du XVIᵉ siècle, fut un des négociateurs de l'édit de Nantes, et par conséquent, en tant que concepteur de cet édit (il le prépare avec Soffrey de Calignon, protestant; le révise avec Renaud de Beaune, archevêque de Bourges, Édouard Molé et Lazare Coqueley; la rédaction finale étant l'œuvre d'Edmond Richer), l'initiateur d'une amnésie collective[78], faisant de l'oubli des séditions une institution apparentée à une forme du non-droit des sujets,

---

[77] Ralph GIESEY, Cérémonial et puissance souveraine, Paris 1987, p. 86.
[78] Cet édit ordonne dans son premier article: »que la mémoire de toutes choses passées d'une part et d'autre depuis le commencement du mois de mars 1585 jusqu'à notre avènement à la couronne, et durant les autres troubles précédents, demeurera éteinte et assoupie comme de chose non advenue. Il ne sera loisible ni permis à nos procureurs-généraux ni autres personnes quelconques, publiques ni privées, en quelque temps ni pour quelque occasion que ce soit, en faire mention, procès ou poursuite en aucune cour ou juridiction que ce soit«. Et l'article 2 de poursuivre l'injonction de silence, par la défense faite: »à tous nos sujets de quelque état et qualité qu'ils soient d'en renouveler la mémoire, s'attaquer, ressentir, injurier ni provoquer l'un l'autre par le reproche de ce qui s'est passé pour quelque cause et prétexte que ce soit, en disputer, quereller ni s'outrager de fait ou de parole; mais pour se contenir et vivre paisiblement ensemble comme frères, amis et concitoyens, sur peine aux contrevenants d'être punis comme infracteurs de paix et perturbateurs du repos public«.

dans le cadre du transfert d'un droit des sujets, assimilé à la sédition, à un droit du roi, identifié à la paix publique[79].

C'est à peu près au moment où il rédige et conçoit l'édit que de Thou (encouragé par son camarade d'érudition Pierre Pithou) imagine de poursuivre un projet, déjà entamé par son père, d'»histoires de son temps« et dans »toutes les parties du monde«. On ne peut manquer d'être frappé par le personnage qui conçut en un même mouvement ce projet d'oubli et cette œuvre pénétrée du sens de la nécessité de transmission du témoignage, un écrit qui par conséquent n'a pas été entrepris »pour faire un accord et reconciliation entre les partis, ainsi pour représenter historiquement, c'est-à-dire avec la vérité, comme les choses se sont passées«[80].

L'écriture de son œuvre historique s'adressait naturellement à une audience avertie et capable de »cette lecture en filigrane que de Thou attendait des plus perspicaces, des plus ›avisez‹ (*prudentiores*) de ses lecteurs«[81]. Le partage, entre de tels lecteurs et l'auteur, d'un savoir tacite consistant en ce que l'on sait bien, de part et d'autre, ce dont il faut parler et ce que l'on est prêt à taire, aussi bien que le pourquoi de ces attitudes, fait l'objet de la correspondance de De Thou avec Christophe Dupuy, l'un des frères Dupuy, qui à Rome tente d'obtenir des cardinaux amis et alliés les garanties d'une relative impunité pour l'œuvre de l'historiographe[82].

Mais par la voix de François Louis Ystella, maître du Sacré Palais, surviendra le décret qui, le 9 novembre 1609, condamne l'»Histoire« en même temps que les ouvrages de Mariana, de Junius Brutus et que l'arrêt du parlement condamnant le régicide Jean Chastel.

Du côté de la cour de France, des signes de défaveur envers une œuvre à l'origine encouragée personnellement par le souverain se sont multipliés. C'est ainsi qu'après 1619 aucune édition de l'»Histoire« n'est parue en France. Le sort du manuscrit lui-

---

[79] Il est difficile de ne pas faire référence, à propos de De Thou, à divers travaux bien connus: la notion d'oubli d'État comme non-droit des mémoires individuelles renvoie aux thèses de Nicole LORAUX sur la *stasis*, de Paul RICŒUR sur l'oubli et l'oubli institutionnel, de Reinhart KOSELLECK sur les conflits civils, l'État et le collectif singulier, de Sophie WAHNICH sur l'amnistie et sur le sens de l'identification actuelle de cette dernière à une amnésie, qui tous ont nourri la réflexion ici proposée sur le passé frappé d'interdit des érudits du XVIIe siècle.

[80] Lettre au cardinal de Joyeuse, février 1604, insérée dans: Histoire universelle de Jacques-Auguste de Thou depuis 1543 jusqu'en 1607, traduite sur l'édition latine de Londres, Londres 1734, t. XV (1607–1610): Suite de l'Histoire de Jacques Auguste de Thou par Nicolas Rigault, liv. III, pièces concernant la personne et les ouvrages de Jacques-Auguste de Thou, Jugemens portés à la Cour de Rome, sur l'Histoire de Jacques-Auguste de Thou, p. 122.

[81] Dans un article où il remet en question les leçons généralement tirées de l'»Histoire«, Jean-Louis de Bourgeon examine les tours de cette œuvre écrite parfois sur le mode de l'allusion, voire du chiffre, adressée à ceux qui savent lire entre les lignes, Jean-Louis BOURGEON, Une source sur la Saint-Barthélemy: l'histoire de Mr de Thou décryptée, dans: Bulletin de la Société de l'histoire du protestantisme français 134 (1988), p. 499–537, ici p. 513.

[82] À partir du début de l'année 1604, selon la correspondance insérée dans l'Histoire universelle (voir n. 80), p. 119. On pourra se reporter à l'ouvrage déjà ancien d'Alfred SOMAN, De Thou and the Index. Letters from Christophe Dupuy (1603-1607), Genève 1972, qui, nonobstant les nouveaux éléments que l'on peut attendre concernant le fonctionnement de l'Index, reste d'actualité.

même fut parfois incertain. Les héritiers de De Thou, chargés de la postérité de l'œuvre, font alors montre de précautions parfois radicales, dont le statut est controversé: les frères Dupuy agirent-ils avec prudence au nom de la sécurité de leurs intérêts, comme l'écrit Peiresc à Camdem, ou selon une méfiance issue de leur juste évaluation de la situation, comme le pense Samuel Buckley, l'éditeur de l'»Histoire« au XVIIIe siècle, qui en rapporte les épisodes[83]? Peiresc est en effet sévère pour les Dupuy:

> Nous venons d'apprendre qu'on a imprimé en Allemagne tout l'Histoire entière de feu Monsieur de Thou, il me tarde bien de voir ce que c'est. Cela m'a fait souvenir de la vôtre, & desirer qu'elle puisse sortir de vos mains pour le bien du public. Si celle de Monsieur de Thou ne se fut trouvée que chez lui, elle courroit fortune d'estre supprimée; car ses exécuteurs testamentaires, tuteurs de ses enfans, la vouloient faire mettre dans le feu pour des intérêts particuliers; Monsieur Lingelsheim, à qui feu Monsieur de Thou en avoit confié une copie, a tout sauvé[84].

Mais Samuel Buckley, qui rapporte ce jugement, le tempère et plaide pour la considération de »la disposition où l'on étoit d'empescher l'impression de l'Histoire de Mr de Thou, & l'impossibilité qu'il y avoit d'obtenir un Privilege«:

> La lettre de Peiresc à Camden, que j'ai citée, fait assez voir qu'il y avoit alors des personnes puissantes à la Cour de France, qui (soit qu'elles tâchassent de porter les executeurs testamentaires de Mr de Thou à leur sacrifier le manuscrit de son histoire, comme on l'avoit dit à Mr de Peiresc, ou non) pouvoient facilement empecher qu'on n'accordât ce Privilege[85].

La prudence des frères Dupuy, ayant pour motif une menace traduisant une volonté concernant l'»Histoire«, s'apparenterait à une méfiance à la fois nécessaire et croissante, justifiant notamment les »precautions que ces Messieurs prenoient, pour ne pas paroitre avoir aucune part dans ce qui regardoit l'Histoire de Mr de Thou«:

> leur appréhension n'avoit pas diminué en 1633. Jacques du Puy [...] avoit composé l'Index nominum proprium in Thuani Historiis; mais on jugea à propos pour cacher le nom du veritable Auteur, de faire demander le Privilege par Pierre Bessin, que Mr Menage [dans son Anti-Baillet, art. 33 p. I] dit avoir été Valet de Chambre de Mr de Thou le Conseiller d'État; lequel Bessin, ajoute-t-il, ne sçavoit point du tout de Latin: & on trouve ce Privilege à la tête du livre imprimé en 1634, accordé à Pierre Bessin[86].

---

[83] Samuel BUCKLEY, Lettres à Mr Mead, Docteur en medecine, touchant une nouvelle édition de l'histoire de Mr de Thou. Traduites de l'anglois, Londres 1729. Buckley a publié en 1733 (la même année que la traduction française de Prévost) la meilleure édition du texte latin, en sept volumes, préparée auparavant par Thomas Carte.

[84] Nicolas-Claude Fabri de Peiresc dans une lettre écrite à William Camden le 14 octobre 1620, rapportée par Samuel Buckley, qui émet cependant cette réserve: »Je rapporte ce passage [...]; mais j'avouë que j'ai des sentiments plus favorables à l'égard des personnes de consideration que Mr de Thou choisit pour ses Executeurs testamentaires«, et il poursuit: »d'ailleurs Camden lui-même déposa une copie exacte entre les mains de Pierre Du Puy son Ami particulier«, BUCKLEY, Lettres à Mr Mead (voir n. 83), première lettre, p. 20–21.

[85] Ibid., première lettre, p. 27.

[86] Ibid., première lettre, p. 32–33.

Bien qu'aucune mention ne soit faite des motifs du décret de l'Index, de Thou sait fort bien et de longue date à quoi s'en tenir[87]:

Je ne doute poinct que l'on n'y retrouve fort à redire par delà, principalement és endroits où je parle des Papes Jules II, Paul III, & Jules III, à la fin du quatriesme livre, & au commencement du suivant, & aussi de la Legation du Cardinal Caraffe, & où il est fait mention de Monsieur Charles Du Moulin. Mais j'ay escrit en France, & durant les troubles[88].

Que ce soit à travers sa correspondance ou par le biais de la rédaction de sa »Vita«, de Thou n'a guère cessé de produire l'analyse publique des revers essuyés à Rome et à la cour de France, et de mettre en évidence le trouble de l'institution savante, même la plus impliquée dans la restauration monarchique, devant le fait que la censure ecclésiastique, en renforçant les effets de rupture entre l'époque des vicissitudes dont on souhaite contrôler la mémoire et le témoignage élevé jusqu'à l'histoire nationale, attaque certains aspects essentiels de l'érudition.

Lorsque le jésuite Jean Machault publie sous le nom de J. B. Gallus, en 1614, ses »Notes critiques sur l'Histoire de Mr de Thou«[89], en réalité un véritable pamphlet contre l'auteur, il insiste tant sur les sources où puisa de Thou que celui-ci se décide à écrire ses mémoires afin de démontrer la calomnieuse accumulation. C'est à travers ces »Mémoires«, écrites pour éclaircir et justifier son »Histoire«[90] que l'on comprend le mieux la liaison de De Thou avec une culture juridico-politique devenue indésirable après s'être montrée utile. Car on y voit de Thou rencontrer ceux dont il cite les noms dans l'»Histoire«, et l'on peut prendre la mesure de l'impact exemplaire de l'humanisme juridique dans la formation de l'historiographe, étayée par des voyages qui alternent avec les périodes d'études et les agrémentent plutôt qu'ils ne les interrompent. Se précise, au cours d'études de droit effectuées à Orléans, puis à Bourges, où de Thou se rend pour entendre Cujas, son affinité avec le *mos gallicus*, incarné par les leçons de Hugues Doneau et de François Hotman. Les rencontres avec les savants de l'humanisme juridique se multiplient, après celle d'Adrien Turnèbe: de Thou fait la

---

[87] Christophe de Thou, dans ses lettres de Rome, lui exposait le reproche à lui adressé de se référer à certains auteurs ou de faire leur louange. Pierre Dupuy écrivait, deux années auparavant, à Scaliger que: »La premiere partie de l'Histoire de M. de Thou a eu mille traverses à Rome de s'eschapper de la Censure. Mon frere (Christophe du Puy) y a servi Mr de Thou comme son devoir l'y obligeoit, Mr. Le cardinal du Perron, avec lequel il est maintenant, a monstré combien il estoit ami de M. de Thou, & qu'il l'affectionnoit grandement, ayant commandé à ce Scioppius de se taire, qui vouloit au livre qu'il a fait contre vous, escrire contre ledit Seigneur President, sur ce qu'il loüe en son Histoire plusieurs grands personnages, comme Phil. Melanchton, M. Casaubon & autres«, Lettre de Pierre Dupuy à Scaliger (11 janvier 1607), dans: BUCKLEY, Lettres à Mr Mead (voir n. 83), deuxième lettre, p. 3.

[88] Lettre de M. de Thou à M. Dupuy, à Rome (25 février 1604), insérée dans: Histoire universelle de Jacques-Auguste de Thou (voir n. 80), t. XV, liv. III, p. 123.

[89] Jean-Baptiste GALLUS, In Iac. Aug. Thuani historiarum libros notationes, Ingolstadt 1614.

[90] »Personne ne peut ignorer l'étroite relation de cette Pièce avec la grande Histoire, puisqu'il est certain que l'Auteur n'entreprit la première que dans la vuë d'y éclaircir quelques endroits de l'autre ou de la justifier contre ses Ennemis, en s'y justifiant lui-même«, écrit Samuel Buckley dans sa troisième lettre à Mead (voir n. 83), dans: Bibliothèque raisonnée des ouvrages des savans de l'Europe. Pour les mois de Juillet, Aout et Septembre 1730, Amsterdam 1730, p. 471.

connaissance de Scaliger à Valence, puis en Italie de Du Ferrier et de Sigon, de Salviati à Florence. Là, en feuilletant l'exemplaire des »Pandectes« ramené de Constantinople et conservé dans la maison de ville de Florence, l'auteur des »Mémoires« se souvient de la passion de Cujas, qui a fondé toute son œuvre sur la révision des »Pandectes«, de son désir de voir ce livre et de l'étudier durant un an: »il ne lui manquait que cette satisfaction pour perfectionner la connoissance qu'il avoit de la jurisprudence«[91].

Lors même que l'auteur entend défendre son droit à n'avoir pour juge que la postérité et se défend contre la censure ecclésiastique, envers laquelle la monarchie française se montrait désormais complaisante, il y va de l'héritage de l'humanisme juridique, du *mos gallicus* et des méthodes à travers lesquelles étaient restituées »les lois et coutumes de nos pères«[92].

La politique, telle que la comprend de Thou, est soutenue par des pratiques savantes qui seules garantissent, aux yeux de leur défenseur, une véritable connaissance du droit public; ce sont elles qui parviennent à mettre en évidence les voix du passé; c'est ainsi que le *socle de l'État* est méconnu voire ignoré par les détracteurs de la »tradition du droit français«[93]: »On veut interdire aux Français d'user de leur Droit, de leurs lois, / De mentionner dans leurs écrits la tradition reçue«[94].

Ces termes se réfèrent à l'entreprise de préservation et de codification des coutumes, qui avait fait naître l'idée proprement politico-juridique d'un »corps« politique adossé à un corpus de lois: l'État, justement. Conformément aux conceptions les plus efficaces admises par la culture juridico-politique, ce dernier n'était pas le produit mais la cause des lois édictées pour le maintenir, lesquelles indiquaient par conséquent le type d'État dont elles étaient l'émanation mais ne le définissaient pas[95].

Le caractère de garantie que revêtaient dans cette perspective les pratiques savantes faisait de la mémoire collective l'évocation de la vérité de la »forme & estat« de la république ou du royaume. Les instruments à l'aide desquels on pouvait se frayer un chemin vers cette vérité étaient ceux de l'érudition. Ce ne sont guère qu'autant d'options savantes concernant la transmission de l'écrit et portant sur l'évaluation d'un corpus ou d'un trésor. En dépit de ce caractère technique sont mis en évidence, derrière les actes diplomatiques, les actes collectifs et publics dont se compose la trame de l'histoire. Ces pièces, ces chartes, ces lois sont envisagées comme l'enregistrement des voix des peuples.

---

[91] DE THOU, Vita (voir n. 1), liv. I, 8, 21–25, p. 301.
[92] I. Aug. Thuani Vita, V, 4, 14, cf. TEISSIER-ENSMEINGER, La vie de Jacques-Auguste de Thou (voir n. 1), p. 887.
[93] »Car ils ne savent pas ce qui sert de socle à l'État«, ibid., p. 887.
[94] Ibid., p. 891.
[95] On peut encore se référer à Hotman, dont la contribution aux efforts de codification s'exprime de manière particulièrement claire dans l'»Antitribonian«, pour cette définition: »les loix d'un païs doivent estre accomodees à l'estat & forme de la Republique«, François HOTMAN, Antitribonian ou Discours d'un grand et renommé jurisconsulte de nostre temps. Sur l'estude des loix [Texte imprimé], fait par l'advis de feu monsieur de L'Hospital chancelier de France en l'an 1567. Et imprimé nouvellement, Paris 1603, p. 5. Or s'il n'existe pas encore de codification, c'est la détermination de la forme de l'»Estat« qui doit guider la codification.

En acquérant un tel sens de l'analyse historique et institutionnelle, le savoir accumulé et les pratiques argumentatives ou sociales érudites, qui le systématisent, conduisent à une méthodologie aux issues politiques. L'outillage lettré comporte alors une valeur de vérité, à savoir un aspect épistémique d'une part, axiologique de l'autre, puisque cette valeur de vérité ordonne un idéal de la pratique érudite.

En défendant par conséquent les formes de raisonnement, la méthodologie, et les arguments indispensables à un travail érudit faisant place aux droits du royaume, ceux qui tentent d'assumer cet héritage doivent adopter certaines postures, qui ne vont pas seulement à l'encontre des *desiderata* de la censure ecclésiastique, mais aussi et surtout des exigences de la culture politique absolutiste, pour laquelle, les seuls *droits* étant désormais ceux du roi, il ne s'agit pas de garantie mais de preuves ou de titres.

Les droits du roi, c'est-à-dire le droit public monarchiste, qui se construit en effet sur la base de la méthodologie évoquée, ne fait que lui soutirer ce qu'il considère comme utile, en laissant soigneusement de côté les aspects qui s'avèrent gênants, notamment la valeur instituante des actes publics, qui représente virtuellement une capacité législative dont la monarchie royale veut être seule dépositaire.

Il naît donc comme une sorte de lutte interne, qui s'empare de ceux qui, tout en servant les intérêts des droits du roi, nourrissent des projets qui dépassent par définition toute limitation impartie à l'écrit.

L'écrit est le moyen de prédilection d'une classe qui non seulement peut en user avec un *corpus* ou un *trésor*, mais peut également nourrir la volonté d'en produire un *nouveau*.

On a pu dire que la défaite de l'érudition humaniste, qui signe l'insertion des lettres dans l'un des rares corps intermédiaires dont se dote la monarchie, celui de l'Académie[96], est le véritable acte de naissance de la *civilisation française*. L'on peut bien se demander par suite s'il convient de qualifier d'érudits humanistes des hommes dont la rigueur scientifique semble toujours s'incliner devant la monarchie. Quoi qu'il en soit, c'est dans l'humanisme tardif des »hommes du roi«, dans le réseau des familles Dupuy, Godefroy, de Thou, où s'élabore »face à la vieille noblesse féodale, la conscience de classe correspondant à la noblesse de robe«, que se perpétue, »dans le contexte modernisé d'une époque nouvelle, l'ancienne morale de la *nobilitas literaria* humaniste«[97].

Pour cette classe, héritière du *mos gallicus*, qui avait proposé le modèle d'un droit français remanié, ce projet n'existera plus que dans une sorte de vie seconde, déqualifiée, sapée à la base, où il constitue une science diplomatique au service des »droits du roy«.

Dans ce réseau pourtant s'amorce une disjonction entre les obligations, dues au service de l'État monarchiste, et le rôle politique des élites, tel que celles-ci le conçoivent.

---

[96] Cf. Marc FUMAROLI, Trois institutions littéraires, Paris 1994, p. XXIII–XXXIX.
[97] cf. Klaus GARBER, À propos de la politisation de l'humanisme tardif. Jacques-Auguste de Thou et le Cabinet Dupuy, dans: C. LAUVERGNAT-GAGNIÈRE (dir.), Le juste et l'injuste à la Renaissance et à l'âge classique, Saint-Étienne 1986, p. 156–177.

Auparavant, le service du roi exige de ses juristes l'établissement de ses *droits*. Dès lors, la dégradation de la méthodologie politique de l'humanisme juridique en une science diplomatique coupée de ses prémisses est engagée. Les premières déterminations de l'»estat« expurgées dans la foulée, la science diplomatique s'est faite le réceptacle d'une dépolitisation de l'humanisme juridique. Roger Zuber écrivait à propos de la nouvelle cléricature éployée à l'ombre de Richelieu, »les lettres sont le rempart de l'État«; les lettres, c'est-à-dire la philologie grecque et latine:

> elles l'authentifient comme elles authentifient la religion; elles tiennent les sources. Pithou était garde du Trésor des Chartes. Il succédait à cette fonction à Christophe de Thou [...] à Jean Du Tillet. Il aura pour successeurs Nicolas Rigault, Théodore Godefroy, Pierre Dupuy [...]. C'est sur un réseau de précédents élaborés en système – précisément ce qu'on appelle »antiquitates« – que Pithou s'appuie, à partir de sa connaissance intime de l'époque carolingienne et du Moyen Âge, pour rédiger ses »Libertez de l'Eglise gallicane«[98].

De cette liaison remarquable entre les lettres et l'État provient le soupçon de certains commentateurs concernant le caractère érudit, savant, ou humaniste des travaux officiels de ces juristes, qui, comme Pierre Dupuy, Théodore Godefroy, Nicolas Rigault, ne s'intéressent plus seulement aux belles lettres mais entament l'inventaire des diplômes servant de preuves à la revendication des droits du roi sur les territoires des grands vassaux, des abbayes limitrophes:

> Si l'érudit pouvait y trouver son compte, ce n'est toutefois guère d'érudition qu'il s'agissait; le but du travail était avant tout politique; ce que l'on cherchait, c'était à prouver par des pièces d'archives le bien fondé des prétentions du roi de France sur tel pays, contre les prétentions de ses voisins; l'archiviste devient ainsi l'auxiliaire du général d'armée[99].

Il faut reconnaître en effet que si le soubassement de ces pratiques est philologique, la science diplomatique, très officiellement au service du roi, dépend d'une culture censurée – dont elle hérite des fondements – et bannie, mais dont elle recueille le prestige.

Les auteurs interdits sont les repères de la faille progressivement entretenue au sein d'une tradition juridico-politique détournée de son cours. Comme les témoins que l'on installe pour contrôler l'avancée d'une fissure sur une paroi, ils mettent en évidence l'inéluctable divergence entre les états antérieur et postérieur de l'érudition.

L'on sait qu'à celui qui allègue afin de pouvoir lire un livre mis à l'Index, que c'est pour le réfuter et perfectionner le dispositif de censure, est octroyée une »dispense«; il ne risque pas d'aller brûler en enfer pour avoir lu certaines œuvres des jurisconsultes, historiens, publicistes, canonistes dont les noms suivent, toutes prohibées à un moment ou à un autre par la congrégation de l'Index: Bodin; Érasme; Montaigne; Henri et Robert Estienne; Christophe de Thou; Jacques Auguste de Thou; Grotius, pour son traité »De Jure Belli ac Pacis«; Pufendorf; Barbeyrac, pour leurs »Traités du Droit de

---

[98] Roger ZUBER, Cléricature intellectuelle et cléricature politique: Le cas des érudits gallicans (1580–1620), dans: Travaux de linguistique et de littérature 21 (1983), p. 121–134, ici p. 127.
[99] Lucien AUVRAY, Le mémoire de Nicolas Rigault sur le Trésor des Chartes de Lorraine (1634), dans: Bibliographe moderne 4–5 (1899) (non paginé).

la Nature et des Gens«; Dumoulin; Edmond Richer; le livre des »Libertés gallicanes«, de P. Pithou; les »Preuves de ces Libertés«, publiées par Pierre Dupuy.

Or la rancune de Rome envers Charles Dumoulin, qui avait, par son »Commentaire sur l'édit des petites dates«, ruiné la caisse papale[100], était si tenace qu'il était bel et bien exclu des »dispenses« délivrées en France par le nonce du pape. Pourtant, l'œuvre entière de celui qu'on appelait le »Prince des légistes« et que de son vivant le parlement n'arrivait plus à protéger de la prison, réimprimée en Italie, est publiée sous le nom de Gaspart Caballinus a Cingulo; en vertu de cette légère transformation, on pourra désormais citer Dumoulin, même en Italie.

Des auteurs tels que Dumoulin sont indispensables aux pratiques les plus officielles de l'institution lettrée. C'est sur la recommandation faite par Dumoulin à propos de la réception du concile de Trente que se calque de Thou[101], en se fondant sur un précédent – la Pragmatique Sanction – dans ses arguments pour repousser la procédure d'un enregistrement expéditif des décrets du concile de Trente (promulgation qui devait servir de monnaie d'échange pour l'édit de Nantes).

L'historiographie italienne, depuis les travaux d'Anna Maria Battista, a utilisé la notion de »dissociation« pour l'interprétation du libertinage comme double morale assumée. Si cette caractéristique peut s'étendre à l'hétérodoxie existant au sein des sphères du service de l'État, toute la culture politique du XVIIe siècle français peut aussi être décrite comme dissociée, dans la mesure où la science diplomatique, qui supporte de toute la force de ses raisons les *droits du roi*, est sapée par les atteintes faites à son travail de compréhension de l'histoire politique.

La contribution de Giuliano Ferretti dans ce volume montre comment la faille dans la collaboration du cabinet Dupuy avec le pouvoir s'est creusée, laissant refluer l'amertume qui rongeait ce milieu. Dans l'avertissement qui précède les »Mémoires de M. Pierre Du Puy, servans à la Justification de M. François De Thou«, concernant le fils du grand historiographe, qui fut condamné avec Cinq-Mars, on trouve ces lignes éloquentes sur le régime instauré par Richelieu:

Pendant ces tems dangereux la vie privée en des personnes de grand merite, a esté une marque d'une profonde sagesse. [...] Ils appelloient [...] du nom de Paix l'estat où ils nous avoient mis de n'avoir plus de voix pour nous plaindre [...] la moindre parole, non pas de vigueur mais de plainte, estoit un crime de leze Majesté [...] nos paroles choses déplorables, ont esté examinées jusques aux syllabes; & certes nous estions pour perdre la memoire avec la voix, s'il eust esté autant en nostre pouvoir d'oublier nos mots, que de nous taire. Mais c'est assez parlé de nos miseres; & de la laschété des François cogneuë à toute l'Europe.

L'intériorisation de la censure, l'autocensure, cohabite avec le besoin et la nécessité pour tous, y compris pour le censeur, du recours à cela même qui est interdit. En témoignent les tensions qui parcourent la censure – dont les instances sont parfois composées d'érudits ne souhaitant pas tant l'annihilation que l'amendement et la correction des chefs d'œuvre de la littérature juridique et politique.

---

[100] En prônant avec un certain succès l'abolition des *annates*.
[101] ZUBER, Cléricature intellectuelle et cléricature politique (voir n. 98), p. 128.

Mais d'autres repères sont également là pour affirmer l'incontestable écart; en particulier le langage et le vocabulaire et, à l'intérieur de ce dernier, le vocabulaire de l'observation des entités politiques, dont le caractère apparemment objectif retient en fait toutes les nuances de l'évaluation.

Dans l'»Histoire« de Jacques-Auguste de Thou, l'observation et la description des entités politiques concrètes ne semblent pas monnaie courante, sauf lorsqu'une telle description revêt une importance historique, ce qui est le cas de l'Empire particulièrement. Là ne s'arrête pas l'originalité de la »Description de l'Allemagne«, qui y sert de support à une narration plus factuelle et active, mais a clairement une valeur propre.

Bien que la riche bibliothèque de Jacques-Auguste de Thou renferme de nombreux ouvrages sur l'Allemagne[102] et que ce dernier ait rencontré une infinité d'érudits tels que Jacques Grinay, luthérien qui à Bâle enseignait l'histoire d'Allemagne d'après Sleidan, la source principale de sa description de l'Allemagne n'est autre que le mémoire d'Hubert Languet.

La lettre de Languet débute ainsi: »Les Estats De L'Empire sont L'Empereur, Les Electeurs, Les Princes, tant Ecclesiastiques que Séculiers, Les Prelatz, Comtes et Barons et les villes Imperiales. La Noblesse ne faict point L'Estat particulier en l'Empire«.

Suivait une large description du déroulement des journées impériales – circonstances de leur tenue, convocation, proposition des articles aux »Estats«, différences entre le »Sénat des Princes« (auquel entrent les »Prelats, Comtes et Barons«), qui dispose d'un certain nombre de voix aux délibérations et peut prendre des résolutions, et celui des villes, qui ne dispose d'aucune voix, etc. – puis de la »journée des Députez«, où l'on entend les griefs des particuliers.

De Thou reprend cette représentation de la structure de l'Empire dans laquelle – singularité qui est aussi celle d'Hotman, comme on l'a vu plus haut – l'empereur est

---

[102] Le catalogue dressé par Ismael Boulliaud, recense de nombreux thèmes concernant l'Empire; dans le domaine du droit: De Jure Imperiale Germanico-Romano; Constitutiones Imperatoriae et Electorum; De Electorum Imperii Juribus. Parmi les Rerumpubl. Constitutiones, on trouve: Germaniae Leges, & Constitutiones Gothorum, Alemanorum... Parmi les Histoires: Historia Germanorum, dont De translatione Imperii à Graecis ad Francos & Germanos, De statu Reip germaniae sub Imperio, De Septemviratu Electionibus Imperator & Cancellarius, Rerum Germanicarum Scriptores collecti à variis, Historia Germaniae. En outre, dans la correspondance de Peiresc (lettres de Peiresc, publiées par Philippe TAMIZEY DE LARROQUE, t. 1, Paris, 1888, lettre XXIV, 12 avril 1627, p. 840) on trouve une réponse de Pierre Dupuy à la demande de Peiresc de lui adresser une liste des ouvrages sur l'Allemagne: »je vous envoye un mémoire des Rerum germanicarum scriptores tiré de notre catalogue et de celui de M. de Thou. Je n'ay mis que les principaux qui ont fait un corps car cela eust été infini sur les auteurs d'Allemagne«; la demande lui en avait été faite en 1627 (p. 187–188) »je vous supplie de m'envoyer un extraict du catalogue de Mr de Thou, des livres qu'il a Rer[um] Germanicarum de toute sorte« Peiresc remercie Dupuy le 16 may 1627 (p. 217): »J'ay esté infiniment ayse de voir vostre inventaire des auteurs de Rerum Germanicarum«. En voici la liste: Fabricius; Sim. Schardius (Simon Schard), publié par Nic. Gesner; Krantz; Wolfgang Lazius Gerard de Roo; Jacques Gretzer; Reiner Reineck (Witikindus); Henri Meibom; Anales Bojorum Aventini (Annales de Bavière de Jean Tourmayer Avantinus, publiées par les soins de Jérôme Ziegler); Cisner; Eric Olaous Tormius; Beatus Rhenanus; Jacques Bongars.

compté au nombre des »Estats de l'Empire« (que de Thou appelle quant à lui des »membres«):

Ce qui s'appelle proprement l'Empire, est divisé en trois principaux Membres, dont l'Empereur est le premier. Il est la Tête de ce grand Corps. Immediatement après lui sont les Princes Electeurs, & les Prélats Ecclésiastiques [...]. Le troisième membre de l'Empire est composé des Villes Libres [...]. Ces trois Membres ensemble constituent la Republique d'Allemagne[103].

La description thuanienne comporte à partir de là une charge polémique contre Bodin, révoquant indirectement le dispositif par lequel celui-ci s'était assuré la maîtrise de l'exemplarité de l'Empire – dont l'importance s'expliquait, rappelons-le, par la volonté de briser la valorisation des assemblées.

À ceux qui tiraient de l'ordre politique allemand le modèle du politique, Bodin avait opposé, sur tout les fronts, sa conception de la souveraineté dans l'Empire. La comparaison était brouillée par la souveraineté, incommensurable par définition. C'est là le lien entre tous les pans qui construisent dans la »Republique« l'édifice de l'empire d'Allemagne: à la fois ligue-État, monarchie déchue et aristocratie accomplie.

Or la classification par Bodin du type d'État qu'était l'Empire est contredite, point par point, par la description thuanienne, qui fait appréhender clairement l'enjeu de ce dernier.

Bodin argumentait en trois points sa description de la ligue-État:
– la défense commune rendue nécessaire par la menace ennemie
– la souveraineté unique avec la perte d'autonomie des parties constituantes devenant simples membres
– la conquête de diverses entités depuis lors unies à la ligue.

À rebours, la »République d'Allemagne« thuanienne présentée comme le support d'une certaine vision des corps politiques fondée sur les relations civiles et la paix, l'autonomie des membres, l'augmentation du corps par association, fait réapparaître le caractère d'assemblée des ligues:

---

[103] Histoire de ce qui s'est passé de plus remarquable dans toutes les parties du monde depuis MDXLV. jusqu'en M.DC.VII ecrite en latin par Mre. Jacques Auguste de Thou, Baron de Meslay et Conseiller d'État & Président à Mortier au Parlement de Paris, sous les Rois Henri III & Henri IV [...] Traduite en langue françoise, Tome Ier, La Haye 1733 (tr. fr. PRÉVOST D'EXILES), liv. II, p. 110–111. La version de Prévost ne s'éloigne guère ici de celle de Du Ryer: »Au reste ce qui s'appelle l'Empire est divisé en trois membres, dont l'Empereur est le premier; les Princes dont nous avons parlé le suivent immédiatement [...] Les villes franches constituent le troisième membre de l'Empire. Voilà en quoy consiste la République d'Allemagne«, Histoire de Monsieur de Thou, des choses arrivées de son temps, mise en français par Pierre DU RYER, Paris, A. Courbé, 1659, 3 vol. in-fol, liv. II, vol. 1, p. 70. Le texte latin donne ceci: »Imperium autem, quod vocant, in tria omnino membra dividitur. Omnium caput & princeps est imperator. Sequuntur ij, quos diximus, principes; [...] tertium membrum civitates liberae constituunt, quae sunt hodie circiter LX, *cum prius plus quam XC numerarentur. ex his constat* respublica Germanorum quae sic ea ratione vocari potest, etc«, Historiarum, Liber secundus, p. 23.

je ne voy rien [commence par affirmer de Thou] que l'on puisse comparer avec cette Republique, composée de tant de Princes, ou qui sont en Allemagne soubmis [...] à la jurisdiction Imperiale, ou qui dépendent de l'Empire hors de l'Allemagne & enfin de tant de villes & de tant de Potentats qui luy sont alliez; je ne vois rien dis-je, qui luy puisse estre comparé, si ce n'est peut estre l'Assemblée des Amphyctions ou bien le Senat des Achayens [...]. Mais tout cela n'a non plus de rapport avec l'Empire d'Allemagne que la grandeur d'une mouche avec celle d'un éléphant[104].

L'Empire, selon de Thou, ne peut être comparé à ce que ses contemporains entendent par »ligue«, aussi bien par la taille que par la durée. Car les formes qui se rapprochent le plus de ce *corps*, les assemblées de l'Antiquité, telles que celle des amphyctions, en diffèrent en réalité totalement. Il était fort naturel, expose de Thou, que ces assemblées de l'Antiquité unissent »des Peuples voisins, qui etoient exposés aux insultes des Étrangers, & qui avoient besoin du secours les uns des autres, prissent de concert le parti de s'assembler, & vinssent à bout de s'accorder sur leurs interêts communs«[105].

Il leur était par conséquent aussi aisé de se joindre ensemble sous la pression des nécessités que de se disjoindre, ce qui survenait rapidement. C'est pourquoi ces assemblées durent se former »avec autant de facilité qu'elles en eurent ensuite à se rompre«, lorsqu'elles furent troublées par les »dissensions civiles«, ou les »puissantes attaques de leurs Ennemis«.

Dans le cas de l'Allemagne, on trouve en revanche une exceptionnelle longévité. Un certain nombre de peuples, loin de ne faire que »venir à bout« de »s'accorder sur leurs intérêts communs«, se sont accordés sur la forme de leur gouvernement:

Au-lieu [poursuit-il] qu'il est surprenant que sans y être forcés par la nécessité [...] tant de Peuples puissants qui composent l'Allemagne ayent pu s'accorder à prendre la forme que nous voyons dans leur Gouvernement, & l'ayent conservée avec constance pendant une si longue suite de siecles[106].

La version de Du Ryer traduit ainsi: »Mais c'est une chose merveilleuse que tant de peuples si puissans ayent estably d'un commun consentement cette forme d'Estat, sans y avoir esté contraints par la crainte de leurs voisins & par aucune necessité & qu'ils l'ayent conservee si longtemps«[107].

L'objet de cette admiration est un corps dont la juridiction sort de l'enceinte de l'Allemagne et qu'un grand nombre de confédérations ou d'alliances vient de surcroît augmenter, sans conquête, grâce aux unions consenties librement:

---

[104] DE THOU, Histoire de Monsieur de Thou (voir n. 14), p. 72. Seul Du Ryer traduit cette image, qui explicite l'ampleur de la singularité de l'Empire. Le texte latin dit »conferii« à propos des Amphyctions et »comparata« pour amener le rapport de la mouche à l'éléphant: »quid in omni antiquitate conferii possit non video; nisi aut Amphyctionum [...] verum haec Germania comparata, quasi musca ad elephantum«. Notons que l'action de »conférer« renvoie à la démarche comparative de l'humanisme juridique – à cette recherche du général dans le particulier ou le cas, suivant laquelle la comparaison fournit la raison –, alors que le terme »comparata« renvoie à l'usage ordinaire de la comparaison, qui n'est qu'un rapport faisant saillir les différences.
[105] ID., Histoire de ce qui s'est passé de plus remarquable (voir n. 14), p. 115.
[106] Ibid., p. 116.
[107] DE THOU, Histoire de Monsieur de Thou (voir n. 14), p. 73.

cette République composée non seulement d'un si grand nombre d'États & de Princes qui reconnoissent l'autorité de l'Empereur dans l'enceinte de l'Allemagne, ou qui appartiennent à l'Empire quoique hors de ses limites, mais encore d'une multitude de Villes ou de Peuples qui tiennent à elle par des Confédérations & des Alliances [traduction de Prévost].

Cette Republique, composee de tant de Princes, ou qui sont en Allemagne soubmis [...] à la iurisdiction Imperiale, ou qui dépendent de l'Empire hors de l'Allemagne, & enfin tant de villes, & tant de Potentats qui luy sont alliez [traduction de Du Ryer][108].

Bodin ayant affirmé que la diète ou les »estats de l'Empire« en général étaient le souverain de l'Empire et que les »estats« en particulier étaient par conséquent sujets, de Thou donnait une autre vision de la république:

Bien que l'Empereur, les autres Princes, & les villes libres ayent chacun leurs Estats à part, & que leurs droits; leurs coustumes, & leurs subjets, sur lesquels ils ont pouvoir de vie & de mort, soient distinguez les uns des autres: neanmoins parce qu'ils sont Sujets de l'Empire, & que l'Empereur mesme qui en est le Chef ne laisse pas d'estre soumis à ses Loix, ils représentent tous ensemble une Republique[109].

La traduction de Prévost fait appel à un vocabulaire fort différent, exprimant une double dépendance des entités composant l'Empire:

La raison qui fait que ce nom [de république] leur convient, est que malgré la dépendance où chaque État particulier est de son Seigneur, de sorte que l'Empereur, les Princes, & les Villes Libres ont leurs Jurisdictions, leurs droits, leurs usages, & leurs Sujets, avec le droit absolu de vie & de mort; tous ces États néanmoins, & l'Empereur même qui en est le Chef, étant soumis aux Loix de l'Empire, ils représentent tous ensemble une sorte de Republique[110].

La notion d'»État particulier« s'y substituant à l'expression d'»Estats à part«, la dimension polémique vis-à-vis des affirmations de Bodin à l'encontre de ceux qui »pensent que les Princes et villes Imperiales ont leur estat souverain à part« ne transparaît plus. L'Empire, comme on l'a vu, était selon lui une ligue devenue État, *non pas* du fait d'une *entente*, mais du fait que ses membres se soient accordés *sous* une même souveraineté: cette souveraineté établie au-dessus de la communauté impliquait que ses composantes ne conservent aucune autonomie, qu'ils soient devenus des sujets.

---

[108] Ibid., p. 72. Le texte latin quant à lui ne parle pas de »Potentats alliez«, mais spécifie »foederatis populis«.

[109] Ibid., p. 70–71; DE THOU, Histoire de ce qui s'est passé de plus remarquable (voir n.14), p. 112–113.

[110] Ibid., p. 112–113. Dans la traduction la plus tardive, les *États* sont dépendants d'un seigneur et membres de l'Empire; dans celle de Du Ryer, ce sont les dirigeants, y compris l'Empereur, qui, bien que possédant des droits de domination particularisant les *États* qu'il dirigent, forment en tant que citoyens une république. Les membres, conjointement à l'empereur, sont les seigneurs en 1659, mais les états en 1733.

Pour Bodin, le fait d'obéir à la diète était le signe de la sujétion. De Thou est dans une logique de réfutation lorsqu'il expose que l'obéissance des sujets à un prince et l'obéissance de ce dernier aux loix se conjuguent dans l'Empire.

La stratégie de De Thou consiste à affaiblir la typologie bodinienne des États, en particulier le type de la ligue étatisée dans lequel Bodin classait l'Empire et les assemblées antiques, pour proposer l'image d'un corps-assemblée où l'union ne se situe pas au-dessus de l'accord. Cela n'est pas sans admettre la soumission des membres au général, mais avec un statut en quelque sorte protégé. Cette formulation renvoie à une idée du corps public qui est aussi celle de Turquet de Mayerne: »faict de plusieurs parties inégales, alliées neantmoins & associées retenant en outre toujours le droict de souveraineté en propriété & directe seigneurie«[111].

L'ordre politique par lequel des sujets se distinguent les uns des autres n'est donc pas amoindri par la reconnaissance d'un principe commun.

L'image clé de la tradition thuanienne est celle d'une république de peuples dans laquelle la sujétion des membres consiste en une participation à un niveau global ou général qui les rassemble. Par ailleurs, alors que Bodin forme l'image d'une »seigneurie« interdisant le droit de guerre et le remplaçant par celui du supérieur, puis d'une sujétion des princes à ce tribunal, de Thou fait transparaître »l'entente des peuples«, fondement de l'accord sur la forme du gouvernement. Par suite, le recours à la Chambre impériale est pour lui bien autre chose qu'une démarche d'assujettissement. C'est dans cette optique qu'il envisage le rôle des »Chambres souveraines« de l'Empire ou de son organisation en cercles, au sein de ce que l'on peut, avec l'abbé Prévost, nommer l'»Oeconomie politique de l'Empire«[112].

Ainsi, dans la »République d'Allemagne«, la Chambre impériale ne fait que régler les relations entre les membres: puisque les États de l'Empire sont si mêlés qu'il y a toujours des difficultés au niveau de leurs frontières et juridictions, elle juge les contentieux qui arrivent entre les princes ou les villes: »l'emploi de ces Chambres n'est que de régler les difficultés particulieres qui peuvent naître entre les Villes & les Princes«[113].

Le niveau particulier de l'Empire relève donc uniquement des relations entre entités autonomes au sein de la république. La Chambre ne constitue pas un niveau supérieur mais commun, *public*.

Ce niveau est pourtant distinct du niveau général de l'Empire, qui concerne les besoins généraux, liés à la »Majesté de l'Empire«; ils s'inscrivent non au niveau de

---

[111] Louis TURQUET DE MAYERNE, La Monarchie aristodémocratique, ou le Gouvernement composé et meslé des trois formes de légitimes républiques, aux Estats généraux des provinces confédérées des Pays-Bas, [...] Bien que publié en 1611, l'ouvrage fut rédigé avant 1591 selon Mousnier, qui le rapproche de ceux des monarchomaques, Roland MOUSNIER, L'opposition politique bourgeoise à la fin du XVIᵉ siècle et au début du XVIIᵉ siècle. L'œuvre de Turquet de Mayerne, dans: Revue historique CCXIII (fasc. I. janvier–mars 1955), p. 1–20, ici p. 15–18.

[112] »On peut voir en détail dans Heiss & dans plusieurs autres Historiens, l'oeconomie politique de l'Allemagne, les Droits de l'Empereur, & tout ce qui a rapport à l'Empire«, note Prévost d'Exiles, Histoire de ce qui s'est passé de plus remarquable voir n. 14), liv. II, p. 112.

[113] Ibid., p. 113.

l'établissement et de ses composants, mais de l'ensemble et de sa durée; ils énoncent les principes de conservation du corps dans sa majesté, c'est-à-dire son indépendance vis-à-vis de son entourage, autrement dit sa puissance propre. Le niveau général est dominé par les assemblées générales, dont la composition nous ramène à celle qui est décrite par Languet:

> pour ce qui concerne la Majesté de l'Empire, le Droit-commun et l'Intérêt-public, le lieu où se décident la Guerre & la Paix, les Tributs qui se lèvent pour les frais d'une Guerre commune, les Traités, les Alliances, ainsi que l'établissement des Loix, leur interprétation ou leur abrogation, et toutes les affaires de la même importance, c'est dans les Assemblées générales qu'on en délibere. Ces Assemblées portent le nom de Dietes. Peuvent y assister en personne, l'Empereur, les Princes, leurs Ambassadeurs, les Députés des Villes Libres[114].

QUELQUES PERSPECTIVES

L'impact de la description thuanienne au cours de la guerre de Trente Ans et sur la conception des traités de la paix de Westphalie, est difficile à mesurer directement.

Certes, la diète, mais aussi la Chambre et l'»Oeconomie politique« de l'Empire apparaissent comme des congrès qui introduiraient de la *raison* là où il y a litige entre les puissants, comme le préconise le »Cynée d'État«, un des textes les plus représentatifs des préoccupations diplomatiques de l'époque[115]. Dans l'assemblée générale imaginée, qui s'inspire librement de l'Empire, les monarchies d'Europe feraient des propositions, comme l'empereur dans la diète, que les voix délibératives des *républiques* d'Europe auraient pour fonction de confirmer. On prendrait avis »des grandes Republiques« seulement, et non des »petites Seigneuries qui ne se peuvent maintenir d'elles-mesmes & dependent de la protection d'autrui«[116].

Il faudrait étudier la postérité de la »description« en Allemagne, où sa notoriété est le fait de l'entourage et des disciples de Hermann Conring, l'un des publicistes les plus notoires de la période. Le recueil de son ami Jacob Lampadius, dans lequel est publiée la *description* en Allemagne sera d'ailleurs ultérieurement réédité par Conring[117]. De Thou y est-il considéré comme un auteur politique au même titre que Bodin?

En France la connexion thuanienne repose sur les frères Dupuy, héritiers de Jacques-Auguste de Thou, et leur cabinet – qui d'ailleurs est contemporain de la guerre de Trente Ans. Outre l'implication très tôt, dans les préparatifs des traités, des Godefroy, Le Bret, liés aux Dupuy, et des Dupuy eux-mêmes, la correspondance entre leurs travaux et l'instruction de paix de 1643 adressée aux ambassadeurs français envoyés

---

[114] Ibid., liv. II, p. 114.
[115] Emery DE LA CROIX, Le nouveau Cynée ou Discours des occasions et moyens d'établir une paix générale et la liberté de commerce par tout le monde, Paris 1623, p. 59.
[116] Ibid., p. 60–61.
[117] Cf. Constantin FASOLT, Author and Authenticity in Conring's New Discourse on the Roman-German Emperor: A Seventeenth-Century Case Study, dans: Renaissance Quarterly 54 (1/2001), p. 188–220; ID., A Question of Right: Hermann Conring's New Discourse on the Roman-German Emperor, dans: The Sixteenth Century Journal 28 (3/1997), p. 739–758.

au congrès de Westphalie avec ses projets d'établissement de ligue chargée de la garantie des traités, en particulier, est reconnue[118].

Mais on peut toutefois postuler que ces hommes à la culture politique dissociée ont eu recours, pour élaborer de nouveaux concepts et une nouvelle pratique diplomatique, relativement indépendante de la logique dynastique de leurs patrons, à une vieille représentation du politique fondée sur la réunion de »corps« produisant de l'écrit et présente, bien que refoulée, dans la culture juridico-politique. La »république des lettres« paraît à travers eux comme une sorte de »république des diplômes«, précédant la professionnalisation de la diplomatie[119]. Bientôt viendront en effet à prendre de l'ampleur des conciles d'un type nouveau. Certaines de ces »assemblées« seront permanentes, comme la diète le deviendra, dès 1664; d'autres ne seront plus des *corps politiques*, mais des »congrès« formalisés et organisés autour et en vue de la production du texte, ceux de Westphalie faisant déjà figure de fondateurs.

---

[118] Cf., pour la démonstration du caractère de système de sécurité collective mis au point par Richelieu, l'ouvrage de Fritz DICKMANN, Friedensrecht und Friedenssicherung. Studien zum Friedensproblem in der neueren Geschichte, Göttingen 1971; voir également Klaus MALETTKE, Fouquet et l'Europe, entre la paix de Westphalie et la paix des Pyrénées, dans Chantal GRELL, Klaus MALETTKE (dir.), Les années Fouquet. Politique, société, vie artistique et culturelle dans les années 1650, Münster 2001, p. 49–72.

[119] Comme l'écrit Fred E. Schrader à propos de la communication diplomatique: »Inventée pour résoudre les problèmes qui découlent de la seule politique dynastique, de la pure logique matrimoniale qui bloque finalement les stratégies de pouvoir au lieu de les soutenir, la nouvelle classe politique et diplomatique entre donc, elle aussi, dans les jeux des différentes formes de la sociabilité et des stratégies qui combinent les projets de carrière avec ceux des responsabilités familiales«, Fred E. SCHRADER, L'Allemagne avant l'État-nation. Le corps germanique 1648–1806, Paris 1998, p. 46.

GIULIANO FERRETTI

Les stratégies d'opposition dans l'académie Dupuy

Le titre de ma contribution pose d'emblée une question de fond: comment parler de stratégies d'opposition, alors que l'académie Dupuy a constamment été au service du roi? Comment parler d'attitude critique, d'éloignement, voire de séparation et de rupture, lorsqu'on sait que cette élite avait lié son existence et son action à la royauté, qu'elle a existé pour le roi et par le roi? La réponse, déjà difficile en soi, devient compliquée lorsqu'on se tourne vers une tradition historiographique respectable qui a considéré ces savants comme des mercenaires de la plume à la solde de la monarchie. Les jugements sont sévères: on va du »servilisme intrépide«, de Michelet, à celui d'»apologistes habituels« du gouvernement, d'Orcibal, en passant par celui de »publicistes« protégés par Richelieu, de Demante, jusqu'au plus simple et au fond plus juste »conseillers« au service des puissants, de Pintard. Le grand livre de ce dernier, reconnaissant à ces »libertins« une place éminente dans la culture parisienne de cet âge, leur réservait aussi un jugement plus nuancé et mesuré que ceux des autres historiens. Mais au fond, l'idée était la même: le gouvernement inspirait l'action de ces érudits, et notamment l'œuvre de son chef Pierre Dupuy[1].

Or, il est évident que, pour traiter les stratégies d'opposition de cette académie, il est nécessaire d'inverser les jugements des historiens et de montrer qu'elle a été indépendante du pouvoir. Cela revient à poser sur des bases nouvelles la question des ambitions politiques des Dupuy, dont la discrétion en la matière a été si grande que la tâche de l'historien n'est nullement facilitée. Pour compléter ce cadre, ajoutons que des recherches récentes, auxquelles j'ai aussi participé[2], montrent que, durant la première phase de la guerre civile en 1648–1649, les Dupuy et d'autres confrères de leur célèbre

---

[1] Jules MICHELET, Œuvres complètes, t. IX, Paris 1982, p. 326; Jean ORCIBAL, Les origines du jansénisme. Jean Duvergier de Hauranne, abbé de Saint-Cyran et son temps (1581–1638), t. III, Paris 1948, p. 130; Georges DEMANTE, Histoire de la publication des livres de Pierre Dupuy sur les libertés de l'Église gallicane, dans: Bibliothèque de l'École des chartes 5 (1843–1844), p. 585; René PINTARD, Le libertinage érudit dans la première moitié du XVIIe siècle, Paris, Genève ²1983, p. 93.

[2] Marc FUMAROLI, L'âge de l'éloquence. Rhétorique et »res literaria« de la Renaissance au seuil de l'époque classique, Genève 1980; Jerôme DELATOUR, De l'art de plaider doctement. Les notes de lecture de Pierre Dupuy, jeune avocat (1605–1606), dans: Bibliothèque de l'École des chartes 153 (1995), p. 391–412; ID., Les frères Dupuy (1582–1656), dans: Positions des thèses de l'École des chartes, Paris 1996, p. 93–100; Hans BOTS, Françoise WAQUET (dir.), Commercium litterarium, La communication dans la république des lettres, Forms of Communication in the Republic of Letters, 1650–1750, Amsterdam, Maarssen 1994; Giuliano FERRETTI, Un »soldat-philosophe«, Philippe Fortin de La Hoguette (1585–1668?), Gènes 1988; ID. (éd.), Fortin de La Hoguette. Lettres aux frères Dupuy et à leur entourage (1623–1661). Préface de Marc Fumaroli de l'Académie française, Florence, 1997 (Corrispondenze letterarie, scientifiche ed erudite dal Rinascimento all'età moderna, 7).

cabinet ont adhéré à la révolte du parlement de Paris; plus encore, que les deux chefs étaient intimes du futur cardinal de Retz, dont ils partageaient les idées et qu'ils étaient très critiques à l'égard de la politique de Richelieu[3]. Enfin, dans un ouvrage manuscrit, dont la rédaction remonte à cette période critique, Pierre Dupuy s'exprime ouvertement sur le gouvernement, en portant un jugement impitoyable sur l'œuvre du cardinal et sur la politique de la France[4]. Ainsi, cette crise entre la cour et ses ›conseillers‹ présumés est en contradiction avec la retenue et la modération affichées de tout temps par l'académie; surtout, elle met un terme aux liens de solidarité qu'elle avait entretenus avec le gouvernement jusqu'à la régence d'Anne d'Autriche[5].

L'essentiel est donc ici: d'une part la vertu de l'ombre pratiquée par ces savants juristes, dont le programme politique reste enveloppé dans le mystère de la monarchie qu'ils défendent, et d'autre part la vertu de la lumière, de la parole qui dénonce et blâme ouvertement la politique qu'ils avaient auparavant soutenue. Cette opposition entre ce qui est occulté et ce qui est dit, entre espace privé et espace public, entre académie et agora correspond aux deux faces d'une même politique que ces savants ont jouée dans la monarchie française. Je me propose ici de traiter cet aspect, de montrer le fonctionnement et les enjeux qui régissaient la vie de l'académie Dupuy, afin d'en mettre en lumière la stratégie politique au temps de Louis XIII et de Richelieu.

LA RÉPUBLIQUE DES LETTRES ET SON ARCHÉTYPE

Il convient de rattacher d'abord cette communauté parisienne à celle plus grande de la république des lettres, à laquelle elle appartenait, et de l'envisager ensuite sous ses traits permanents, tels que Marc Fumaroli les a analysés dans nombre de ses publications[6]. Depuis sa première fondation au XIVe siècle, la république des lettres a produit des archétypes qui sont à la base d'une longue fécondation historique, dont la persistance séculaire s'explique par une sociabilité intellectuelle qui n'a véritablement changé qu'à la fin du XVIIIe siècle avec la Révolution. La république des lettres est histori-

---

[3] FERRETTI (éd.), Lettres de Fortin de La Hoguette (voir n. 2), p. 42–47.
[4] Pierre DUPUY, Mémoires et instructions pour servir à justifier l'innocence de François-Auguste de Thou, dans: Jacques-Auguste DE THOU, Histoire universelle, t. X, La Haye 1740, p. 626–631; voir notamment, les »considérations sur la conduite du cardinal«, ibid., p. 657–666.
[5] Giuliano FERRETTI, Autour de la bibliothèque du Roi: la littérature clandestine d'opposition sous la régence d'Anne d'Autriche, dans: Revue de la Saintonge et de l'Aunis 26 (2000), p. 45–52.
[6] Parmi ses nombreux articles, voir surtout: Marc FUMAROLI, Genèse de l'épistolographie classique: rhétorique humaniste de la lettre, de Pétrarque à Juste Lipse. Actes du colloque de la Société d'histoire littéraire de la France, organisé par B. Bray (1977), dans: Revue d'histoire littéraire de la France 78 (1978), p. 883–900; ID., Otium, convivium, sermo. La conversation comme ›lieu commun‹ des lettrés, dans: Bulletin des amis du Centre d'études supérieures de la Renaissance, supplément au n° 4, X[e] anniversaire de la Société, Tours 1991, p. 16–38; ID., Otium, convivium, sermo. La conversation comme ›lieu commun‹ des lettrés, dans: Marc FUMAROLI, Philippe-Joseph SALAZAR, Emmanuel BURY (dir.), Le loisir lettré à l'âge classique, Genève, Droz 1996, p. 29–52.

quement une communauté de grands lettrés dont l'esprit de recherche et les méthodes de travail se sont développés en dehors du cadre universitaire. Pétrarque n'est pas seulement le premier à avoir posé les principes et à avoir défini une discipline, adoptée et suivie pendant des siècles par cette communauté, il a inventé aussi un type nouveau de lettré, hospitalier et libéral, qui met ses recherches et ses réflexions à la disposition de ses amis et de ses disciples. Les règles principales de ce dernier sont la libre recherche et l'indépendance de mouvement. Cette recherche n'est pas un cadre fixé d'avance, mais une orientation, qui fonde son savoir sur l'autorité de l'Antiquité et sur la gloire des auteurs païens et chrétiens que l'humanisme et le public européen ont redécouverts et exaltés par la suite. Pétrarque et la république des lettres, qui en est l'héritière, élaborent donc une pensée provisoire qui évolue de synthèse en synthèse, en proposant une voie interrogative et éclectique adaptée à la redécouverte des nombreux domaines du savoir antique.

Une des caractéristiques fondamentales de cet archétype, c'est son indépendance morale et matérielle, qui lui permet d'assurer une discipline de vie, de méditation et de coopération qui fondent sa dimension intérieure. Celle-ci est l'autre grande caractéristique de la république des lettres, l'*otium literatum*, c'est-à-dire une activité intense de l'esprit dégagée des contraintes matérielles et des tracasseries de la cité, dont le modèle se trouve encore une fois chez les Antiques, notamment Sénèque et Cicéron. Là aussi Pétrarque réinvente ce que les Antiques avaient pratiqué et il l'adapte aux nouvelles exigences de l'Italie humaniste, qui deviendra à son tour le modèle de l'humanisme européen aux Temps modernes. Dans cet espace particulier, dans ce forum privé, les humanistes dialoguent, par le biais des livres (de leurs bibliothèques), des correspondances et des voyages, avec les poètes, les philosophes et les historiens, ceux du passé comme ceux du présent. Les fruits de ce travail consistent en la lecture des Anciens et en l'écriture d'une pensée que la postérité lira et recevra comme des bienfaits. De cette façon, cette communauté, suivant les mêmes règles, relie ses citoyens antiques à ses citoyens vivants par des devoirs et par un échange de bienfaits qui donne vie à une tradition capable de défier les variations du temps. Elle est unie par le même programme d'études, les mêmes sentiments d'amitié et la même expérience des lettres.

Ce n'est pas tout, la séparation du savant du reste de la société est une condition indispensable à son travail et à son indépendance. Elle lui permet d'atteindre une assise intérieure, qui est non seulement le meilleur gage d'une haute concentration créatrice, mais aussi de son statut indépendant. Ce détachement, intérieur et extérieur, est l'un des traits fondamentaux du membre de la république des lettres. Comme l'a très bien dit Marc Fumaroli, on ne comprendra jamais assez cette fondation de l'intellectuel moderne si l'on ne tient pas compte de cette assise particulière, qui est à la base de son mode d'être, privé et public à la fois[7]. Ainsi la république des lettres, sans quitter le monde, sans inquiéter l'Église ni l'État, s'est constituée, depuis ses origines, entre les interstices des pouvoirs temporel et spirituel, sans vraiment appartenir ni à l'un ni à l'autre, comme si elle avait trouvé un autre territoire sur lequel régner avec ses propres

---

[7] Ibid. Ces pages s'inspirent de la réflexion très remarquable de Marc Fumaroli sur la république des lettres.

lois. En effet, les liens qui unissent ses membres n'appartiennent pas à l'ordre de la société, mais à celui de l'esprit.

Or, il est clair que cette communauté indépendante trouve sa légitimité dans l'approbation des princes et du public: sa force et son autorité spirituelle se fondent sur les écrits et les œuvres que ses membres sauront produire pour leur public et pour leurs mécènes. Au cours de son existence séculaire, la république des lettres établit un rapport avec le prince, qui varie selon les circonstances, mais qui est caractérisé par ce dualisme du rapprochement et de l'autonomie: le prince accorde aux savants sa bienveillance et sa protection, en échange de services – discours, ouvrages écrits et avis techniques dans les différents domaines, notamment juridique et historique – qui confirment la haute fonction que cette communauté a dans la hiérarchie sociale.

L'ACADÉMIE DUPUY ET LA RÉPUBLIQUE DES LETTRES

Si l'on revient maintenant à l'académie Dupuy, il est facile de montrer que celle-ci relève de cet archétype de la république des lettres. D'abord, les deux frères héritent de la direction d'une académie prestigieuse, celle de leur cousin, l'historien Jacques-Auguste de Thou, académie qui devient, en quelques années, l'un des grands centres humanistes de France et d'Europe, grâce au nombre considérable de ses membres, à une bibliothèque exceptionnelle et à un vaste réseau international de correspondants. Leur programme de recherches se fonde sur la résurrection érudite de l'Antiquité et sur l'exploration des savoirs anciens et nouveaux qu'ils tentaient de coordonner en vue d'un effort créateur commun dans les différents domaines du savoir contemporain, notamment le droit, l'histoire, la politique, l'astronomie et la médecine. Ce programme d'études ainsi que la persévérance à coordonner ces savoirs dans un réseau international correspondait à la vocation de la république des lettres, dont ils faisaient partie.

Dans leur hôtel parisien, au milieu d'une bibliothèque privée, qui se rattachait à celle du roi et dont ils avaient la garde, les Dupuy travaillaient de concert avec leur communauté et dirigeaient leur académie, directement par la conversation et indirectement par leur correspondance. Ses convives formaient une fratrie savante, s'exprimant librement et partageant la même expérience des lettres. Dans un siècle où les opinions hétérodoxes subissaient les effets ravageurs d'une censure radicale, cette académie était considérée comme l'asile de l'innocence[8], le refuge de la philosophie et de la raison. Elle était aussi l'hôtesse bienveillante de la religion chrétienne. Pluriconfessionnel, ce sanctuaire du savoir accueillait les catholiques comme les protestants, les dévots comme les libertins, les savants comme les beaux esprits ou les curieux. Tous ces gens se réunissaient chez les Adelphes par amour du savoir et de la recherche critique. Déta-

---

[8] Selon l'expression de Guez de Balzac. Voir sa lettre à Jacques Dupuy, [s.l.], 17 avril 1652, Paris, Bibl. nat., coll. Dupuy, 803, f. 314 r–v, publiée dans: Nicolas RIGAULT, Viri eximii Petri Puteani, Regi Christianissimo a Consiliis et Bibliothecis Vita, Lutetiae, Paris 1652 [1653], p. 163, et par Philippe TAMIZEY DE LARROQUE, Douze lettres inédites de Balzac, à René de Voyer de Paulmy, comte d'Argenson, et à Jacques Dupuy, Paris 1863, p. 15.

chée du monde et abritée dans un ermitage qui est à la fois lieu de protection et for intérieur, cette communauté gardait pourtant des liens complexes avec la société. En alternant le *negotium* à l'*otium litteratum,* selon le modèle cicéronien, ses membres étaient juristes, historiens, littérateurs, mais aussi nobles, religieux ou bourgeois au service du roi. L'on connaît le rôle éminent des frères Dupuy qui, juristes et historiens, avaient la charge de faire valoir les droits de la France sur les territoires récemment acquis; on connaît aussi leur participation au travail du gouvernement – Pierre était conseiller du roi depuis 1623 – et aux pourparlers de paix à Cologne en 1637 et à Münster en 1644[9]. L'on sait également que nombre de leurs confrères étaient des magistrats réputés, comme Mathieu Molé ou Nicolas Rigault, du parlement de Paris. D'autres étaient philosophes, comme La Mothe Le Vayer, futur précepteur des enfants de France. Par son activité, par son programme d'études et par sa composition sociale, cette académie incarnait la tradition juridique gallicane, dont s'inspiraient la plupart des magistrats du royaume. Elle disposait aussi de liens souples et bien articulés avec la société parisienne, notamment avec la bourgeoisie robine, dont elle était principalement issue, et avait même accès aux meilleures sources d'information concernant les événements contemporains. Grâce à leur réseau et à leurs sources, les frères Dupuy recevaient les mêmes renseignements que le gouvernement et parfois même plus rapidement, ce qui donnait à leur avis beaucoup d'autorité[10].

On voit bien que les traits essentiels qui forment l'âme de la république des lettres se trouvent dans l'académie Dupuy: son indépendance, son rayonnement international, ses recherches sur l'encyclopédisme antique, son expérience des lettres, l'amitié intellectuelle entre ses membres, le détachement intérieur de ces savants ainsi que leur intérêt profond pour le monde, avec leurs liens multiples et surtout leur attachement au prince.

Ce qui est nouveau au XVIIe siècle, c'est l'attitude des gens de la république des lettres à l'égard de la politique. L'optimisme universaliste d'Érasme et de Thomas More a cédé la place à une sorte de repli qui rompait avec la tradition de l'intellectuel de la Renaissance. La politique était devenue une science autonome et l'affaire de spécialistes et de techniciens qui ne vivaient plus en harmonie ni en symbiose avec les lettrés. Elle dominait le réel, et son ordre n'avait plus rien à voir avec les mythes fondateurs de la république des lettres. Certes les savants continuaient à rencontrer, par moments, les politiques dans l'espace commun et séparé des cénacles, mais le rôle des premiers apparaissait plus que jamais subordonné aux deuxièmes. L'amitié et la considération dont avaient joui les grandes figures de l'humanisme, comme Pétrarque et Érasme, auprès des souverains avaient laissé la place à une subordination nette des uns aux autres, qui ressemblait de plus en plus au statut de domestique du prince. Les hommes nouveaux qui dirigeaient les États et les chancelleries étaient des mécènes sensibles aux bienfaits des arts et des lettres, mais leur statut social les séparait à jamais des intellectuels qui avaient peuplé les cours de l'humanisme et de la Renaissance. Cette attitude nouvelle, qui est commune aux écoles de pensée du XVIIe siècle, s'est expri-

---

[9] FERRETTI (éd.), Lettres de Fortin de La Hoguette (voir n. 2), p. 48–49.
[10] Ibid., p. 10–11.

mée par une sorte d'éloignement de la *res publica*, confiée aux ›professionnels‹, et par une sorte de soumission, parfois aveugle, à l'autorité publique.

L'académie Dupuy s'est adaptée à cette nouvelle situation sans difficulté. Elle a déployé ses énergies intellectuelles dans un espace indépendant et s'est rapportée au pouvoir selon les conditions de son temps: en associant ses compétences, sa »techné« à la cause de la monarchie, au gouvernement, sans toutefois devenir son domestique, son »client« ou sa »créature«. Ses origines même la poussaient dans cette direction: en tant qu'expression de l'élite intellectuelle parisienne, ayant ses plus fortes racines dans la bourgeoisie robine, elle disposait de sa propre autonomie grâce à ses réseaux citadins, à son activité parlementaire, à sa culture d'indépendance. Les Dupuy eux-mêmes incarnaient cette tendance. Descendants d'une illustre dynastie de robins, avocats au parlement de Paris et conseillers d'État, ils étaient à la fois catholiques, gallicans et monarchiques. Par leur engagement dans le camp de la royauté, ils prolongeaient au XVIIe siècle le travail de collaboration avec la couronne que leur famille avait entrepris dans les domaines juridique et historique depuis un siècle environ. Plus encore, l'héritage, en 1617, de Jacques-Auguste de Thou, notamment de son grand œuvre historique, leur assurait une place de choix dans le monde parlementaire du Paris de Louis XIII. Durant ce règne de fer, marqué par des tensions et des divisions politiques majeures, l'académie se présente comme un lieu disposant d'une sorte d'extraterritorialité spirituelle, où les tenants de doctrines et d'idées diverses se confrontaient librement, selon l'esprit de la république des lettres, et pouvaient s'entendre dans une »harmonie«, une »douceur« et une »discrétion«[11] peu connues ailleurs. Étant en marge du pouvoir et en même temps proche de celui-ci, elle devient au fil du temps un acteur *super partes* de la culture contemporaine, un lieu de réflexion et d'inspiration de la politique royale, bref un sénat de l'esprit, dont les avis étaient suivis, car sa fidélité au prince et sa neutralité dans les affaires étaient hors discussion. C'est dans cette perspective qu'il faut entendre son œuvre de collaboration étroite avec la monarchie.

LES PREMIÈRES FAILLES D'UNE ENTENTE SÉCULAIRE

Les traces de cette collaboration sont assez importantes; ce sont d'une part les missions confiées à Pierre Dupuy, dont j'ai parlé ci-dessus, et d'autre part les avis politiques que le gouvernement lui demanda, comme dans l'affaire du mariage secret de Gaston d'Orléans, en 1634. Sollicité par la cour, Pierre Dupuy mena alors une vaste enquête sur les précédents historiques et les pièces juridiques pouvant permettre une réflexion politique détaillée. Il rédigea à cette occasion plusieurs mémoires, dont une partie étaient à l'attention de Richelieu[12]. Dans son »Advis sur le mariage du duc d'Orléans«,

---

[11] Philippe FORTIN DE LA HOGUETTE, Testament ou conseils fidèles d'un bon père à ses enfans, Paris 1649, p. 326.
[12] Voir les manuscrits réunis par Pierre DUPUY, sous le titre »Recueil des pièces [...] concernant les conditions de valabilité et de légitimité des mariages contractés par les princes du sang [et le] mariage de Gaston d'Orléans et de Marguerite de Lorraine«, Paris 1632, Bibliothèque nationale, coll. Dupuy, ms. 457–458, 470; »Advis sur le mariage de Monsieur le duc d'Orléans avec la

il s'opposa fermement à cette union, en exprimant les mêmes idées que celles du Cardinal. D'après le juriste, celle-ci était une »menace pour la monarchie«, qu'il fallait absolument écarter. En s'appuyant sur la grande ordonnance de Blois et la jurisprudence des parlements, il concluait que le mariage était dépourvu de valeur juridique. Les conséquences qu'il en tirait allaient jusqu'à légitimer l'occupation de la Lorraine et, implicitement, le traité de Vic (1632), qui plaçait le duché sous le contrôle militaire de la France.

Bien que les idées de Dupuy soient conformes à celles du parlement, il est évident que son adhésion à la politique de Richelieu était, à cette époque, complète. D'ailleurs, si le cardinal soutenait le courant gallican, dont les vues servaient sa politique, Dupuy et son confrère Godefroy n'étaient pas en reste, puisqu'en 1631 ils lui dédicaçaient un traité, plein d'éloges pour le ministre, concernant l'»Acquisition au domaine de plusieurs [...] grandes seigneuries du royaume de France«[13].

Ainsi, l'entente avec le gouvernement était entière. Cela est indirectement suggéré par le rôle que jouait Dupuy auprès de la cour, qui le consultait avec succès dans plusieurs affaires, si bien qu'il reçut la charge d'historiographe en 1633 et participa, comme je l'ai déjà signalé, aux pourparlers de paix jusqu'en 1644. Il est clair que cette relation n'aurait pas pu exister si Pierre Dupuy avait nourri des sentiments d'hostilité à l'égard du régime.

Que se passa-t-il alors pour que cette entente se transforme en méfiance, puis en lutte ouverte? Quelles furent les modalités de ce conflit qui était si contraire à la tradition de ce cénacle?

Une première explication pourrait se trouver dans les événements liés à la mort de François-Auguste de Thou, fils de l'historien et membre de l'académie, qui fut impliqué dans la conjuration de Cinq-Mars et exécuté pour crime de lèse-majesté à la suite d'un procès politique voulu par Richelieu. La thèse d'une vengeance de la part des Dupuy, qui avaient clamé l'innocence de leur cousin, n'est pas dépourvue de force. Toutefois, elle aurait l'inconvénient d'être partielle, car elle n'expliquerait pas les raisons de la proximité, celle-ci attestée, entre de Thou et les conjurés, qui ne voulaient pas seulement écarter Richelieu du pouvoir, comme de Thou l'avait cru, mais se révolter contre le gouvernement avec l'appui militaire de l'Espagne et éliminer physiquement le ministre.

À mon avis, la réponse doit être plus générale et précise à la fois. Il est évident que les Dupuy ont ressenti cette condamnation comme une injustice profonde faite à leur

---

Princesse Marguerite de Lorraine«, 1632, ibid., ms. 814, f. 4–18v, textes autographes avec signature de Pierre Dupuy. Celui-ci a écrit et signé la note suivante: »au vol. 458 [de la même collection] il y a plusieurs obligations tirées des Histoires touchant les mariages que j'ai baillées à M.r le chancelier [Séguier] pour M.r le Cardinal [de Richelieu]«, ibid., ms. 814, f. 8. Voir encore l'écrit autographe de Dupuy: »Sur la nullité du mariage« (avec les princes étrangers), ibid. Fonds français, ms. 6627, f. 135–145. Ce mémoire recoupe en plusieurs endroits le contenu du Dupuy 814. Seul le Dupuy 470 porte la date de 1637, les autres n'ont aucun millésime.

[13] Cité par Roland MOUSNIER, L'Homme Rouge ou la vie du cardinal de Richelieu (1585–1642), Paris 1992, p. 457.

famille, dont les services et la fidélité auraient mérité moins de rigueur de la part du gouvernement. Si en général la sévérité est une raison insuffisante pour basculer dans l'opposition, elle devait l'être davantage pour ces robins qui connaissaient les rouages de la cour et la brutalité de Richelieu. Ce qui fait défaut au mobile de la vengeance posthume, c'est la dimension politique de leur soutien au gouvernement, et notamment les changements intervenus durant cette période dramatique.

Nous pouvons appréhender cette dimension politique en reliant l'action de Pierre Dupuy aux réflexions disséminées dans ses écrits.

Là aussi, il est intéressant d'observer une des caractéristiques fondamentales de la république des lettres: l'attitude de réserve prudente vis-à-vis du gouvernement, qui se manifeste par la circulation manuscrite ou tardive (posthume) de ses idées, afin d'éviter des coups d'éclat, même et peut-être lorsqu'elle exprime des critiques radicales à l'égard du pouvoir, en marge duquel cette communauté savante a prospéré.

Regardons de près les signes de cette rupture. Dès 1634, Pierre Dupuy affirmait ne plus partager la façon du cardinal de conduire l'affaire du mariage de Gaston d'Orléans, malgré l'accord de fond sur la question que les documents ont montré. Pour quelle raison? Parce que Richelieu agissait de façon totalement autonome, suivait des voies obliques et utilisait des moyens douteux pour convaincre le clergé et la Sorbonne de se prononcer en faveur de la dissolution. D'après Dupuy, celle-ci aurait pu être obtenue en faisant simplement appel à l'autorité royale, qui aurait été ainsi renforcée. Des années plus tard, il reprochera au cardinal d'avoir attiré de la honte et de la confusion sur la personne du prince par son attitude[14].

Cette première dissension s'approfondit en 1638–1639, lors de la publication des »Libertés de l'Eglise gallicane«[15], le grand ouvrage de Dupuy, dont les thèses frappaient l'autonomie du clergé et du pape. Richelieu en avait favorisé la sortie pour exercer des pressions sur le clergé français. En plein marasme économique, il avait en effet besoin d'argent pour mener la guerre contre l'Espagne et réclamait une augmentation du don gratuit, que le clergé lui refusait. En se servant des »Libertés« et de la tempête que cet ouvrage suscita dans l'opinion française, le ministre obtint gain de cause. Toutefois, ce résultat ne se fit pas sans susciter une très forte agitation du premier ordre et l'intervention de la cour pontificale, qui fustigea le gouvernement pour ses attaques aux biens et aux droits de l'Église. Dix-huit évêques français firent davantage et censurèrent les »Libertés«, suscitant ainsi la réaction du parlement, qui cassa à son tour leur jugement tout en condamnant sévèrement l'intervention du pape[16]. Au cours de cette querelle, le livre de Dupuy, qui donnait au public les preuves historiques de la prééminence du roi sur le pape, était devenu l'objet d'une lutte furieuse entre gallicans et ultramontains.

---

[14] DUPUY, Mémoires pour servir l'innocence de François-Auguste de Thou (voir n. 4), p. 659.
[15] Traités des droits et des libertés de l'Eglise gallicane, s.l. 1638; Preuves des libertés de l'Eglise gallicane, s.l. 1639. Les deux volumes parurent sans nom d'auteur.
[16] ORCIBAL, Les origines du jansénisme (voir n. 1), p. 116–117; DEMANTE, Histoire des livres de Pierre Dupuy (voir n. 1), p. 594–595.

Richelieu, après avoir encaissé le résultat de sa campagne, se borna à contenir le conflit et laissa faire le reste, ce qui était loin de contenter les parlementaires. Dans une »Apologie« manuscrite, Pierre Dupuy s'en prit alors à la mollesse du gouvernement, dont la faute principale était à ses yeux de ne pas empêcher l'agitation des évêques. Amère, il observait que ceux qui »gouvernent la France si absolument ont ainsi abandonné l'autorité de leur maître dans Paris, bien loin de la soutenir jusque dans Rome, comme nous l'avons fait autrefois«. Et il reprochait à la cour de »laisser le clergé s'assembler sans permission de Sa Majesté«, de faire »des décrets contre son autorité, contre lui-même« et d'»anéantir« ainsi la »souveraineté« du roi[17].

Dupuy et le parlement prenaient une distance critique à l'égard d'un ministre qui privilégiait la puissance et le résultat au détriment du droit (gallican), dont il savait se servir habilement pour faire réussir ses plans. En filigrane, on comprend que le ministériat de Richelieu voulait bien utiliser les corps traditionnels de la monarchie, comme le parlement et le clergé, mais dans un jeu où ils s'équilibraient mutuellement, en dégageant le souverain et le conseil privé de toute influence extérieure. L'attitude de Richelieu à l'égard du parlement, dont il repoussa les interventions politiques jusqu'à la promulgation de l'édit de 1641, qui interdisait à cette institution de s'occuper des affaires d'État, montre bien le rôle qu'il attribuait à ce corps fondamental de la monarchie. Cette attitude explique les réserves de Dupuy, dont la vision politique était loin de marginaliser le travail du parlement. Pour mieux comprendre cette crise qui préparait le séisme de 1648, il est nécessaire de se reporter à d'autres ouvrages de Dupuy, premièrement au texte »Du Parlement de Paris«, que l'éminent historien et juriste mit à la fin d'un de ses ouvrages, le »Traité de la majorité de nos rois et des régences du royaume«, qui fut peut-être rédigé dans les années 1640 et publié de manière posthume[18].

Dans ce traité, il montrait que l'existence de la monarchie s'appuyait sur un travail commun entre le souverain et les institutions du royaume, au sein desquelles le parlement jouait un rôle fondamental depuis le XIVe siècle[19]. Dans son écrit »Du Parlement de Paris«[20], il prouvait les hautes fonctions que cette cour avait acquises, en posant deux conditions majeures, dont il tirait sa conclusion.

La première, de type historique, postule que cette cour souveraine coexistait depuis des siècles avec la monarchie; qu'elle était »anciennement [...] une assemblée de gens éleus par les Rois, qu'on a depuis appelé parlement«; et que ce mot »n'a esté en usage que du temps de S. Louis«.

---

[17] L'»Apologie« fut publiée par Lenglet du Fresnoy dans l'édition des Libertés qu'il fit paraître à Paris en 1731. Les passages cités ci-dessus se trouvent dans DEMANTE, Histoire des livres de Pierre Dupuy, (voir n. 1), p. 593.
[18] Pierre DUPUY, Traité de la majorité de nos rois et des régences du royaume avec les preuves [...] ensemble un Traité des preeminences du Parlement de Paris, Paris 1655; ID., Du Parlement de Paris, dans: ibid., p. 557–573. À l'instar d'autres ouvrages de cet auteur, le livre fut remanié et publié par son frère Jacques Dupuy, qui était son meilleur collaborateur. Il n'existe à notre connaissance aucune version manuscrite de ce livre. J'ai retrouvé un autre texte de Pierre Dupuy sur le parlement, qui fera l'objet d'une publication à part.
[19] DUPUY, Traité de la majorité de nos rois (voir n. 18), p. 14–46.
[20] ID., Du Parlement de Paris (voir n. 18), p. 557–573.

Les stratégies d'opposition dans l'académie Dupuy 117

La deuxième idée, de type factuel, établit l'analogie suivante: comme du temps de Charlemagne »on n'entreprenoit rien de conséquence qu'en une assemblée de Prelats et de barons pour prendre une bonne resolution«, de même »il fut trouvé à propos que les volontez generales de nos Rois ne fussent tenuës pour Loix et Edits, qu'elles n'eussent esté verifiées et omologuées au Parlement«[21].

Sa conclusion est que les rois de France, »quoy qu'absolus«, ont »d'ancienne institution voulu reduire leurs volontez sous la civilité de la Loy«, si bien que les édits se trouvent à devoir passer »par cet ordre public«[22]. Par conséquent, depuis que les ordonnances ont été publiées et vérifiées au parlement, »les François y obéissent sans murmurer, comme si cette Compagnie estoit le lien qui unit l'obeïssance des sujets avec le commandement de leur Prince«. Cela fait rajouter à Dupuy d'une part que cette »formalité« est tenue »essentielle et nécessaire«[23] et d'autre part que cette cour »a de tout temps telle force en ce Royaume, que l'autorité du Prince semble résider en elle, et les trois Estats du royaume sont tenus et obligez à ses Arrests«[24]. En s'appuyant sur les additions au traité »Des offices« de Loiseau ainsi que sur les registres du parlement de Paris, Dupuy écrit encore que cette cour est »suprema et capitalis fons, origo totius Iustitiae Regni Franciae«[25].

Fallait-il en dire plus? Y a-t-il formulation plus nette sur le statut du parlement (et de la loi que ses magistrats administrent) que celle de Pierre Dupuy? Le roi était libre dans ses décisions; la monarchie était absolue, même en suivant la formulation la plus pure, celle qui va de Bodin à Cardin Le Bret, car le roi faisait la loi en son Conseil et il la défaisait, s'il le voulait. À ce niveau, point de parlement, point de participation à l'activité législative du prince. Cette cour n'intervenait qu'au niveau inférieur, au stade de l'application de la loi, là où il fallait la parfaire, non pas la reformuler, mais l'accepter et la publier ou »en advertir le Roy«, comme dirait Bodin et »faire [des] remonstrances au Prince«[26], s'il n'y avait pas de conformité avec le droit positif. Cette procédure seule permettait à la volonté du souverain d'être reçue et observée par tous.

Le parlement apparaît ici comme le lieu privilégié et nécessaire qui traduit la décision du roi en acte public. C'est l'intermédiaire entre le prince et les sujets, le lien qui rend possible la transformation de l'ordre en obéissance. C'est l'institution où s'élabore le consensus social; sans sa participation, le geste du prince, bien que légitime et désigné par Dieu, reste incomplet, car il doit s'incarner dans le monde social pour s'accomplir selon les voies de la justice, non comme geste isolé, mais comme l'expression d'une communauté qui le reçoit et l'accepte. La lecture de la monarchie absolue de Pierre Dupuy tient compte ici d'une dialectique poussée entre pouvoir spirituel et pouvoir temporel.

---

[21] Ibid., p. 557.
[22] Ibid., p. 558.
[23] Ibid., p. 571.
[24] Ibid., p. 559.
[25] Ibid., p. 561.
[26] Jean BODIN, Les six livres de la République, liv. III, chap. 4 (Corpus des œuvres de philosophe en langue française), Paris 1986, p. 104–105.

Le premier appartient au souverain du monde, qui le dirige et l'inspire, selon ses propres instruments, qui sont spirituels, tandis que le deuxième appartient à celui qu'il a désigné comme son lieutenant, le roi de France, lequel dirige et inspire son propre monde suivant ses instruments à lui, c'est-à-dire à sa portée, qui est celle de l'humain agissant dans le monde. Ce pouvoir s'incarne dans les lois de son univers inférieur, qui, à l'aide des puissances subalternes, parviennent, de chaîne en chaîne, jusqu'aux plus petites créatures en constituant ainsi un ordre, qui est rationnel et juste, parce que capable de lier harmonieusement l'ordre supérieur à l'inférieur, l'ordre céleste à l'ordre terrestre, la volonté de Dieu à la vie des hommes.

La pensée de Pierre Dupuy traduit ici la vision d'une religion catholique active, qui a trouvé dans l'intervention de Dieu dans le monde sa meilleure expression durant cette période tourmentée. Elle me paraît d'autant plus intéressante qu'elle accorde la puissance absolue du roi avec l'autorité du parlement qui est appelé non pas à freiner l'action du souverain, mais à la parfaire dans la voie de la justice. Celle-ci est évidemment une notion historique, le résultat de ce que les rois et leurs sujets avaient entrepris par le passé: une sorte de sagesse politique, qui donnait force au présent grâce à la lumière rationnelle de son passé.

S'agissait-il d'une erreur? Difficile de répondre par l'affirmative dans une société où la tradition et le poids du passé avaient autant d'importance et agissaient positivement dans la plupart des phénomènes sociaux. S'agissait-il d'une faute politique? Oui, si l'on se réfère aux nouvelles tendances de la cour, à la politique autoritaire qu'elle pro

mouvait, en excluant de l'espace publique les acteurs principaux dont la monarchie s'était servie jusqu'au début du règne de Louis XIII. C'était cet aspect qui faisait mouche et qui préparait le séisme de la Fronde au temps de Mazarin et la participation de l'académie Dupuy à la révolte du parlement.

Quant à la notion de monarchie absolue, sur laquelle se divisaient les juristes gallicans et les juristes romanistes, qui semble partager aussi les historiens, elle est à approfondir et à nuancer, car il n'est pas sûr du tout que les Dupuy aient été moins »absolutistes« que les gens du gouvernement. Ce qui les séparait, c'était la façon d'articuler la puissance souveraine du prince. Peut-être serait-il plus simple et plus juste de parler d'une forme autoritaire et rigide du pouvoir absolu qui s'est affirmée en France sous Louis XIII et Richelieu. Certes, la doctrine de Dupuy et, par conséquent, du parlement, se constitue dans la droite ligne de la tradition juridique illustrée par Pasquier et Seyssel, qui a son point fort dans le droit de remontrance. Cependant, l'interprétation de Dupuy établit une distinction fondamentale entre le domaine supérieur du roi, le législatif, et le domaine inférieur du parlement, le judiciaire, dans lequel il semble cantonner les prérogatives de cette cour. Bien que celui-ci puisse déborder sur celui-là dans des cas limites, l'obscurité ou l'injustice d'une loi[27], leur séparation est nettement affirmée.

---

[27] À ce propos, Bodin écrit: »Aussi peut-on dire que la justice d'une loy n'est pas proprement naturelle, si elle est obscure et revoquee en doute: car la vraye justice naturelle est plus luisante que la splendeur du Soleil«, ibid., p. 104.

Par ailleurs, il est important de constater que l'Europe du XVIIe siècle a connu plusieurs formes de monarchie absolue, et que celle d'Espagne, par exemple, n'a pas exclu les membres de la famille royale du gouvernement, comme il est arrivé en France, avec les conflits déchirants que nous connaissons et qui ont atteint leur paroxysme sous Louis XIII. Soutenir que la participation des fils de France (ou des élites de cour) au gouvernement compromettrait ou bornerait l'affirmation historique de l'absolutisme princier serait probablement discutable, puisque les formes historiques de son établissement ont été différentes sur le continent européen. En l'occurrence cette distinction ne concerne qu'indirectement le parlement, qui réclamait de préserver le droit de remontrance dans des questions qui étaient traditionnellement de sa compétence.

Il importe peu ici de relever que les revendications dont Dupuy se fait l'interprète n'ont pas eu d'effet sur le plan politique et qu'elles furent rejetées par les rois de France comme étant étrangères à la vocation de la monarchie de droit divin. Ce qu'il faut au contraire mettre en valeur, c'est que le gouvernement de Richelieu et le système du ministériat qu'il mit en place durant vingt ans se révéla, pour une partie des élites françaises, un »monstre« politique qui avait disloqué la structure traditionnelle de la monarchie et les liens que les élites entretenaient avec cette dernière.

LA FIN DE L'ORDRE ANCIEN: LA SOLITUDE DU ROI ET L'ESQUISSE D'UNE AUTRE THÉORIE POLITIQUE

Au début des années 1640, les Dupuy et leurs confrères de l'académie pouvaient constater désormais que la politique du principal ministre s'accordait de moins en moins avec leurs idées gallicanes, avec le rôle éminent du parlement et avec la gestion financière de l'État qui était loin de leur vision de juristes. La guerre ouverte contre l'Espagne a probablement approfondi la faille qui les éloignait du pouvoir, mais au fond il n'est pas sûr que les Dupuy fussent opposés aux projets de conquête de la monarchie. Plus probablement, le conflit portait sur l'utilisation de la puissance royale de la part de Richelieu.

Cette idée d'un mauvais emploi du pouvoir, d'un abus, se trouve dans un autre livre posthume de Pierre Dupuy, peu considéré et pourtant si important pour sa vision générale. C'est l'»Histoire des plus illustres favoris anciens et modernes«[28], appartenant à un genre qui, depuis le »De viris illustribus«, de Pétrarque, en passant par les »Vitae virorum illustrium«, de Giovio, et le »Vite di alcuni eccellenti capitani«, de Botero, était encore très pratiqué au XVIIe siècle. Nous ignorons la date de rédaction de l'»Histoire des favoris«, mais elle est probablement le résultat d'un long travail de recherche et de sélection des documents[29], qui aboutit à la rédaction de plusieurs biographies illustres depuis l'Antiquité jusqu'au début du XVIIe siècle.

---

[28] Pierre DUPUY, Histoire des plus illustres favoris anciens et modernes, Leyde 1658. L'original est actuellement conservé à Paris, Bibliothèque nationale, coll. Dupuy, ms. 444–447. Il s'agit de quatre manuscrits sans date et tous de la main de Pierre Dupuy.
[29] Le seul indice de ce travail de recherche est la présence dans le recueil original de Dupuy d'un exemplaire imprimé de la biographie anonyme de Rodéric Calderon, favori de Philippe III. Son

La thèse de ce livre est que le favori lutte pour soustraire son autorité au souverain et la concentrer dans ses mains, ce qui produit l'instabilité du système politique et modifie les rapports sociaux au détriment de la liberté collective. Cette puissance, devenant un pouvoir personnel et autoritaire, suscite l'union de ses adversaires et prépare sa chute par voie violente (assassinat), légale (destitution et procès) ou naturelle (mort soudaine). À travers l'histoire de Séjan[30], de Despenser[31] ou du cardinal Wolsey[32], l'auteur retrace le début, le triomphe et la fin de ces grands personnages. Il est intéressant d'observer que Dupuy ne rejette pas la figure du favori lui-même, au contraire: appelé par le prince à s'occuper des affaires de l'État, il joue un rôle positif, voire nécessaire, surtout lorsqu'il devient chef du gouvernement.

Le conflit avec la sphère publique provient plutôt de l'ambition du favori qui veut acquérir une position autonome dans la hiérarchie sociale. L'instabilité de sa fonction, qui dépend entièrement de la volonté du souverain, le pousse à sortir des limites de son autorité et à chercher ailleurs les moyens de l'asseoir sur des bases plus solides. Ce personnage, qui au début de sa carrière n'est qu'un familier du roi, se transforme avec le temps en conseiller, puis en véritable ministre du souverain disposant de moyens politiques considérables. Dans la lutte qu'il engage pour le contrôle du pouvoir, il prend la place de l'autorité légitime, à la fois directement, en se faisant nommer par le prince aux plus hautes charges de l'État, et indirectement, en plaçant ses propres créatures aux postes clefs. La ruine de tous ceux qui lui font obstacle est le corollaire de son action politique, qui débouche sur sa tyrannie personnelle. Dans ce cadre, les institutions républicaines, impériales ou monarchiques (anciennes et modernes) sont contrôlées par le clan du favori, si bien qu'elles n'ont plus qu'une apparence de légalité. Le Séjan qui sort de la plume de Dupuy de même que beaucoup d'autres développent la même stratégie: ils combattent et persécutent les héritiers du trône, les grands de l'État et les serviteurs fidèles du prince afin de réaliser leurs plans. À la fin de ce processus, le prince se retrouve »captif et miserable«[33], prisonnier de la volonté de son favori ou ministre, qui finalement est à même de prendre sa place, directement ou indirectement. L'ambition, la cruauté, l'avarice insatiable et la toute-puissance de celui qu'on peut désigner comme l'ombre du souverain[34] sont à la source des »miseres publiques et particulières«[35]. Celles-ci découlent de la subordination du bien commun

---

titre est le suivant: Histoire admirable et declin pitoyable, advenu en la personne d'un favori de la Cour d'Espagne, Paris 1633, conservé à Paris, Bibliothèque nationale, coll. Dupuy, ms. 446, fol. 124–131.

[30] Favori de l'empereur romain Tibère. Pour écrire l'histoire du célèbre préfet du prétoire, Dupuy se servit des »Annales« de Tacite, de la »Vie de Tibère« de Suétone et de l'»Histoire romaine« de Dion Cassius.

[31] Hugues le Despenser (1286–1326), conseiller d'Édouard II d'Angleterre.

[32] Thomas Wolsey (v. 1472–1530), ministre de Henri VIII et inspirateur principal de la politique étrangère de la Couronne britannique ainsi que du schisme anglican.

[33] Dupuy, Histoire des favoris, (voir n. 28), p. 462.

[34] Ibid., p. 32–33.

[35] Ibid., p. 38–39.

aux intérêts privés d'un individu et de sa clientèle. C'est de cet excès de puissance que surgit l'union du prince et des grands qui abat le tyran et rétablit l'ordre social[36].

Il est vrai que Richelieu ne figure pas dans ce livre, mais sa politique est constamment évoquée par l'action de ces hommes qui, de tous temps, ont joué un rôle important dans les affaires publiques. Nous la retrouvons presque identique dans l'action de Séjan, le »pire« des favoris anciens que Dupuy décrit dans les »Mémoires en faveur de François-Auguste de Thou«. Dans ce texte sulfureux, l'auteur n'a pas manqué d'évoquer les ruses de Séjan, favori de Tibère, les manigances de Pérenne et de Cléandre sous l'empereur Commode et l'habileté diabolique du cardinal Wolsey sous Henri VIII, qui sont tous mis en parallèle avec Richelieu[37]. Il est difficile de ne pas voir dans l'»Histoire des favoris« une métaphore formidable de la vie et de la politique de Richelieu.

Grâce à l'histoire-miroir, Dupuy propose une généalogie nouvelle, celle de favoris-ministres, qui écarte d'un coup toutes celles que le ministre se faisait fabriquer par ses historiens, afin de rehausser l'ancienneté de sa famille. C'était attaquer Richelieu sur un terrain délicat: la commande d'un passé illustre servant pour le cardinal de légitimation à son présent. Or, Dupuy lui attribue une filiation qui s'avère très dangereuse pour un ministre: celle des tyrans d'exercice, traîtres au souverain et à leur patrie qui, dépassant la contingence des formes historiques, deviennent un modèle absolu pour tous les autres. En cela Dupuy montrait qu'il savait utiliser ce qu'il y avait de plus redoutable chez les gens de lettres: leur capacité de produire des idées, de les diffuser dans le monde et d'influencer l'opinion publique.

La rupture avec Richelieu était donc survenue au début des années 1640, et le drame de François-Auguste de Thou en 1642 l'avait aggravé en mettant un terme à toute collaboration possible avec le gouvernement. Nous savons que les griefs des Dupuy à l'égard du ministre étaient importants mais au fond partiels, car nous ne disposons pas de l'ensemble, de la trame qui donne aux éléments traités jusqu'ici – les idées gallicanes, le rôle du parlement, la droiture politique des ministres – une vision d'ensemble. Où peut-on la trouver ou du moins l'apercevoir? À mon sens, dans deux ouvrages: l'»Histoire des favoris«, qui nous la propose sous une forme métaphorique, et les »Mémoires pour servir l'innocence de François-Auguste de Thou«, qui nous livrent un récit historique clair et cohérent des idées de l'auteur.

Avant de traiter cet aspect, il est important de préciser que la rédaction de ces deux écrits se situe vers la fin des années 1640, à une époque où les tensions entre l'académie Dupuy et le gouvernement étaient à nouveau aiguës. En effet, le dialogue entre eux avait été renoué après la mort de Richelieu; mais le refus d'Anne d'Autriche et de Mazarin de rouvrir le dossier de François-Auguste de Thou par la révision de son procès avait blessé les gens de l'académie, qui savaient et rappelaient à qui voulait les entendre que leur confrère avait sacrifié sa vie pour défendre la cause de la reine. Par ailleurs, la continuation de la politique belliciste de Richelieu avait finit par montrer la

---

[36] Ibid., p. 455–456.
[37] Voir DUPUY, Mémoires pour servir l'innocence de François-Auguste de Thou (voir n. 4), p. 628.

continuation entre l'ancien et le nouveau gouvernement en matière de politique intérieure et extérieure.

Dans ce contexte, il est assez compréhensible que Dupuy ait rédigé ces deux ouvrages durant les années de la Fronde. Certes, je ne dispose pas de preuve sûre que l'»Histoire des favoris« remonte à cette période; sa structure et son contenu le suggèrent seulement; en revanche, il est très probable que les »Mémoires pour servir l'innocence de François-Auguste de Thou« ont été réunis et diffusés en 1650–1651[38].

Ce qui rend fondamental ce dernier ouvrage, ce n'est pas seulement son style, qui dit ouvertement ce que l'»Histoire des favoris« laissait seulement entendre par les exemples historiques; c'est surtout le cadre général qui réunit et éclaircit les différents griefs que les Dupuy ont adressés au cardinal durant leur travail. Cet ensemble est articulé en deux volets inscrits dans la préface et dans le cinquième chapitre des »Mémoires«, qu'on peut lire comme un seul discours, dont l'objectif est de frapper durement la politique de Richelieu, indiquée comme la cause des maux et des misères du royaume. Ce discours est tellement percutant qu'en peu de pages la cause de François-Auguste de Thou se transforme en celle de tout un pays, grâce à l'emploi de la figure du tyran, qui rend l'un et l'autre, l'individu et le peuple, des victimes auxquelles il a enlevé la liberté, la richesse et la dignité.

Ce texte, qui est un réquisitoire terrible contre le ministre, et peut-être le roi (malgré les acrobaties de Dupuy visant à en limiter les responsabilités), présente la conjuration des Grands du royaume comme une réponse nécessaire aux violences illégitimes du gouvernement. Dès le cinquième chapitre de ces »Mémoires«, le lecteur est gagné à la bonne cause par l'exposition des ›crimes‹ du tyran rouge. Les dix restants ne servent plus qu'à énumérer les détails d'une innocence illustre et à marquer les stations d'une *via crucis* que de Thou a subie en tant que Français fidèle au roi et à son pays.

---

[38] Le texte des »Mémoires« semble avoir été rédigé à des période diverses, mais le texte définitif remonte bien au début des années 1650. Voir notamment l'information de Nicolas Rigault, garde de la bibliothèque du roi et membre de l'académie Dupuy. Au printemps 1650, il écrivait à Pierre Dupuy: »J'ai receu les sommaires ou tiltres de vostre ouvrage pour M. de Thou [...] je souhaite avec passion que le temps vous permette de le faire voir en public«, lettre à Pierre Dupuy, Toul, 30 avr. 1650, Paris, Bibliothèque nationale, coll. Dupuy, ms. 783, f. 40–41. D'autres mentions des »Mémoires« manuscrits se trouvent dans la même correspondance, voir lettres de Toul, février, 20, 24 mars, 15 avril 1650, f. 31–32, 33v, 35, 38. Ce texte fut publié après la mort de son auteur (1652), comme il arriva pour d'autres de ses ouvrages. Les »Mémoires« parurent pour la première fois dans une édition de l'»Histoire universelle« de Jacques-Auguste de Thou (t. XV, Londres 1734,) et furent réimprimés sous cette forme dans des éditions ultérieures. Leur contenu est conforme au manuscrit original de Pierre Dupuy: »Mémoires et instructions pour servir à justifier l'innocence de messire François-Auguste de Thou [...]«, Paris, Bibliothèque nationale. Fonds Rothschild, ms. 3130 (2281a), f. 221. Il s'agit d'un exemplaire autographe très soigné avec de nombreuses corrections et additions de la main de l'auteur. Le manuscrit provient de la bibliothèque de Jacques-Auguste II de Thou, comme il résulte des armes qui décorent les plats de la reliure. Il existe plusieurs copies manuscrites de l'ouvrage: Paris, Bibliothèque nationale. Nouvelles acquisitions françaises, ms. 6873, f. 348; Paris, Archives nationales. Série U 809, 810 et U 824.

LES ABUS DU POUVOIR
ET LE RÉTABLISSEMENT DES DROITS DU ROI

Voyons ces aspects de plus près afin de mieux saisir la stratégie de Dupuy et le contenu de ce discours qui est un morceau de bravoure rhétorique.

Pierre Dupuy remonte au début du ministère de Richelieu pour indiquer les causes qui ont avili la France:

Les plus sages, et qui ont jugé plus judicieusement des choses dès l'instant que le Cardinal fust appelé à l'administration du Royaume, jugerent qu'il seroit cause d'une infinité de grandes calamitez. Sa vie passée, quoi qu'assez obscure et dans le commun, sa profonde ambition, son avarice insatiable, et la maniere dont il entra dans les affaires, donnerent lieu au préjugé; mais quand l'on vit les personnes qu'il approcha de luy, gens corrompus, meschans, voleurs, et nais à la servitude, l'on commença à apprehender tous les maux qui ont travaillé ce Royaume depuis près de vint ans. Car il n'y a partie dans l'Etat, et cela ne se peut nier, qui n'ait souffert en son particulier. Le Roy mesme que n'a-t-il point enduré? La Reine sa mère, la Reine regnante, M. le Duc d'Orléans, les Princes du Sang, les Grands, les principaux Officiers, plusieurs Evesques, les Cours Souveraines, la Justice en general, l'Eglise, la Noblesse, le Peuple, tous les Officiers quels qu'ils soient, les Villes, les Provinces entieres, bref tout le Royaume, ont pati à diverses reprises et en plusieurs manieres[39].

Tout l'État et toute la société ont été touchés par l'arrivée de Richelieu au pouvoir. Cela est jugé par Dupuy comme un événement exceptionnel: l'an zéro d'une ère nouvelle marquée par des transformations radicales et calamiteuses qui ont modifié, peut-être à jamais, le visage de la France et de l'Europe. Ainsi, il y a un avant et un après Richelieu, dont Dupuy tâche de laisser la trace, pour le cas où sa dénonciation devrait rester sans effets, comme il le laisse entendre à plusieurs endroits de ce texte, et notamment dans la préface, lorsque, au nom du devoir de mémoire, il pousse ce cri d'impuissance: »Nous voyons bien que nos plaintes seront vaines, seront inutiles, que nos veritez seront incroyables, ne seront pas reçues: mais pour cela faut-il cesser de le dire? Nous les devons à la postérité [...] nous le devons déclarer à tout le monde, pour confondre les meschants et pour faire cognoistre leur infamie«[40].

Cet âge est nouveau parce que tous les liens ont été brisés, les droits bafoués et anéantis, à commencer par le droit de nature. Face à ces violences, l'époque antérieure, pourtant difficile, apparaît comme lumineuse aux yeux de Dupuy: »Il faut estimer heureux, dit-il, et très heureux ceux que Dieu a appelez à lui avant qu'il ait permis que ce fleaux de l'Europe ait empiété le gouvernement de cette Monarchie, car ils auraient vu violer les droits de la nature au hault point où ils ont été«.

Mais quels sont ces droits dont parle Dupuy? Sa réponse est sans ambiguïté: le droit à la vie, à la sécurité et à la propriété que le clan ministériel a supprimé du ciel honorable de la monarchie de France. Les »bienheureux« de ce temps révolu n'ont pas vu »les violentes injustices, les emprisonnements, les bannissements d'un millier de personnes de toutes conditions, à qui l'on n'a pu faire reproche de la moindre injustice«;

---

[39] Voir DUPUY, Mémoires pour servir l'innocence de François-Auguste de Thou (v. n. 4), p. 626.
[40] Ibid., p. 626.

ils n'ont pas vu, non plus, »la plus detestable injustice, la mort du maréchal de Marillac, où il fallut violer tout ce qu'il y a de plus reglé en la justice, les juges corrompus par des charges et par argent, recompensez avant et après leur action«. Ensuite, rien n'a été impossible, »les empoisonnements de plusieurs personnes de grande condition, les rudes et barbares traictemens que les plus innocens ont enduré pendant de longues et cruelles prisons[41] [...], la création d'un million d'offices inutiles aux acheteurs et la publication d'un nombre effréné d'Edicts bourseaux et iniques«. Les parlements furent privés de leur autorité, »les peuples saccagez«[42]. La France, qui avait été autrefois le siège de »la vraye justice«, devint sous Richelieu, ses partisans et ses créatures, le théâtre de »toutes sortes de violences«. Cette »dure servitude« fut accompagnée du pillage systématique des ressources du royaume et par la perversion de l'ordre social. On vit alors »un tas de faquins eslevez aux plus hautes dignités, riches en despouilles des plus illustres familles, et de la plus pure substance du peuple«.

Pendant »ces tems dangereux«, la vie privée des personnes de mérite a été attaquée. Les plus »genereux et magnanimes«, »impatients de souffrir cette subjection«, ont passé sous »la violence de celui qui avoit le pouvoir absolu dans l'Estat«. Mais comment résister au déluge de cette autorité sans bornes? Sous Richelieu, se justifie l'auteur, »la moindre parole, non pas de vigueur, mais de plainte, estoit un crime de leze-Majesté; si l'on obéïssoit sans murmure, si l'on se retiroit pour ne point voir toutes ces violences, c'estoit une cabale, c'estoit une marque que l'on ne consentoit pas au mal que l'on nous faisoit«. Certes, ajoute-t-il avec amertume, »nostre lascheté, nostre mesintelligence ont acreu l'audace de ces meschans, les ont eslevez au point où nous les avons veu, et où ils sont encore«[43].

On peut s'étonner de voir cette vague déferlante avancer sans trouver aucun obstacle sur son passage. Où était le roi? Peut-on imaginer qu'il n'ait rien su de ce qui se faisait dans son royaume? C'est ce que Dupuy s'efforce de montrer et de faire croire aux lecteurs: »Sçait-on pas de la façon qu'ils [Richelieu et ses ministres] ont traitté le Roy, de quelle sorte son esprit a esté agité voyant tant et tant de choses contre son bien propre, contre celui de son peuple? [...] Sçait-on pas les artifices dont ils ont usé pour séduire ce pauvre Prince; artifices incroyables cogneus de peu de personnes, et si delicatement conduits, que les plus clair-voyans y eussent été pris; des intelligences doubles maniées avec toutes les adresses imaginables, des voleries couvertes du masque du bien public«. Malgré cela, Louis XIII aurait »tousjours veu les mauvais desseins de ces gens-cy«; il aurait »toujours assez fait paroistre la haine qu'il portoit au Cardinal«, mais enfin ces mêmes gens »lui ont fait vouloir ce qui estoit contre son propre bien«[44].

---

[41] Ibid. Du même auteur, voir aussi Liste chronologique des arrestations et exécutions opérées pendant le ministère du cardinal de Richelieu, Paris, Bibliothèque nationale, coll. Dupuy, ms. 625, f. 94–111v.
[42] Voir DUPUY, Mémoires pour servir l'innocence de François-Auguste de Thou (voir n. 4), p. 626.
[43] Ibid., p. 626–627.
[44] Ibid., p. 628.

Cette conclusion ne paraît pas étrange à Dupuy. Il ne s'agit pas pour lui d'évoquer l'image du roi berné par ses ministres, mais de montrer que la condition de roi comporte une sorte de fragilité, voire d'impuissance à exercer tout seul l'autorité souveraine, si bien que le monarque est obligé de la décharger, du moins en partie, sur son entourage.

Ce point délicat de la délégation du pouvoir comporte des dangers mortels pour le prince, dont les éléments se trouvent dans l'histoire. Dupuy reprend alors mot à mot les arguments qu'il a développés dans son ouvrage sur les favoris. Combien de grands princes n'ont pas été trompés par leurs ministres? Sa réponse, nous la connaissons déjà: »Il n'y eut jamais Prince plus advisé, plus rusé que l'Empereur Tibere; que ne fit point Sejan sous lui, combien de fourbes et d'oppressions de personnes innocentes? Que ne firent point Perennis et Cleander sous l'Empereur Commode?« De tels *exempla* ne se trouvent pas seulement dans l'histoire romaine, mais aussi dans l'histoire plus récente de la France et d'ailleurs: »Louis XI, le plus fin et le plus advisé Prince qui fut jamais, fust-il pas miserablement trahi par le Cardinal Baluë en tant d'occasions [...], que l'on a admiré comme il estoit parvenu [...] aux plus hautes dignitez de sa robbe?« L'Angleterre »a esté maniée, comme nous l'avons esté, par le Cardinal Wolsey sous le Roy Henry VIII, un des plus grands Rois de son temps«.

L'auteur veut montrer que le bien public dépend moins du tempérament du souverain que du choix qu'il fait de ceux qui vont gouverner son royaume: »C'est en ce choix«, dit-il, »que consiste l'heur ou le malheur du Prince et de son peuple«; c'est là, la »source des maux qui ont causé la subversion de tous les grands Empires«[45].

Ces derniers passages du discours sont assez révélateurs de l'image que Pierre Dupuy se fait de l'autorité souveraine. Celle-ci, loin d'être un pouvoir concentré dans les mains d'un seul individu, est partagée avec d'autres autorités (le premier ministre, le gouvernement) et s'exerce dans le corps social. La puissance souveraine, en soi divine et absolue, doit se déployer dans le monde limité de l'humain et trouver sa mesure naturelle. Elle s'exprime dans la relation entre souverain et gouvernement. Cependant, le choix des ministres par le prince est le pivot de cette relation, qui peut faire basculer une autorité juste dans le camp de la tyrannie. En homme pragmatique, Dupuy n'envisage pas le cas de figure d'un roi injuste. Plus simplement, il veut dire que le pouvoir central, par sa nature même, peut ouvrir la voie à l'exercice d'un gouvernement tyrannique qui, sous les apparences de la légalité, supprime les libertés, dépouille les sujets de leurs biens, brise et altère les liens sociaux qui sont à la base de la monarchie en tant qu'institution.

Dans la deuxième partie de son discours, à laquelle il donne le titre d'»Examen des principales actions du cardinal de Richelieu pour se maintenir en l'administration souveraine du Royaume«, Dupuy donne une application au cadre théorique qu'il a développé, en dévoilant que le ministre-favori a toujours eu le plan de »parvenir à la Royauté«, évidemment par tous les moyens. Il s'efforce ainsi de prouver par son »Examen« que la brillante carrière auprès de la reine Marie de Médicis avait ouvert à Richelieu »le chemin au gouvernement de l'Estat«. Dès qu'il s'y fut installé, il

---

[45] Ibid.

s'inquiéta de l'union des »parties« qui soutiennent la Couronne – les princes, les grands, les officiers et les parlements – auxquelles le pouvoir avait été »attribué par les loix du royaume«[46]. Comme il se rendait compte que »leur union conservait la paix dans l'Estat et l'autorité Royale, que chacun exerçoit librement ses fonctions, [et] qu'il estoit impossible de troubler tout à coup ceste belle harmonie«, le cardinal jugea nécessaire »d'agir lentement et avec dissimulation« afin de pouvoir »les détruire l'une après l'autre, avec espérance que le temps en donneroit les moyens ou les prétextes«. C'est ainsi qu'il enveloppa sa protectrice dans des »artifices« si adroits »que ceste bonne princesse [...] ne les apperceut que trop tard«. Après avoir absorbé les grands revenus de celle-ci et s'en être enrichi, lui et sa famille, Richelieu rejeta la reine en marge de l'État. Premièrement, »il la fit emprisonner, d'où elle trouva moyen d'eschapper parce qu'il le voulut ainsi, et de-là, il la poussa hors du royaume, où elle a pati [...] comme une simple Dame, sans que ce monstre d'ingratitude lui ait tendu la main pour la soulager; lui qui possédoit tous les trésors du Royaume, et qui avoit ravi tout le bien de ceste Princesse«[47].

Le cardinal put alors »se perpetuer dans l'autorité du gouvernement«. L'habileté qui lui avait permis de s'imposer auprès de la reine, il la déploya avec le même succès auprès du roi. Il remplit la cour de ses créatures et brouilla le roi avec sa famille. »Son pouvoir alloit croissant de jour en jour par l'éloignement de Monsieur et des Princes du Sang, par la ruine des autres Princes [...] par l'anéantissement de tout ce qu'il y avoit de légitime dans l'Estat«. Les parlements subirent le même traitement. Leur autorité »si bien fondée, et comme née avec la Monarchie« inquiétait beaucoup le ministre, car ces assemblées étaient les »seules, s'il le faut dire, capables de s'opposer à ses injustes et vastes prétentions«[48]. Les plus importantes affaires de l'État furent attribuées au Conseil d'État, »qui n'avoit mouvement et esprit que celui que [Richelieu] lui donnoit«; l'autorité des provinces fut concentrée dans les mains des intendants, »ses emissaires et ses esclaves«. Les parlements n'eurent plus »la liberté d'en dire leurs advis, moins de s'en plaindre«. L'intimidation, les emprisonnements de plusieurs de leurs membres ainsi que la division et la corruption furent les moyens que Richelieu employa pour fléchir la résistance des parlements et rendre leur autorité légitime »foible, vaine et inutile«[49].

Dupuy dénonce aussi la politique étrangère de Richelieu, qui voulut et continua la guerre pour parvenir à ses fins: »Il jugeoit bien, le meschant et abominable qu'il estoit, qu'un si grand Estat [...] pourroit fort difficilement souffrir un changement tel qu'il le méditoit, qu'il falloit évacuer ce corps athletique de telle sorte qu'il demeurast insensible, sans force et sans vigueur«. Le résultat de tant d'adresse fut que Louis XIII, dont la santé était »peu ferme«, se trouva »à mener une vie solitaire, miserable, et languissante sous le joug insupportable de sa tyrannie, [le cardinal] luy ayant osté ses plus confidens domestiques, et ne luy permettant que le seul passe-temps de la chasse« dans

---

[46] Ibid., p. 658.
[47] Ibid.
[48] Ibid., p. 659.
[49] Ibid., p. 659–660.

les bois parmi des bêtes et des veneurs où tout lui était caché, »l'estat de ses affaires, la misere de son peuple«. Bref, le roi ne voyait que par les yeux du cardinal et ceux de ses ministres, ne savait rien que par eux[50]. À l'opposé, Richelieu contrôlait tout l'État: les armées étaient »commandées par ses parents, ou par ses alliez, ou ses favoris [...] les principales villes du royaume, soit pour la force, soit pour l'importance de leur assiette, estoient tenuës par lui, par ses amis, et par ses créatures«[51].

Ce portrait d'un Richelieu impitoyable et d'un roi miséreux et solitaire correspond exactement à celui des illustres favoris que Dupuy a peints dans son »Histoire«. Celui de Richelieu, déjà convenablement chargé de couleurs sinistres est ensuite assombri par le projet qu'il aurait conçu de se faire nommer régent du royaume à la mort de Louis XIII. Ce projet, qui a été caressé par le cardinal[52], devient sous la plume de Dupuy le prologue d'une ›œuvre au noir‹, où il est difficile de distinguer le vraisemblable du faux, la recherche d'une objectivité de la volonté de discréditer la mémoire honnie du ministre, car celui-ci est accusé d'avoir »resolu d'oster les enfans de France à la Reine, les mettre dans le bois de Vincennes, et ensuite ruiner en toutes façons la Reine«, afin de se rendre absolu et d'usurper ainsi le trône[53].

C'est à ce moment qu'apparaît la conjuration de Cinq-Mars, à laquelle Dupuy donne une explication nouvelle. Gaston d'Orléans, »que les loix du Royaume apelloient avec la Reine au gouvernement de l'Estat«, s'adressa aux autres grands (Cinq-Mars et le duc de Bouillon) pour »sauver les enfans de France en cas que le Roy vint à mourir«[54]. L'action des conjurés n'est donc pas à interpréter comme une trahison, car elle n'aurait été exécutée »qu'en cas que sa Majesté vint à décéder«. Sa fonction était de servir »le Roy successeur«, le soustraire avec sa mère »à la violence et à la tyrannie du Cardinal« afin de »conserver par ce moyen le Royaume, et le tirer des mains d'un usurpateur«.

La cabale de Cinq-Mars, dans laquelle fut impliqué de Thou, se serait mise en mouvement comme nécessité et action défensive, non pas comme attentat à la puissance souveraine. Au contraire de Richelieu, qui se préparait à usurper la Couronne et à renverser la monarchie dans le but de réaliser sa haute ambition. Selon Dupuy, Gaston d'Orléans disposait des titres légaux pour mener »ceste juste et légitime entreprise«, parce qu'il était membre de la famille royale et parce que son objectif était de secourir la monarchie elle-même. En effet, le duc et ses alliés »s'armoient pour affranchir le Roy de la servitude« du tyran, pour »donner vigueur aux loix de l'Estat« et mettre les Français »en pleine liberté«[55].

---

[50] Ibid., p. 660. Ces passages rappellent le portrait que de Pontis brosse de Richelieu, notamment au sujet du peu de loyauté de ce dernier à l'égard du roi. Voir Mémoires de Monsieur de Pontis, éd. R. LAULAN, Paris 1986, *passim*.
[51] DUPUY, Mémoires pour servir l'innocence de François-Auguste de Thou (voir n. 4), p. 660–661.
[52] J'ai développé cette thèse dans mon livre: FERRETTI (éd.), Lettres de Fortin de La Hoguette (voir n. 2), p. 53–54, 80–81, 85.
[53] DUPUY, Mémoires pour servir l'innocence de François-Auguste de Thou (voir n. 4), p. 661–662. Dupuy laisse entendre que le cardinal n'aurait pas reculé devant la nécessité de faire assassiner les enfants de France, ibid., p. 661, 665.
[54] Ibid., p. 662–663.
[55] Ibid., p. 663–665.

Les contemporains ont souvent blâmé la politique de Richelieu, le triomphe autoritaire du pouvoir absolu du roi et du ministériat qui l'avait soutenu, mais chez Dupuy la dimension du reproche est dépassée et réinterprétée jusqu'à donner à la conjuration du favori de Louis XIII la couleur de la liberté œuvrant pour le rétablissement de la légalité monarchique. Le talent de l'historien est d'avoir réuni les matériaux dispersés de son époque, tels que nous les retrouvons, par exemple, chez les mémorialistes, et de leur avoir donné un ordre qui est à la fois une interprétation originale et une critique ouverte de l'histoire que Richelieu et ses apologistes allaient donner de cette période tourmentée[56]. Certes, Dupuy n'est pas toujours près de la vérité historique qu'il veut rétablir. Une part d'omissions et d'altérations, probablement conscientes, est visible dans la trame des événements contemporains qu'il nous offre[57]. Disons à sa décharge que, voulant s'opposer aux flagorneries d'une histoire officielle, favorable au cardinal et inspirée par le mécénat de celui-ci, il s'est laissé prendre au jeu polémique. Toutefois, sa vision générale n'est pas compromise par ces quelques excès, qui sont au fond ordinaires à son époque. Le devoir de vérité qu'il revendique en tant qu'historien et esprit libre reste l'une des qualités de cet écrit, dont les accents ont sûrement frappé les cercles de la république des lettres et en général les savants parisiens. Il est bon de préciser que, dans d'autres pages, Dupuy a tenu à rappeler que la tâche de l'historien est de ne pas détourner »l'œil de dessus la vérité«, de dire les choses »comme elles se sont passées«[58]. Il doit aussi »découvrir les vertus et les vices, les belles actions et les mauvaises«, car ce sont »autant de leçon pour la postérité«, surtout pour les grands, précise-t-il, qui doivent s'assurer »qu'il se trouvera encore d'aussi libres-esprits pour

---

[56] Sur ces aspects, je me permets de renvoyer à mes travaux: Giuliano FERRETTI, Élite et peuple à Paris, 1642–1650. La naissance de l'historiographie sur Richelieu, dans: Nouvelles de la République des Lettres I (1997), p. 103–130; ID., Autour de la bibliothèque du Roi (voir n. 5), p. 45–52; ID., Littérature clandestine et lutte politique. L'héritage de Richelieu au temps de Mazarin (1643–1661), dans: Lucien BÉLY (dir.), Actes du colloque L'Europe des traités de Westphalie. Esprit de la diplomatie et diplomatie de l'esprit, Paris, 24–26 septembre 1998, Paris 2000, p. 469–485; ID., Richelieu et les historiographes au XVIIe siècle, dans: Chantal GRELL (dir.), Les Historiographes en Europe de la fin du Moyen Âge à la Révolution. Actes du colloque international, Versailles, 12–14 juin 2003, Paris 2006, p. 325–343.

[57] Pierre Dupuy a adapté les matériaux historiques aux idées qu'il professait. Les intérêts de sa famille jouent un rôle important, dont il faut évidemment tenir compte. Dans l'affaire du traité des conjurés avec l'Espagne, Dupuy affirme que celle-ci était dans l'impossibilité »d'appuyer ce Traicté par une armée« et que ses auteurs avaient abandonné leur accord »puisqu'ils ne faisoient rien pour l'executer« (DUPUY, Mémoires pour servir l'innocence de François-Auguste de Thou [voir n. 4], p. 654). D'abord, rien ne dit que les ennemis de la France n'auraient pas profité de cette occasion pour intervenir dans ses affaires intérieures; ensuite, Dupuy confond la cause avec l'effet: si les conjurés s'abstinrent d'agir, cela ne fut que par impuissance ou par incapacité et non pour avoir en quelque sorte renoncé à réaliser leur plan. La »Relation de Fontrailles« est à ce propos éclairante (voir Mémoires de Claude DE BOURDEILLE, comte de Montrésor, édition de Champollion-Figeac et Aimé Champollion fils, Paris 1838, p. 431–441). Par ailleurs, la justification de Dupuy enlève à la conjuration son meilleur mobile, car en renonçant à l'exécution du traité, sur lequel ils fondaient leur révolte contre Richelieu, les conjurés renonçaient à sauver les fils de France du danger supposé qui les menaçait.

[58] Pierre DUPUY, Apologie pour l'Histoire de Jaques-Auguste de Thou, 1620, dans: Jacques-Auguste DE THOU, Histoire universelle, t. X, La Haye 1740, p. 541, 551.

escrire leurs vertus et leurs vices«, comme l'a fait Tacite, qui est devenu l'un des modèles incontournables de cette discipline par la liberté de son analyse. Pour Dupuy, le discours historique doit rester libre des influences extérieures, notamment de celle des puissants, qui usent volontiers de la rigueur contre les écrivains de talent. Aussi l'histoire, comme la politique, doit-elle contribuer à corriger les erreurs et à rétablir la vérité des choses. Dévoiler ce qui a été habilement caché et ne pas hésiter à raconter l'histoire qu'il a vécue, tel est le but poursuivi par Dupuy. Voici comment il applique cette règle fondamentale dans un des derniers passages de son discours sur Richelieu:

Ne nous éblouissons point par les belles apparences de ses services; ne nous laissons point charmer par les victoires que Dieu nous a données pendant son administration. Considerons les momens des choses, et repassons sur l'histoire de son administration telle qu'il l'a faict publier; nous verrons la France en une infinité de conjonctures à deux doigt de sa ruine, l'ennemy à nos portes, tout corrompu au dedans, les moeurs desplorez, les loix non moins venales que les offices, un luxe hors de toute imagination: les richesses qui autresfois estoient un embonpoint de tout le corps reduites à peu de personnes, et par de sales et mauvais moyens [...] les plus importantes places occupées par ses parens; les Parlemens sans vigueur et sans autorité: en somme l'Estat entre les mains du Cardinal de race folle et lui furieux et sans Religion, et qui n'avoit pour toute vertu qu'une aveugle mais heureuse témérité[59].

Arrêtons-nous ici et essayons de comprendre le modèle que Pierre Dupuy a construit dans son œuvre, afin de saisir sa stratégie et celle de son Académie.

L'irruption sur la scène politique d'un nouveau style, qui marginalise la famille royale, les grands, les corps traditionnels et, surtout, le parlement, produit un séisme qui sépare en profondeur la cour et le monde de la robe, dont Dupuy est devenu le porte-parole dans les années 1640. C'est une rupture inquiétante qui concerne aussi le roi, malgré les rappels sur la justice du prince et les tentatives de cacher les responsabilités de ce dernier dans l'avènement d'une ère nouvelle, perçue comme un drame historique. Or, qu'un âge nouveau ait été inauguré depuis les années 1620 et que Dupuy en ait été conscient est évident; que ce dernier se soit fait l'interprète des tensions et des idées du monde de la robe ainsi que d'autres secteurs de la société française, c'est aussi évident. Paradoxalement, l'action de Richelieu a facilité les choses de part et d'autre. Elle a facilité la position du roi, qui a assuré sa politique sans compromettre son image publique; elle a facilité le rôle des Dupuy et de l'opposition, qui ont pu dénoncer une politique honnie en s'attaquant au seul ministre et en proclamant l'»innocence« et la »solitude« du roi, face aux »abus« du gouvernement. En faisant de Louis XIII une victime, c'est-à-dire en faisant du prince une figure de la tyrannie, ils frappaient le cardinal du sceau infamant d'usurpateur, ce qui autorisait, quelque part, la révolte des »hommes de bien« du royaume. En cas d'échec, comme ce fut bien le cas, une telle contradiction entre le roi et son ministre pouvait ouvrir la route à des négociations permettant d'introduire des changements favorables aux tenants d'une autre monarchie, tels les Dupuy et les élites savantes du royaume.

La complication venait de la méthode brutale du cardinal, sur laquelle pèsent de fortes suspicions d'illégalité, peut-être de manque même de probité. Sans aller jusqu'à

[59] DUPUY, Mémoires pour servir l'innocence de François-Auguste de Thou (voir n. 4), p. 664–665.

dire que le ministre était cynique, on peut dire que chez lui la justice était soumise aux impératifs de la puissance et de l'intérêt, ce qui n'est pas rien lorsqu'on connaît les pratiques politiques des hommes d'État au XVIIe siècle. Il est évident que les Dupuy rejetaient cette voie et en pratiquaient une autre tout opposée. Pour des juristes comme eux, il était inconcevable que la loi se mesure à l'aune des besoins courants de la politique. Celle-ci au contraire n'était digne de ce nom que si elle était capable d'intégrer dans son cours les exigences de la justice, dont le verbe était incarné par le parlement. Jusqu'à nos jours, les historiens ont trop souvent souligné les ambitions politiques de cette cour, en laissant dans l'ombre le rôle de médiateur entre le roi et le peuple qu'elle jouait véritablement et que Pierre Dupuy rappelle justement. Nous avons vu à quel point il intégrait le parlement à l'acte même de la loi du prince et combien il pensait que ces deux institutions, tant par leur autorité que par les liens qui les avaient unies pendant des siècles, étaient appelées à agir ensemble au nom du respect de la chose publique, c'est-à-dire des intérêts du roi et du pays.

Les méthodes du cardinal, qui relèvent du système de la cour – double jeu, exclusion des adversaires, répression et pragmatisme ondoyant [60]–, ne pouvaient pas plaire aux gens de l'académie Dupuy, moins encore à ses chefs qui avaient une expérience directe des affaires publiques; d'autant plus que les enrichissements et les violences dénoncées par Pierre Dupuy et d'autres écrivains de son temps étaient loin d'être inventées. L'habileté de notre auteur a été de relier l'œuvre du cardinal à celle du favori-ministre et de la faire sortir du terrain historique qui l'avait générée pour la projeter dans le temps éternel des modèles absolus qui agissent dans tous les régimes. Ce faisant, la monarchie de France, telle que l'histoire l'avait produite et que Dupuy appelait de tous ses vœux, n'entrait pas en ligne de compte: elle était en dehors des transformations que le »Séjan« du XVIIe siècle avait introduites dans le corps de la France. Ici, il était question d'abus et non de l'évolution vers une autre forme de monarchie. S'agissant d'usurpation, le roi, ses sujets ou Dieu lui-même devaient intervenir par la voie ordinaire (destitution) ou exceptionnelle (assassinat ou mort naturelle).

Cette fiction assortie de toutes les figures de la rhétorique que Dupuy est capable de manier semble être tardive, voire inutile, car en 1650 ce n'était plus le ministère de Richelieu qui était attaqué, mais celui de Mazarin, que le parlement et la Fronde se proposaient d'anéantir. Or, le nouveau premier ministre avait montré, non sans talent, que le système politique créé par Richelieu pouvait se maintenir et prospérer, du moins en partie, avec des méthodes différentes. La douceur du second cardinal n'enlevait rien à la fermeté d'une politique qui excluait du pouvoir la famille royale, les grands et surtout le parlement. Au-delà des formes, le style de Mazarin était aussi absolu que celui de son prédécesseur.

---

[60] Le style de son gouvernement est bien loin du mythe du ministre qui avait une vision générale de la monarchie et de l'État, comme l'ont soutenu les historiens du XIXe siècle, et plus récemment Roland Mousnier. Le célèbre programme en quatre points de Richelieu est une création tardive formulée dans son »Testament politique«, dont la rédaction remonte à la fin de sa vie. Voir MOUSNIER, L'Homme Rouge (voir n. 13), p. 742.

Or, la question de l'opposition des Dupuy et de leur académie trouve ici tout son sens et sa portée politique: si le système du ministériat est toujours la cause principale des maux qui affligent la France, si le nouveau cardinal est la continuation de l'ancien, le devoir de mémoire se transforme en heurt politique. Dévoiler les fautes du gouvernement qui n'est plus lorsque son héritier et ses créatures sont au pouvoir signifie porter une attaque indirecte mais redoutable à sa légitimité publique, car elle est frappée à sa source, qui est dénoncée comme une usurpation continuelle du pouvoir souverain. Cette œuvre de rectification du passé aura une influence d'autant plus grande dans une période de conflit ouvert (1648–1652) entre le gouvernement présent et l'opinion savante, que les œuvres de Dupuy influençaient par leur circulation manuscrite. L'offensive discrète, indirecte et capillaire de l'académie Dupuy se faisait sentir depuis 1648, par son adhésion aux revendications du parlement – conjonction des cours souveraines, suspension des intendants, réduction de la taille – qu'elle soutenait. Comment ne pas considérer que l'influence des deux frères a été importante dans l'opinion savante de la capitale lorsqu'on voit agir d'un côté la critique du système ministériel de Richelieu et de l'autre le soutien actif à la Fronde parlementaire? Même l'intimité que Pierre Dupuy avait avec Retz durant la guerre civile[61] laisse entendre que cette affaire a été au centre des discussions de leur académie et que ces débats ont circulé dans l'opinion française pour faire entendre au public de la Fronde la rupture qui avait eu lieu entre ces hauts représentants de la robe, proches du pouvoir, et le gouvernement. Je crois que l'impact de cette action, à la fois théorique et pratique, a eu un poids dans le Paris de la guerre civile. On le devine dans les positions radicales que certains membres de l'académie, tels Jacques-Auguste II de Thou et son cousin Guiberville, ont affichées jusqu'à la fin des troubles, au point d'être exclus de l'amnistie royale en 1652[62]. Certes, nous ne disposons que de fragments, d'éléments épars de ce discours politique, que j'ai tâché de réunir dans mon analyse. Toutefois, c'est bien cette fragmentation qui prouve que la stratégie d'opposition de l'académie Dupuy s'est manifestée de façon indirecte, par une intervention forte, mais circonscrite aux milieux de la cour et de la capitale. Cette façon d'aborder la politique n'enlève rien à son efficacité, car elle vise l'essentiel. Une telle attitude n'était pas le fruit de la peur ou de l'incapacité à se confronter avec la réalité politique. Au contraire, elle était l'expression même de la culture de la république des lettres, qui était née dans les interstices du pouvoir et qui avait prospéré dans un état d'indépendance relative, grâce à la protection des princes. En tant qu'institution proche des souverains, qu'elle avait souvent inspirés, conseillés et loués, elle n'avait pas élaboré une culture de l'affrontement; en tant que communauté spirituelle supranationale et interconfessionnelle, elle avait privilégié le dialogue et la tolérance, au détriment de la polémique, de la querelle et de la rupture éclatante. Par ses origines et par son fonctionnement, l'académie Dupuy s'ins-

---

[61] FERRETTI (éd.), Lettres de Fortin de La Hoguette (voir n. 2), p. 44–45.
[62] Jacques-Auguste II de Thou, frère du »martyr«, devint l'un des chefs les plus déterminés de la révolte parisienne; il présida, en juillet 1652, la célèbre assemblée de l'hôtel de ville qui élut Broussel prévôt des marchands. Son cousin Guiberville fut à ses côtés durant toute cette période. Voir ibid., p. 69, 720–721, 840.

crivait parfaitement dans cet univers savant. Lorsqu'il y eut rupture, comme cela fut le cas avec le système du ministériat, celle-ci se manifesta avec mesure et habileté, qui étaient les signes distinctifs reconnus par les contemporains à l'action du cabinet Dupuy dans la vie politique.

Le lecteur aura observé que j'ai parlé surtout des chefs de cette académie en y incluant les autres membres comme si les premiers devaient faire la loi aux seconds. Or, il est évident qu'il s'agit d'une simplification commode, permettant de dégager le ton, l'orientation du groupe, sans se disperser dans l'analyse d'autres positions qui s'y exprimaient librement.

Cependant, il est important de rappeler qu'il y avait d'autres positions que celles des frères Dupuy, qui en effet donnaient le ton à leur cercle. J'ai évoqué le cas de Fortin de La Hoguette, mais j'aurais pu rappeler d'autres personnages aussi proches du pouvoir absolu que lui, tels Gabriel Naudé, François de La Mothe Le Vayer ou encore Nicolas Rigault, dont le soutien à la cause de Richelieu et de Mazarin a été constant au sein de la communauté, sans provoquer cependant aucune censure de la part de ses chefs. J'aurais pu également opposer aux ›partisans‹ de la cour ceux qui s'en étaient détachés, comme Guez de Balzac, dont la sévérité à l'égard du gouvernement a été de plus en plus grande à partir de 1640[63]; j'aurais pu aussi mentionner d'autres voix critiques, comme le médecin Guy Patin ou encore l'astronome Ismaël Boulliau, auteur de pages enflammées contre le gouvernement de Richelieu[64].

Mais au fond le résultat n'aurait guère changé, car l'académie Dupuy en se départageant sur les questions du pouvoir en a débattu les questions fondamentales, tout en respectant ses traditions d'échange d'idées et de liberté. Une partie de celle-ci, inspirée par les Dupuy et les de Thou, a exprimé durant les années 1640 des idées radicales que d'autres ne partageaient pas, sans pourtant les combattre, comme il convenait aux usages de cette communauté de l'›ombre‹. Au-delà de leurs idées et des théories qu'ils défendaient, le groupe retrouvait son unité sur des valeurs fondamentales comme la discrétion, la tolérance, l'écoute et le dialogue, qui avaient fait de l'académie Dupuy l'un des plus brillants foyers de la république des lettres au XVIIe siècle.

---

[63] Balzac écrivit des Carmina, qui furent recueillis et publiés par Ménage, où le cardinal était sévèrement critiqué. Voir Marc FUMAROLI, Critique et création littéraire: J.-L. Guez de Balzac et P. Corneille (1637–1645), dans: Noémi HEPP, Robert MAUZI, Claude PICHOIS, Mélanges de Littérature française: offerts à M. René Pintard, Strasbourg 1975, p. 73–89; FERRETTI (éd.), Lettres de Fortin de La Hoguette (voir n. 2), p. 71; ID., Autour de la bibliothèque du Roi (voir n. 5), p. 45–47.

[64] Pour une analyse détaillée de ces positions, voir FERRETTI (éd.), Lettres de Fortin de La Hoguette (voir n. 2), p. 45–47, 90–91; ID., Élite et peuple à Paris (voir n. 56), p. 121–122.

DINAH RIBARD

Historiographies d'un écrivain au service d'aristocrates Michel de Marolles

Le savoir historique, la capacité à comparer les usages des nations passées et présentes, la connaissance des principes qui gouvernent secrètement les choix des gouvernants (et des gouvernés), l'aptitude, également, à faciliter l'utilisation de ces données par d'autres grâce à des mises en forme adaptées à leurs besoins (recueils de pièces commentées ou non, mémoires, lettres ou traités raisonnés destinés à une circulation plus ou moins large) faisaient des lettrés du XVIIe siècle qui les possédaient des serviteurs potentiels, et souvent effectifs, du pouvoir royal et de ses agents ou d'autres puissants[1]. Grâce à ces compétences, en effet, ils étaient en mesure de fournir à ceux-ci un élément indispensable à leur constitution en acteurs politiques authentiques: des moyens de soutenir leurs droits à agir comme ils le faisaient ou envisageaient de le faire. Cette réalité sociale n'est pas un simple contexte. Élaborée pour servir, ou pour démontrer qu'on pourrait servir, ou en marge d'une vie de service, la réflexion politique de ces hommes n'observe ni ne décrit les transformations de l'exercice du pouvoir et tout ce à quoi peut renvoyer la formule de »passage à la modernité« comme le ferait une philosophie logée dans des institutions savantes.

Pour en rendre compte, l'analyse doit en outre s'ouvrir à d'autres types d'objets que les textes de réflexion immédiatement identifiables comme tels. L'usage politique que ces serviteurs lettrés faisaient de leur plume ne s'arrêtait pas aux écrits proposant ouvertement une telle réflexion, le plus souvent pour très peu de lecteurs, ni à ceux qui, à destination du plus grand nombre, visaient à l'éloge des pratiques politiques de leurs

---

[1] De nombreux travaux ont été consacrés à la dimension politique des pratiques érudites au XVIIe siècle, par exemple parmi les ouvrages et articles récents Robert DAMIEN, Bibliothèque et État. Naissance d'une raison politique dans la France du XVIIe siècle, Paris 1995; Jérôme DELATOUR, Les livres de Claude Dupuy: une bibliothèque humaniste au temps des guerres de Religion, Lyon, Paris 1998 (Mémoires et documents de l'École des chartes, 53); Miroirs de la raison d'État, dans: Cahiers du Centre de recherches historiques 20 (1998); Jean-Pierre CAVAILLÉ, Dis/simulations. Jules-César Vanini, François La Mothe Le Vayer, Gabriel Naudé, Louis Machon et Torquato Acetto. Religion, morale et politique au XVIIe siècle, Paris 2002; Robert DESCIMON, Penser librement son intolérance: le président Jacques-Auguste de Thou (1553–1617) et l'épître dédicatoire des Historiae sui temporis (1604), dans: François LECERCLE (dir.), La Liberté de penser. Hommage à Maurice Laugaa, Poitiers 2002, p. 73–86; voir également, à une plus large échelle chronologique, Étienne ANHEIM, Olivier PONCET, Fabrique des archives, fabrique de l'histoire, dans: Revue de synthèse 125/5 (2004). Pour une analyse mettant plus particulièrement en rapport compétences dans le maniement et la destination des documents et des textes et services politiques, voir Hélène FERNANDEZ, Les procès du cardinal de Richelieu. Droit, grâce et politique sous Louis le Juste, Seyssel 2010 et Nicolas SCHAPIRA, Un professionnel des lettres au XVIIe siècle. Valentin Conrart: une histoire sociale, Seyssel 2003, en particulier p. 444–452.

patrons. Pour les plus centraux d'entre eux, les plus proches du pouvoir, servir politiquement pouvait signifier entreprendre d'imposer sur la scène scripturaire la domination d'objets de discours et d'écriture – poésie, théâtre, belles-lettres en général et toute la production critique qui leur est consacrée – présentés comme détachés de tout rapport aux questions politiques. C'était là, en effet, s'employer à marginaliser d'autant les interventions sur ces questions faites au nom d'instances diverses, potentiellement critiques par la seule invocation de leur légitimité propre[2].

Le cas de Michel de Marolles (1600–1681) permet d'aborder de front la dimension indissociablement politique et sociale des rapports entre écriture historiographique destinée à soutenir des droits et autres formes d'écriture, notamment littéraire. Nombre de ses écrits, en effet, décrivent et questionnent le cours des choses politiques contemporaines à partir de leur action sur le monde social, et par conséquent sur les possibilités offertes et les voies désormais fermées aux savants et gens de lettres – fermées, tout particulièrement, du fait de l'accaparement des moyens de parvenir et des critères de jugement sur la production des autres par certains acteurs du monde des lettres. On pourrait parler ici de saisie de l'histoire politique dans son effectivité – les actions, les événements et les conjonctures – du point de vue des évolutions sociales, et des évolutions de la socialisation de l'écriture que cette histoire détermine, accompagne, ou utilise.

Il s'agit donc ici de procéder à un double déplacement. D'une part, l'observation d'un travail d'écriture et d'un travail intellectuel particulier sera préférée à une réflexion sur les instruments conceptuels, les héritages intellectuels et les idées partagés par un ensemble d'auteurs considérés comme appartenant à la »république des lettres«. D'autre part, il ne sera pas question de pensée politique, mais de politique effective; celle, d'abord, de Michel de Marolles, auteur spécialisé dans un certain type d'écriture et acteur social placé dans un certain cadre de possibilités et de contraintes. Le service informel d'une famille de grands aristocrates, en l'occurrence les Gonzague, c'est-à-dire les ducs de Nevers, et plus particulièrement de la princesse Marie de Gonzague, offrait des moyens divers de faire valoir ses compétences, mais comportait également des obligations, des impossibilités, et aussi des aléas. La politique de Michel de Marolles sera donc analysée dans et face à la politique effective des grands qu'il s'est employé à servir, et face à l'action du pouvoir politique que ses activités auprès de ses patrons lui ont permis d'observer.

C'est là sans doute la bonne échelle d'analyse pour étudier les »virtualités occultées« du travail politique au XVIIe siècle. Parce qu'il s'est fait, à partir de l'observatoire spécifique de ses propres pratiques lettrées, le commentateur et le juge de multiples évolutions et de multiples trajectoires, en particulier de celles que d'autres auteurs ont effectuées dans la proximité du pouvoir, Michel de Marolles invite à entrer dans le vaste domaine de ce qui a pu être pensé et tenté à cette époque pour employer les traces et documents laissés par le passé afin de comprendre et d'agir sur le présent – ce qui a pu être pensé et tenté en matière, pour ainsi dire, de politique de la tradition.

---

[2] Sur l'ensemble des formes du service politique des auteurs, voir Christian JOUHAUD, Les pouvoirs de la littérature. Histoire d'un paradoxe, Paris 2000.

Par cette voie, il permet aussi d'aborder le continent des perdants face à d'autres usages politiques de l'écriture, c'est-à-dire, notamment, face à la littérature.

UNE SPÉCIALISATION
LISTES, DOCUMENTS ET TRACES

Michel de Marolles, abbé de Villeloin, est aujourd'hui essentiellement connu, d'une part, comme auteur de très nombreuses traductions, en général présentées comme médiocres et comme des manifestations d'une activité brouillonne, attaquant Ovide après Lucrèce et Lucain, et le Cantique des Cantiques après Athénée[3]. Ses »Mémoires«, publiés en 1656, d'autre part, sont depuis longtemps une source de l'histoire littéraire, à l'instar de ceux de Pierre-Daniel Huet, des lettres de Chapelain ou encore des »Historiettes« de Tallemant des Réaux[4]. Marolles, en effet, n'y raconte pas seulement ce qu'il a vécu: il entremêle ce qui le concerne de récits, le plus souvent élogieux, sur un très grand nombre d'auteurs. Les figures associées à la république des lettres, au monde de l'érudition sous ses diverses formes, sont tout particulièrement représentées. Marolles parle ainsi de Gassendi, des frères Dupuy, de La Mothe Le Vayer, de Guy Patin, de Mlle de Gournay, de Sorbière et d'autres plus ou moins célèbres, comme par exemple le groupe connu (en réalité uniquement par lui) sous le nom d'»académie de Piat Maucors«, et qui réunissait dans les années 1620 un certain nombre de lettrés, dont Crosilles, Colletet et Molière d'Essertine. Témoin du monde des lettres et laudateur des doctes à l'ancienne, Marolles est le plus souvent présenté comme un second couteau envieux des réussites des hommes de lettres les plus dominants, ceux qui se sont retrouvés autour de l'Académie française à partir de 1635 et qui ont réussi à imposer leurs normes et leurs critères de jugement esthétique, notamment sur le terrain de la

---

[3] Ce jugement fait écho aux nombreux passages dénigrant Marolles dans les écrits de ses contemporains gens de lettres, notamment Huet et Chapelain, lequel écrit par exemple au premier (18 février 1662): »Ce serait un bon homme s'il n'était point si cupide de gloire et si jaloux de tous ceux qui en ont acquis par leurs ouvrages, surtout en fait de traductions. Celles de M. d'Ablancourt l'ont mis à la mort. Il l'attaqua ridiculement et à sa mode sur César et le combat eût eu une fâcheuse suite pour lui si Mr de Laon [César d'Estrées] qui l'aime ou par accoutumance ou par pitié, n'y fût pas venu mettre les holas. Jamais homme n'a plus brouillé de papier que lui, ni fait perdre plus d'argent aux simples qui, prévenus de sa qualité et conseillés par leur faiblesse, s'imaginent qu'il traduit bien parce qu'il traduit beaucoup. Cependant outre qu'il parle assez souvent mal français, et qu'il n'a guère les fondements de notre langue, il est tout à fait aveugle dans les anciennes [...]. Jamais homme n'envisagea moins la vérité, n'entendit moins les auteurs pour peu qu'ils soient difficiles, ne crut moins important de les rendre fidèlement, ni ne distingua moins les termes [...]. Avec tout cela, aucun n'eut jamais plus cette démangeaison, ce scribendi cacoethes du satyrique [...]. Tenez à bonheur de n'être pas à son goût«, Lettres de Jean Chapelain de l'Académie française, publ. par Philippe TAMIZEY DE LARROQUE, Paris 1880–1883, t. II, lettre CXIX, p. 207–208.
[4] Antoine ADAM, dans son Histoire de la littérature française au XVIIᵉ siècle (rééd. Paris 1997), renvoie souvent aux »Mémoires« de Marolles, qu'il traite en personnage du monde des lettres plutôt qu'en auteur, et dont il dit dans une note qu'il est »connu pour ses collections d'art, pour ses mauvaises traductions et pour ses intéressants Mémoires« (t. II, p. 11).

traduction[5]. Ainsi s'expliquerait l'amertume manifestée dans ses »Mémoires«, qui s'ouvrent, immédiatement à la suite de l'épître dédicatoire à ses amis, sur un avertissement à ceux-ci et à tous ses proches de ne pas se lancer dans l'ingrate profession des lettres.

Mais ces »Mémoires«, tout comme le »Dénombrement où se trouvent les Noms de ceux qui m'ont donné de leurs Livres, ou qui m'ont honoré extraordinairement de leur civilité«, publié à leur suite dans l'édition procurée par l'abbé Goujet en 1755 et qui, très riche, a lui aussi été beaucoup utilisé comme source par les historiens de la littérature, doivent en fait, pour être compris, être replacés au sein de pratiques d'écriture très particulières[6]. La spécialité de l'abbé de Villeloin était en effet l'établissement de listes et de dénombrements, le rangement de noms et d'objets divers dans des catégories et des ensembles de catégories, le classement et l'ordonnancement de documents et d'informations[7].

Il donnait à ces listes des formes multiples, dont la plus remarquable est sans doute celle qui apparaît, tardivement, dans un ensemble relié à la suite de ses »Métamorphoses d'Ovide«[8]. Il s'agit d'un grand nombre de listes versifiées, qui se recoupent plus ou moins, mais dont chacune est rendue autonome par une pagination différente. La première est intitulée »Le Roi, les personnes de la Cour, qui sont de la première qualité: Et quelques uns de la Noblesse, qui ont aimé les lettres, ou qui s'y sont signalés par quelques Ouvrages considérables« et comprend notamment une rubrique »Femmes de Qualité qui ont aimé les Lettres« et une liste des connétables et maréchaux de France depuis 1600, année de la naissance de Marolles. »Quelques personnes de qualité de la Robe, qui se sont signalez dans les Lettres ou par les beaux discours qu'ils ont tenus en public«, qui prend la suite, englobe de même, sous forme de rubrique rendue autonome, une liste des chanceliers, premiers présidents et grands magistrats depuis 1600 également. Viennent ensuite, en descendant l'ordre hiérarchique, »Plusieurs personnes

---

[5] Cf. Roger ZUBER, Les »belles infidèles« et la formation du goût classique, nouvelle éd., Paris 1995.

[6] Pour une analyse de ce dénombrement, voir Alain VIALA, Naissance de l'écrivain. Sociologie de la littérature à l'âge classique, Paris 1985, p. 256–264.

[7] Cette activité pourrait être rattachée à une figure connue de l'histoire culturelle, celle du collectionneur. Marolles possédait une collection de livres d'estampes, dont il publia un catalogue en 1666 (Catalogue de livres d'estampes et de figures en taille douce, avec un dénombrement des figures qui y sont contenues, Paris, F. Léonard), après avoir fait imprimer en 1655 les »Tableaux du Temple des Muses tirés du cabinet de feu Mr Favereau« annotés et commentés (Paris, Sommaville); sur ces »Tableaux«, voir Déborah BLOCKER, Instituer un »art«. Politique du théâtre dans la France du premier XVIIe siècle, chap. I, Paris 2009. Ces publications suffisent à montrer que l'image d'amateurisme aristocratique attachée à la figure du collectionneur ne correspond pas aux pratiques de l'abbé, qui annonce à la fin du »Catalogue« de 1666 la parution prochaine – elle n'aura en fait jamais lieu – d'une grande histoire de tous les peintres et artisans spécialisés dans les arts décoratifs de son temps. Elle ne correspond pas non plus, comme on le verra, au portrait de travailleur qu'il trace de lui-même.

[8] Métamorphoses d'Ovide; comprises en quatre vers pour chaque Fable des quinze livres de cet Ouvrage, ou plutôt pour leur servir d'Argument, afin de les mettre, si l'on veut, au dessous des Figures que l'on a faites en divers temps sur ce sujet, par M. de MAROLLES, abbé de Villeloin, Paris, Jacques Langlois, 1677.

de lettres de diverse Profession«, avec un commentaire qui éclaire la démarche de Marolles:

Ce n'est donc que de ceux-là de qui je veux parler dans cette Partie, c'est-à-dire de ceux que j'ai connus, ou qui ont vécu de mon temps, desquels la Réputation a été considérable, soit en Théologie et en Jurisprudence, soit en Philosophie, en Médecine & dans les Mathématiques, soit dans les Lettres Humaines, où sont compris les Orateurs, les Historiens, les Poëtes, & quelques autres vertueux de divers pays, au sujet desquels on ne gardera point d'ordre, parce qu'il serait comme impossible, à cause de la multitude, n'ayant aussi pu parler de tant d'honnêtes Gens, qu'à mesure que leurs noms se sont présentés à ma mémoire[9].

Cette liste de savants et auteurs célèbres, organisée comme les précédentes autour du regard de Marolles, est donc une autre forme de ses »Mémoires«. Elle propose aussi, plus explicitement encore que les »Mémoires«, une sorte d'histoire immédiate ou de monument vrai du monde des lettres du XVIIe siècle dans sa diversité, de même que »Quelques personnes de qualité de la Robe, qui se sont signalez dans les Lettres ou par les beaux discours qu'ils ont tenus en public«, par exemple, vise à fixer le souvenir de compétences dont l'importance sociale n'assure pourtant pas, aux yeux de Marolles, la pérennisation. Face au temps qui ronge les réputations et enfouit dans l'oubli les actes qui démontraient un mérite, la constitution de listes et de tableaux d'honneur est pour leur auteur une manière de mettre par l'écriture sa vie – c'est-à-dire un ensemble de choses vues – au service de la vérité du présent. Ce service ne s'arrête d'ailleurs pas à ce que la seule mémoire de Marolles a enregistré: à plusieurs reprises, il signale qu'il a eu recours à des documents fournis par d'autres pour nourrir ses poèmes.

Les textes reliés avec les »Métamorphoses« comprennent encore une description de Paris, toujours versifiée, avec différentes sections sur l'université, sur les professeurs du roi, sur les bibliothèques parisiennes, l'Académie française, les académies d'équitation et l'Académie des sciences; une liste très longue des couvents, monastères et religieux célèbres, en particulier par ce qu'ils ont écrit; enfin un »Livre des peintres et graveurs«, où il est aussi question d'orfèvres et de maîtres-écrivains auteurs de livres sur leurs techniques, et qui débouche sur un dénombrement de »Toutes les choses imaginables qui peuvent être regardées comme les véritables objets de la Peinture«. Un autre ensemble de quatrains concerne l'histoire de la famille de Marolles. L'abbé insiste sur le déclassement qui a atteint cette famille de nobles tourangeaux, dont il s'est pourtant employé à montrer dans différents écrits l'ancienneté, les actes de bravoure – en particulier ceux de son père, qu'il raconte à plusieurs reprises dans ses »Mémoires«, notamment sous la forme d'une conversation rapportée – et les prestigieuses alliances. Les vers brodent sur l'idée que la noblesse est toujours menacée d'oubli et d'évanouissement:

Nous étions des Troyens, nous eûmes de la gloire:
Je le veux croire ainsi: mais que sont devenus
Les grands biens dont les gens se trouvent soutenus?
Nous ont-ils trop chargés, si quelqu'un le peut croire?

---

[9] Plusieurs personnes de lettres de diverse Profession, p. 1.

[...]
Mais à quoi sert cela, ni tant de témoignages
Que l'Histoire fournit? Tous ces jours sont passés,
Et nos faits dans l'oubli se trouvent effacés;
Cherchons en quelque lieu de l'ombre & des nuages
[...]
Où j'étais écouté, l'on entend des flatteurs:
Il se faut retirer de peur d'être menteurs[10].

La faiblesse des témoignages de l'histoire en face des fondements effectifs de la puissance sociale se dit ici au cœur même d'une écriture qui vise à rassembler ces témoignages pour permettre que justice soit rendue aux gloires passées (ou destinées à passer). Reste que Marolles n'en poursuit pas moins dans ces vers publiés en 1677, sous une autre forme et sans illusion, l'un des aspects de l'entreprise des »Mémoires« de 1656, où la généalogie de sa famille occupe un très grand nombre de pages: il rassemble des traces et des récits établissant une filiation honorable, mettant ainsi au service de sa propre famille ses compétences dans le domaine de la généalogie.

Car si l'abbé de Villeloin s'est construit comme spécialiste du travail de mise en ordre et en écriture de ce qui mérite d'être retenu d'une période, c'est à partir d'une très intense activité de recherche – sur commande la plupart du temps – des titres et des histoires des familles ou de certaines institutions, comme les abbayes. Il l'a notamment fait pour le compte de familles nobles de sa province, la Touraine, mais surtout pour celui de la famille de Gonzague[11], dont il publie la généalogie à la fin de ses »Mémoires«[12]. C'était là une production de prestige probablement destinée à circuler, comme le marque sa republication par Gomberville, au début des volumineux et très ambitieux »Mémoires du Duc de Nevers«[13]. C'est pourquoi sans doute Marolles la revendique

---

[10] La Famille de Marolles; qui est celle de l'Auteur de cet écrit & de tant d'autres qu'il a faits jusqu'ici en Prose & en Vers (p. 1–8), p. 7.

[11] Sur ces pratiques, voir Michel NASSIET, La généalogie entre discours oral et écrit (XVe–XVIe siècle) dans: La généalogie entre science et passion. Actes du CXX^e congrès des sociétés historiques et scientifiques. Section anthropologie et ethnologie françaises, Paris, 1997, p. 207–219, en particulier p. 214, qui évoque leur évolution au XVIIe siècle: »Une seconde étape consista à écrire non seulement sa propre généalogie, mais aussi celle des familles nobles voisines [...]. La généalogie devint à la fois un plaisir d'érudit et un genre savant. Dans les provinces, des érudits renommés se firent ouvrir les archives des abbayes et des châteaux et échangèrent des correspondances [...]. Une troisième étape fut l'imprimé. On imprima de volumineuses généalogies des lignages les plus éminents dès la fin du XVIe siècle, puis des recueils de généalogies par province; cette production imprimée se multiplia à partir des décennies 1620–1630«.

[12] Elle y forme une rubrique à part, sous l'intitulé »Origine de la très illustre & très ancienne Maison de Gonzague, d'où sont descendus les Ducs de Mantoue«.

[13] À la fin de sa préface aux documents qu'il rassemble sous le titre de »Mémoires«, Gomberville écrit: »J'ai cru qu'il ne serait pas mal de mettre à l'entrée, la Généalogie de l'Illustre maison de Mantoue [...]. Je me suis pour cela servi du travail de M. de Marolles Abbé de Villeloin, qui par sa générosité digne de sa naissance, & de ses autres belles qualités, a trouvé bon que je m'en servisse comme du mien propre, Les Mémoires de Monsieur le Duc de Nevers, Prince de Mantoue, Pair de France, Gouverneur et Lieutenant Général pour les Rois Charles IX, Henri III

dès la page de titre de ses »Mémoires«, qui proclame qu'ils contiennent »ce qu'il a vu de plus remarquable en sa vie, depuis l'année 1600, ses entretiens avec les plus savants hommes de ce temps et la Généalogie de quelques familles alliées dans la sienne, avec une brève description de la très illustre Maison de Mantoue et de Nevers«. La composition de ce titre, qui place au même niveau cette généalogie d'une maison princière, celle de sa famille et ses propres souvenirs porteurs d'un certain prestige est pourtant curieuse. Plus encore qu'une opération de promotion familiale et personnelle, on peut voir là une sorte de formalisation par Marolles de sa spécialisation dans le rassemblement des éléments et des titres qui, issus d'un passé proche ou lointain, donnent droit à la reconnaissance et à la remémoration. En mettant en avant sa propre noblesse, il affiche que cette compétence n'est pas celle d'un érudit besogneux inscrit dans des rapports mercenaires avec les puissants – comme on le verra, il y a là une forme d'ajustement à l'état de ses relations avec les Gonzague à ce moment-là –, mais celle d'une personnalité singulière, définie par un savoir unique constitué tout au long de sa vie et par une sensibilité particulière à l'histoire.

Entre 1656 et 1677, les effets marginalisants de cette spécialisation (et des possibilités de l'exercer qui sont celles de Marolles) dans le monde des auteurs imprimés se sont manifestement accentués. Les écrits de 1677 ne sont plus des généalogies ou des inventaires de titres concernant les familles nobles ou les maisons religieuses, répondant à des commandes et destinés à des usages sociaux ou politiques spécifiques. Les listes de professeurs, de peintres, d'orfèvres, de moines écrivains ou de lieux de savoir parisiens méritant selon Marolles inscription dans le souvenir n'ont pas ces débouchés; or elles trouvent manifestement peu d'écho du côté de ceux qui pourraient les lire ou les donner à lire comme des ouvrages de belles-lettres. Marolles rapporte ainsi des critiques qui lui ont été faites, et qui montrent que ces écrits, pourtant en vers, n'apparaissaient pas comme de la poésie, mais passaient pour un pur exercice. D'ailleurs, il a manifestement eu des difficultés à les faire publier. De même que le »Dénombrement« recueilli par l'abbé Goujet à la suite des »Mémoires« ne s'y trouvait pas au départ, mais n'était pas non plus un ouvrage séparé – il était relié à la suite d'une édition des »Tristes« d'Ovide –, les listes d'éloges qu'on trouve à la suite des »Métamorphoses« n'ont pas été imprimées séparément[14]. Confronté au rejet des libraires, dont il se plaint

---

et Henri IV en diverses Provinces de ce Royaume, enrichis de plusieurs pièces du temps«, Première partie, Paris, Louis Billaine, 1665. Préface, n. p.

[14] Dans une note d'une de ses traductions de Virgile, publiée en 1673, il évoque encore son projet d'une histoire générale des artistes, qui demeurera inédite. Il s'agit selon lui d'une »histoire très ample des peintres, sculpteurs, graveurs, architectes, ingénieurs, maîtres écrivains, orfèvres, menuisiers, brodeurs, jardiniers et autres artisans industrieux, où il est fait mention de plus de dix mille personnes, [...] avec une description exacte et naïve des plus belles estampes, ou de celles qui peuvent servir à donner beaucoup de connaissances qui seraient ignorées sans cela, pour faire plusieurs volumes«. Cet ouvrage est, écrit-il, »tout prêt à mettre en lumière, pourvu qu'il y ait la conduite, parce que les écrits et les mémoires sont encore confondus et ne peuvent être remis en l'ordre qu'ils doivent tenir que par lui seul« (cité dans la préface au Livre des peintres et graveurs, éd. G. Duplessis, Paris, Paul Daffis, Bibliothèque elzévirienne, 1872, p. VI).

beaucoup, il a donc entrepris de faire relier ces textes avec ceux de ses livres qu'il est parvenu à faire publier – essentiellement ses traductions. Mais cela ne veut pas dire qu'ils lui aient semblé moins importants que son travail de traducteur, qui apparaît désormais comme son activité principale aux yeux des historiens de la littérature dans leur diversité, d'Antoine Adam à Roger Zuber, aussi bien qu'à ceux d'un historien du champ littéraire comme Alain Viala[15].

Au contraire, la production écrite dont il parle le plus longuement dans ses »Mémoires« s'inscrit dans la spécialisation qui vient d'être décrite. Il s'agit de l'inventaire (distinct de la généalogie de la maison de Gonzague-Mantoue) des titres du duché de Nevers, effectué à Nevers sur commission de la princesse Marie de Gonzague en 1638–1639[16]. Le récit, long et curieux, insiste sur son grand labeur:

> Ce fut en ce même temps, que m'étant offert de travailler à faire un inventaire général de tous les titres de la maison de Nevers, espérant d'ailleurs que j'y trouverais beaucoup de belles choses pour les curiosités de l'Histoire, je reçus avec joie la commission que m'en donnèrent mes Dames les Princesses de Mantoue[17]: & m'étant rendu à Nevers sur la fin de cette Septembre, je fis enregistrer cette commission dans la Chambre des Comptes[18], après plusieurs contestations de Messieurs les Officiers, qui ne voulaient pas que d'autres qu'eux prissent connaissance des titres du Trésor; mais enfin il fallut céder à une puissance majeure: & ayant fait venir, pour m'aider dans ce grand labeur les gens qu'il me fallait, entre lesquels se trouva le Prieur de mon Abbaye de Baugerais, dont j'ai tantôt parlé, je commençai le Lundi quatrième jour d'Octobre, & je m'appliquai à cet ouvrage quatre ou cinq mois durant, avec tant d'assiduité, que j'en vins à bout, ayant sans mentir dicté les extraits, & marqué de ma main plus de 19 mille titres, rédigés en six gros volumes, avec les tables, d'une invention toute nouvelle; ce que j'aurais de la peine à croire d'un autre, si je n'en avais moi-même fait l'expérience, & si je ne voyais encore entre mes mains les marques d'un labeur si prodigieux, pour la seule satisfaction de ma curiosité, quoiqu'il a bien pu servir à des choses plus importantes.
> Il n'y a pas un titre qui n'ait son date, & sa côte toute particulière, selon le chiffre Romain, marqué sur le dos [...]. Dès le premier mois j'expédiai de cette sorte les titres de cinquante-deux layettes[19], où il s'en est trouvé jusques à 3087 dont l'inventaire compose un volume de 893 pages. Le second volume de 950 pages, commencé le 4ᵉ jour de Novembre 1638 & fini le Samedi quatrième jour de Décembre, contient l'inventaire de 5000 titres. Le Troisième de 800, fini le 12 de

---

[15] VIALA, Naissance de l'écrivain (voir n. 6), p. 256–257.
[16] Cet inventaire a été partiellement publié au XIXᵉ siècle par un historien de Nevers, qui indique que le manuscrit de Marolles contient les documents les plus importants pour l'histoire de la province (»Inventaire des titres de Nevers de l'abbé de Marolles«, publié et annoté par le Comte de Soultrait, Publication de la Société nivernaise, Nevers, Paulin Fay, 1873). Soultrait a remarqué l'insistance de l'abbé sur le »labeur« représenté par une telle entreprise.
[17] Marie et Anne de Gonzague, restées en France, agissaient alors comme duchesses de Nevers, tandis que leur neveu Charles, duc en titre, avait pris la succession de son grand-père comme souverain de Mantoue.
[18] Le duché-pairie de Nevers possédait ses propres institutions: un bailliage-pairie, une maîtrise des eaux et forêts et une chambre des comptes, pièce centrale de l'administration ducale. Les officiers de la chambre des comptes avaient la responsabilité de l'ensemble des revenus du duché; l'inventaire des titres de celui-ci (qui se trouvaient dans leurs archives) les concernait donc au premier chef, d'où leur réticence à enregistrer la commission d'un étranger comme Marolles (cf. Katie BRZUSTOWSKI, Les institutions et les officiers du duché-pairie du Nivernais, thèse de l'École des chartes 1997, consultable aux archives départementales de la Nièvre).
[19] Une layette est un sac contenant des pièces et documents.

Janvier 1639, contient l'inventaire de 4500 titres. Le quatrième de 800 pages, achevé à la fin de Février, contient l'inventaire de plus de 4000 titres. Ainsi je ne fus pas plus de cinq mois à faire les extraits de tous ces titres, qui étaient dans la Chambre des Comptes de Nevers, réservant le reste qui était dans le grand cabinet du Château, à une autre fois, aussi bien que les titres qui étaient à Paris, comme nous dirons tantôt[20].

Cependant j'en fis copier tout du long plusieurs des principaux, dont j'ai fait quelques volumes à part: & cinq jours avant Noël, afin de satisfaire pleinement à ma curiosité, je descendis dans les caves où sont les Sépultures de plusieurs Comtes, Ducs, & Princes de la maison de Nevers, pour en remarquer les inscriptions & la disposition [...] ayant achevé ce que j'avais entrepris, je revins à Paris, où Madame la Princesse Marie me donna un logement dans son Hôtel de Nevers, & me sut gré de mon travail. Je lui dis pourtant qu'il n'était pas encore en sa perfection, qu'il fallait voir les titres du grand cabinet, & ceux du Trésor de Nevers, où il y en avait sans doute de considérables, & que les uns & les autres auraient besoin d'une table générale, qu'il fallait faire à loisir, pour les rendre utiles, & pour les trouver facilement. Elle me pria d'en prendre donc la peine, & qu'après cela elle en ferait faire deux copies, l'une pour laisser dans la Chambre des Comptes à Nevers, & l'autre pour mettre entre les mains de M. de Montholon, Intendant de sa maison.

L'affection que j'ai toujours eue pour cette Princesse, ne m'a rien fait trouver de difficile ni d'ennuyeux, où il s'agissait de son service, & puis j'étais bien aise d'avancer toujours dans ma curiosité, pour y faire de nouvelles conquêtes, quand l'occasion s'en offrait[21].

Marolles met ici en avant une double identité intellectuelle: celle du curieux du passé qui descend dans les caves regarder les tombeaux des grands et se réjouit de trouver dans les archives »beaucoup de belles choses pour les curiosités de l'Histoire«, qu'on a déjà vue, et celle d'un gros travailleur au service d'une princesse qu'il affectionne, et à qui son inventaire va pour servir pour des »choses plus importantes«, c'est-à-dire à soutenir des droits. Cette insistance sur le labeur accompli est intéressante, notamment en ce qu'elle s'accompagne du choix de signaler qu'il emploie des gens pour l'aider, et même d'en nommer un, ce qui est tout à fait exceptionnel à l'époque; parler de travail fait ainsi apparaître les secrétaires chargés de copier les extraits. Ce trait est d'ailleurs caractéristique de Marolles, qui mentionne toujours l'existence, et quelquefois les noms de ceux, même artisans, qui coopèrent à une activité noble – il évoque par exemple à l'occasion les apothicaires qui le soignent aussi bien que les médecins – et précise toujours quand il fait écrire plutôt qu'il n'écrit lui-même[22]. Cette spécificité, qui touche à la manière dont il conçoit l'enregistrement de la vérité historique du présent, est intéressante dans la perspective d'une réflexion sur les pratiques effectives de ce qu'on appelle la »république des lettres«.

Une autre chose est à remarquer ici: Marolles dit qu'il »s'est offert« pour faire cet inventaire. La formule signale une initiative de sa part, plutôt qu'une commande di-

---

[20] Les Ducs de Nevers possédaient un hôtel à Paris (l'hôtel de Nevers), où se réunissait leur conseil, lui aussi producteur de documents (les conseils des princes exerçaient, à une échelle réduite, des fonctions parentes de celle du Conseil du roi).

[21] Michel DE MAROLLES, abbé de Villeloin, Mémoires, Paris, Sommaville 1656, p. 115–119. Les »Mémoires« reviennent à deux reprises sur cet inventaire, qui semble véritablement achevé en 1640, voire en 1641, après examen des titres du grand cabinet et du trésor de Nevers.

[22] Il indique par exemple, dans les passages consacrés à sa formation, qu'il faisait écrire les cours dont il avait besoin sous tel ou tel professeur.

recte, et invite à éclairer le cadre social de ses activités, qui permettra de mieux comprendre sa politique de l'écriture[23].

ÉCRIRE POUR LES GONZAGUE

Marolles n'a jamais eu de position officielle chez les Gonzague. Il est le fils d'un homme qui, après avoir combattu pour la Ligue, s'être rallié à l'armée royale et y avoir obtenu des commandements, fut engagé pour être le gouverneur d'un, puis des deux fils du duc Charles Ier, père de Marie et Anne de Gonzague, mais qui ne devait pas être appelé à Mantoue quand le duc partit pour en devenir le souverain, en 1627[24]. Michel de Marolles, placé par son père auprès des enfants Gonzague, évoque dans ses »Mémoires« plusieurs types de services lettrés accomplis dans cette proximité: lectures en commun, composition d'ouvrages de divertissement (comédies, règles nouvelles pour le jeu de tarot...), traduction de textes latins pour Charles Ier. Cette dernière activité – Marolles raconte qu'il a traduit pour le duc de Nevers une bulle du pape, puis retrouvé son texte dans le tome XI du »Mercure français«[25] – suggère qu'il occupait dans la maison de Nevers une fonction de secrétaire informel, qui ne lui a finalement valu ni charge ni récompense après le départ de la princesse Marie en Pologne, en 1645[26]. Le récit des »Mémoires«, jalonné de plusieurs épisodes sans emploi, que Marolles désigne comme des »retraites« – celle de 1645 succède à une autre, due, au début des années 1630, à la fin de l'activité de gouverneur de son père, qui avait contraint Marolles à se retourner vers ses bénéfices ecclésiastiques, obtenus dit-il grâce au roi et non grâce à la maison de Nevers[27] –, laisse penser que le service des Gonzague n'était pas alors très profitable, peut-être en partie à cause de l'histoire hachée de cette famille entre France, Italie et Pologne.

La séquence du retour de Marolles auprès de la princesse Marie après cette première »retraite« et avant la deuxième, dans la période où elle vit entre Nevers et Paris puis s'empare des biens français de son neveu devenu à la mort de Charles Ier (1637) le souverain de Mantoue, est particulièrement instructive de ce point de vue[28]. Les »Mé-

---

[23] Sur les Nevers comme patrons, voir Robert DESCIMON, Les ducs de Nevers au temps de Blaise de Vigenère ou la puissance de faire des hommes puissants, dans: Blaise de Vigenère, poète et mythographe au temps d'Henri III (Cahiers V. L. Saulnier, 11), Paris 1994, p. 13–37.

[24] Les conflits qui s'ensuivirent ne permirent à Charles Ier de monter effectivement sur le trône qu'en 1631.

[25] Cette publication rassemblait et réutilisait au service du pouvoir royal des textes divers: on voit ici que des lettrés pourraient se retrouver sans le vouloir, *via* leurs patrons probablement, fournisseurs de tels textes.

[26] Le dernier service qu'il raconte avoir rendu est d'avoir assuré la communication avec les ambassadeurs polonais – qui parlaient latin – au moment du mariage de la princesse Marie avec le roi de Pologne.

[27] C'est à ce moment-là qu'il s'était mis à rassembler des titres d'abbayes, en commençant par les siennes.

[28] Sur les ducs de Nevers, voir André LEGUAI et Jean-Bernard CHARRIER (dir.), L'histoire du Nivernais, Dijon 1999; voir aussi Robert R. HARDING, Anatomy of a Power Elite. The Provin-

moires« disent seulement qu'il est allé rendre ses respects à la princesse lors d'un passage à Nevers, en 1636; on peut penser qu'il a saisi l'occasion d'un moment où il s'agissait pour elle de consolider une position délicate pour lui offrir à nouveau ses services. Ceux-ci sont d'abord, là encore, de l'ordre d'une contribution au prestige, c'est-à-dire au renforcement de la stature princière de Marie de Gonzague. Les »Mémoires« évoquent des lectures, des conversations réglées entre hommes de lettres et savants de son entourage, des jeux et des fêtes, toutes activités dans lesquelles Marolles se montre très investi: sans doute s'agissait-il là, en accord avec la volonté affichée par sa patronne d'agir comme duchesse de Nevers en titre, de mettre en scène une figure de princesse protectrice des lettres et des arts, animatrice et centre de ce qui est ainsi constitué comme une cour[29]. Celle-ci était rendue remarquable par des attractions comme le poète-menuisier Adam Billaut, que Marolles aide alors à se faire connaître à Paris – c'est-à-dire à répandre dans la capitale la réputation de la princesse Marie[30].

Mais Marolles n'offre pas que ce genre de services, puisque c'est à ce moment qu'il entreprend de rédiger l'inventaire des titres de Nevers, c'est-à-dire de rassembler un savoir et des preuves sans doute susceptibles de soutenir la position et les prétentions de la princesse et de sa sœur Anne, future princesse Palatine. Le début du récit des »Mémoires«, qui montre la chambre des comptes de Nevers réticente à enregistrer sa commission, renvoie à une opposition structurelle entre les officiers des ducs à Nevers et leurs serviteurs à Paris. L'action de Marolles s'insère dans cette configuration, mais sans doute aussi la court-circuite, puisqu'il s'agit de l'action informelle d'un homme de lettres sans titre particulier. On peut noter que les »Mémoires« passent immédiatement du récit de cette action à deux épisodes enchaînés qui montrent les différents bénéfices qu'il pouvait retirer de ce genre d'action informelle justifiant sa présence auprès de la princesse: il la suit à la cour, où il est, dit-il, reconnu et salué d'un signe de tête par Richelieu; il sert d'intermédiaire dans sa maison, permettant par exemple à un homme qu'il a connu dans l'entourage de Gaston d'Orléans de devenir son écuyer[31].

---

cial Governors of Early Modern France, New Haven, London 1978, en particulier p. 143–149, p. 177–179 et p. 182–188; DESCIMON, Les ducs de Nevers au temps de Blaise de Vigenère (voir n. 23); Ariane BOLTANSKI, Le pouvoir en partage. Les litiges entre le duc de Nevers et le gouvernement monarchique (1614–1617), dans: Revue d'histoire moderne et contemporaine 46/1 (1999), p. 117–145.

[29] De cette volonté témoigne l'organisation d'une entrée solennelle en forme (29 mai 1639) après que Marie de Gonzague a obtenu le gouvernement du Nivernais qui revenait traditionnellement aux ducs (1637).

[30] Sur Adam Billaut, qui publie en 1644 ses »Chevilles«, avec une préface de Marolles et un très volumineux ensemble de pièces rédigées par les poètes les plus célèbres du temps, voir Giovanni DOTOLI, Littérature populaire et groupe dominant. Évasion et contre-évasion chez A. Billaut, dans: ID., Littérature et société en France au XVIIe siècle, Paris 1987, p. 187–225; je me permets également de renvoyer à Dinah RIBARD, De la pratique à l'événement: la poésie ouvrière et ses acteurs, dans: Revue d'histoire du XIXe siècle 32 (2006), p. 79–91.

[31] »Elle me fit encore un honneur à quoi je ne m'attendais pas; ce fut que son premier Ecuyer [...] ayant obtenu un gouvernement à sa recommandation, elle me dit qu'elle en voulait avoir un autre de ma main, & qu'elle était persuadée que ceux de notre Province étaient honnêtes gens, en quoi je vis bien qu'elle me voulait gratifier. Je lui rendis grâces d'une opinion si avanta-

L'homme de lettres apparaît ici clairement sous son aspect de domestique de grande maison – Marolles raconte peu après comment il s'est efforcé d'être le premier à annoncer à la princesse la naissance du futur Louis XIV, mais a été pris de vitesse par d'autres domestiques – rendant des services divers qui lui permettent de devenir, à son échelle, une sorte de patron.

Une autre remarque peut être faite à propos de l'inventaire des titres de Nevers. Il s'agissait là d'un projet récurrent dans le cadre des institutions du duché. L'histoire commence au XVIe siècle avec Guy Coquille, célèbre juriste et officier de la chambre des comptes de Nevers. En 1629, le procureur général au domaine, Erard Bardin, avait à son tour été chargé de faire cet inventaire et ne l'avait jamais vraiment mené à bien. L'action de ce personnage montre l'intérêt que pouvait représenter le fait de confier le projet à un étranger comme Marolles. Bardin, membre comme la plupart des officiers de Nevers d'une lignée qui occupait cette charge de père en fils, avait en effet tardé à rendre les documents qu'il était chargé d'inventorier, et devait s'emparer à nouveau de certains d'entre eux en 1656; en 1660, il ne les avait toujours pas rendus, et on sait que son fils et successeur les avait encore en sa possession après sa propre entrée en charge[32]. Les conflits autour de ces documents étaient donc aigus, et leur appropriation par les serviteurs des ducs pour leurs intérêts familiaux toujours à craindre.

On pourrait donc dire que Marolles a trouvé dans cette écriture pour la maison de Gonzague un moyen d'investir ses compétences et les particularités de sa position d'homme de lettres sans fonction officielle à un moment spécifique de l'histoire du duché de Nevers aussi bien qu'à un moment spécifique de la carrière de la princesse Marie. Cet investissement dans l'historiographie aristocratique a été reconnu par une réputation construite et véhiculée par les autres auteurs liés à la princesse et aux Gonzague, d'Adam Billaut, qui insère dans ses »Chevilles« un sonnet célébrant l'homme qui travaille dans »mille cahiers« à l'exhumation d'un noble passé[33], à Marin de Gom-

---

geuse, & je pris la liberté de lui dire que je connaissais un Gentilhomme de Languedoc, qui en valait beaucoup d'autres qu'on lui pourrait nommer [...]. Elle le voulut voir, je le lui amenai le lendemain [...]. Cependant Madame la Princesse Marie ne faisait pas beaucoup de visites considérables que je n'eusse l'honneur de l'y accompagner, parce qu'elle me l'ordonnait ainsi; & surtout, quand elle allait à S. Germain en Laye, où était la Cour: & Monseigneur le Cardinal de Richelieu ne m'y voyait guère, qu'il ne me fît quelque signe de la tête pour me gratifier«, MAROLLES, Mémoires (voir n. 21), p. 119.

[32] Ce fils sera plus tard chassé pour malversations par le duc de Mazarin, héritier du cardinal qui avait acheté le duché de Nevers à Charles II en 1659; l'appropriation d'Erard Bardin apparaît en 1660, à l'occasion d'un récolement des archives à la suite de cette vente (AD Nièvre 3B10–11); voir BRZUSTOWSKI, Les Institutions et les officiers (voir n. 18), p. 129–136, qui signale une autre tentative de commission pour réaliser l'inventaire des titres de Nevers (en 1634), aussitôt contrée par la chambre des comptes.

[33] Il s'agit d'un »Sonnet acrostiche« à »Monsieur de Marolles, Abbé de Villeloing«: »Merveille des esprits dont la féconde plume / Jamais ne se repose, & d'un vol sans pareil, / Composant tous les jours la beauté d'un Volume, / Honore l'Univers à l'égal du Soleil. / Entre tous ces savants qui du Dieu du sommeil / Laissent aux demis morts son oisive coutume, / De leurs traits plus divins l'immortel appareil / Egale-t-il l'ardeur du beau feu qui t'allume? / Mille cahiers divers sont autant de témoins, / Avec qui ton savoir d'infatigables soins, / Relève des défunts la

berville. Mais en dehors du service de ses patrons, et en particulier dans le monde des lettres, il ne garantissait pas une position. De là peut-être dans les »Mémoires«, postérieurs au départ de Marie de Gonzague et à la fin de ce service, l'insistance sur les »curiosités de l'histoire« qui auraient motivé son travail autant et plus que le service de la princesse. Le récit montre Marolles faisant copier pour lui-même une partie des titres qu'il inventoriait, ce qui le pose en historien ou du moins en amateur d'histoire. Il insiste d'ailleurs beaucoup sur ses relations avec André Duchesne, l'historiographe, à qui, dit-il, il avait prêté certaines de ces copies, que Duchesne avait lui-même fait recopier en partie juste avant de mourir subitement. Quoi qu'il en ait été de ses projets vers 1638–1640, on peut voir là une tentative du Marolles de 1656 pour se faire connaître ou reconnaître comme historien, pas seulement comme traducteur, alors qu'après 1645 il s'est mis à faire paraître une succession de traductions, c'est-à-dire à s'investir dans un type d'écriture demandé par les libraires[34].

Les »Mémoires« peuvent en effet être compris comme une forme de reconstitution de sa trajectoire pour en faire une trajectoire d'auteur érudit professionnel – lui qui a finalement peu publié dans la période où son écriture était essentiellement une écriture de service. Il s'y présente d'emblée comme consacré depuis sa jeunesse à la profession des lettres. L'opération consiste à ressaisir sa propre histoire, à un moment où il n'est plus dans une position de service domestique, pour se poser en homme à qui un parcours particulier a permis de voir et de connaître beaucoup plus de gens et de situations que tous les autres auteurs, à la cour et dans le grand monde – il insiste sur son extraction noble et propose une image de sa relation avec la princesse Marie qui en fait une relation d'affection presque familière née dès leur jeunesse à tous deux – aussi bien que dans le monde des lettres. L'écriture des »Mémoires« réinvestit ainsi une période et une situation dont Marolles montre qu'elles ne lui ont pas permis de consolider une position sociale fragilisée dès le départ par son père, pour en faire autre chose. Elles lui servent en effet à se produire comme un intellectuel dont l'histoire hachée et l'absence de statut – homme d'Église mais non docteur, Marolles ne se présente pas comme écrivant en vertu d'un statut dans l'Église, même lorsqu'il raconte son entreprise de traduction des psaumes ou du Nouveau Testament – ont fait un témoin privilégié et même exceptionnel de l'histoire de son temps, aussi bien qu'un connaisseur du passé.

---

mémoire abattue. / On te voit tous les jours d'un prodige nouveau, / Lever à ton renom une vive statue / En tirant un Héros de la nuit du Tombeau, Les Chevilles de Maître Adam Menuisier de Nevers«, Paris, Toussaint Quinet, 1644, p. 290.

[34] Une autre notation de Chapelain – qui n'était pas docteur lui-même, mais qui avait su conquérir une position dans le service domestique et lettré au plus près du pouvoir politique (sur ce point, voir JOUHAUD, Les pouvoirs de la littérature [voir n. 2], p. 97–150) – contre Marolles, toujours dans une lettre à Huet, donc tard dans la carrière de l'abbé, signale quelque chose de la vulnérabilité (en terme de réputation) du savoir érudit lorsqu'il n'est pas appuyé sur des titres et qu'il n'est plus utilisé par des patrons: »Il est le maître et l'écolier de son école unique en son espèce et comme il n'a pu trouver d'université qui l'ait voulu [lacune] ni admettre dans la licence, il s'est licencié tout seul«, Lettres de Jean Chapelain, t. II, p. 212 (lettre CXX, 11 mars 1662).

VOIR, COMPARER, TÉMOIGNER

Dans ses »Mémoires« comme dans d'autres de ses écrits, Marolles insiste beaucoup sur ce qu'il a vu et sur le fait même qu'il a vu. La question du témoignage oculaire et de la confiance que chacun doit mettre en ses propres yeux face aux discours qui circulent est très importante pour lui, et elle est liée à un autre de ses thèmes récurrents, celui du combat contre la superstition, en particulier la croyance aux images miraculeuses et aux reliques. Ainsi se met-il en scène à plusieurs reprises en train de démonter une croyance superstitieuse et de désabuser des gens crédules à partir de ce que ses yeux voient[35]. Mais la vision juste doit toujours pour lui être étayée par des lectures, par un recours à l'autorité de l'écrit authentique. Ce trait doit sans doute être mis en rapport avec une autre de ses activités, qui est aussi une autre composante de l'autoportrait brossé dans les »Mémoires«: l'activité de traducteur de textes liturgiques (»L'Office de la Semaine sainte«, 1645; »Bréviaire romain«, 1659), mais aussi de la Bible elle-même, notamment les Psaumes et le Cantique des cantiques (1644), le Nouveau Testament (1649) et l'Apocalypse (1677). Selon lui, l'Écriture doit en effet être donnée à lire à tous, conception et projet qui lui valurent quelques ennuis, puisque la faculté de théologie regretta l'approbation donnée par certains de ses docteurs au Nouveau Testament de 1649 et qu'en 1671 le chancelier Séguier empêcha la parution de sa traduction de l'ancien en supprimant le privilège obtenu par Marolles[36]. L'important,

---

[35] Lors d'un voyage dans le Berry en 1639, par exemple, il raconte comment le prieur de l'église de La Châtre veut lui faire admirer un reliquaire de verre contenant trois gouttes du sang du Christ encore liquide et rouge. »Je lui dis, écrit Marolles, qu'à la vérité cela était merveilleux, mais qu'il était bon de le voir, pour en être davantage persuadé.« Le prieur accepte: »il approcha ce Reliquaire de mes yeux en plein jour. Je le considérai attentivement, & j'en remarquai, ce me semble, assez bien toutes les circonstances [...] me pressant de lui en expliquer mes sentiments, je lui dis devant le peuple & ses Confrères, pour le contenter; que les choses dont il m'avait donné tant d'assurances, pouvaient bien être; mais que je n'en avais rien vu, & que ce que j'avais remarqué dans le Reliquaire, n'était ni vermeil, ni liquide; mais qu'il était d'un tanné obscur & dur, & qu'au lieu de trois gouttes égales dont il m'avait parlé, je pensais avoir compté quatre grains mal polis de grosseurs différentes. Il s'ébahit de mon aveuglement aussi bien que tout le peuple qui était là; de sorte que pour me confondre, on fut d'avis de retirer le Reliquaire une seconde fois, & de me le faire toucher. La résolution fut assez hardie. Mais quoi que c'en soit, le Reliquaire fut confié entre mes mains; je le considérai encore plus soigneusement que la première fois, & fis voir à Messieurs les Chanoines, & à toute la Compagnie, ce qu'ils n'avaient peut-être jamais vu jusque là, & purent croire, à mon avis, qu'ils s'étaient beaucoup plus trompés que moi, qui ne laissai pas de leur débiter force choses sur ce sujet, qui ne leur déplurent pas, selon l'opinion des Docteurs les plus éclairés, qui estiment que Jésus Christ reprit tout son sang en la Résurrection [...] sur quoi je leur citai un passage du Cardinal Bellarmin écrivant sur cette matière«, MAROLLES, Mémoires (voir n. 21), p. 122–123. La vision est omniprésente dans ce récit frappant.

[36] Voir Bernard CHEDOZEAU, La Bible et la liturgie en français. L'Église tridentine et les traductions bibliques et liturgiques (1600–1789), Paris 1990, p. 109, p. 199 et p. 244. L'épître dédicatoire aux évêques de France du Nouveau Testament de 1649 se termine sur la suggestion implicite que Marolles pourrait utilement être employé par eux: »honorez de vos faveurs plusieurs savants hommes que vous pouvez rendre très utiles à votre ministère, soit en prêchant l'Evangile [...], soit en écrivant des ouvrages de doctrine & de piété, soit en mettant la paix dans l'Eglise entre les Chrétiens divisés [...]: employez pour faire une version exacte de toute

ici, est de noter que cette entreprise de traduction de textes saints et les passages sur les miracles et les reliques des »Mémoires« (qui pourraient plus simplement être renvoyés aux fréquentations »libertines« de Marolles) ne sont en fait pas sans lien avec sa spécialisation dans la rédaction de listes et d'inventaires de titres: en traduisant les Écritures, l'abbé entend mettre au jour une base certaine de la vérité, comme les inventaires et généalogies sont pour lui des bases sûres pour fonder des droits. Écrit authentique contre croyances abusives: ainsi s'explique sans doute le nombre particulièrement impressionnant d'éloges qu'il donne, dans les »Mémoires« comme dans les quatrains de 1677, au travail de Jean de Launoy contre les superstitions historiques liées au culte des saints (ou, sur un autre terrain, à la révérence envers Aristote)[37].

Dans les »Mémoires«, où, comme il a été suggéré, il essaie de ressaisir sa trajectoire sociale et professionnelle et d'en donner un récit pouvant la nimber d'un prestige puisé à des sources diverses, très probablement pour relancer sa carrière, l'abbé de Villeloin essaie donc d'en trouver ou d'en élaborer l'unité dans un certain type de rapport à la vérité historique sous toutes ses formes[38]. Ce rapport, assumé en 1677 sur un mode plus amer, se définit et se donne à voir comme travail de reconstitution écrite systématique de ce qui a été vu, connu et répertorié. Ainsi par exemple, dès les »Mémoires«, et pas seulement dans le plus explicite »Dénombrement«, lorsque Marolles fait la liste, à l'occasion de la publication de sa traduction de l'»Énéide«, d'un certain nombre de gens de lettres qu'il a connus, il donne à cette liste la forme d'un inventaire des preuves de l'existence de ses relations flatteuses avec eux, à savoir les éloges que ceux dont il parle ont insérés dans leurs ouvrages à son sujet[39]. Autre exemple de cette manière d'écrire, sur le terrain politique cette fois: son récit du premier lit de justice de Louis XIV, auquel il a pu assister grâce à la protection du marquis de Gesvres, ne se présente pas comme l'évocation d'un spectacle brillant, mais comme une description précise des positions relatives des divers acteurs de la cérémonie, qu'il essaie, dit-il, de noter le plus exactement possible[40]:

---

    la Bible des gens Doctes qui demeurent inconnus dans les solitudes, ou qui vieillissent parmi les livres sans être considérés, Le Nouveau Testament de Notre Seigneur Jésus-Christ, de la traduction de M. de Marolles«, Abbé de Villeloin, Paris, Sébastien Huré, s. d. [1649], Epître aux illustrissimes et révérendissimes Prélats de l'Eglise de France, n. p.

[37] Jean de Launoy est aussi l'un des deux docteurs qui approuvent sa traduction du Nouveau Testament en 1649.

[38] Autrement dit, ce qui était écriture de service ou écriture pour démontrer sa capacité à servir (les évêques par exemple) est ainsi ressaisi comme déploiement d'une manière propre d'écrire et de penser.

[39] MAROLLES, Mémoires (voir n. 21), p. 175–178. La fin de ce passage montre qu'il s'agit pour lui de rapporter des éloges publiés, donc consultables: »Je pourrais mettre aussi en pareil rang feu M. de Balzac, si les civilités qu'il me fit sur ce sujet [ses traductions], peu de mois avant sa mort, par une lettre fort obligeante, qu'il m'écrivit, s'étant trouvé cité avec éloges dans quelques-unes de mes remarques, étaient devenues publiques«.

[40] Ce récit occupe les p. 137–145 des »Mémoires«. Il s'agit du lit de justice destiné à annuler les dispositions du testament de Louis XIII relatives à la régence d'Anne d'Autriche.

Voilà ce que j'ai pu recueillir des choses que je vis au Palais, quand le Roi y vint tenir son premier Lit de Justice. Je ne sais si j'en aurai beaucoup oublié; mais n'étant redevable qu'à ma mémoire assez mauvaise, de ce qu'elle m'en a pu fournir, j'ai pourtant bien voulu le mettre par écrit, pour le consigner à la Postérité, parce qu'au moins il n'y a rien que de vrai, & ma propre conscience m'assure que je n'ai rien imposé[41].

La manière dont Marolles produit la vérité historique de son temps exige donc à la fois d'avoir été présent, d'avoir été spectateur de ce qui est décrit – ce que sa trajectoire de noble déclassé (selon lui) et de domestique de plume dans une grande maison lui a précisément permis de réaliser – et de posséder des compétences d'écriture particulières. Cette double spécificité constitue probablement la carte que l'abbé essaie de jouer en 1656, afin de trouver sa place en tant qu'écrivain – les »Mémoires« sont dédiés à ses amis, donc notamment à des intellectuels, plutôt qu'à un grand – dans un monde des lettres réorganisé après la disparition de Richelieu et la consolidation du pouvoir de Mazarin, et à un moment où il n'est plus dans une position de service de patrons aristocrates. Il me semble qu'il apparaît comme une sorte de médiateur par l'écriture ou de trait d'union entre le passé (notamment les grands lettrés qu'il a pu voir dans sa jeunesse) et le présent, à qui il peut proposer ses connaissances oculaires de ce qui est passé. Ce présent, c'est celui par exemple de Furetière, alors débutant, qui vient, signale-t-il, de lui dédier une de ses épîtres en vers – ce qui signifie que Marolles se présente comme une sorte de mentor ou de patron possible des jeunes écrivains[42]. Pour jouer ce rôle de médiateur, il dispose de sa propre histoire et de sa capacité d'écriture, qui lui permettent de composer une histoire vraie de son temps: c'est là sa politique d'auteur, qui n'est pas sans effet sur la manière dont il aborde la politique de ce présent qui est le sien.

Cela apparaît très clairement dans l'épisode du lit de justice de 1643[43]. Marolles, sans autre commentaire, souligne par son récit le fait que cette cérémonie a pour fonction de revenir sur les volontés de Louis XIII, et signale ce qui, dans la disposition des acteurs de la cérémonie (notamment les ecclésiastiques), ne lui a pas paru convenir aux usages anciens et à leur position authentique dans la hiérarchie du royaume. Dans le même souci du respect de cette hiérarchie traditionnelle, il souligne la qualité de gradués des universités des magistrats, selon lui fondatrice de leur dignité – ce qu'il présente comme un point discuté qu'il doit trancher[44]. Face à ces droits anciens, le récit de cette cérémonie, comme un bon nombre d'autres récits de Marolles, lui sert en fait à

---

[41] Ibid., p. 144–145.
[42] Sur Furetière analyste du monde des lettres et de la société de son temps, voir l'introduction de sa »Nouvelle allégorique, ou Histoire des derniers troubles arrivés au Royaume d'Eloquence«, éd. Mathilde BOMBART et Nicolas SCHAPIRA, Toulouse 2004.
[43] Sur cette cérémonie, cf. Sarah HANLEY, Le lit de justice des rois de France. L'idéologie constitutionnelle dans la légende, le rituel et le discours, trad. A. Charpentier, Paris 1991.
[44] MAROLLES, Mémoires (voir n. 21), p. 139. Il parle dans ce passage des robes rouges portées par les maîtres des requêtes et les avocats et procureurs du roi au parlement, en disant qu'elles sont celles des »Docteurs Jurisconsultes & les Gradués des Universités dans les Facultés des Lois: car c'est un abus de chercher ailleurs l'origine de ce noble vêtement, & qui pour cette considération-là même, est digne de respect«.

montrer comment la faveur et le cours des choses politiques, c'est-à-dire les actions des puissants (et des moins puissants) et les événements que ces actions provoquent ou auxquels elles répondent, ne cessent de produire des nouveautés; ces nouveautés, aux yeux de Marolles, sont des abus, mais il montre aussi qu'elles deviennent bel et bien la réalité et donc font l'histoire. Celle-ci lui apparaît ainsi comme un mouvement permanent de surclassements et de déclassements, de disparition des anciens droits, d'abus et de coups de force qui viennent agir sur le royaume pour le transformer, c'est-à-dire sur une société hiérarchiquement composée d'entités, de corps et de familles qui ont chacun des droits – droits qu'il défend dans un discours sur les avantages de la monarchie légitime par rapport au gouvernement despotique, publié dans la suite de ses mémoires et qui est une réponse à Sorbière[45].

Ces abus et coups de force sont à ses yeux le fait de ceux qui détiennent, accaparent ou ont accaparé le plus grand pouvoir – le pouvoir politique central –, notamment Richelieu. Mais Marolles ne se leurre pas: s'il évoque quelques libérations et quelques retours d'exil intérieur après la mort du cardinal – notamment le retour à Paris de la princesse Marie, compromise avec Cinq-Mars –, il suggère que la manière de gouverner, en réalité, ne change pas avec les ministres. Ainsi signale-t-il par exemple que le discours du président Barillon (célèbre victime de Richelieu) demandant, lors du lit de justice de 1643, que le parlement puisse faire des remontrances sur la politique passée, suscite l'hostilité des princes présents et n'est pas évoqué par le chancelier Séguier dans l'arrêt qu'il prononce à l'issue de la cérémonie. De la même manière bien qu'à une autre échelle, du côté des hommes de lettres, il peut aussi évoquer la manière dont la garde de la bibliothèque du roi a été confiée, après la mort du dernier des Dupuy, »à Monsieur l'Abbé Colbert, comme il était Prieur de Sorbonne dans la première année de sa licence, pour être Docteur de la Faculté, & mériter sans doute par son Savoir & par sa Vertu beaucoup d'autres marques de l'estime qu'en fait Son Eminence, qui peut aujourd'hui toutes choses dans l'Etat, par le crédit que son mérite & une faveur extraordinaire lui donnent auprès du Roi, dont il est le Parrain, le Favori, le premier Ministre, & était naguère le Suprême Intendant de son éducation, quand sa jeunesse en avait besoin«[46]. Ce qui est suggéré ici, c'est que le fait de donner cette charge, occupée jadis par de vrais savants et de grands hommes liés par tradition familiale aux institutions juridiques du royaume, à jeune homme qui sera sans doute un jour gradué (donc qui ne l'est pas encore), mais qui fait surtout partie de la clientèle de Mazarin, est un acte de faveur et un abus. L'accaparement du pouvoir apparaît ainsi comme ayant des conséquences sur toutes les hiérarchies légitimes héritées du passé, celles de l'esprit et des compétences savantes tout autant que les hiérarchies sociopolitiques. Poser au médiateur savant entre le passé et le présent, c'est donc pour Marolles fournir à ses

---

[45] Michel DE MAROLLES, Quatrième discours. Pour montrer que le Gouvernement Monarchique Royal est meilleur que le Gouvernement Despotique, dans: ID., Suite des Mémoires de Michel de Marolles, abbé de Villeloin. Contenant douze traités sur divers sujets curieux, Paris, Antoine de Sommaville, 1657, p. 101–112.
[46] Ibid., p. 239.

lecteurs, sans s'engager dans des commentaires explicites, des moyens de les comparer – et de les juger.

Aussi bien montre-t-il également que tous les groupes et acteurs détenteurs d'un certain pouvoir, éléments de l'ensemble articulé qui constitue le royaume, notamment ceux dans le service desquels il a construit sa propre trajectoire, les grands aristocrates et les princes (tous plus ou moins parents de la famille royale), en agissant pour défendre leurs droits face à ces abus et ces nouveautés, ne cessent eux-mêmes d'en produire d'autres. Et surtout, il suggère à de multiples reprises que cette action intéressée se solde souvent par l'oubli de ceux qui, comme lui, y ont participé en y engageant leurs compétences et leur amour des droits authentiques et de la vérité originelle du royaume de France. L'histoire dont il se constitue comme le témoin est aussi faite de cette ingratitude et de ses conséquences.

Michel de Marolles, de son propre aveu, est donc un perdant, finalement renvoyé du côté de pratiques d'écriture perçues comme archaïques et qui ne réussiront pas à trouver du service dans la nouvelle conjoncture – ce qui n'impliquait pas forcément son classement par l'histoire littéraire postérieure parmi les auteurs de second plan, n'étaient les jugements concordants des faiseurs de réputation de son temps, toujours suivis par cette histoire littéraire. Son interprétation du présent, de fait, implique de présenter comme un échec nécessaire la lutte constante, dans laquelle lui-même et d'autres se sont engagés, pour une réinscription dans ce présent des traditions passées, des vérités constitutives du royaume de France, et de tous les acteurs ayant occupé une place dans une hiérarchie qu'il s'efforce de maintenir vivante. Mais il ne faut pas confondre ce trait propre à l'écriture d'une histoire du temps présent faite de relectures successives de sa propre trajectoire avec l'inévitable destin d'un auteur situé du mauvais côté du classicisme ou de la modernité. Au contraire, il faut voir là précisément ce qui constitue les pratiques d'écriture de Marolles en politique d'écriture. Politique d'écriture et non théorie politique: ces pratiques sont d'abord un moyen d'action parmi d'autres dans le cours de son existence – incompréhensibles en dehors de toutes les autres actions par rapport auxquelles l'écriture prend sens, et en dehors des conjonctures de protection aristocratique et ministérielle que la trajectoire de l'abbé de Villeloin permet et suppose d'analyser. Mais parce qu'elles sont aussi constamment repensées et retravaillées pour devenir un analyseur de l'histoire en train de se faire, elles nous confrontent bel et bien à une politique d'écriture *politique*.

Raisons d'État
Les lettres entre secret et découverte

JEAN-PIERRE CAVAILLÉ

»Une chose bien remarquable et importante à la République des Lettres«
Gabriel Naudé et l'attribution frauduleuse de l'»Imitation de Jésus-Christ« à Jean Gersen

Strada m'a dit a moy qu'il estoit tres difficile d'estre parfait historien, voire mesme impossible parce que pour cela il ne faudroit estre ny d'aucun ordre, ny d'aucun party, ny d'aucun pays ny d'aucune Religion si faire se pouvoit. Les Catholiques Romains favorisent leur party, les moines leur ordre, chacun son pays. Si un homme pouvoit estre Athée sans offencer Dieu il seroit fort propre a descrire l'Histoire de tous les Princes qui depuis tant d'années ont miserablement brouillé toute l'Europe par leur ambition sous pretexte de Religion combien qu'ils n'y croient guerres[1].

Le syntagme »république des lettres« n'apparaît que rarement dans les textes de Naudé. Une occurrence nous a frappé, dans une lettre à Jacques Dupuy, datée de Rome le 19 février 1641[2], parce qu'elle fait apparaître toute l'ambiguïté de la position du lettré par rapport aux pouvoirs qu'il sert; dans ce texte, en effet, consacré à l'exposé de la découverte que venait de faire Naudé de la falsification du nom de l'auteur de l'»Imitation du Christ« dans des manuscrits qui lui ont été soumis, l'hétéronomie de la fonction lettrée au XVIIe siècle paraît de manière éclatante, et pourtant, dans cette relation d'étroite dépendance envers le politique, par la compétence proprement lettrée que ce service même requiert, une forme minimale d'autonomie de l'activité lettrée parvient à se déclarer dans la transmission d'informations destinées aux seuls pairs et dont la diffusion auprès de tout autre public, à commencer par celui des acteurs (des »décideurs« politiques), tout en étant nécessaire, doit être strictement limitée et contrôlée. En effet, les informations sur des matières lettrées, dès lors qu'elles mettent en jeu des conflits de pouvoir et d'intérêts – en l'occurrence entre ordres religieux –, peuvent toujours être préjudiciables à celui qui les écrit, et entre autres choses parce qu'elles sont susceptibles de compromettre le ou les »patrons« du destinateur. Mais alors, bien sûr, ce sont les pairs eux-mêmes, ceux auxquels on transmet l'information, qui sont vraiment dangereux, puisqu'ils peuvent faire, volontairement ou non, un usage indiscret des écrits qui leur sont confiés; et il est besoin de leur préciser les modalités d'usage de l'information et du texte, requérant une sourcilleuse gestion de la confidentialité. Ces instructions et avertissements sont rarement suffisants; rien n'est plus volatile que l'écrit; sans doute est-il plus précis de dire que la confidentialité de l'écrit est intrinsèquement menacée par la dynamique générale de publication dans laquelle les

---

[1] Vienne, Bibliothèque d'État, ms 7071, p. 70.
[2] Lettres de Gabriel Naudé à Jacques Dupuy (1632–1652), édition critique Phillip J. WOLFE, Edmonton 1982, p. 116.

lettrés se trouvent pris, et en particulier par le développement des publications donnant accès à un public toujours plus large à des documents internes au monde lettré (lettres semi-privées, mémoires, etc.), comme si en effet le monde lettré cherchait ainsi à produire des représentations de lui-même, au prix inévitable de la transgression des règles de confidentialité, satisfaisant ainsi un goût nouveau du public pour ces aperçus subreptices (mais le plus souvent savamment mis en scène) sur la vie lettrée. Même les auteurs qui affichent l'aristocratisme le plus prononcé, et théorisent la séparation nécessaire de l'espace privé (auquel appartient le cénacle des amis complices) et de l'espace public, sont emportés dans ce mouvement général de publication; ceux que l'on appelle les »libertins« en donnent eux-mêmes l'exemple par le choix assez fréquent de la langue vernaculaire, la recherche de l'imprimé, le désir aussi de voir éclater au grand jour du public des belles lettres les querelles et les conflits internes au monde lettré, érigeant ainsi le public en juge. D'ailleurs, Naudé rompra lui-même sa propre injonction de confidentialité dans l'affaire que l'on va évoquer, comme nous le verrons, provoquant ainsi une querelle publique par le biais de l'imprimé, doublée d'actions en justice[3]. Cette publicité, à laquelle s'exposent les auteurs à travers des publications imprimées, en latin mais aussi dans les langues vernaculaires, montre combien les lettrés cherchent à toucher un public, dont il savent pourtant qu'il est extérieur pour la plus grande part à la république des lettres telle qu'ils la considèrent *stricto sensu*, dans le cadre d'une anthropologie sociale farouchement élitaire. Mais c'est aussi, d'abord, par ce biais qu'ils commencent à constituer l'ébauche d'une autonomie sociale du champ littéraire, contre l'idéal, pourtant reconduit, d'une clôture sur soi des activités lettrées.

Mais d'abord, il faut insister d'emblée sur la difficulté, l'étroite limitation et pourtant l'existence effective de la liberté d'initiative des lettrés sous l'Ancien Régime, dans leurs propres activités, dès qu'elles touchent aux intérêts des institutions et des pouvoirs établis. C'est, nous semble-t-il, à la rencontre d'une part de ces difficultés et frustrations permanentes et d'autre part d'une aspiration à l'émancipation sociale du travail intellectuel que le syntagme »république des lettres« trouve sa place et son sens; non donc, point du tout, comme une forme d'organisation et de réglementation de la vie lettrée – une telle république des lettres n'est qu'un fantasme de l'historiographie –, mais comme une instance virtuelle invoquée dans les relations savantes, lorsqu'il s'agit d'affirmer la différence et la spécificité propres de l'activité lettrée au sein même des rapports d'assujettissement qui l'attachent aux pouvoirs civils et religieux et de tenter de faire exister une éthique propre à cette activité chaque fois qu'elle parvient, d'une façon ou d'une autre, à réaliser, fût-ce de manière inchoative ou partielle, cette autonomie. Celle-ci n'est pas une fin en soi; elle se fait au nom d'une valeur, celle de »vérité«, héritée de la philosophie et plus largement des pratiques lettrées, une valeur qui ne saurait reconnaître en tant que telle aucune sujétion sociale, et ceci alors même que les vérités particulières, dans les divers champs relevant de la compétence lettrée, ne peuvent être établies, soutenues et communiquées qu'à travers les jeux complexes de leur instrumentalisation par les acteurs sociaux.

---

[3] Voir *infra*, coda 1.

Le passage de la lettre qui nous intéresse commence par ces mots, sur lesquels on pourrait s'arrêter longtemps:

Il faut que je vous avertisse d'une chose bien remarquable et importante à la République des Lettres, mais à la charge que vous vous en servirez s'il en est de besoin sans découvrir l'arcanum academicum à cause que Eugène[4] [le cardinal Bagno] et moi en recevrions ici des reproches et que l'auteur de la fourberie aurait occasion de s'en ressentir contre nous.

Avertissement assez tortueux et ambigu: Naudé ne s'adresse pas à son interlocuteur uniquement pour l'informer d'une »fourberie« des plus intéressantes pour »la République des Lettres«, mais pour qu'il utilise cette information, cependant sans en révéler le fin mot, de nature à compromettre l'informateur et surtout son patron, le très éminent et politique cardinal de Bagno. C'est que le »fourbe« dont il va être question n'est pas le premier venu: il s'appelle Constantino Gaetani (Naudé l'appelle Cajetan), savant abbé bénédictin, auteur de deux ouvrages visant à démontrer, en se fondant notamment sur des manuscrits anciens en sa possession, que l'»Imitation du Christ« fut écrite par le bénédictin Jean Gersen, au XIIIe siècle. Le piquant et le fond de l'affaire est ce »secret académique« qui va être révélé et que le destinataire devra préserver, tout en sachant s'en prévaloir... On comprend très bien que ce secret n'est pas absolu, qu'il peut être partiellement au moins transmis, mais, précisément, comme un secret à conserver, c'est-à-dire, en clair, qu'il ne doit pas être publié; il peut circuler dans l'espace du cabinet Dupuy, et même en dehors, nous le verrons, jusqu'au cabinet de Richelieu, mais il ne doit pas sortir au grand jour, en particulier sous une forme imprimée. Naudé décrit le contexte de cette affaire, et montre quelle en est l'importance, non seulement pour la république des lettres, mais aussi et même d'abord pour Richelieu, qui venait de créer la Manufacture royale d'imprimerie au Louvre, et ambitionnait d'y développer une prestigieuse politique d'édition, et qui avait précisément choisi pour lancer l'opération l'»Imitation«, best-seller de la littérature dévotionnelle, dont le succès était entretenu par les polémiques au sujet de son auteur véritable[5].

L'abbé Constantin ou les Bénédictins de Paris à son nom avaient prié M. le Cardinal Duc que puisqu'on imprimait au Louvre le livre De imitatione avec toutes les circonspections possibles pour faire quelque chose de beau et bien entendu, il lui plût ordonner que suivant la vérité découverte par ledit Père Constantin et la foi des anciens MS, il ne fût point publié sous le nom de Thomas à Kempis mais de Joannes Gersen abbas vercellensis etc.

Richelieu ne pouvait ignorer l'existence de trois ou même quatre camps engagés dans une lutte sans merci pour l'attribution de l'ouvrage fameux: celui qui pensait démon-

---

[4] Dans sa correspondance avec les Dupuy, Naudé change systématiquement la plupart des noms de personnages importants et des lieux majeurs selon un code fixe; mesure de protection minimale en vérité, car la restitution des identités ne pose aucun problème sérieux.
[5] Selon Richelieu, l'objectif de cette imprimerie est de »Multiplier les belles publications utiles à la gloire du roi, au progrès de la religion et à l'avancement des lettres«. À noter qu'il y publie son propre ouvrage, »L'Instruction du chrétien«, l'année même où paraît l'»Imitation«.

trer la paternité de Thomas a Kempis, celui qui tenait Jean Gerson pour l'auteur et celui qui affirmait que l'œuvre était plus ancienne et sortie de la plume d'un Jean Gersen, Joannes Gersenius de Canabaco, abbé bénédictin de Vercelli au XIIIe siècle, nom souvent lu dans les manuscrits, prétendument à tort, comme celui du célèbre chancelier de l'université de Paris. Certains, enfin croyaient en la paternité de Bernard de Clairvaux, dont le nom figurait sur certains manuscrits. La querelle, déjà ancienne, mobilisait, on ne s'en étonnera guère, les ordres des religieux qui avaient un intérêt direct dans l'affaire: en particulier les chanoines réguliers de Saint-Augustin, engagés pour leur condisciple Thomas a Kempis, et les bénédictins, tenants de Jean Gersen pour la même raison. Mais, à la différence des précédentes, il faut bien dire tout de suite que cette attribution était nouvelle, qu'elle avait un »inventeur«, en la personne de Gaetani. Gerson avait pour lui les docteurs de Sorbonne et il était le candidat élu de la mouvance gallicane, voire le héros naturel des bons patriotes. Richelieu connaissait sans doute toutes ses prétentions; pour des raisons politiques évidentes, il aurait d'abord penché pour Gerson[6]; cependant les prières et les raisons des bénédictins ne furent pas sans effet, s'il est vrai qu'il se montra disposé à accepter le nom de Gersen »moyennant toutefois qu'ils fissent venir une foi de Rome comme les MS de ladite ville portaient tous le nom de Gersen et non pas Kempis, à quoi pour obéir les Bénédictins d'ici prièrent Son Eminence de vouloir faire ladite foi«. Richelieu voulait donc une attestation romaine, à laquelle il n'aurait pas manqué de renvoyer les contestataires. Il fit plus, car, si la lettre de Naudé n'est pas claire sur ce point, le résumé de l'affaire qu'il exposa à son ami Guy Patin après le retour en France est sans équivoque:

Il [Richelieu] leur accorda ce qu'ils demandoient a la charge que cela seroit bien prouvé et averé par gens de bien et a ce cognoissans. Il en escrivit a nostre Cardinal Bagno qui, comme il estoit homme d'esprit, leur fit apporter les 4 Manuscrits dont les Benedictins estoient ravis pensant le tromper, mais ne le purent, car il nous les fit examiner tous devant luy, et fort particulierement, et y trouvames[7] tout falsifié et raturé[8].

[6] C'est ce qu'il est possible de déduire de la lettre suivante de Naudé à Dupuy, du 28 avril, WOLFE (éd.), Lettres de Gabriel Naudé (voir n. 2), p. 119.
[7] Intéressante la correction dans le manuscrit de »trouvames« en »trouva«, exigée par la grammaire, mais signifiante.
[8] Vienne, Bibliothèque d'État, ms 7071, p. 60. La saisie des notes est probablement de Patin, mais il a indiqué le jour où il s'est entretenu avec Naudé: le 12 mars 1642, date qui fait problème car certaines informations sont un peu ultérieures dans le temps. Ce passage, comme bien d'autres, par sa proximité avec ce que Naudé a écrit par ailleurs et sa forme d'énonciation, atteste que toutes ou partie de ces informations viennent directement de l'ami de Patin. Nous donnons ici l'ensemble de la notice, indiquée en marge »quis autor libri de imitatione Christi«: »Le livre de Imitatione christi a pour vray Auteur Thomas a Kempis chanoine Reguliere de Flandres, et cela est tres certain. Les Benedictins voudroient bien que le monde crûst que l'Auteur fust un certain des leurs qu'ils nomment Joannes a Gersen qui a esté un Abbé Benedictin. De là vient qu'on dit en France que c'est Jean Gerson (qui fut il y a plus de 200 ans un celebre Docteur de Sorbonne et chancelier de l'Université de Paris!) per regulam de duobus litigantibus gaudet tertius. On le trouve de vieille edition sous ce nom de Gerson. Je l'ay vû aussi sous le nom de S. Bernard. Mr l'Abbé l'Advocat travaille sur cette matiere et veut prouver pour l'honneur de la France que le vray Auteur de ce livre est ce Jean Gerson. Mais il n'en

Richelieu ne voulait pas une attestation romaine quelconque, mais l'avis d'une autorité ecclésiastique en laquelle il avait entièrement confiance, et qui était aussi un lettré averti, entourée de doctes experts en livres et manuscrits. Les bénédictins, aux dires de Naudé, avaient mal évalué les exigences de l'interlocuteur imposé par Richelieu (peut-être fut-il d'ailleurs mis en alerte par Richelieu lui-même): le procureur à Rome de la congrégation de Saint-Maur, Dom Placide Simon, et le procureur des bénédictins anglais, Dom Jean Rubeus, se déplacèrent en personne et

apportèrent 4 exemplaires du livre De imitatione, dont les 3 étaient MS et le 4ᵉ imprimé sous le nom de Joannes Gerson chancelier de Paris. Mais d'autant qu'à la fin d'icelui il y avait une note écrite à la main qui disait ›nota quod liber huius autor non est Joannes Gerson sed Joannes ... abbas vercellensis ut apparet‹ etc., ils prétendirent que s'en servir comme d'un MS et creurent que Son Eminence Eugène après les avoir vus alla buona commanderait à son secrétaire de faire l'attestation qu'ils désiraient[9].

Il est vrai que donner un ouvrage imprimé pour un manuscrit à cause de la présence d'une note manuscrite augurait mal du sérieux des religieux en question. Quoi qu'il en soit, Bagno, loin de s'empresser de céder à la requête des bons pères, exigea une véritable expertise, en bonne et due forme, réalisée par deux spécialistes: Fioravante Martinelli, ex-bibliothécaire de la Vaticane, connaisseur des »antichità dei tempi mezzani«[10], et Naudé lui-même:

L'affaire alla autrement, car Eugène voulut que ces livres fussent visités par deux personnes capables d'en pouvoir juger et qu'ils en fissent leur rapport en sa présence, ce qui leur donna occasion de me nommer pour l'un d'iceux et un nommé Fioravantes Martinellus pour l'autre. Ensuite de quoi ils allèrent par ordre de Eugène chez son notaire faire dresser l'instrument à notre relation près.

viendra jamais a bout. Le Cardinal de Richelieu faisant rimprimer ce livre au louvre avoit resolu d'y faire mettre le nom de Thomas a Kempis. [mg: Thomas a Kempis vivoit il y a environ 200 ans]. Les Benedictins de France intervinrent et le prierent d'y mettre le nom de Jo. Gersein se vantans d'avoir pour le prouver quatre manuscrits de ce livre a Rome qui tous 4 portoient ce nom. Il leur accorda ce qu'ils demandoient a la charge que cela seroit bien prouvé et averé par gens de bien et a ce cognoissans. Il en escrivit a nostre Cardinal Bagno qui, comme il estoit homme d'esprit, se fit apporter les 4 Manuscrits dont les Benedictins estoient ravis pensant le tromper, mais ne pûrent, car il nous les fit examiner tous devant luy, et fort particulierement, et y trouvames tout falsifié et raturé. Ce qui estant mandé par luy de deça on n'a mis, a cause de l'incertitude en laquelle ils sont demeurez le nom d'aucun Auteur a l'edition du louvre. Nous verrons ce qu'en dira quelque jour Mr l'Abbé l'Advocat au livre qu'il en fait en faveur de Jean Gerson.«

[9] WOLFE (éd.), Lettres de Gabriel Naudé (voir n. 2), p. 116. Dans sa lettre du 28 avril, Naudé dit encore que Gaetani »ne conçut pas que notre cardinal [Bagno] y dût apporter tant de circonstances, car en effet ces bons pères qui les apportèrent ne désirèrent autre chose sinon deux mots d'attestation comme l'écriture en était fort ancienne«, Ibid., p. 119.

[10] Selon ce qu'affirme Naudé lui-même dans sa lettre à Dupuy du 28 janvier 1639, WOLFE (éd.), Lettres de Gabriel Naudé (voir n. 2), p. 70.

On notera évidemment le souci, qui aura des conséquences considérables dans la querelle, de faire appel à un notaire pour dresser un acte attestant la présence du nom de Gersen. Les bénédictins d'ailleurs, une fois les falsification mises en évidence, renverront le notaire, pour éviter de souscrire ainsi à leur propre défaite. Le notaire avait cependant établi une première description des livres, avant leur examen, et ce document va conférer au rapport de Naudé, établi le même jour, un statut semi-juridique dont ce dernier se prévaudra, et au moins pourra-t-il se défendre ainsi de l'accusation d'avoir falsifié lui-même les documents (voir *infra*).

La description du processus d'expertise est très circonstanciée et, il faut en convenir, fort probante: sous des ratures, Naudé vit apparaître le nom de »Thomas« et aperçut une substitution de titres; une miniature représentant un religieux bénédictin indiquait le monastère de provenance de la copie et non l'auteur; un manuscrit réputé plus ancien que l'époque où vécut Thomas a Kempis ne l'était nullement, puisqu'on y trouvait aussi, de la même plume, le texte d'une bulle de 1448[11]... Bref, aucun des indices censés démontrer la paternité de Jean Gersen n'était probant. Bien au contraire, les documents portaient des signes manifestes de falsification. »Ce qu'ayant montré et fait voir et juger à l'œil et au doigt à Eugène, il demeura bien étonné de la tromperie«. Le cardinal Bagno constata et attesta de son autorité la justesse de l'expertise naudéenne devant les religieux qui

s'en retournèrent confus, repentis, et abjects, disant que l'abbé Constantin, à qui trois de ces livres appartenaient, ferait venir l'attestation d'autres MS qui étaient en Allemagne pour légitimer ce pseudo Gersen. À quoi je vous supplie de vous opposer pour la vérité, s'il en est de besoin, mais néanmoins sans faire mention de cette histoire si ce n'était à Son Eminence Ducale et ce encore en le suppliant de se servir de l'avis sans vouloir découvrir d'où il vient, car autrement vous me mettriez en un grand labyrinthe et Eugène peut-être aussi en recevrait aussi quelque déplaisir[12].

Les bénédictins n'avaient donc pas dit leur dernier mot, et Naudé réitère sa demande d'aide, au nom de la »vérité«, pour dissuader Richelieu d'accéder à la requête des religieux, mais aussi, comprend-on, pour faire courir le bruit, sans dévoiler l'*arcanum academicum*, que Gaetani est un faussaire et l'attribution de l'»Imitation« à Gersen une fiction.

Sa lettre suivante, au même destinataire, du 28 avril, est également très riche d'enseignements. D'abord, elle montre d'entrée de jeu que les procédures de réserve et de secret ne sont pas sans effets: Dupuy, pourtant mieux informé que quiconque, ignorait tout de la demande d'attestation romaine, de même que Naudé dit ne pas avoir pris jusque-là la mesure du conflit parisien entre bénédictins et réguliers de Saint-Augustin. Il propose alors à son interlocuteur de faire tout simplement triompher les seconds en lui envoyant, jointes à sa lettre, des »écritures«, car au moins apparaîtra-t-il que le bon abbé Joannes Gersen a été supposé par les bénédictins. Parmi ces écritures figure sans

---

[11] WOLFE (éd.), Lettres de Gabriel Naudé (voir n. 2), p. 117. Voir le rapport publié en 1647 cité en annexe, plus précis encore que ne l'est la lettre à Dupuy.
[12] Ibid.

nul doute le rapport de Naudé, faisant suite à la description des manuscrits établie par le notaire de Bagno, qui sera publiée par Jean Fronteau quelques années plus tard[13]. Surtout, il fait valoir des arguments contre la publication de l'»Imitation« sous le nom de Gerson, qui semble tenter Richelieu, mais aussi son interlocuteur, car »ce serait établir une fausseté déjà reconnue et avouée de tout le monde, cela témoignerait un amour trop flatteur de notre patrie«[14]. En cela, la manœuvre serait non pas utile, mais dommageable pour l'Imprimerie royale, car tous les ouvrages qu'elle ferait paraître, après ce malheureux coup d'essai, s'en trouveraient discrédités. Du reste, le calcul est simple: si l'on met le nom de Gerson, il faudra se défendre contre »trois partis différents et déjà tout formés«, alors que si l'on opte pour Thomas a Kempis, qui, selon Naudé, est le véritable auteur, on peut s'appuyer sur des ouvrages composés par des »personnes indifférentes« – les jésuites Henri de Sommal et Herbert Rosweyde[15] – et seuls les bénédictins protesteront, mais il joint à sa lettre de quoi leur clouer définitivement le bec. Naudé envisage donc bien une publication de son rapport, mais dont les »messieurs« de l'Imprimerie, sinon Richelieu lui-même prendraient l'initiative, sans doute en le joignant à l'édition, comme Rosweyde l'avait fait en accompagnant le texte d'une réfutation en règle de Gaetani. Le ton de Naudé à l'égard du très respecté Dupuy se fait même très directif: »Monsieur, autant que vous avez le zèle pour l'honneur de la France et celui de ces Messieurs qui ont fait dresser cette imprimerie, comme encore pour la vérité, autant me semble-t-il que vous devez faire votre possible pour faire entendre ces vérités à celui qui en a la surintendance et lui remontrer les inconvénients qui pourront arriver de les avoir négligées«. En matière de livres, le politique a en effet tout intérêt à se plier aux conseils du lettré, sans quoi il risque fort de susciter des conflits interminables, de se discréditer et pis encore de se ridiculiser. Cette assurance est évidemment digne d'être soulignée: tout ministre d'État qu'il soit, Richelieu ne peut impunément faire mettre en tête du plus connu des ouvrages de spiritualité un nom choisi pour sa seule efficacité idéologique. Autrement dit, il est dans son intérêt politique même de faire valoir, en la matière, »la vérité«, telle qu'elle est établie par des experts non partisans (des jésuites et Naudé), et cela veut dire qu'il doit se soumettre au verdict d'une »vérité« extérieure à la sphère politique, établie par des lettrés dotés d'une autorité scientifique. De ce point de vue, la république des lettres entendue comme la communauté virtuelle de tous ceux qui ne reconnaîtraient comme »vérité« que celle qui est établie par leurs pairs, selon des critères partagés de rationalité, pos-

---

[13] Voir *infra*, coda 1.
[14] WOLFE (éd.), Lettres de Gabriel Naudé (voir n. 2), p. 118.
[15] *De imitatione Christi libri quatuor*. Authore Thoma a Kempis, canonico regulari, ordinis D. Augustini; ad autographum emendati, opera ac studio Henrici Sommalii [Henri de Sommal] è Societate Jesu, Berg, Veuve d'Adam, 1612; Thomae a Kempis canonici regularis ord. S. Augustini *De Imitatione Christi libri quatuor*; nunc postremò ad autographorum fidem recensiti. Cum Vindiciis Kempensibus Heriberti Ros-weydi [Herbert Rosweyde] Soc. Jesu, adversus C. Caietanum abbatem S. Baronti. Ad. S. D. N. Paulum V, Antverpiae, ex officina Plantiniana, apud Balthasarem & Joannem Moretos. 1617. Comme l'indique le titre, celui-ci réagit, dans le pamphlet qui accompagne l'édition (Vindiciae Kempenses), à l'attribution de Caietano, publiée en 1616.

sède bien aux yeux de Naudé un pouvoir effectif, en son domaine propre, sur l'acteur politique lui-même. Mais on peut remarquer aussi que le lettré n'attend pas qu'un consensus soit établi dans la république des lettres pour rechercher une validation et une caution des autorités, ou au moins une permission et une tolérance, et cela indique bien qu'il en attend une action efficace en vue même de l'obtention d'un tel consensus. Car Naudé sollicite de la part de l'autorité (pour le coup, à la fois ecclésiastique et politique) l'arbitrage du conflit existant, par la reconnaissance de la »vérité« dont il apporte les preuves, qui sont celles de sa science des livres, mais en tant qu'elles ont été constatées par une autorité morale (Bagno) et une caution juridique (présence du notaire et des témoins). Le processus – de »vérification« et de »véridicité« – qui conduit à établir et à faire reconnaître une vérité comme telle est en fait un montage où le lettré est, dans ses actes d'expertise et d'écriture, de bout en bout en situation d'hétéronomie. Certes, en faisant publier le texte de l'»Imitation« sans nom d'auteur, Richelieu, à travers la médiation de Dupuy (il faudrait s'arrêter sur ce rôle[16]), semble s'être en partie incliné devant la »vérité« du lettré, confortée par l'autorité d'un membre éminent de la curie romaine, mais en partie seulement, car il a d'abord tenu compte, par son choix, du *dissensus* persistant des doctes[17]. Notons d'ailleurs que l'histoire donne raison à la prudence toute politique du cardinal, s'il est vrai que la querelle de l'»Imitation« se poursuit encore aujourd'hui[18].

Devant cette demi-victoire du lettré, on voit très bien comment ce qu'il tient pour une »vérité« méritant d'être reconnue par la république des lettres ne peut s'imposer que dans la mesure où elle est validée par les puissances et les institutions de la »république« réelle et non du seul fait du consensus des doctes (d'ailleurs plus souvent affirmé que réellement atteint). L'activisme de Richelieu pour contrôler la production

---

[16] Il nous semble utile à ce propos de discuter ce qu'écrit Orest RANUM, au sujet de Jacques Dupuy et de son rapport à la république des lettres, mais aussi, par la même occasion, au sujet de Naudé: »Une si forte identité de juriste au service de l'État laissait peu de place à la réflexion ou au rêve d'être un citoyen de la république des lettres. Comme Naudé l'a écrit à Jacques Dupuy: ›je suis sujet de Sa Majesté et serviteur du Cardinal de Bagny, auquel et le Roi et M. le Cardinal de Richelieu portent tant d'affection‹. Tout le reste est littérature«, dans: »La Bibliothèque du Roi, Foyer de la République des Lettres ?«, http://www.ranumspanat.com/html pages/republic_letters.html (30/03/10). Or dans cette lettre du 10 octobre 1637 (WOLFE [éd.], Lettres de Gabriel Naudé, p. 39), Naudé, demande à Dupuy d'intercéder auprès de Richelieu et de Séguier pour un éventuel emploi, mais à la fois l'entretient, comme à l'accoutumée, de nouvelles de livres et en particulier de son »Syntagma de studio militari«, dont il demande précisément à Dupuy qu'il en donne des exemplaires aux deux politiques. Ce faisant, il est dans une posture de service, certainement, jusque dans la composition de ce type d'ouvrage (qui visent à servir aux praticiens du pouvoir), mais l'investissement dans le travail d'érudition ne saurait d'aucune façon se résumer ou se réduire à ce service politique. Aussi ne peut-on dire que »tout le reste est littérature«, parce que la »littérature« est présente dans la relation politique elle-même, sans s'y limiter pour autant.

[17] De imitatione Christi, libri IV, Parisiis anno MDCXL e Typographia regia. On notera cependant que le texte édité est celui qui a été établi par Herbert Roweyde, kempiste résolu. L'ouvrage est daté de 1640, mais semble être sorti l'année suivante. Il serait important d'établir une date précise pour mesurer l'efficacité de Naudé.

[18] Voir coda 2.

culturelle en créant des lieux institutionnels de la culture immédiatement inféodés au pouvoir d'État est bien connu (création de l'Académie française, etc.). Il a bien sûr à voir avec la conscience politique de la montée en puissance du (contre-)pouvoir potentiel des lettrés, qu'il s'agit de neutraliser et d'amener à servir les intérêts de l'État en général et la politique du cardinal en particulier. Mais la création de la manufacture royale d'imprimerie, les difficultés qu'elle rencontre immédiatement et, il faut bien le dire, sa relative stérilité, montrent bien aussi que cette captation politique de la république des lettres ne va pas de soi. La politique éditoriale de l'Imprimerie est axée sur le prestige, dans la présentation d'œuvres déjà consacrées, dont le profit idéologique semble évident, et cet esprit est aux antipodes de la conception qu'un Naudé, par exemple, se fait des priorités éditoriales: donner accès à des textes introuvables, insuffler des recherches nouvelles... Aussi l'érudit se montre-t-il extrêmement critique à l'égard de l'Imprimerie dans cette lettre à Dupuy et en d'autres[19]. Cela atteste aussi, nous semble-t-il, que le pouvoir d'État d'une part, dans ses politiques culturelles, et les lettrés d'autre part, lorsqu'ils travaillent à faire accepter leurs »vérités« par celui-ci en arguant de leur utilité, n'ont pas, et ne sauraient avoir, les mêmes objectifs. En guise d'hypothèse provisoire, nous avancerons que ce que les lettrés appellent république des lettres est cet espace social virtuel structuré selon les propres objectifs, valeurs et priorités des pratiques lettrées saisies dans leur autonomie, en tant qu'ils diffèrent ou divergent des objectifs, priorités et valeurs que poursuivent et reconnaissent ceux qui ont en charge la »république« réelle, et les lettrés eux-mêmes quand ils ont à exercer les fonctions ancillaires du service de plume[20].

La compétence lettrée dont Naudé peut se prévaloir pour persuader les acteurs politiques de son utilité est, comme on l'a déjà vu, essentiellement historique et bibliographique: il la met ici à l'œuvre pour achever de convaincre et d'instruire son destinataire en reprenant l'affaire de la querelle, depuis les attributions infondées à Gerson jusqu'à l'invention de Gersen par Gaetani. Celui-ci, il faut y insister, n'est pas extérieur à la république des lettres: auteur de divers ouvrages d'érudition religieuse, il en est au contraire un citoyen éminent. Naudé l'avait signalé comme docte dans l'un de ses livres et lui conserve malgré tout une certaine estime au moment même de la que-

---

[19] Voyant que l'on parle d'imprimer les conciles en 40 volumes à l'Imprimerie royale, dans la même lettre, Naudé critique vertement la politique éditoriale de Richelieu: »Combien n'aurait-il pas été plus à propos d'employer cet argent à faire un corps grec et latin des interprètes d'Aristote, à augmenter, comme l'on pourrait faire, la Bibliotheca patrium de dix ou douze volumes, à poursuivre les Historiens de la France laissés par feu M. Duchesne et à faire quelque autre chose de semblable, ou au moins à imprimer tant de livres anciens qui ne se trouvent plus, voire même à publier une infinité de bons MS que l'on pouvait tirer de la Bibliothèque du Roi et qui eussent apporté un honneur immortel à notre nation«, WOLFE (éd.), Lettres de Gabriel Naudé (voir n. 2), p. 120. Cf. la lettre du 31 juillet: »la dépense de cette Imprimerie Royale aurait été bien mieux employée à dresser une bibliothèque publique«, ibid., p. 129.

[20] Voir, sur cette notion, les travaux de Christian JOUHAUD, en particulier: Sur le statut d'homme de lettres au XVIIe siècle: la correspondance de Jean Chapelain (1595–1674), dans: Annales. Histoire, Sciences sociales 2 (1994), p. 311–347 et ID., Les pouvoirs de la littérature. Histoire d'un paradoxe, Paris 2000.

relle[21]. Mais ce qui le rend indigne de cette belle république, c'est qu'»il n'a rien plus à cœur que d'étendre per fas comme je crois et nefas l'honneur des Bénédictins«[22], disposé qu'il est à attribuer l'»Imitation« à l'un des siens par imposture et falsification. Du reste Gaetani était déjà suspect à Naudé, pour s'être mis en tête de prouver que saint Pierre avait séjourné »dans la même maison où est maintenant le Collège des Bénédictins duquel il est recteur in Trastevere«[23]. Autrement dit, Gaetani est le type même du lettré falsificateur et affabulateur, et s'il en est ainsi, c'est qu'il met le service de son ordre au-dessus de l'exigence de vérité autour de laquelle la très virtuelle république des lettres se constitue. Et l'on voit bien que le combat met aux prises des lettrés – en tant que tels membres légitimes de la république des lettres – en même temps qu'il oppose les ordres religieux, mais Naudé s'appuie sur la valeur suprême de la république des lettres: la vérité, telle qu'il est possible de la décider par l'enquête historique et philologique rigoureuse au sein d'une embryonnaire communauté de chercheurs reconnaissant les mêmes critères d'évaluation et d'établissement. Et l'on voit aussi par là que la notion de république des lettres est pour lui essentiellement profane, affranchie des intérêts confessionnels et ici monastiques, comme elle l'est, idéalement, des intérêts et conflits politiques. Aussi, est-ce en ce sens qu'il conclut sa mise au point historiographique: »Voici une longue histoire de peu de choses, *sed nugae seria ducunt*, et j'estime que ce n'est pas peu de choses parmi tant d'impostures qui s'introduisent tous les jours au préjudice de la vérité d'en avoir assurément découvert une comme celle de Joannes Gersen, qui prendra fin dès maintenant si ces Messieurs de l'Imprimerie Royale se veulent servir à leur profit de l'histoire dont je vous ai écrit si amplement par celle-ci et par ma précédente.« Naudé ne cache pas sa jubilation d'avoir confondu une falsification historique au moins parmi celles qui »s'introduisent tous les jours«. »Nugae«, vétilles certes, vétilles d'érudits en l'occurrence, »sed nugae seria ducunt«: mais les vétilles conduisent à des choses graves… Sans qu'il précise plus sa pensée, il semble assez évident que Naudé revient ainsi, *in fine*, au politique: les querelles et les mensonges des moines peuvent avoir les plus terribles conséquences politiques, comme on l'a vu avec le schisme protestant et les guerres civiles de

---

[21] Panegyricus dictus Urbano VIII Pont. Max., ob beneficia ab ipso in M. Thom. Campanellam collata, Paris, Cramoisy, 1644, p. 90. Mais l'ouvrage avait été composé bien avant l'affaire dont il est ici question. Caietano figure aussi dans les »Apes Urbanae« de Leo Allaci pour ces nombreuses publications et notamment son édition du »De imitatione Christi« parue en 1616, »rendue« à Gersen (multis in locis ex Veteribus Codicibus restitutos, auctos, & emendatos, quibus addidit, Concertationem, qua verus Auctor, eorundem librorum Ioannes Gersen Abbas Vercellensis vindicatu, Rome, 1633, p. 73). Caietano appartenait aux réseaux lettrés, et entretenait, entre autres, une correspondance avec Peiresc. Naudé, en 1642, juste avant de faire état de la querelle sur l'»Imitation«, le présente à Patin comme »un homme qui scait beaucoup mais avec trop peu de jugement, qui en recompense a beaucoup de feu et un grand esprit«, Vienne, Bibliothèque d'État, ms 7071, p. 59.

[22] WOLFE (éd.), Lettres de Gabriel Naudé (voir n. 2), p. 119.

[23] Ibid., Lettre à Dupuy, 27 juillet 1638, p. 61 et d'ajouter »Vous direz peut-être que c'est une chimère semblable à l'Épiphanie de M. de Lapeyre. Mais ledit abbé se promet bien le contraire, et dit avoir des témoignages irréfragables pour leur antiquité«, ibid.

Religion. Du moins, est-ce ainsi que nous nous risquons à développer ici sa pensée. C'est pourquoi, du reste, il trouve tout à fait opportun et même nécessaire une intervention directe des pouvoirs politique et judiciaire pour régler les conflits de plume; lorsque l'affaire rebondira, lui-même y aura recours, obtenant *in fine*, par sentence du parlement, l'interdiction de publier dorénavant l'»Imitation« sous le nom de Gersen, au profit du seul Kempis[24]. Ce jugement, à lui seul, en dit très long sur les limites de l'autonomie reconnue à la république des lettres, et qu'elle se reconnaît elle-même à travers ses membres. Au cours d'une controverse particulièrement âpre et virulente, Naudé ira jusqu'à invoquer contre Gaetani, désormais décédé, le précédent d'Alfonso Ceccarelli, célèbre faussaire et contrefacteur de livres, supplicié à Rome par Grégoire XIII en 1583. Naudé revient plusieurs fois, et notamment dans sa correspondance avec Dupuy, sur le cas fascinant de Ceccarelli[25], mais certainement pas pour mettre en cause la justice ou la légitimité de son exécution, tant il lui paraît évident que les »criminels« de la république des lettres (qui après tout ne font rien d'autre que de brouiller du papier) méritent d'être remis au bras séculier, à la fois pour leurs méfaits dans les lettres et le danger politique qu'ils représentent.

Il serait cependant tout à fait abusif d'en déduire que Naudé milite pour une société civile libérée, par les bons soins d'une justice implacable, des impostures des moines et des faux doctes, car il reconnaît plus qu'aucun autre la nécessité politique de l'imposture: le syntagme »république des lettres« sert ainsi à désigner un espace protégé où la vérité pourrait idéalement circuler en vase clos, sans porter préjudice à la société. Il revient aux acteurs politiques, assistés de leurs conseillers lettrés, d'organiser la répression des impostures délétères et la promotion des impostures utiles, bénéfiques, parfois salvatrices[26]. Dans ce cas, il conseille à Richelieu, par l'intermédiaire de Dupuy, de démasquer publiquement les impostures des bénédictins, car, au contraire, un mensonge, même le pieux mensonge d'une attribution à Gerson, lui serait préjudiciable. Mais il admet par ailleurs que la vérité doive être tue, et même pourchassée lorsqu'elle peut porter préjudice à ceux pour lesquels il travaille, ou, plus généralement, à l'ordre politique ou à l'unité de l'Église. Il est d'ailleurs tout à fait révélateur que le point

[24] Voir *infra*, coda 1.
[25] »On réimprime in-12° la censure du sieur Leo Allatius sur les Antiquités de Volterre, avec le narré de toutes les faussetés et impostures en semblable matière d'Alfonse Ceccarelli, qui fut pendu ici et eu le poing coupé pour avoir supposé beaucoup de livres, d'histoires, et de privilèges de famille«, 31 juillet 1641, WOLFE (éd.), Lettres de Gabriel Naudé (voir n. 2), p. 130. »Ledit sieur [Leone Allacci] nous a depuis déchiffré gentiment toute l'histoire de cet Alfonso Ceccarelli, médecin de Bavagna, qui fut pendu ici il y a quelque cinquantaine d'années pour avoir contrefait une infinité de livres et instruments [...]«, 27 novembre 1641, ibid., p. 133. Cf. ms Patin de Vienne, Bibliothèque d'État, ms. 7071, p. 46. Voir Leone ALLACCI, Animadversiones in Etruscarum Antiquitatum fragmenta ab Inghiramio edita, cum Animadversione in Alphonsi Ciccarelli libros, et Auctores ab eo confictos, Paris 1640. Gabriel NAUDÉ y revient dans le Mascurat, Jugement de tout ce qui a esté imprimé contre le Cardinal Mazarin. Depuis le sixieme janvier, jusques à la declaration du premier avril 1649, s.l.n.d., p. 48.
[26] On pense ici en particulier aux analyses de Naudé développées dans ses »Considérations politiques sur les coups d'État«, Rome 1639.

abordé immédiatement après l'affaire de l'»Imitation« soit, dans sa lettre du 10 février, la demande expresse d'intervention commandée par Bagno pour »empêcher la vente« d'un pamphlet contre lui, »Cancellaria bavarica«, qui dénonçait l'alliance que le nonce avait négociée entre la France et la Bavière à l'insu de Rome dix ans auparavant. La meilleure solution, explique Naudé, »pour le respect du maître [Bagno], du père [le roi, ou le pape], et de Viracleo [Richelieu] serait de supprimer tout doucement ces mémoires, ajoutant après qu'il le fallait faire avec grande dextérité, crainte que si l'on savait qu'ils eussent été supprimés en Hollande, on ne les réimprimât en Franconie ou en quelque autre endroit«[27]. Si nous nous contentions de souligner le rôle assumé par Naudé de défenseur et de diffuseur de »vérités« indignement falsifiées, nous n'aurions qu'une vue tout à fait partielle de la réalité: l'une de ses tâches, et il en va de même pour son destinataire, consiste à pourchasser, en mission commandée, des ouvrages au contenu politique compromettant, indépendamment des vérités éventuelles qu'ils contiennent.

Cette attitude complexe, qui trouve ses raisons d'être dans la situation objective du lettré (en l'occurrence un auteur astreint à servir à la fois les intérêts de la France toute monarchique et ceux de la curie romaine), apparaît très bien dans une lettre suivante du 17 mai, au même Dupuy, où Naudé évoque avec admiration le livre »bien hardi et encore mieux raisonné« du père Sirmond, visant à démontrer que saint Denis de Paris et Denis l'Aréopagite étaient distincts[28], contre la légende de leur identité, alimentée par patriotisme. Naudé se réjouit et souhaite la multiplication de ces initiatives audacieuses: »à l'exemple du Père Sirmond j'espère que beaucoup d'autres galants hommes feront bonne guerre à tant d'autres fables et opinions semblables«. Ces galants hommes sont les héros de la république des lettres qu'il appelle de ses vœux. Lorsqu'il salue l'initiative historiographique de Sirmond et d'autres entreprises du même genre (Jean de Launoy contre le mythe de la présence de Lazare et de Madeleine en Provence, contre Denis de Paris, etc.[29]) comme dans son propre combat contre l'attribution patriotique de l'»Imitation« à Gerson, on voit très bien que, comme mem-

---

[27] WOLFE (éd.), Lettres de Gabriel Naudé (voir n. 2), p. 118.
[28] Dissertatio, in qua Dionysii Parisiensis & Dionysii Areopagitae discrimen ostenditur, Paris 1641. Jacques Sirmond était jésuite, et l'on pourrait s'étonner de cette fréquente alliance de Naudé avec la compagnie, déjà à l'œuvre dans son ouvrage contre les rose-croix et qui trouve son point d'orgue dans le travail d'éditeur et de préfacier au bénéfice d'ouvrages issus des rangs de la compagnie, visant à appuyer la thèse kempiste dans la querelle de l'»Imitation«. Cependant Naudé se réjouit tout autant des recherches à même de porter atteinte au fondateur et par là au prestige de la Compagnie de Jésus, dont il dit le plus grand mal dans ses conversations avec Patin. Notamment, et cela ne manque pas de sel, il est fort aise de l'ouvrage que Caietano a écrit contre Loyola (Sant Inigo, Venise 1641): »Il prouve en ce livre que Saint Ignace a esté Benedictin premierement [...], qu'il a desrobé son livre d'Exercices Spirituels d'un ancien Benedictin, que jamais ce pere Ignace n'a fait de miracles, qu'il ne devoit pas estre canonisé, qu'il estoit meschant homme, qu'il avoit esté repris pour sodomie«, Vienne, Bibliothèque d'État, ms 7071, p. 59.
[29] Cf. lettre à Doni du 18 avril 1642, fonds It. Ms 1671, fol. 13r. Sur l'intense activité de »chasseur« de saints de Launoy, voir A. PINTARD, Le libertinage érudit dans la première moitié du XVIIe siècle, Paris, 1943, p. 279–280. Cela ne l'empêchera pas de s'opposer à Naudé dans la querelle sur l'»Imitation«, prolongeant la querelle au-delà de l'arrêté du parlement.

bre de la république des lettres épris de vérités historiques, Naudé ne se fait pas scrupule de participer au démantèlement des mythes nationaux. Son attitude n'est nullement à cet égard celle d'un conseiller politique. Nous avons vu d'ailleurs que, lorsqu'il souligne l'intérêt proprement politique de ceux qui gouvernent à reconnaître la »vérité«, il considère comme une chose allant de soi que ceux-ci ne sont nullement maîtres de décider du vrai et du faux sur ces matières. Cela suppose une forte conscience de soi de l'érudit comme appartenant à une caste qui s'est imposée désormais dans le champ social, à l'ombre des pouvoirs politiques et religieux. Elle ne possède pour autant aucune autonomie institutionnelle, comme le montre l'absence d'indépendance effective des institutions du savoir anciennes (universités...) et nouvelles (académies).

On voit cependant combien cette production collective d'un savoir démystificateur, qui se fait au nom des intérêts de la république des lettres, obéit à sa propre dynamique et à sa propre logique, et ne peut éviter d'entrer en conflit avec les intérêts politiques et religieux. Cette même lettre nous apprend que Naudé projette un ouvrage ambitieux, où toutes ces fables et mystifications seraient combattues »ensemble«, une sorte, pour ainsi dire, d'encyclopédie des impostures lettrées, politiques et religieuses. Il en évoque alors une, à titre d'exemple, qui lui tient à cœur, mais pour regretter aussitôt de ne pouvoir se permettre de mener à bien l'opération: »Il y a néanmoins celle des évêques de Ravenne créés par le St Esprit qui mériterait bien d'être traitée à part. Mais le pays où j'en suis m'en empêche, car que ne diraient-ils point si je leur montrais que c'était un pigeon de bois qui *emittebatur ex machina quadam* pour symbole du St Esprit, que l'on croyait présider invisiblement à cette élection«[30]. Exemple proprement paradigmatique de *Deus ex machina*, que ce Saint-Esprit littéralement sorti d'une machine dans le grand théâtre des impostures politico-religieuses: on comprend qu'il plaise particulièrement à Naudé, qui avoue cependant qu'une telle démystification est proprement impubliable en Italie.

CONCLUSION PROVISOIRE

Ce que Naudé considère, à juste titre, comme une information notable pour la république des lettres – la mise en évidence d'opérations frauduleuses des gersénistes pour confirmer leur candidat à l'auctorialité de l'»Imitation« – est pris dans un contexte politico-juridique qui en offre la condition de possibilité et lui confère son autorité. Sans doute Jacques Dupuy, proche de Naudé, n'avait-il guère besoin de telles assurances pour croire à son récit et tenir pour une chose avérée la fraude du bénédictin; mais si Naudé peut lui demander instamment et presque lui ordonner d'intervenir auprès de Richelieu, c'est que son expertise est validée par la présence d'une autorité ecclésiastique (Bagno) et de son notaire. C'est fort de ces circonstances et de ce document que Naudé pourra plus tard défendre son expertise dans ses pamphlets et devant les tribunaux. Mais on voit aussi par là que la république des lettres – c'est une plate évidence,

---

[30] WOLFE (éd.), Lettres de Gabriel Naudé (voir n. 2), p. 122.

qui vaudrait tout aussi bien aujourd'hui – n'offre elle-même aucun cadre propre, aucune instance autonome permettant d'autoriser une expertise dénonçant la falsification dont l'un de ses membres au moins s'est rendu coupable. Le conflit, en outre, qui oppose des lettrés aux lettrés, est évidemment interne à la république des lettres (au sens où tous les protagonistes peuvent revendiquer en être des membres), mais ceux qui s'y trouvent aux prises y interviennent non pas seulement ni d'abord en tant qu'ils en sont citoyens, mais comme serviteurs d'institutions et de pouvoirs qui lui sont extérieurs: l'ordre, en ce qui concerne les bénédictins ou les chanoines réguliers de Saint-Augustin; quant à Naudé, il agit en faveur des intérêts du cardinal Bagno, dont il est le secrétaire et le bibliothécaire, en même temps qu'il montre sa fidélité à Richelieu. Il n'en est pas moins certain qu'il conçoit spontanément l'issue de son expertise comme intéressant immédiatement la république des lettres, en tant qu'elle s'intègre très exactement dans cette sorte de programme intellectuel auquel il ne cesse de travailler en sous-main: traquer, confondre et dénoncer, chaque fois que cela est possible, les opérations de falsification dans tous les domaines du savoir et en particulier dans celui des belles lettres, où il excelle par son érudition. Ses outils majeurs sont la science historique et la philologie, mais rien ne le sépare substantiellement, du point de vue de la démarche, des nouvelles orientations des sciences de la nature. Il y a une indéniable continuité et homogénéité entre, d'une part, l'analyse des impostures livresques, fondée sur l'érudition et l'examen direct, et d'autre part la critique, appuyée sur la raison et l'expérience, des prodiges ou phénomènes surnaturels, appréhendés eux-mêmes comme des mensonges et des supercheries[31]. Il s'intéresse lui-même aux questions scientifiques – il a laissé un écrit sur l'éruption du Vésuve[32] – et fréquente plusieurs des membres de l'académie des Lincei[33]. Dans les deux cas, il s'agit non seulement de décrire, mais aussi d'expliquer l'imposture en fonction de ses fins, à la fois particulières et toujours réductibles à l'étroite et indispensable intrication de la politique et de la religion. C'est là qu'interviennent toutes les limitations à la fois imposées et reconnues légitimes à la diffusion et à la publication d'un savoir de l'imposture, qui met nécessairement en question les pouvoirs et prérogatives fondés sur celle-ci (par exemple il ne peut-être innocent de publier que les prodiges et miracles tenus comme fondateurs de la monarchie française ne sont que des artifices ou des fables). C'est là aussi que cette science peut révéler toute son utilité politique; non pas dans l'émancipation populaire, mais dans la production, à l'usage de l'élite régnante, d'un

---

[31] On renverra ici aux nombreux travaux sur la question d'Antony Grafton, Lisa Jardine, Peter Dear, Ann Blair, Barbara Schapiro, etc. dont on trouve une bibliographie raisonnée, fort utile, dans Steven SHAPIN, The Scientific Revolution, Chicago 1996; ID., La révolution scientifique, trad. C. Larsonneur, Paris 1998, p. 228–229.

[32] Gabriel NAUDÉ, Discours sur les divers incendies du Mont Vesuve et particulièrement sur le dernier qui commença le 16 décembre 1631, s.l.n.d. [1632].

[33] Un exemple parfait de cette continuité et homogénéité est fourni, tout près de Naudé, par Jean-Jacques Bouchard, grand érudit, peut-être plus radicalement »déniaisé« que Naudé ne l'était lui-même. Son »Journal d'Italie« montre en effet comment il adopte la même attitude intellectuelle dans ses travaux d'érudition, dans son insatiable poursuite des supercheries religieuses et dans son vif intérêt pour les sciences de la nature.

savoir efficace de l'imposture; c'est-à-dire à la fois efficace pour se garder de l'imposture et pour créer de l'imposture. Il nous semble que c'est ce qu'accomplit l'ouvrage le plus fameux de Naudé, les »Considérations politiques sur les coups d'État«, écrit, si l'on en croit du moins la préface, pour l'instruction et le service du cardinal de Bagno, qui briguait le trône de saint Pierre. Mais il s'agit bien d'un savoir à deux tranchants, car il n'est efficace que parce qu'il est vrai, et il n'est vrai que parce qu'il confond l'imposture. C'est en tant que son savoir a pour fin la vérité, indépendamment de toute utilité sociale et politique, que le lettré revendique son appartenance à une république des lettres, mais au moment même où il s'emploie à faire connaître ce qu'il a appris en matière d'imposture et de falsification se pose tout à la fois la question de la censure nécessaire de ce savoir et de son utilité possible, aux dépens de la vérité, dans le cadre du service que le lettré est susceptible d'apporter aux pouvoirs qu'il sert: savoir secret de l'expert en imposture (l'aide à la réalisation des coups d'États les plus efficaces) et savoir de l'écrit au plus grand profit de ses maîtres (des pamphlets politiques par exemple). Certes, il est un fait entendu que la révélation publique de bien des vérités touchant à la religion et donc à la politique ne saurait être que dommageable pour l'ordre social; à la fois, dans l'optique même des combats politiques auxquels participe le lettré lorsqu'il y est requis, la dénonciation des impostures de l'adversaire peut être fort utile, et aucune borne sociale définitive ne saurait non plus limiter l'instruction »libertine« aux seuls pairs et aux seules élites politiques au service desquels travaille le lettré, qui ne peut pas ainsi, quelles que soient ses précautions (d'ailleurs toutes relatives) de confidentialité dans la publication, ne pas participer à la diffusion toujours plus large d'un esprit critique en matière de prodiges, miracles et impostures. Pour aller très vite: emporté, bon gré mal gré, dans une dynamique de publication, inséparable du médium de l'imprimé et des nouveaux canaux de diffusion des textes manuscrits et imprimés, le lettré libertin, pourtant contraint par les multiples dispositifs de censure et d'autocensure, ne peut pas ne pas œuvrer dans le sens d'une rationalisation globale des savoirs et des comportements, à rebours de ce qu'il lui semble percevoir des intérêts et nécessités politiques. Le syntagme de »république des lettres« au XVIIe siècle est pris dans ce nœud de tensions et de contradictions. Projection d'une communauté idéale autonome où la »vérité« pourrait circuler à l'abri des persécutions et sans compromettre l'ordre social et politique, il est inséparable d'une conception éminemment aristocratique de la vie lettrée; dans le réel, un tel lieu social n'existe évidemment pas: les lettrés demeurent strictement inféodés aux pouvoirs et institutions auxquels ils sont attachés dans leur activité même de producteurs de savoir et de texte, ce qui crée nécessairement des conflits acharnés et impitoyables là où devraient régner amitié et tolérance, selon le code déontologique promu à travers le syntagme de »république des lettres«, mais ce service des grands et ces conflits internes ne sauraient avoir lieu sans que l'information ne circule et ne pénètre profondément le corps social tout entier, érigé en »public«, devenant ainsi, dans l'arbitrage des conflits et la discussion autour de leurs enjeux politiques, partie prenante de cette »république« virtuelle, où, *a priori*, aucune place ne lui était réservé.

CODA 1
LE COMBAT DE NAUDÉ CONTRE LES BÉNÉDICTINS[34]

L'affaire prend une nouvelle dimension, publique et juridique, après la publication par le chanoine régulier de Sainte-Geneviève, Jean Fronteau, à la suite de son édition de l'»Imitatio« parue en 1649 sous le nom de Kempis, d'une longue réfutation latine des thèses gersénistes de Gaetani (»Thomas a Kempis Vindicatus«) contenant une lettre latine de Naudé à Fronteau (16 avril 1647) – où l'érudit laisse éclater son hostilité à l'égard de l'abbé bénédictin – ainsi que la copie du rapport d'expertise tirée des archives des frères Dupuy[35]. Il faudrait reprendre et poursuivre les analyses précédentes à la lumière des nombreuses péripéties éditoriales et juridiques qui, à notre connaissance, n'ont à ce jour fait l'objet d'aucune étude approfondie. Il manque même le récit circonstancié des événements. Faute d'être en mesure de traiter du dossier de manière exhaustive, nous donnerons cependant les grandes lignes de la querelle, car elle présente de nombreux aspects faisant apparaître, nous semble-t-il, combien le processus d'autonomie du champ lettré était encore à cette époque balbutiant.

En tout état de cause, Naudé semble avoir pris l'initiative de l'offensive, car il ne se contenta pas d'assister Fronteau dans sa polémique par sa lettre et son rapport, mais publia la même année dans son »Mascurat« plusieurs pages extrêmement violentes contre Gaetani, sans le nommer, mais en le désignant de manière transparente. Celui-ci en effet avait écrit quelque part que le père de Mazarin, sicilien comme lui, n'était qu'un simple »chapelier« et »boutonnier« ayant fait banqueroute. Une vraie aubaine pour Naudé, qui utilise la couverture politique d'une réparation des torts procurés au nom de Mazarin pour attaquer l'abbé, dans le style le plus satirique, le traitant de »moine crotté, rabougri, ratatiné, fol et enragé à mesdire de tout le monde« et dénonçant ses multiples »impostures«, dont, évidemment l'invention de Gersen[36].

---

[34] Je tiens ici à remercier tout particulièrement Fabienne QUEYROUX, qui m'a permis de consulter sa thèse à paraître, Recherches sur Gabriel Naudé, doctorat de l'École nationale des chartes, 1990. Ce travail contient un chapitre entièrement consacré à la querelle de l'»Imitation« (chap. VII) et en retrace le déroulement avec plus de précisions et de détails. En outre les 13 lettres de Naudé au chanoine génovéfain Boulart conservées à la bibliothèque Sainte-Geneviève s'y trouvent reproduites et annotées en annexe.

[35] Thomæ a Kempis canonici regularis ordinis S. Augustini De imitatione Christi libri quatuor. Ex recensione P. Joannis Frontonis, canonici regularis Stae Genovefae, ordinis S. Augustini. Cum evictione fraudis qua nonnulli usi, id operis cuidam Joanni Gersen ascripere, Parisiis, apud Sebastianum Cramoisy [...] et Gabrielem Cramoisy, 1649. Le rapport d'expertise est présenté p. 12–14, avec la mention: »ex volumine 588 chartularij nobilissimorum Fratrum Puteanorum«. Voir en annexe la traduction du texte présentée par Jean Fronteau en 1652. La description que nous tentons ci-dessous est minimale (on se reportera à la thèse de F. Queyroux, voir n. 34) et surtout myope. Il faudrait évidemment s'employer à insérer les épisodes successifs de la querelle dans le contexte politique de la Fronde, Naudé, comme on le sait, s'étant illustré par son soutien indéfectible à Mazarin son patron. L'essentiel du travail reste donc à faire.

[36] »Pourquoy ce maistre Moine, ou Abbé racoucy de Trastevere, auroit-il esté plus heureux en cette imposture, qu'en beaucoup d'autres par luy effrontément publiées sur Gregoire le grand, sur Gelase second, sur S. Ignace, sur Paul IV, sur Thomas a Kempis, & nouvellement encore sur les Peintures de l'Eglise de S. Sebastien de Rome, esquelles il a changé la Vierge en Saincte

La riposte ne se fait guère attendre. Elle vient d'un bénédictin de l'abbaye de Saint-Germain-des-Prés, de la congrégation de Saint-Maur, Robert Quatremaires, et d'un bénédictin anglais du couvent de Cluny, déjà engagé dans la controverse au service de Gaetani, Francis Valgrave (Anthony Timcock), lesquels, en deux ouvrages dirigés d'abord contre le père Fronteau, s'indignent de la diffamation et des injures contre le très respecté abbé romain (qui décède d'ailleurs l'année de la parution de l'ouvrage). Mais plus encore, Naudé est accusé d'avoir établi un faux rapport et falsifié lui-même les manuscrits[37]. De plus, selon les deux religieux, son témoignage serait éminemment partisan, car il est titulaire du prieuré commendataire de l'Artige, qui relève de l'ordre

Benoist, & les Saincts Marc & Marcellin en Sainct Pierre & Sainct Paul, y adjoustant des inscriptions à sa mode; & sur une infinité d'autres, lesquelles ont donné sujet à ces brillantes lumieres de l'Academie Romaine Messieurs Lucas Holstenius, Leo Allatius, Janus Nicius Erythraeus, au R P Ro de la Compagnie de Jesus, au sieur Naudé, & auparavant eux encore à Antonius Gallonius, & à Joan. Baptista Castaldus: & finalement à tous ceux qui le connoissent, & qui ont tant soit peu conscience & de probité, de le publier pour le plus grand fourbe & imposteur qui soit en Italie. Praestigiator ille, nam quo alio cum nomine appellem nescio, ce sont les paroles de Janus Nicius en l'epistre rapportée par le sieur Leone Allatio, qui suis quasi cantionibus homines immutare, atque aliam illis formam & imaginem dare conatur, ille inquam, qui Ignatium virum sanctissimum, notissimumque in Eneconem nescio quem vertit, proximo superiore anno, novis ut ita dicam cantionibus, non magis impudenter quàm stultè, fucum est nobis facere conatus, ac rem unam pro alia obtrudere [De Occid. & Orient. Eccles. Perpet. Consensione lib. 1. cap. 6. p. 131] Et apres ces tesmoignages si authentiques, contre ce faussaire, pourra-t'on adjouster foy à cette belle metamorphose qu'il luy a pleu faire, d'un Gentilhomme bien né, & assez accommodé des biens de fortune, pour se contenter de la part que Dieu luy en avoit faite, un un pauvre marchand Chapelier, Boutonnier, & qui plus est Banqueroutier, comme il a fait du pere du Cardinal. Mais quoy il se vouloit peut estre vanger de quelque differend qu'il avoit eu avec le Pere Jules Mazarin Jesuite touchant la fondation de certains Colleges en Sicile, puisque ledit Pere au rapport d'Alegambe, Studia quaedam erexit in Sicilia, où cet imposteur avoit pareillement dessein d'en establir pour quelques Religieux de son Ordre; ou bien parce qu'il avoit trouvé quelque Matarin, ou Mascarin, ou Marcasin, aux environs de Palerme, qu'il s'est imaginé de pouvoir faire passer pour Mazarin, ne plus ne moins qu'il changea il y a plus de vingt-cinq ans Gerson en Gersen, afin de faire croire au monde que les livres de Imitatione Christi de Thomas à Kempis publiez anciennement je ne sçay quelle inadvertence, sous le nom de ce fameux Chancelier de Paris Jean Gerson, avoient esté faits par un Abbé de l'Ordre de S. Benoist nommé Jean Gersen. Et certes puis que Gregoire XIII. comme a fort bien remarqué ce dernier Honneur de la Grece Leone Allatio, en la seconde edition de la Censure contre les Antiquitez de Volterre, ou plustost de ces Fragmenta Etrusca, publiez par le sieur Inghiramo, fit punir de mort un certain Alfonso Ciracarelli da Bevagna, parce qu'il fut convaincu d'avoir commis beaucoup de faussetez en matieres d'Histoires & de Genealogies: je ne sçay pourquoi l'on n'empesche point à Rome ce Moine Crotté, d'en publier tous les jours de si remarquables, tant en l'Histoire Ecclesiastique, que profane ou civile, Jugement [...]«, Vienne, Bibliothèque d'État, ms 7071, p. 46–48. Sur l'appui qu'il obtient de ses amis italiens, voir *infra*.

[37] Joannes Gersen, abbas Vercel. ord. S. Benedicti, auctor libb. de Imit. Christi iterum assertus, a Domno Roberto Quatremaires, [...] contra refutationem P. Joan. Fronteau, Parisiis: apud J. Billaine, 1650; Argumentum chronologicum contra Kempensem, quo Thomam a Kempis non fuisse, nec esse potuisse authorem librorum de Imitatione Christi, adversus Joannis Frontonis, [...] (Thomam a Kempis vindicatum) demonstratur per Franciscum Valgravium [...], Parisiis: sumptibus J. Billaine, 1650.

des chanoines de Saint-Augustin (en oubliant de préciser que ce n'était pas le cas au moment de l'expertise). C'est alors de façon apparente que Naudé, le 17 août 1650, porte l'affaire sur le terrain juridique, en demandant la censure des écrits des bénédictins devant le préfet de Paris, obtenant le séquestre des ouvrages de Robert Quatremaires et de François Valgrave.

Parallèlement, il tente d'obtenir une »conférence« en présence de toutes les parties et d'arbitres désignés, sur le modèle de celle qui avait opposé Ramus et Charpentier sous l'autorité du cardinal de Lorraine (1565), et, plus récemment, Richelieu n'avait pas hésité à réunir une commission pour juger de la valeur de la méthode de Morin pour calculer les longitudes[38]. Cette »conférence« n'aura jamais lieu.

En revanche, les bénédictins contre-attaquent, sur le terrain juridique comme sur celui de la controverse. Ils parviennent à faire lever la saisie, poursuivent à leur tour Naudé et publient un *factum*, dans lequel, entre autres accusations, ils reviennent sur les invectives du »Mascurat« lancées contre Gaetani et en particulier sur le mot »rabougri«, injure qui à elle seule »merite punition exemplaire«, si l'on veut bien y voir une allusion à »bougre« (sodomite)[39]. Naudé ne niera pas avoir traité l'abbé de »rabougri« (le »Mascurat« avait été publié sans nom d'auteur, mais l'attribution ne faisait aucun doute) et retournera même l'injure, non sans provocation, contre Quatremaires[40], mais il prendra cette accusation d'avoir voulu suggérer que le bon père faussaire était de plus sodomite suffisamment au sérieux pour se justifier et disserter longuement sur le sens du terme et son étymologie et surtout pour solliciter une consultation officielle de l'Académie française sur le sens du terme. Ainsi publiera-t-il, dans un *factum* de 1651, le »sentiment« de l'Académie, par l'entremise de deux signatures amies (La Mothe le Vayer et Colletet), où il apparaît que le terme »rabougri« désigne une malformation physique et nullement un vice ou une faute morale, faisant ainsi un usage à la fois juridique et polémique de cette très officielle et artificieuse attestation[41].

---

[38] Voir la lettre de Naudé du 24 novembre 1650 au chanoine génovéfain Boulart, transcrite et annotée par F. Queyroux, dans sa thèse (voir n. 34).

[39] Factum pour dom Placide Roussel, prieur de l'abbaye Saint-Germain-des-Prés, ordre S. Benoît, congrégation S. Maur, et dom Robert Quatremaire, religieux de ladite abbaye, défendeurs, les religieux bénédictins de ladite congrégation S. Maur intervenants et incidemment demandeurs, contre maître Gabriel Naudé, médecin et prieur commendataire de l'Artige, ordre de S. Augustin, demandeur et défendeur, s. l. 1651.

[40] »le bon P. Quatremaire, qui est si *Rabougri* luy-mesme«, Raisons péremptoires […], ibid.

[41] »vous sçaurez que Monsieur Conrart proposa hier à Messieurs de l'Academie vostre mot Rabougry, pour sçavoir la vraye & naïve signification. Quoy que la Compagnie fust alors fort grande, si est ce qu'il n'y eut point en cela de divers advis. Car tous nos Messieurs demeurent unanimement d'accord, que ce mot ne signifioit rien autre chose qu'un corps imparfait, entassé & racourcy. Et pour le justifier encore, on rapporta quelques articles des Ordonnances sur le sujet des forest, où il est fait mention de certains arbres, qui y sont nommez Rabougris, pour dire, qu'ils n'ont pas toute leur juste croissance. J'adjousteay que l'on disoit aussi un fruit rabougry, une poire ou une pomme rabougrie, pour dire tantost vieille & ridée, & tantost avortée, qui n'a ny toute sa consistence, ny toute sa maturité requise; ce qui me fait croire que ce mot pourroit bien eriver du mot Latin Abortius, & c'est aussi le sentiment de quelques uns de nos plus doctes amis. Quoy qu'il en soit, il est certain, & la Compagnie l'a conclu tout d'une voix,

Il est très important de souligner que Naudé n'agit pas seul, mais en constante liaison avec les chanoines de Sainte-Geneviève, où il réside d'ailleurs. On peut même dire que, au plus fort de la polémique, Naudé, loin d'apparaître comme un héros solitaire de la république des lettres qui récuse les positions partisanes, sert les intérêts moraux de l'ordre auquel Kempis appartenait. Par son intervention, on peut dire qu'il soutient et seconde les efforts du génovéfain Fronteau. Du reste, en juillet 1651 les chanoines de Sainte-Geneviève s'engagent eux-mêmes dans la bataille juridique, comme »parties intervenantes en la cause«, et les chanoines réguliers de Saint-Victor se joignent à eux au début de l'année suivante. Par ailleurs le chanoine Boulart, avec lequel Naudé est en contact permanent, rédige une circulaire destinée à tous les monastères de l'ordre afin de collecter des manuscrits de l'»Imitatio« où le nom de Kempis apparaît[42].

Sur le terrain de la controverse, Naudé se montre d'une activité proprement frénétique. Il sollicite l'aide de ses anciens amis et protecteurs italiens – Leo Allaccio, Lucas Holstein, Cassiano Dal Pozzo, Francesco Barberini lui-même – pour attester sa bonne foi et la raison de sa cause, obtient des textes de trois d'entre eux, qu'il fait publier[43]. Il parvient ainsi à mobiliser des membres éminents de la république des lettres, ou plus exactement les membres de son propre réseau romain, mais leur apport est intégré à un ensemble où l'action politico-juridique est première et déterminante, et où Naudé est devenu, de fait, comme on l'a dit, un auteur au service des génovéfains. Ceux-ci, du reste, se montrent d'une vitalité polémique remarquable, à travers une série de publications en latin et en français[44]. Mais Naudé travaille tout autant à se ménager tous les

que ce mot ne designoit aucune corruption, ny depravation de moeurs, & n'eut jamais ce sens obscene que quelques-uns luy veulent donner«. Cette missive, datée du 4 janvier, est signée du nom de Colletet. Mais elle ne satisfit pas tout à fait Naudé, s'il est vrai qu'il revient à la charge le 17 février par le mot suivant destiné à Le Vayer, qui lui fera une réponse tout à fait similaire à celle de Colletet: »L'Autheur d'un Livre du temps, s'estant servy du mot de *Rabougry*, en parlant d'un homme qui estoit petit et mal-fait, il se trouve que quelques siens amis l'ont pris pour une injure, comme si on l'avoit voulu taxer d'un crime en ses moeurs, à quoy il y a bien de l'apparence que l'on n'a point pensé. Et pour ce qu'en mon particulier, je croy aussi que cette parole n'a jamais esté prise en un si mauvais sens, je vous prie de sçavoir determinément de Messieurs de l'Academie Françoise, auquel j'ay sceu que Monsieur Conrart en avoit desia parlé, quelle est sa vraye signification, & si elle a esté quelquefois employée en si mauvaise part«. Naudé publie ces textes dans son »Advis publié pour la seconde fois sur le factum des PP. Dom Placide Roussel, Prieur de l'Abbaye S. Germain des Prez, Dom Robert Quatremaire, Religieux deladite Abbaye. Et les Religieux Benedictins de la Congregation de sainct Maur, intervenans. Contre Maistre Gabriel Naudé«, qui se trouve dans: Placet imprimé des PP. bénédictins, demandeurs en fait de mainlevée, contre maître Gabriel Naudé, défendeur, avec les réponses et corrections dudit Naudé, [...] ensemble un Avis sur le factum desdits pères bénédictins, s.l. 1651, p. 22–24.

[42] Cette correspondance (éditée par F. QUEYROUX), le texte de la circulaire et de nombreuses autres pièces se trouvent à la bibliothèque Sainte-Geneviève, ms 289 et 290.

[43] Testimonium adversus Gersenistas triplex: Lucae Holstenii, Leonis Allatii, Camilli de Capua, [...] ab Anton. Franc. Payen, [...] literis consignatum, Parisiis: S. et G. Cramoisy, 1652.

[44] Outre ceux de Jean Fronteau, voir les ouvrages des pères G. de Boissy et Desnos. En particulier: Jean FRONTEAU, La Contestation touchant l'auteur de l'Imitation de Jésus-Christ rendue manifeste par l'opposition de toutes les preuves proposées par les bénédictins et les chanoines

soutiens possibles hors des génovéfains et intervient dans trois ouvrages kempistes au moins produits par des ecclésiastiques d'horizons divers[45]. Il publie lui-même, outre le *factum* déjà cité, un ouvrage substantiel en latin entièrement consacré à l'affaire – mais, comme tous ses autres ouvrages, plein de particularités érudites[46] – et un pamphlet en français reprenant, résumant et précisant les arguments avancés dans le précédent[47]. Naudé, évidemment, y réfute point par point les accusations formulées par les bénédictins à son encontre, mais surtout demande que l'on refasse l'expertise des manuscrits, requête que ses adversaires ne cessent d'éluder. Il se propose lui-même »de consigner douze cents livres, pour estre converties au profit de l'Hostel Dieu, au cas que les Benedictins luy permissent de faire venir ces MSS et qu'ils ne fussent trouvez conformes à la Relation qu'il en avoit donnée [...]«[48]. Contre ses adversaires, Naudé ne désarme pas, la polémique devenant même une mise en cause de l'ordre de Saint-Benoît comme tel, s'il est vrai qu'il dresse une très longue liste, extraordinairement documentée, à son habitude, de tous les faux – faux privilèges, indults, octrois, fausses lettres, etc. – produits par les religieux bénédictins depuis les temps les plus anciens. Ainsi les impostures et les falsifications de Gaetani ne sont-elles pas une déplorable exception, mais la règle même, si l'on peut dire, de l'ordre bénédictin depuis sa fondation.

On pourrait avoir l'impression, à lire ces pages téméraires, que Naudé cette fois va trop loin. Il finit pourtant par obtenir satisfaction sur l'essentiel: par un décret du 12 février 1652, le parlement de Paris »fait defense d'imprimer le livre *De Imitatione Christi* sous le nom de Jean Gersen, abbé de Verceil; permet audit abbé et aux religieux de Sainte-Geneviève et de Saint-Victor de continuer à les faire imprimer au nom de Thomas a Kempis, et défend aux parties de plus récidiver, sans dépens«[49]. Ainsi la querelle, loin

---

réguliers, divisée en trois parties, avec les preuves justificatives du droit de Thomas de Kempis, Paris: S. et G. Cramoisy, 1652.

[45] Thomas CARRE [Miles Pinkney], Thomas de Kempis a seipsa restitutus, Paris, Vidua H. Blageart, 1651; Theophilus EUSTATHIUS [très probablement Michel Constantin], Argumenta duo nova, primum Theophili Eustathii P. T. [...] Alterum J. Frontonis [...] quibus demonstratur adversus Pseudo-Gersenistas Thomas Kempensem verum esse auctorem librorum de Imitatione Christi, Paris, Cramoisy 1651; Georgius HESER, S. J., Adversus pseudo-Gersenistas praemonitio nova, Paris 1651. Sur cette intense activité éditoriale, voir Paul Oscar KRISTELLER, Between the Italian Renaissance and the French Enlightenment: Gabriel Naudé as an Editor, dans: Renaissance Quarterly 31/1 (1979), p. 41–71.

[46] Gabriel NAUDÉ, Causae Kempensis conjectio pro curia romana a Gabriele Naudaeo actore et sodales quosdam Benedictinos quinque falsitatum arcessente, scripta [...], Paris 1651.

[47] ID., Raisons peremptoires de maître Gabriel Naudé [...] contre D. Placide Roussel, Robert Quatremaire et François Valgrave, religieux bénédictins defendeurs, & demandeurs en mainlevée des livres sur eux saisis. Et les Congregations de Sainct Maur & de Clugny intervenantes. Pour montrer que les IV Mss. de Rome dont les dits bénédictins se servent pour ôter le livre de l'Imitation de Jésus-Christ à Thomas de Kempis et le donner à un supposé Gersen, sont falsifiez et qu'ils ne peuvent l'avoir esté que par le nommé Constantin Cajetan, religieux bénédictin, ou par quelque autre du mesme ordre [...] s.l.n.d. [1651].

[48] Ibid., p. 13.

[49] Jugement contradictoire de nosseigneurs des Requêtes du Palais du parlement de Paris, après six audiences, sur la contestation mue entre les chanoines réguliers de S. Augustin de la

de se régler sur le terrain des lettres, est-elle tranchée par décision de justice: le parlement de Paris intervenant pour interdire la publication de l'»Imitation« sous le nom de Gersen, au profit de celui de Kempis. Un critique moderne, gerséniste acharné, a beau jeu de remarquer combien »ces magistrats se montrèrent plutôt présomptueux en s'arrogeant le droit de légiférer dans une question storico-littéraire; quelle valeur pouvait avoir leur verdict dans la république des lettres?«[50] En effet, la querelle n'était pas réglée pour autant, et Naudé lui-même eut le temps d'écrire avant de mourir, l'année suivante, une réfutation d'un ouvrage de Jean de Launoy dirigé contre les arguments kempistes[51].

CODA 2
UNE QUERELLE INDÉFINIMENT RECONDUITE

Mais surtout, chose notable dans les annales de la république des lettres, la querelle sur l'attribution de l'»Imitation« se poursuit aujourd'hui encore et en des termes, comme le remarque un auteur, tout à fait similaires à ceux du XVIIe siècle, concernant en tout cas la distribution des camps, puisque kempistes, gersonistes et gersenistes sont toujours en lice[52]. Il est frappant de constater comment, dans les travaux les plus impartiaux, les arguments de fond contre l'attribution à Gersen (étrangement soutenue par, entre autres défenseurs, un… chanoine régulier de Saint-Augustin[53]) restent ceux-là mêmes qui étaient avancés par Naudé, mais interprétés *a minima*. On veut dire par là qu'ils se ramènent tous en substance à des erreurs de copie et de lecture du nom de Gerson, sans qu'ils s'aventurent jusqu'à suggérer d'éventuelles malversations[54]. Mais

congrégation de France, et les religieux bénédictins de la congrégation de S. Maur, portant que les livres de l'Imitation de Jésus-Christ seront dorénavant imprimés au nom de Thomas à Kempis, chanoine régulier de S. Augustin, et que défenses sont faites de les plus imprimer sous celui d'un supposé Jean Gersen, prétendu bénédictin. Du 12 février 1652, *factum*, 1652.

[50] Tiburzio LUPO, L'Imitazione di Cristo e il suo autore […], vol. 1, Torino 1964, p. 137 (nous traduisons).

[51] Réponse aux remarques sommaires du sieur Jean de Launoy. […] touchant l'auteur des IV livres de l'Im., adressé à l'auteur de la Contestation rendue manifeste, chanoine régulier de Saint-Augustin, par Gabriel Naudé, bibliothécaire de la sérénissime reine de Suède, Paris 1653.

[52] Voir, pour la thèse gersoniste, toujours défendue par les gallicans: Examen d'une question célèbre qu'a fait naître l'humilité de Gerson, et qui, pendant deux siècles, a partagé le monde savant, Le Gallican, juillet 1983 http://www.gallican.org/gerson4.htm (29/03/10). Un nouveau candidat, mais défendu avec une beaucoup plus grande prudence philologique, est apparu: Conradum de Fritzlaria (seconde moitié du XIVe siècle).

[53] Brian MCNEIL, De »L'Imitation de Jésus-Christ«, traduit de l'anglais par Éliane Utudjian Saint-André, Paris 2002. Ses arguments, d'une rare indigence philologique, sont contestés dans une postface par G. Epiney-Burgard, plutôt kempiste, qui remarque: »régulièrement, on projette de reprendre à zéro l'étude des manuscrits et de leurs variantes, ce qui serait aujourd'hui facilité par l'usage de l'ordinateur«, p. 137. Mais l'ordinateur ne fait pas tout; il faudrait peut-être y ajouter un esprit critique à la Naudé ou à la Bayle!

[54] Voir la notice de B. SPAAPEN, »Imitatio Christi«, dans: Dictionnaire de spiritualité, t. VII, col. 2338–2363; et Albert AMPE, S. J., L'»Imitation de Jésus-Christ« et son auteur, Rome 1973.

aussi peut-on constater que l'expertise de Naudé n'est, dans aucun des travaux, prise au sérieux ni véritablement en considération, même si, pour un des documents au moins, elle est corroborée par la critique[55]. L'accusation surtout de falsification de la part de Gaetani se trouve rejetée *a priori*, sans aucune justification. La notice récente consacrée à l'abbé dans la »Biografia degli Italiani« dit seulement: »Naudé tenta même de certifier les falsifications de Gaetani mais la critique moderne ne donne aucun crédit à cette initiative«[56]. Le bibliophile semble en outre s'être discrédité par les propos satiriques du »Mascurat«: »Une harangère en colère serait un exemple de modération en comparaison de ce M. Naudé«, disait déjà le dominicain Thuillier en 1724, repris par Mgr Puyol[57]: »Mais aussi, dit celui-ci, qu'allait-il se jeter en une aventure semblable? Surtout pourquoi tant d'impétuosité, d'irréflexion et d'étourderie? Lui, un avisé, un politique, un raffiné, il prenait couleur, sans nécessité, sans intérêt, en une question de corps; et il intervenait tout à la fois avec rudesse et légèreté dans une querelle où était engagé l'amour-propre littéraire et national!«[58] Outre le fait que ces textes montrent combien les modes d'expression dans les querelles lettrées ont changé depuis l'époque de la Fronde, jusqu'à rendre incompréhensible la verve satirique de Naudé, on voit aussi que l'idéal d'une république des lettres résolument critique est encore loin d'être partagé par un professeur de Sorbonne (certes, engagé dans les prélatures) au tournant de 1900. Certains vont plus loin encore, discréditant la figure morale de Naudé. Ainsi, en 1964, le salésien gerséniste Tiburzio Lupo, celui-là même qui s'offusquait de l'intrusion abusive du parlement de Paris sur les terres de la république des lettres, fait-il dire à Sainte-Beuve que le bibliophile était »un homme abominable sous tous les aspects«, et que son expertise est donc indigne d'une quelconque confiance[59]. Évidemment, Sainte-Beuve, qui composa un fort beau portrait littéraire de Naudé, ne dit jamais rien de tel; mais dans cette histoire nous n'en sommes pas à une imposture près!

---

[55] À propos des ajouts manuscrits sur l'exemplaire de l'édition de L'»Imitatio« vénitienne (exemplaire dit »Genuensis«): ce qui acheva de discréditer cette note qui mentionnait le nom de Joannes »ce fut le témoignage, non pas de Naudé; il était suspect [*sic*!], mais d'Ughelli, de Wadding et de Victorelli, qui déclarèrent que l'inscription portait bien le mot de Joannes, mais que ce mot avait été grossièrement substitué à celui de Thomas, que l'on pouvait encore lire distinctement sous la surcharge«, Pierre Édouard PUYOL, L'auteur du livre »De imitatione Christi«, Paris 1900, 1re section: La contestation, t. I, p. 225. F. Queyroux, conservateur à la bibliothèque de l'Institut de France, après avoir examiné les trois manuscrits incriminés (aujourd'hui conservés à Paris, Bibliothèque nationale, lat. 13603, 13599 et 13605), a pu constater l'exactitude et la précision de la description de Naudé.
[56] M. CERESA, notice »Constantino Gaetani«, dans: Dizionario biografico degli italiani, vol. LI, p. 191.
[57] Vincent THUILLIER, Histoire de la contestation sur l'auteur du livre de l'Imitation de J.-C., Paris 1724, p. 19, cité dans PUYOL, L'auteur du livre »De imitatione Christi« (voir n. 55), p. 113.
[58] Ibid.
[59] LUPO, L'Imitazione di Cristo (voir n. 50), p. 336.

ANNEXE

Copie du rapport d'expertise de Naudé envoyé aux frères Dupuy, traduit du latin par Jean Fronteau, La Contestation touchant l'auteur de l'Imitation de Jésus-Christ rendue manifeste par l'opposition de toutes les preuves proposées par les bénédictins et les chanoines réguliers, divisée en trois parties, avec les preuves justificatives du droit de Thomas de Kempis, Paris, S. et G. Cramoisy, 1652.

[p. 155]

RELATION DE L'EXAMEN FAIT À ROME DE QUATRE MANUSCRITS DONT ON VOULOIT SE PREVALOIR POUR JEAN GERSEN

À la posterité.

Les Peres Benedictins ayant eu advis que le livre de l'Imitation s'imprimoit à Paris dans le Louvre aux despens du Roy, de grand papier & d'une lettre plus grande que les ordinaires, & vrayement digne de sa Majesté, furent trouver l'Eminentissime Cardinal de Richelieu, & le prierent de ne pas permettre que dans l'impression de cette excellente œuvre, on donnast lieu à l'erreur par lequel on l'avoit vulgairement attribué à Thomas de Kempis, veu qu'il appartient plustost à Jean Gersen Abbé de Vercelles de l'ordre de saint Benoist, comme il apparoist plus clair que le jour tant des livres que l'Abbé Constantin a donné au public touchant cette matiere, que de la foy de plusieurs Manuscrits, dont la plus grande partie estoit gardée à Rome en la maison du mesme Abbé Constantin Caëtan avec le titre veritable & non falsifié de Jean Gersen, & non pas de Thomas de Kempis. L'Eminentissime Cardinal ne refusa point d'octroyer leur demande pourveu que les Benedictins de Rome representassent ces Manuscrits à quelque personne recommendable en dignité ou en doctrine, qui pust attester [156] avoir veu ces Manuscrits, les avoir diligemment examinez, & qu'on les jugeoit tels qu'on pouvoit certainement s'y asseurer. À ce sujet le P. Placide, pour deuëment s'acquiter de la charge qui luy avoit été donnée, vint trouver l'Eminentissime Cardinal de Bagny le 30 du mois de Janvier 1641 duquel ayant facilement obtenu que toute cette affaire se passeroit en sa presence, le lendemain 31 du mesme mois & an, environ sur les 16 heures, le mesme P. Placide retourna, & avec luy estoit le P. Jean, tous deux Procureurs de l'ordre de sainct Benoist de la Congregation de sainct Maur, & apporterent quatre livres, lesquels moy Gabriel Naudé domestique dudit Cardinal, & son perpetuel Commensal, je monstray audit Eminentissime afin qu'il en portast jugement suivant l'experience qu'il avoit acquise dans les Archives tant à Avignon qu'à Riette, du discernement du temps & de la difference des plus anciens caracteres. Mais il jugea plus à propos qu'on prist deux Juges experts, qui en sa presence examineroient exactement cesdits livres, & qui en diroient leurs advis, qu'un Notaire public recevroit en sa presence & de quelques autres témoins. C'est pourquoy ayant été choisi sans l'avoir recherché par lesdits Peres pour l'un des Juges, & ayant fait en sorte par ensemble que Floravante Martinelli tinst la place du second, je conduisis lesdits Peres au logis d'Adrien Gallus Notaire tres connû en la ruë dei Banchi, & je luy donnay ordre de la part de mondit Seigneur le Cardinal de Bagny, pour commencer ce qu'il devoit faire après midy en presence dudit Cardinal, de reduire en forme d'instrument public, la description de ces quatre volumes, laquelle le [157] Pere Jean avoit apportée, recueillie ou par luy, ou par un autre avec beaucoup de diligence & tres-conforme à la verité, & ensemble les noms des Juges choisis, afin que incontinant après disner on pust plus facilement achever cette perquisition devant le susdit Eminentissime. Ces choses s'estant ainsi passées, m'estant ensuite retiré seul en ma chambre je commençay, avec un grand desir de satisfaire à ma conscience, de feüilleter lesdits livres, & considerant tout de bien près, je trouvay que le livre du sieur Leone Allatio (*c'est le Manuscrit qu'ils appellent Biscianus ou Romanus*[60]) portoit à la verité le titre de Joannis de Canabaco, mais en telle maniere, que le mot de *Canabaco* paroissoit comme ômis par l'Ecrivain, hors de la ligne, & un peu au dessus. D'autant neantmoins que cette omission pouvoit venir de l'escrivain, d'ailleurs estant de mesme main, escrite & couchée de mesme couleur; sans m'arrester à cette difficulté, je feüilletay & vis diligemment l'un après l'autre tous les traitez qui estoient dans le mesme volume, afin que s'il y avoit quelque datte je la pûsse trouver, & de là tirer quelque conjecture du temps qu'a été écrit le livre de l'Imitation. Je rencontray donc une Bulle d'une certain Legat Apostolique en Allemagne, décrite en un seul feüillet de parchemin, & donnée à Vienne l'an 1448. Ce qui me fit conjecturer, l'escriture de la Bulle estant la mesme que celle du livre de l'Imitation, que ce livret ne pouvoit en aucune façon avoir été écrit avant l'année 1448. Mais plutost beaucoup après, la Bulle ayant pû estre copiée seulement en 1480 ou au plus tard en 1500 pour ce que l'estat de cette escriture à peine permet-il qu'on la doive [158] juger plus ancienne que ce temps. Ensuitte ayant pris entre mes mains le second Manuscrit, *(C'est celuy qu'il appellent de Mantouë*[61]) je consideray premierement en son titre une inversion de paroles & un ordre tout à rebours, en cette maniere: *Incipit liber Ionannis Gersen primus,* incontinant j'apperceus des effaceures d'un titre precedent & plus ancien, duquel le nouveau suradjousté n'avoit pû bien couvrir certaines traces, comme, *IHO*, & quelques moitiez d'autres lettres, car elle paroissoient aussi tost qu'on les regardoit avec un peu d'attention. Et l'on ne pouvoit pas dire qu'elles fussent des traits des lettres qui estoient à l'opposite au revers du feüillet, pource qu'après Monsieur Floravante & les mesmes Peres, les perçant par la pointe d'un ganif, reconnurent qu'il y avoit de la diversité. Enfin ces paroles liber Ionnis Gersen primus, estoient écrites d'un rouge beaucoup plus reluisant que les suivantes, *de contemptu mundi & Imitatione Christi*: En sorte que de cette seule difference du rouge ou du vermillon, la fraude pouvoit estre manifeste à un aveugle, pour ne pas dire qu'il se trouve plusieurs autres marques en ce titre qui le font aussitost soupçonner de fraude & de mensonge. C'est pourquoy bien que la Congregation de saincte Justine ait été en oubly depuis plus de deux cent ans, il est certain que cela ne donne aucune antiquité à ce titre, puiqu'il est tout à fait faux, & sur-adjousté à un autre

---

[60] Codex Allatianus, Paris, BN, fonds Latin 13605.
[61] Codex Mantuanus, Paris, BN, fonds Latin 13603.

plus ancien, quoy que pareillement faux, sçavoir *Ioannis Gerson*, à cause de ces trois vieilles lettres *IHO*, non pas, par un simple changement de Gerson en Gersen, mais par un renversement & changement de [159] tout le titre: de peur que le mot Cancellarij estant laissé, ou quelque autre qui ne pouvoit pas si bien convenir à Gersen, il ne fist naistre l'occasion de découvrir la fraude: Car autrement la lettre, O, du nom de Gerson, pouvoit tres-commodement estre changée en lettre, E, qui fait Gersen, de la mesme sorte qu'il est arrivé sur la fin de ce manuscrit en ces paroles, *Explicit liber quartus Ioannis Gersen de sacramento Eucharistiae*: Car je ne fais aucun doute qu'il y avoit auparavant Ioannis Gerson. Mais crainte que cette derniere inscription ne donnast lieu de connoistre la fraude de la premiere, elles ont souffert toutes deux la mesme violence. Je me tournay par après au troisième Manuscrit, (*c'est celuy qu'ils appellent de Cave*[62]) & ayant regardé attentivement la representation du moine Benedictin qui porte une croix en main, je n'ay pû me persuader que ce fust plustost l'Image de Jean Gersen, (comme l'a voulu l'Abbé Constantin qui l'a fait graver sur l'airain [en y ajoutant au dessous le nom de Gersen[63]]) que celle de sainct Benoist ou d'un autre Sainct, ou mesme d'un moine Benedictin pris indeterminement, dont le propre est de porter la croix de penitence, de la discipline, des jeunes &c. veu principalement que dans les premieres pages de ce livre sont ces mots: Iste liber est Congregationis Cassinensis, & peu après asseruatur in monasterio Cavae. Ce qui me fit aussi tost juger, ce livret estant sur la fin mutilé, sans nom d'Autheur, ny marque aucune de temps, que cette image avoit trompé l'Abbé Caëtan, & qu'on ne pouvoit pas conclure par aucune raison probable, qu'elle fust plustost l'image de l'Autheur de ce livre, que de quelqu'autre Benedictin qui n'aura rien de commun avec cet autheur. [160] Je feüilletay enfin le quatrième livre, non pas Manuscrit, mais imprimé (*c'est celuy qu'ils appellent de Genes*[64]). Et pour ce qui regarde l'escriture adjoustée à la fin, que ces Peres pretendoient avoir esté tracée avant qu'il y eut doute formé entre les Jesuites & les Benedictins touchant l'Autheur du livre de l'Imitation, je trouvay que la chose alloit tout autrement, car elle est extrèmement nouvelle, & ce qui est de principal, c'est qu'elle est malade du mesme mal que le titre du second livre, pour ce qu'elle est fausse & suradjoustée à une autre plus ancienne, d'un artifice si grossier, que les ratures des mots apparoissent toutes entieres, sçavoir en certains vuides qui sont restez, & les autres mots, qui y sont exprimez, donnent à connoistre le mal, ou au commencement ou à la fin. Et entre autres choses, du mot Thomas qui se lisoit en la premier écriture, on a formé si mal proprement qui soit esté, cét autre mot Ioannes, que Monsieur Vincenzo Galeotti Auditeur (comme on dit vulgairement) de Monseigneur l'Eminentissime Cardinal, venant à lire cette écriture, de bonne foy & sans se tenir sur ses gardes pour quelque soupçon de fausseté, prononça Thomas, & non pas Joannes, ce qui pouvoit m'arriver avant luy de mesme qu'à tout autre. Ayant fait mon rapport de toutes ces choses, à Monseigneur l'Eminentissime Cardinal, & luy mesme ayant apperceu de ses

---

[62] Codex Cavensis, Paris, BN, fonds Latin 13599.
[63] La traduction proposée par Fronteau est à cet endroit lacunaire.
[64] Venise, 1501, J. B. Sessa.

propres yeux par une attentive inspection, que les choses estoient ainsi que je les avois remarquées dans les livres; il voulut neantmoins [161] que Monsieur Floravante en portast aussi son jugement, lequel s'estant rendu l'apres disnée en mon estude, & ayant examiné les raisons & les fondements de ces faussetez & oppositions, ne pût rien trouver de contraire à mon jugement, mais se mit plustost à admirer la malice de ces personnes, qui bouleversent toutes choses pour contenter leurs affections & soustenir des opinions qu'ils ont une fois conceuës. Qu'arriva-t'il enfin ? Les Peres Placide & Jean vindrent aussi-tost, & amenerent en leur compagnie le Notaire, avec la feüille cy attachée, pour recevoir la relation que Monsieur Floravante & Moy devions faire en presence de Monseigneur le Cardinal de l'examen & inspection de ces livres. Pour moy j'advertis le Pere Placide des faussetez, & les ayant de nouveau examinez en presence aussi du Pere Jean, de Monsieur Floravante, & mesme du Notaire, ils furent si manifestement convaincus de chacune fausseté en particulier, que lesdits Peres declarerent hautement, qu'ils n'avoient que faire qu'on dressast cét instrument par lequel leur cause seroit plustot perduë & étouffée. Ce fut aussi le sentiment de Monsieur Vincenzo Galeotti Auditeur nommé, & enfin celuy de Monseigneur le Cardinal de Bagny; que le Pere Placide alla voir à dessein seulement de sçavoir quelle estoit sa pensée touchant ces Manuscrits, & laquelle il reconnût consister principalement à asseurer que ces Manuscrits ne contenoient rien de sain, rien de bon, ou de vray; aussitost le mesme Pere Placide ayant protesté auparavant qu'il n'avoit rien sceu de tant de faussetez & resveries, recompensa le Notaire pour la moitié de son instrument, [162] comme s'il eust été entier, & nous remercia tous du travail que nous avions diligemment employé, nous asseurant que doresnavant, ny les Peres Benedictins, ny aucune autre personne, ne pourroient l'engager à traiter de semblables affaires. Peu après Moy Gabriel Naudé, ayant retiré du Notaire ce qu'il avoit commencé à dresser de cét Acte, je crû qu'il estoit à propos d'y attacher au bas le narré de toute l'histoire, crainte que faute de la sçavoir, la verité de la question touchant l'Autheur des livres de l'Imitation de I. Chr. ne demeure opprimée, par des faussaires & des trompeurs. Fait à Rome dans le Palais de l'Eminentissime Cardinal de Bagny le dernier jour de Janvier 1641.

Signé, Moy, GABRIEL NAUDÉ le mesme que dessus.

Je Vincenzo Galeotti nommé cy-dessus confesse que tout ce qui est rapporté en cette presente écriture est veritable, & que toutes ces choses se sont pasées comme elles sont racontées. En foy de quoy j'ay icy souscrit. À Rome, ce jour 16 septembre 1645.

VINCENZO GALEOTTI de ma main propre.

LAURIE CATTEEUW

Le paradoxe des mystères publiés
La raison d'État entre censure et publication
(XVIe–XVIIe siècle)

»Nouveau miracle de l'industrie humaine« comparé à l'invention de la boussole et du canon[1], l'imprimerie participa à l'élaboration de l'État moderne[2]. Son usage a en effet induit de profondes évolutions: provoquant une véritable révolution des pratiques de la lecture, vecteur de »l'expansion de la république des lettres«[3], l'imprimerie fit naître un nouveau public de lecteurs. En déplaçant les frontières de l'accès à l'information, elle suscita au niveau politique le développement d'une dialectique entre secret et publication, entre dissimulation et dévoilement – qui, pour n'être pas nouvelle dans le domaine, prit, face aux avancées techniques, un tour de plus en plus paradoxal.

Saisissant toute la puissance de l'invention, »les souverains modernes décidèrent très tôt d'exploiter l'imprimerie«[4]. Mais pareil à une »flammèche« des plus dangereuses, qui »excite bien souvent un grand feu, lorsque les embrasements ont coutume de se renforcer à mesure qu'on les néglige«[5], l'imprimé est d'emblée perçu dans sa dualité – tour à tour remède ou poison selon l'esprit qui l'anime et les idées qu'il propage. L'imprimerie se révèle donc simultanément »profitable« et »nuisible«[6].

La »facilité d'imprimer et de transporter les livres«[7] compte parmi les causes de »grandes révolutions, et de changements en la police et en la religion«[8]; mais l'imprimé constitue aussi le moyen de mener le peuple »par le bout du nez« et ainsi de

---

[1] Gabriel NAUDÉ, Addition à l'histoire de Louis XI (1630), Paris 1999, p. 122–123. Cette comparaison apparaît à plusieurs reprises dans l'œuvre de Naudé, notamment Addition [...], et Jugement de tout ce qui a esté imprimé contre le cardinal Mazarin, depuis le sixième Janvier, jusques à la déclaration du premier Avril mil six cens quarante neuf, s.l.n.d., p. 521–523. Dans l'Apologie pour tous les grands personnages faussement soupçonnez de magie (1625), éd. par Jacques PRÉVÔT, dans: Libertins du XVIIe siècle, t. I, Paris 1998, p. 172, Naudé joint l'invention du canon et celle de l'imprimerie à la découverte du Nouveau Monde – toutes trois étant comparables en certains de leurs effets.
[2] Voir Elizabeth L. EISENSTEIN, La révolution de l'imprimé dans l'Europe des premiers Temps modernes, trad. de Maud Sissung et Marc Duchamp, Paris 1991, p. 122, qui cite sur ce point Joseph Klaits à propos de »l'importance que le cardinal de Richelieu attachait à l'imprimé dans ses objectifs de construction de l'État« (voir Joseph KLAITS, Printed Propaganda under Louis XIV, Princeton 1976, p. 7).
[3] EISENSTEIN, La révolution de l'imprimé (voir n. 2), Ire part., chap. IV, p. 117–135.
[4] Ibid., p. 122.
[5] Gabriel NAUDÉ, Considérations politiques sur les coups d'État (1639), Paris 1988, p. 136–137.
[6] Friedrich MEINECKE, L'idée de raison d'État dans l'histoire des Temps modernes (1924), trad. de Maurice Chevallier, Genève 1973 (Travaux d'histoire éthico-politique, XXIII), p. 80.
[7] NAUDÉ, Considérations (voir n. 5), p. 135.
[8] Ibid., p. 137.

le gouverner à son aise[9]. C'est pourquoi la question du contrôle de l'imprimé, aussi bien du point de vue de son contenu que de sa diffusion, apparaît au premier plan des préoccupations politiques. L'organisation de la censure, sous ses diverses formes, cherche à garantir la maîtrise de cette ambivalence de l'imprimerie.

Instrument de l'exercice du pouvoir politique moderne, l'imprimerie fait enfler la rumeur et favorise, par ses effets, l'expression de la »voix publique«[10]. L'avènement de la modernité politique transforme la physionomie de la place publique, qui devient la scène de vives confrontations d'opinions politiques diverses: un »droit« d'opiner, tout d'abord tacite, s'affirme et s'élabore concrètement face au politique[11]. Voici donc que tout sujet peut désormais se prononcer sur des questions d'ordre public propres à l'exercice du gouvernement: à la fin du XVIe siècle, il semble que tout le monde discoure de la raison d'État – aussi bien à la cour, dans les écoles ou sur la place publique[12]. La conception de l'intérêt de l'État ne constitue plus le monopole des gouvernants[13]. Chacun peut en délibérer, que ce soit oralement, par de volumineux traités, d'incisifs pamphlets ou autres feuillets imprimés. Extirpant l'idée de raison d'État de son milieu ›naturel‹, de l'univers des *arcana imperii*, de l'ombre et des secrets de cabinet, la vivacité du débat sur la raison d'État projette la notion sur la place publique, qui comptera dès lors parmi les lieux décisifs de son élaboration.

Les traités de raison d'État peuvent ainsi être appréhendés et étudiés sous l'angle d'un phénomène de publication[14]: répondant à des exigences politiques et religieuses précises, en un temps relativement bien délimité, ils mettent en œuvre cette ambivalence qui fait toute la force de l'imprimerie – intégrant en eux-mêmes ce paradoxe qui leur est constitutif. En effet, ces traités ont généralement pour objectif de renforcer le pouvoir de l'État, dans ses aspects les plus absolus, voire les plus arbitraires; cependant, en décrivant les rouages de l'art de gouverner, ils procèdent généralement à la publication des »mystères de l'État« – en des termes explicites et, bien souvent, en

---

[9] Ibid., p. 141. À propos du principe »Gouverner, c'est faire croire«, et de l'importance de l'imprimerie dans cette perspective, voir Étienne THUAU, Raison d'État et pensée politique à l'époque de Richelieu (1966), Paris 2000 (Bibliothèque de l'évolution de l'humanité, 35), p. 169–177.

[10] Nouvelle figure de la scène politique, la »voix publique« apparaît par exemple chez NAUDÉ, Considérations (voir n. 5), p. 148.

[11] Dominique REYNIÉ, Le triomphe de l'opinion publique, Paris 1998, p. 14.

[12] Ce point est généralement admis par l'ensemble des théoriciens de la raison d'État. Voir, par exemple, Ludovico ZUCCOLO, Della ragione di Stato (1621), dans: Santino CARAMELLA et Benedetto CROCE (dir.), Politici e moralisti del Seicento, Bari 1930 (Scrittori d'Italia, 128), p. 25.

[13] Voir l'introduction de Christian LAZZERI à son édition du traité d'Henri de ROHAN, De l'intérêt des princes et des États de la chrétienté (1638), Paris 1995, p. 136.

[14] Cette étude se fonde principalement sur les théoriciens italiens de la raison d'État. Leurs traités voient le jour à partir de la fin du XVIe siècle et durant le premier XVIIe siècle. Ils se distinguent des traités des étatistes français et des défenseurs de la monarchie absolue, qui, tout en diffusant la notion de raison d'État, orientent plus directement leur réflexion sur la question de la souveraineté.

langue vulgaire¹⁵. Ce faisant, ils participent au dévoilement public des *arcana imperii* qui semblent pourtant nécessaires aux pratiques des »politiques de l'intérêt¹⁶«.

Les traités de raison d'État, par-delà leur diversité et leurs multiples oppositions doctrinales, partagent ce trait caractéristique: l'art de gouverner, confronté aux questions les plus graves relevant de la sécurité et de la sauvegarde de l'État, y est présenté à la fois comme un savoir secret – réservé aux princes et à leurs ministres – et comme un objet de réflexion ouvert à un plus large public¹⁷ – et à ce titre publiable. Cependant, s'il est vrai que le secret est nécessaire »au bon succez des affaires«, comme l'affirme Richelieu dans le »Testament politique«¹⁸, et que l'efficacité de la raison d'État réside dans son opacité, les traités consacrés à son examen semblent condamnés à l'interdit ou à la clandestinité: la publication des arcanes politiques révèle un rapport originaire entre censure et raison d'État, dont l'œuvre de Machiavel offre une représentation emblématique¹⁹. Le paradoxe des mystères publiés s'impose ainsi au cœur de notre modernité politique, riche en mythes et en symboles.

L'ÉCRITURE DE LA RAISON D'ÉTAT ET LES CISEAUX DE LA CENSURE: DEUX NÉCESSITÉS PARADOXALES AU FONDEMENT DE LA MODERNITÉ POLITIQUE

Le rapport de la raison d'État à la publication et à la censure peut être illustré par l'évolution du jugement porté par Bodin à propos de Machiavel. Dans le chapitre IV de la »Méthode pour faciliter la connaissance de l'histoire«, consacré à la constitution des républiques, Bodin situe Machiavel dans une tradition d'écriture qui non seulement a su décrire les évènements historiques, mais qui en a également tiré des enseignements, nous permettant ainsi d'accéder à une certaine compréhension de l'histoire. Le Florentin est présenté comme l'auteur qui renoue avec cette antique tradition, délaissée depuis fort longtemps, rompant alors avec une longue période de »barbarie universelle«. Bodin rend hommage à Machiavel, qui apparaît aux origines de la renaissance de la pensée politique:

---

¹⁵ Il existe, bien entendu, des traités de raison d'État en langue latine (c'est le cas, par exemple, du traité d'Arnold CLAPMAR, De arcanis rerum publicarum libri VI, Brême 1605). Mais le choix de la langue vulgaire constitue en cette matière une tendance prépondérante. Les principaux théoriciens italiens de la raison d'État, de Botero à Chiaramonti, en témoignent.

¹⁶ Sur cette notion, voir Christian LAZZERI, Dominique REYNIÉ (dir.), Politiques de l'intérêt, Besançon 1998 (Annales littéraires, 679).

¹⁷ Voir THUAU, Raison d'État et pensée politique (voir n. 9), p. 390.

¹⁸ IIᵉ part., chap. 2, éd. par Françoise HILDESHEIMER, Paris 1995, p. 248. »Le secret est l'âme des affaires publiques« apparaît bien comme une maxime politique du cardinal (voir THUAU, Raison d'État et pensée politique [voir n. 9], p. 357).

¹⁹ Machiavel, qui enseigne à simuler et à dissimuler, à user de la force et de la ruse pour gouverner, personnifie la raison d'État dès le XVIᵉ siècle. En 1564, le concile de Trente fit mettre à l'Index la totalité de son œuvre. Cette condamnation étendait celle prononcée par Paul IV dès le premier index romain, publié en 1559: voir Jesús Martinez DE BUJANDA, Index de Rome. 1557, 1559, 1564, Sherbrooke, Genève 1990 (Index des livres interdits, VIII), p. 15 et 626.

Aristote, Polybe, Denys d'Halicarnasse, Plutarque, Dion, Tacite (pour ne pas mentionner ceux dont les ouvrages ont disparus) nous ont laissé, éparses dans leurs histoires, beaucoup de réflexions aussi brillantes que profondes sur le gouvernement des États. Enfin, Machiavel, le premier à notre avis qui ait écrit sur ce sujet après douze cents ans environ de barbarie universelle, produisit maintes maximes qui se trouvent sur les lèvres de chacun[20].

Les lumières ainsi retrouvées ont cependant un prix, et non des moindres. La connaissance concernant la constitution des républiques et le gouvernement des États ne peut se développer sans que l'on ne »touche«, selon l'expression de Bodin, à ce qui est nommé par Aristote »les préceptes de la sagesse« ou, avec Tacite, »les secrets du prince«[21]. Bodin indique ici clairement en quoi consiste la règle implicite mais fondamentale qui préside à l'élaboration de ce savoir: les secrets des princes doivent être dévoilés. En somme, dans cette perspective, ils ont vocation à être publiés: renoncer à la publication des secrets du pouvoir, c'est agir comme »certains [qui] nous ont mis devant les yeux sous couleur d'histoire, de simples descriptions des États, sans aucune explication«[22]. Machiavel, à l'instar des Anciens, a donc procédé de façon toute positive, nous faisant grandement progresser dans la connaissance des arts de gouverner, qu'il éclaire d'une lumière crue que rien n'atténue. Cependant, Bodin ne tarda pas à réviser son jugement.

Au cours des dix années qui séparent la publication de la »Méthode« de la parution des »Six livres de la République« Bodin infléchit radicalement sa position. Dans la »République«, il n'est plus question des mérites de cette tradition d'écriture louée dans le traité précédent pour assurer une véritable compréhension de l'art du gouvernement. L'audace nécessaire à la publication des arcanes contrevient aux réquisits moraux, politiques et religieux de l'époque: finalement, une telle liberté »expos[e] comme une Diane toute nuë, aux yeux des prophanes, les secrets des Princes, les fraudes & les malices des Ministres, & toutes les autres particularitez, lesquelles, ne plus ne moins que les sacrifices d'Eleusis, devroient estre couvertes d'une nuict tres-obscure«[23]. Tel l'envers de l'éloge précédemment reçu, Machiavel apparaît, dans la »République«, sous des traits sacrilèges, comme ayant »prophané les sacrez mysteres de la Philosophie Politique«[24].

Cette formulation, propre à marquer les esprits, laisse penser que Bodin a sans doute pris toute la mesure du danger porté par l'écriture de la raison d'État. La nécessité du dévoilement des arcanes qu'elle requiert fait éclore »ceste sorte d'histoires [... qui] approchent de fort prés des libelles diffamatoires«[25] et dont la lecture est à la fois

---

[20] Jean BODIN, Méthode pour faciliter la connaissance de l'histoire (1566), trad. de Pierre Mesnard, Paris 1951 (Corpus général des philosophes français. Auteurs modernes, V-3), p. 349b.
[21] Ibid.
[22] Ibid.
[23] Gabriel NAUDÉ, La bibliographie politique du Sr. Naudé contenant les livres et la méthode nécessaire à estudier la politique [...] (1633), trad. de Charles Challine, Paris 1642, p. 155–156.
[24] Jean BODIN, Les six livres de la République (1576). Préface adressée à Monseigneur du Faur, Seigneur de Pibrac, Conseiller du Roy en son privé Conseil, Paris 1986, p. 11.
[25] NAUDÉ, La bibliographie politique (voir n. 23), p. 155–156.

précieuse aux Politiques, mais »deffenduë par les loix sacrées de l'Eglise«[26]. Durant les guerres de Religion, il était donc particulièrement périlleux de faire valoir – surtout à partir des ›bienfaits‹ de l'œuvre machiavélienne – cette antique tradition d'écriture et de réflexion politique: appelée à se renouveler dans le cadre des débats liés à la question de la raison d'État et, plus largement encore, de la souveraineté, elle se trouvait nécessairement confrontée à la puissance de la censure ecclésiastique.

Cependant, les effets de cette dernière sur la diffusion réelle des livres et des idées connaissaient leurs propres limites – »l'Index étant une loi ecclésiastique«[27]. La condamnation d'un ouvrage n'assurait donc pas à elle seule sa prohibition totale et effective; parfois même, il semble qu'elle en ait occasionné la »publicité«. Une œuvre pouvait donc être censurée et le cheminement de sa diffusion se poursuivre par des voies diverses, notamment par le biais des traductions – comme ce fut le cas pour Machiavel[28]. Ainsi, le changement d'appréciation de Bodin à l'égard de Machiavel semble suivre les évolutions dont témoignent, à la même période, la réception et la fortune du Florentin en France[29]. Machiavel, déchu de la fréquentation des historiens et des philosophes anciens les plus éclairants, se distingue désormais, selon Bodin, pour avoir »eu la vogue entre les couratiers des tyrans: blasmant la religion comme contraire à l'estat«, il pose »l'impiété et l'injustice« pour fondement des républiques; »quant à l'Atheisme il en fait gloire par ses escrits«[30]. Mais il est déjà trop tard... Malgré cette opposition ainsi déclarée contre le machiavélisme, le Saint-Office n'hésita pas à forger

---

[26] Ibid., p. 157.
[27] Jesús Martinez DE BUJANDA, Index librorum prohibitorum (1600–1966), Montréal, Genève, Sherbrooke 2002 (Index des livres interdits, XI), p. 41. »L'interdit n'est effectif, au sens strict, que dans les États pontificaux; il l'est aussi, généralement, dans les autres États italiens, sur lesquels le pape peut exercer une pression efficace [...]. Partout ailleurs, l'application matérielle de l'Index romain dépend de la réception de celui-ci par le pouvoir. À défaut de quoi, il serait sans doute excessif de lui dénier toute influence, mais celle-ci ne pourra s'exercer qu'au niveau des consciences, sans possibilités légales de sanctions temporelles«, Roland CRAHAY, Jean Bodin devant la censure. La condamnation de la »République«, dans: Il pensiero politico XIV/1 (1981) (n° spéc.: La République di Jean Bodin. Atti del convegno di Perugia, 14–15 nov. 1980), p. 167–168.
[28] Des traductions françaises des »Discours sur la première décade de Tite-Live«, du »Prince«, de »La vie de Castruccio Castracani« et des »Histoires florentines« voient le jour en France, entre 1571 et 1577, soit après la condamnation totale qui frappe l'œuvre de Machiavel en 1564. Voir Anna-Maria BATTISTA, La penetrazione del Machiavelli in Francia nel secolo XVI, dans: EAD., Politica e morale nella Francia dell'età moderna, Gênes 1998 (Storia delle idee e delle istituzioni politiche. Medioevo ed Età moderna. Sezione studi, 1), p. 27–51.
[29] Bodin, au moment de la rédaction de la »Méthode«, n'avait peut-être pas encore pris la mesure de la »potenzialità di incidenza attiva dell'opera machiavelliana nella storia di Francia« et notamment de l'influence que l'on prête à la propagation des écrits de Machiavel sur le massacre de la Saint-Barthélemy, ce qui n'était assurément plus le cas en 1576 (voir Anna-Maria BATTISTA, Direzioni di ricerca per una storia di Machiavelli in Francia, dans: EAD., Politica e morale [voir n. 28], p. 116).
[30] BODIN, République (voir n. 24). Préface, p. 11 et 12.

la condamnation de Bodin en associant ostensiblement ce dernier à la figure du Florentin[31].

Toutefois, parmi les combats de Bodin, celui qu'il mena contre le machiavélisme ne fut pas le seul à être ignoré des instances de la censure ecclésiastique. »Les six livres de la République« – célèbres pour leur défense de la liberté de conscience – sont publiés »en pleine révolution huguenote«[32]. Dans ce contexte, même si Bodin s'opposait à la théorie de la résistance prônée par les huguenots[33], sa position – nourrissant l'espoir de la tolérance religieuse, fondée sur une nécessité politique – ne pouvait être admise par Rome: partant du constat que l'on ne saurait »forcer la conscience des subjects« sans les rendre »atheistes«, Bodin faisait le choix du moindre mal[34] – la sauvegarde de l'État s'imposant alors comme la loi suprême[35]. L'athéisme, en engendrant la perte de la crainte divine[36], devait nécessairement mener à la violation de toute loi et, finalement, conduire à la ruine de la république. D'un point de vue strictement politique, les »hérétiques« se révélaient donc moins dangereux que les »atheistes«[37]: en somme, »Bodin n'admet [...] le droit à la liberté de conscience qu'en considération de la raison d'État«[38]. Mais, finalement, cette position était peut-être plus condamnable encore aux yeux de l'Église. Pour Bodin, en effet, on ne peut vouloir imposer par la force l'unité religieuse si le prix à payer est la destruction de la république. En ce cas, la paix civile dépend de la capacité à »séparer les pouvoirs de l'État du devoir de sui-

---

[31] L'»union« de leur condamnation en témoigne: elle est, par exemple, mise en scène dans le titre de l'ouvrage d'Antonio POSSEVINO, Judicium de Nuae militis Galli, Joannis Bodini, Philippi Mornaei et Nicolai Machiavelli quibusdam scriptis [...], Rome 1592.
[32] Quentin SKINNER, Les fondements de la pensée politique moderne, trad. de Jérôme Grossman et Jean-Yves Pouilloux, Paris 2001 (Bibliothèque de l'évolution de l'humanité, 36), p. 738. La »Franco-Gallia« (1573) de François HOTMAN et »Du droict des magistrats sur leurs subjects« (1574) de Théodore DE BÈZE connaissent plusieurs éditions entre leur parution initiale et la publication de la »République« de Bodin.
[33] Voir, par exemple, SKINNER, Les fondements de la pensée politique moderne (voir n. 32), p. 739. De même, Alessandro BIRAL, dans son article, au titre évocateur, Dal diritto di resistenza alla ragion di Stato, dans: Il Centauro 10 (1984), p. 12, rappelle le combat de Bodin contre tout appel à la résistance, »precipitata in guerra civile-confessionale«. La conception de la souveraineté défendue par Bodin implique la reconnaissance d'une certaine liberté de conscience, mais exige une obéissance absolue de la part des sujets envers leur souverain, c'est pourquoi »il suddito non può in alcun caso uccidere il principe tiranno, senza rendersi reo del delitto di lesa maestà al primo capo«: Margherita ISNARDI PARENTE, Introduction à I sei libri dello Stato di Jean Bodin, vol. I, Turin 1964, p. 38.
[34] »Il faut donc fuïr le plus grand mal, quand on ne peut establir la vraye Religion«, BODIN, République (voir n. 24), liv. IV, chap. VII, p. 208.
[35] ISNARDI PARENTE, Introduction (voir n. 33), p. 41.
[36] BODIN, République (voir n. 24), liv. IV, chap. VII, p. 208.
[37] Ibid.: »Et tout ainsi que la plus forte tyrannie n'est pas si miserable que l'anarchie [...] aussi la plus forte superstition du monde, n'est pas a beaucoup pres si detestable que l'atheïsme«.
[38] Georg ROELLENBLECK, Jean Bodin et la liberté de conscience, dans: La liberté de conscience (XVIe–XVIIe siècle), Actes du colloque de Mulhouse et Bâle (1989), Genève 1991 (Études de philologie et d'histoire), p. 99–100, précise un peu plus loin (p. 104): »Les droits de la liberté de conscience (et la possibilité dans l'État bodinien de tolérer une pluralité religieuse) sont donc étroitement circonscrits par le besoin légitime de l'État à la conservation.«

vre une religion«[39]. En déclarant que »les guerres touchant le faict de la Religion depuis cinquante ans en toute l'Europe« consistent en une »occasion [de] seditions [qui] n'est point fondee sur l'estat«[40], Bodin apporte à l'édification de l'État moderne une véritable assise. En indiquant la nécessité de remettre en cause le lien entre religion et politique tel qu'il s'imposait alors, en dressant face à la »raison d'Église«[41] une raison d'État distincte et singulière – touchant ainsi aux rapports entre pouvoir spirituel et pouvoir temporel –, l'Angevin ne pouvait qu'apparaître, aux yeux de la curie romaine, comme l'héritier de Machiavel et un disciple du diable en personne[42].

La notion de raison d'État plonge ses racines dans l'antimachiavélisme[43], qui concourt largement à la diabolisation de Machiavel et fait du Florentin une figure centrale de la raison d'État: la paternité lui en sera désormais couramment attribuée. La place de Bodin dans l'histoire de la notion de raison d'État sera forgée à partir de la démonstration de son »machiavélisme«[44]. Dans »Le Prince chrétien«, Ribadeneyra présente le parti des Politiques comme l'école sortie de la »doctrine de Machiavel« ses partisans, comme les ennemis de la foi catholique. Machiavel mais aussi Tacite sont désignés comme les deux sources de leur pensée, et Bodin est identifié comme l'un des »premiers propagandistes de cette raison d'État impie«[45]:

[les Politiques] prennent pour regle ce qu'escrivent quelques autres autheurs semblables à Machiavel; car ilz tiennent pour oracle, ce que Cornile Tacitus historien Gentil, escrit en ses annales, du gouvernement de Tibere Cesar, et vont louant et celebrant ce que Bodin Jurisconsulte [... a] de notre temps escrit touchant ceste matiere [...]. Que dirai-je des œuvres de Jean Bodin, qui cour-

---

[39] SKINNER, Les fondements de la pensée politique moderne (voir n. 32), p. 823.
[40] BODIN, République (voir n. 24), liv. IV, chap. VII, p. 204.
[41] Sur l'importance de cette notion, voir Romeo DE MAIO, Riforme e miti nella Chiesa del Cinquecento, Naples 1973 (Esperienze, 17), p. 11, 23–25; Enzo BALDINI, Albergati contro Bodin. Dall'antibodino ai Discorsi politici, dans: Il pensiero politico XXX/2 (1997) (n° spéc.: Jean Bodin a 400 anni dalla morte), p. 303, n. 42; ID., Jean Bodin e l'indice dei libri proibiti, dans: Cristina STANGO (dir.), Censura ecclesiastica e cultura politica in Italia tra Cinquecento e Seicento, Atti del convegno, 5 marzo 1999, Florence 2001 (Studi e testi. Fondazione Luigi Firpo. Centro di studi sul pensiero politico, 16), p. 81.
[42] Voir, par exemple, Alcune considerationi sopra la »Republica« del Bodino. Di Mons. Minucci al Padre Possevino, lettre du 19 novembre 1588 éditée par Enzo BALDINI dans son article Primi attacchi romani alla »République« di Bodin sul finire del 1588. I testi di Minuccio Minucci e di Filippo Sega, dans: Il pensiero politico XXXIV/1 (2001), p. 29.
[43] Voir Alain DIERKENS (dir.), Problèmes d'histoire des religions, 8 (1997), n° spéc.: L'antimachiavélisme, de la Renaissance aux Lumières, notamment l'article d'Enzo BALDINI, L'antimachiavélisme en Italie au début de la littérature de la raison d'État, p. 15–30. Sur les rapports entre machiavélisme, antimachiavélisme et raison d'État, voir Michel SENELLART, Machiavélisme et raison d'État, Paris 1989.
[44] Anna-Maria Battista souligne que cette démonstration sera faite »pour des raisons de polémique politico-religieuse indépendantes de toute analyse doctrinale [...]«, Anna-Maria BATTISTA, Sur l'antimachiavélisme français du XVIe siècle (trad. fr.), dans: Revue de synthèse 130/3 (2009), p. 501–531, ici p. 521.
[45] THUAU, Raison d'État et pensée politique (voir n. 9), p. 88.

Le paradoxe des mystères publiés 185

rent par les mains des hommes d'Estat, et sont lues fort curieusement, et louees, comme escrites par un personnage docte, experimenté, prudent, et grand maistre en toute bonne raison d'État[46]?

Le sens ironique de l'expression »en toute bonne raison d'État« ne fait, sous la plume de Ribadeneyra, aucun doute. La filiation que l'on voit apparaître ici de Tacite à Machiavel et de Machiavel à Bodin constitue un élément central de l'histoire de la notion de raison d'État. En effet, cette dernière sera construite et pensée selon la dichotomie indiquée par cette filiation, qui vaut comme ligne de partage: elle indique quels sont les écrivains de la »mauvaise« raison d'État – ses représentants et propagateurs les plus zélés – et présuppose, ce faisant, l'existence d'une »bonne« raison d'État, qui lui est opposée[47]. Pourtant, que la raison d'État soit jugée bonne ou mauvaise, c'est-à-dire justifiée ou condamnée selon ses finalités, elle désigne concrètement un même ensemble de pratiques politiques qui toutes se distinguent pour tenir en échec l'application de normes – qu'elles soient d'ordre moral, juridique, politique ou religieux.

Aussi, pour asseoir la distinction entre »bonne« et »mauvaise« raison d'État, il fallait forger l'histoire de cette dernière, désigner ses auteurs et leur procédé d'écriture: à l'origine de cette création, la diabolisation de Machiavel, qui emporte Bodin dans ses rets, compte pour beaucoup. Elle va notamment servir de socle à l'élaboration de la distinction entre »bonne« et »mauvaise« raison d'État, née d'un combat à la fois politique et religieux. Ce sont donc la valeur et la signification de cette distinction qu'il convient d'interroger: fondée sur un jugement moral de la politique, elle n'en révèle pas moins la »racine idéologique« de la raison d'État[48]. Élaboré sur des critères partisans, ce dédoublement de la raison d'État constitue une arme essentielle de la lutte entre raison d'Église et raison d'État. Une fois Machiavel diabolisé et la »mauvaise« raison d'État identifiée à cette figure repoussoir, l'Église catholique pouvait espérer devenir »nuova madre e maestra dell'interesse di Stato«[49] et s'arroger la définition et le monopole de la »bonne« raison d'État.

Le premier traité de raison d'État, le »Della ragion di Stato« de Giovanni Botero[50], témoigne de cette ambition. Il tente de donner consistance à cette »bonne« raison d'État afin d'empêcher que la »mauvaise«, cette »barbare maniere de gouverner, fust tellement en credit, qu'impudemment elle s'oppossast à la loy de Dieu; iusques à dire,

---

[46] Pedro de RIBADENEYRA, Le Prince chrétien (1595), trad. franç. par le père Antoine de Balinghem, Douay 1610, rééd. Paris 1996, préface: »Au lecteur chrétien«, p. 15.
[47] Ribadeneyra consacre son ouvrage à »traiter de la difference qu'il y a entre ces deux raisons d'Estat«: »l'une trompeuse et diabolique, l'autre asseuree et divine, l'une qui accommode la Religion à l'estat, l'autre qui accommode l'estat à la Religion« (ibid.).
[48] Luigi FIRPO, Ancora sulla condanna di Bodin, dans: Il pensiero politico XIV/1 (1981), p. 185.
[49] La Chiesa cattolica e l'interesse di Stato, dans: Trattati varii di politica e ragioni di Stato – recueil de manuscrits, conservé à la bibliothèque Vallicelliana de Rome (R. 55, fol. 421v). Le nom de l'auteur et la date ne figurent pas sur le manuscrit, mais le texte semble, par son contenu, contemporain des traités italiens de la raison d'État, publiés à partir de la fin du XVIe siècle.
[50] Publié pour la première fois à Venise en 1589, ce traité fut traduit par Gabriel Chappuys, sous le titre »Raison ou gouvernement d'Estat en dix livres«, éd. bilingue, Paris 1599.

qu'aucune choses sont licites par la raison d'Estat, autres pour la conscience«[51]. Perçu et analysé comme une réponse à la »République« de Bodin[52], le »Della ragion di Stato« de Botero rend compte de l'intégration de Bodin, dans le sillage de Machiavel, à l'histoire de la »mauvaise« raison d'État. Pourtant, suffit-il de s'opposer à la raison d'Église pour devenir théoricien de la raison d'État? Est-il suffisant de partager avec le Florentin certaines interrogations et de travailler à partir d'exigences propres à son temps pour devenir un parangon de machiavélisme? Ici, le doute conserve ses raisons[53].

Il est, en revanche, un trait spécifique que Bodin partage sans ambiguïté avec Machiavel et les théoriciens de la raison d'État: comme l'a clairement explicité Ribadeynera dans »Le Prince chrétien«, Bodin appartient à cette tradition d'écriture qu'il avait lui-même louée dans la »Méthode«, mais dont il avait ensuite rejeté les effets sur Machiavel, devenu »profanateur« des »sacrez mysteres de la Philosophie Politique«. Pourtant, dès les premières pages de la »République«, Bodin affirme ses exigences réalistes et son espoir de les voir accepter:

> nous ne voulons pas figurer [...] une République en idée, sans effect, telle que Platon, et Thomas le More Chancelier d'Angleterre ont imaginé, mais nous [nous] contenterons de suyvre les reigles Politiques au plus pres qu'il sera possible. En quoy faisant, on ne peut justement estre blasmé, encores qu'on ait pas atteint le but où l'on visoit, non plus que le maistre pilote transporté de la tempeste, ou le médecin vaincu de la maladie, ne sont pas moins estimés, pourveu que l'un ait bien gouverné son malade, et l'autre son navire[54].

»Les six livres de la République« sont donc placés sous ce principe directeur qui marque l'éloignement volontaire de Bodin de toute utopie, son refus des cités imaginaires. Mais cette exigence, ce principe heuristique, constitue un des traits les plus fameux de la réflexion de Machiavel, exposé dans »Le Prince«:

> mon intention étant d'écrire des choses utiles à qui les écoute, il m'a semblé plus pertinent de suivre la vérité effective des choses que l'idée que l'on s'en fait [...]. Car il y a si loin entre la

---

[51] BOTERO, Raison ou gouvernement d'Estat (voir n. 50), livr. I, p. 2: avant-propos de l'auteur,. Selon Botero, il s'agit ici de la conception de la raison d'État prônée par Machiavel: »il Machiavelli fonda la Ragione di Stato nella poca conscienza« (ibid.). Le lecteur découvre ainsi la définition de la raison d'État de Machiavel, que celui-ci n'a pourtant pas consignée dans ses écrits... le Florentin n'ayant jamais utilisé l'expression.
[52] Voir, par ex., BALDINI, Primi attacchi (voir n. 42), p. 13–14.
[53] La place de Bodin dans l'élaboration de la notion de raison d'État conçue à partir de son rapport à Machiavel reste aujourd'hui encore une interrogation ouverte. Pour une synthèse de la question du »machiavélisme« ou de l'»antimachiavélisme« de Jean Bodin, voir Diego QUAGLIONI, Il »machiavellismo« di Jean Bodin (République, V, 5–6), dans: Il pensiero politico XXII/2 (1989), p. 198–207. Concernant plus directement les rapports de Bodin à la théorie de la raison d'État, voir du même auteur, »Imperandi ratio«: l'édition latine de la République (1586) et la raison d'État, dans: Yves-Charles ZARKA (dir.), Jean Bodin. Nature, histoire, droit et politique, Paris 1996, p. 161–174; Alberto TENENTI, Teoria della sovranità e ragion di Stato nella Repubblica di Jean Bodin (1576), dans: Il pensiero politico XIV/1 (1981), p. 34–49.
[54] BODIN, République (voir n. 24), liv. I, chap. I, p. 31.

manière dont on vit et la manière dont on devrait vivre, que celui qui laisse ce que l'on fait pour ce que l'on devrait faire, apprend plutôt à se perdre qu'à se préserver[55].

Bodin, bien sûr, n'est pas le seul à partager et à assumer cette fonction de l'écriture machiavélienne. Traiano Boccalini, qui a »familiarisé un large public européen avec la conception italienne de la république des lettres«[56], demeure un »authentique successeur de Machiavel«[57] – dans l'esprit et la lettre de sa pensée. À n'en pas douter, »c'était la dure raison d'État qui parlait par sa bouche«[58], et, contrairement aux gouvernants – qui eux, »parlent en chiffre«[59] –, Boccalini assurait lui-même dans la »Bilancia politica«: »je discoure de ce que font les princes et de ce qu'ils veulent faire en vertu de ce qui s'est toujours fait, non de ce qu'ils devraient faire au motif de conscience, ce qui relève de leur confesseur«[60]. Sacrifiant tout idéal moral à la réalité des faits, ce principe d'écriture semble tout »naturellement« mener au »peu de conscience« qui définit, selon Botero, la raison d'État machiavélique[61]. Mais le rapport entre l'affirmation de la raison d'État au grand jour et ce mode d'écriture apparaît plus clairement encore dans les »Ragguagli di Parnasso«. Que l'entrée de la notion de raison d'État dans l'histoire de la pensée soit étroitement liée à l'exercice de la censure, Boccalini en avait pleinement conscience. Rappelons, par exemple, en quels termes il retranscrit la comparution imaginaire de Machiavel devant Apollon et son Sacré Collège.

Machiavel, condamné au Parnasse comme »séducteur et corrupteur du genre humain« pour avoir divulgué des préceptes politiques scandaleux, rappelle à ses détracteurs que »ses écrits ne contiennent rien d'autre que les ›règles d'État‹ tirées de l'observation de la conduite de plusieurs princes«[62], avant de poursuivre sa défense par l'interrogation suivante: quelle justice, quelle raison fait que les princes qui ont inventé

---

[55] Nicolas MACHIAVEL, Le Prince, chap. XV, dans: ID., Œuvres, trad. de Christian Bec, Paris 1996, p. 148.
[56] Marc FUMAROLI, La querelle des Anciens et des Modernes sans vainqueurs ni vaincus, dans: Le Débat 104 (mars–avril 1999), p. 74.
[57] MEINECKE, L'idée de la raison d'État (voir n. 6), p. 81.
[58] Ibid., p. 80. Une étude des liens entre raison d'État et république des lettres ne semble pas avoir été menée; pourtant, au vu de l'examen des rapports entre censure et raison d'État, elle paraît constituer une interrogation pertinente. Il en va de même en ce qui concerne l'importance des comparaisons dans l'élaboration de la notion de raison d'État. L'intitulé du colloque »Comparaisons, raisons et raisons d'État. Le statut historiographique de la république des lettres dans la conceptualisation du politique (XVIe–XVIIe siècle)« suggère à lui seul l'importance de ces deux aspects. Pour plus de détails, voir Laurie CATTEEUW, La polymorphie de la raison d'État, dans: Revue de synthèse 127/1 (2006), p. 185–197.
[59] Christian Lazzeri explicite ici le point de vue de Traiano BOCCALINI exprimé dans les Osservazioni politiche sopra i sei libri degli Annali di Cornelio Tacito, dans: ID., Bilancia politica, vol. I, Castellane 1678, p. 90–91. Voir Christian LAZZERI, Le gouvernement de la raison d'État, dans: ID., Dominique REYNIÉ (dir.), Le pouvoir de la raison d'État, Paris 1992, p. 118.
[60] Traiano BOCCALINI, Bilancia politica, vol. I, p. 141; cité et trad. par LAZZERI dans Le gouvernement de la raison d'État (voir n. 59), p. 118, n. 3.
[61] Voir n. 51.
[62] Traiano BOCCALINI, Ragguagli di Parnasso, I, 89, éd. par Luigi FIRPO, Bari 1948, p. 326–328, trad. de LAZZERI dans: ID., Le gouvernement de la raison d'État (voir n. 59), p. 118.

»l'arrabbiata e disperata politica«[63], qu'il s'est contenté de décrire, de transcrire en langage clairement intelligible, passent pour »sacrosanti« alors que lui – l'ayant seulement dévoilée et divulguée, rendue publique et publiée[64] – est tenu pour un »scélérat« et un »athée«?

Vu sous cet angle, l'élément central du »machiavélisme« de Machiavel consiste en la publication de »l'arrabbiata e disperata politica« – c'est-à-dire, en somme, de la politique menée au nom de la raison d'État. Ainsi, l'intention de Machiavel de »suivre la vérité effective des choses« peut être entendue comme la maxime qui règle l'écriture de la raison d'État, l'adage qui commande de lever le voile recouvrant les »mystères de l'État«[65]. C'est pourquoi l'affirmation de la notion traduit un effort d'»objectivation de la politique«[66]. Les traités de raison d'État, même dans les cas où ils sont d'inspiration antimachiavélienne, réitèrent tous le geste de Machiavel soumettant la réalité politique à la »verità effetuale«. Par-delà la richesse et la pertinence de sa réflexion, le rapport de Machiavel à la théorie de la raison d'État s'enracine donc dans cette écriture du déchiffrement. Bodin, en partageant ce souci de description réaliste, se voit accusé des mêmes préjudices; et l'on peut se demander si, en définitive, le principal trait du »machiavélisme« de Bodin ne résiderait pas dans son appartenance à cette tradition d'écriture, fondée sur le paradigme paradoxal de la publication des *arcana imperii*. C'est, semble-t-il, en subordonnant sa conception de la souveraineté à cette exigence de réalisme, clairement et distinctement exposée[67], que Bodin en vient à représenter »une raison d'État moderne«[68] – la »raison d'État des politiques«[69], »fausse«, »trompeuse« et »diabolique« –, qui s'oppose à la »raison d'état ecclésiastique«[70] et puise aux sources du tacitisme et du machiavélisme.

---

[63] BOCCALINI, Ragguagli di Parnasso (voir n. 62), I, 89, p. 327.
[64] Ibid.: »io che solo l'ho pubblicata«, déclare Machiavel.
[65] Voir Joël CORNETTE, Fiction et réalité de l'État baroque (1610–1652), dans: Henri MÉCHOULAN (dir.), L'État baroque, Paris 1985, p. 45.
[66] Marcel GAUCHET, État, monarchie, public, dans: Cahiers du Centre de recherches historiques 20 (1998) (n° spéc.: Miroirs de la raison d'État), p. 18.
[67] La »République« de Bodin partage avec les traités consacrés à la raison d'État le choix de la langue vulgaire: »[…] j'ay entrepris le discours de la Republique et en langue populaire […] pour estre mieux entendu de tous François naturels«, BODIN, République (voir n. 24), Préface, p. 10.
[68] MEINECKE, L'idée de la raison d'État (voir n. 6), p. 59.
[69] L'expression est employée en italien (»ragion di Stato dei politici«) par Enzo BALDINI et Anna-Maria BATTISTA dans Il dibattito politico nell'Italia della Controriforma. Ragion di stato, tacitismo, machiavellismo, utopia, dans: Il pensiero politico XXX/3 (1997), p. 398.
[70] Le pape Clément VIII employa cette notion qui rend compte de la conjonction des dimensions spirituelle et temporelle de son pouvoir, dont dépendent les États de l'Église: »per natura et conditione istessa del Pontificato, io non posso in alcun modo convenire con Heretici […]. Onde non vi è alcun mezzo che possa congiugner la volontà loro con la nostra. Et se si considera la ragione ordinaria di stato degli altri Principi, quella non fa al nostro caso, perché la ragione di stato ecclesiastica è di un'altra sorte, come quella che ha per solo scopo e mira l'honor del S.r Dio, posti da parte tutti gli altri interessi mondani«. Cette déclaration date du 24 octobre 1592; elle est rapportée par Romeo DE MAIO dans: Riforme e miti nella Chiesa del Cinquecento (voir n. 41), p. 161, et conservée à Venise (Arch. di Stato, Dispacci da Roma, filza 7, fol. 108–109).

Tel Tacite, qui sur »la Scene du Theatre des Historiens«[71] [...] s'est placé comme dans une machine, d'où avec l'estonnement & l'admiration de tous les Doctes, il demesle & resout les difficultez de la politique«[72], tel un »Phœnix de son siècle«[73], Bodin a »mis en ordre les especes des loix, les coustumes, les secrets, & enfin les vices et les vertus de toutes les formes de gouvernements«[74]: il s'est alors »consumé luy mesme à la contemplation de ceste souveraine sagesse, dont il eut mieux faict de reverer, & d'admirer les secrets, que de les avoir voulu publier & soubmettre comme toutes les autres choses à la censure«[75]. Tel Machiavel qui a »profané [...] par ses écrits, ce dont les plus judicieux se servaient comme de moyens très cachés et puissants pour faire mieux réussir leurs entreprises«[76], Bodin appartient à l'histoire de la publication des arcanes politiques – même si, ce faisant, il défend le caractère absolu de la souveraineté[77]. Mais il est encore trop tôt, semble-t-il, pour que la force du paradoxe des »mystères d'État« publiés – qui, simultanément, dévoile et renforce le pouvoir politique temporel – puisse être véritablement saisie: le dévoilement des *arcana imperii* apparaît comme préjudiciable aux princes. Fort de cette connaissance, le peuple deviendrait, à n'en pas douter, »rebelle« et »séditieux«[78]. Au Parnasse, tandis que Tacite était accusé d'avoir forgé des »lunettes politiques« aiguisant la vue au point de permettre à chacun de percevoir, en toute clarté, les secrets des princes les mieux gardés[79], Machiavel était jugé pour avoir placé des crocs dans la gueule de moutons... transformant d'innocentes bêtes en de véritables loups[80]!

---

[71] NAUDÉ, La bibliographie politique (voir n. 23), p. 154. »Le théâtre s'impose, à l'âge de l'État de la raison d'État, comme l'un des lieux éminents où les ressorts normalement cadrés de l'action des Princes se trouvent donnés à voir et à concevoir«, Marcel GAUCHET, État, monarchie, public (voir n. 66), p. 17.
[72] NAUDÉ, La bibliographie politique (voir n. 23), p. 154. Pour avoir pris place dans cette »machine« fabuleuse, Tacite est »assis comme le Prince & l'Empereur au lieu le plus eminent, & le plus honnorable«, ibid.
[73] Ibid., p. 41.
[74] Ibid.
[75] Ibid. Il s'agit ici de la censure au sens du jugement ou examen critique, aiguillonnée par le paradoxe des mystères publiés.
[76] NAUDÉ, Considérations (voir n. 5), p. 92–93. Il s'agit ici, selon THUAU, dans Raison d'État et pensée politique (voir n. 9), p. 322, du »seul reproche« de Naudé adressé à Machiavel. Naudé pourtant se fera l'héritier de Machiavel et procédera également à la publication des *arcana imperii*.
[77] »La souveraineté est la puissance absoluë et perpetuelle d'une République«, BODIN, République (voir n. 24), liv. I, chap. I, p. 179; »[elle] n'est limitee, ni en puissance, ni en charge, ni à certains temps«, ibid., liv. I, chap. VIII, p. 181.
[78] Voir l'interprétation de Tacite donnée par Maurizio VIROLI, dans: Dalla politica alla ragion di Stato, Rome 1994, p. 166–172.
[79] BOCCALINI, Ragguagli di Parnasso (voir n. 62), II, 71, p. 247–249. Meinecke rappelle que pour Boccalini il relevait de »l'intérêt général que Tacite réservât ses lunettes aux secrétaires et conseillers des princes«: »Il serait [...] dangereux pour les princes que les lunettes de Tacite parviennent entre les mains de la masse, car celle-ci pourrait devenir séditieuse, alors que les princes avaient un urgent besoin de l'ignorance du peuple pour le dominer sans peine«, MEINECKE, L'idée de la raison d'État (voir n. 6), p. 77.
[80] BOCCALINI, Ragguagli di Parnasso (voir n. 62), I, 89, p. 327. C'est ici expliciter sur un mode métaphorique les effets, sur les sujets, de la publication des arcanes politiques. Pour sa part,

Au Saint-Office, et non plus au Parnasse, Bodin est soupçonné, à l'instar de Machiavel, de subvertir le modèle des miroirs princiers et d'inciter au retournement des préceptes politiques, divulgués contre leurs utilisateurs légitimes, les gouvernants[81]. Aussi, de la même manière qu'il se publie des »Anti-Machiavel«, des »Anti-Bodin« voient le jour. Les »Discorsi politici« de Fabio Albergati[82], par exemple, ne semblent pas tout à fait étrangers au modèle que constitue l'»anti-Machiavel« d'Innocent Gentillet[83]. Chacun à leur manière, ces deux traités témoignent de la nécessité de doubler l'interdiction d'un ouvrage par la diffusion de son »remède«. L'efficacité de la censure ne réside pas exclusivement en sa puissance d'interdiction et de condamnation; elle dépend aussi de la capacité de ses organes à forger et à diffuser des idées adéquates et parfaitement idoines au temps présent, à ses combats et à ses enjeux. L'exercice de la censure dispose donc de deux modalités distinctes et complémentaires: l'une prohibitive, l'autre productive.

La »République« de Bodin est condamnée en 1591[84]; le traité d'Albergati ne sera publié qu'en 1602. Cependant, l'étude de la genèse des »Discorsi politici« démontre leur pleine appartenance à l'histoire de la censure de la »République«[85]. S'agissant de confondre les thèses du chef de file de la »mauvaise« raison d'État, les débats qui présidèrent à l'élaboration des »Discorsi politici« rendent perceptibles la construction et l'affirmation de la raison d'Église: la curie romaine se trouvait dans l'obligation de »répondre« à Bodin en lui opposant la »vera Idea della Republica christiana«[86]. Cette production doctrinale, attachée à la censure de Bodin, fut assumée par la congrégation

---

Bodin, après avoir présenté »Les six livres de la République« à Apollon, fut déclaré »seduttore de' popoli, ministro dell'ambizione di uomini sediziosi, pubblico e notorio ateista« et condamné à être brûlé (ibid., I, 64, p. 221–229).

[81] »credo ad imitatione del Machiavelli forse suo maestro, che mostrando di voler insegnare a'prencipi il modo da guardarsi dalle congiure, insegna ad altri come habbino ad indrizzare accortamente le prattiche contra i loro signori«, Alcune considerationi sopra la »Republica« del Bodino. Di Mons. Minucci al Padre Possevino, lettre éditée par Enzo BALDINI dans Primi attachi (voir n. 42), p. 31.

[82] Fabio ALBERGATI, Discorsi politici, nei quali viene riprovata la dottrina politica di Giovanni Bodino, Rome 1602, dont Enzo Baldini a identifié un manuscrit antérieur intitulé »L'Antibodinio«: voir BALDINI, Albergati contro Bodin (voir n. 41), p. 288.

[83] Innocent GENTILLET, Discours sur les moyens de bien gouverner et maintenir en bonne paix un Royaume ou autre principauté – contre Nicolas Machiavel, Genève 1576. Sur le rapport entre le plus fameux des anti-Machiavel et l'anti-Bodin d'Albergati, voir BALDINI, Albergati contro Bodin (voir n. 41), p. 288.

[84] Cette condamnation résulte d'un décret du pape Grégoire XIV (voir, par ex., CRAHAY, Jean Bodin devant la censure [voir n. 27], p. 158, en part. n. 19). L'ouvrage sera censuré par le Saint-Office en 1593: voir Jesús Martinez DE BUJANDA (dir.), Index de Rome. 1590, 1593, 1596, Sherbrooke, Genève 1994 (Index des livres interdits, IX), p. 435.

[85] Cette histoire semble débuter avec la traduction italienne du traité de Bodin, réalisée par Lorenzo Conti, qui paraît à Gênes, en 1588. Voir FIRPO, Ancora sulla condanna di Bodin (voir n. 48); BALDINI, Primi attacchi (voir n. 42); ID., Jean Bodin e l'indice dei libri proibiti (voir n. 41).

[86] Di Mons.re Vescovo di Piacenza a Mons.r Minucci, lettre éditée dans BALDINI, Primi attacchi (voir n. 42), p. 39. Pour une synthèse, en français, de la teneur de cette ›réponse‹, formulée à l'encontre des thèses de Bodin, voir Romain DESCENDRE, L'État du monde. Giovanni Botero entre raison d'État et géopolitique, Genève 2009, p. 58–65.

de l'Index. Albergati avait obtenu durant l'année 1595, par l'intermédiaire du cardinal Francisco Toledo, alors membre de la congrégation, une autorisation de lecture concernant la »République«[87]. Toledo, aux dires d'Albergati[88], l'avait encouragé à réfuter les thèses de Bodin pourtant déjà censurées...

À la même époque, en France, les instances de censure, la Sorbonne comprise, laissent circuler librement la »République«[89]. En Italie, en revanche, l'ouvrage de Bodin semble cristalliser le problème politique et religieux posé par la France à l'Église catholique, contraignant cette dernière à œuvrer à la réconciliation avec »l'hérétique roi de Navarre«. Protestant relaps, Henri IV avait été condamné et »déclaré inapte« à succéder à la couronne de France par Sixte Quint[90]. Mais la raison d'Église dut finalement céder aux instances de la raison d'État: le 17 septembre 1595, à Saint-Pierre de Rome, Clément VIII prononça l'absolution d'Henri IV. L'année suivante, Bodin connaissait à nouveau les rigueurs de la censure ecclésiastique[91]: la condamnation des »Six livres de la République« fut reconduite dans l'Index de 1596[92] – celui précisément de Clément VIII, le pape qui releva l'»Hérétique« des »censures fulminées contre lui par Sixte Quint«[93].

Prônant la »raison d'état ecclésiastique«[94], mais devant plier aux exigences politiques de l'État moderne naissant, Clément VIII apporte une évolution décisive des liens entre censure et raison d'État. C'est, en effet, un seul et même homme, un pape, fort de son expérience diplomatique, qui se fait ouvertement le défenseur de la raison d'Église tout en introduisant la raison d'État dans l'Index comme motif de censure. Les normes clémentines commandent l'élimination, dans les textes »suspects«, de tout ce qui viendrait »offenser la morale chrétienne« et »les droits de l'Église«, »s'opposer à la juridiction ecclésiastique« et »soutenir la raison d'État«, »présenter un mélange de sacré et de profane« et »subordonner le libre arbitre [...] à la fortune«[95] – toutes cho-

---

[87] FIRPO, Ancora sulla condanna di Bodin (voir n. 48), p. 180; BALDINI, Albergati contro Bodin (voir n. 41), p. 301.

[88] Ibid., p. 299. Un peu plus loin (p. 308), Baldini qualifie Toledo d'»ispiratore del trattato«.

[89] CRAHAY, Jean Bodin devant la censure (voir n. 27), p. 168. Pour Firpo, cette condamnation constitue un »fatto italo-spagnolo, un fatto cattolico, ma non francese, né europeo«, FIRPO, Ancora sulla condanna di Bodin (voir n. 48), p. 185.

[90] Bernard BARBICHE, Clément VIII, dans: Philippe LEVILLAIN (dir.), Dictionnaire historique de la papauté, Paris 1994, p. 380–383.

[91] Sur cette double exigence, voir BALDINI, Albergati contro Bodin (voir n. 41), p. 302–303. De manière plus générale, Baldini a démontré l'importance de la situation politique et religieuse de la France sur le développement des débats italiens sur la raison d'État. Voir Enzo BALDINI, Le guerre di religione francesi nella trattatistica italiana della ragion di Stato. Botero e Frachetta, dans: Il pensiero politico XXII/2 (1989), p. 301–324; BALDINI, Botero e la Francia, dans: ID (dir.), Botero e la Ragion di Stato, Atti del convegno in memoria di Luigi Firpo, Turino, 8–10 marzo 1990, Florence 1992, p. 335–359.

[92] Voir BUJANDA (dir.), Index de Rome. 1590, 1593, 1596 (voir n. 84), p. 612.

[93] BARBICHE, Clément VIII (voir n. 90), p. 381. Sur la »riconciliazione dell'Eretico« et son rapport à la question de la raison d'État, voir DE MAIO, Riforme e miti nella Chiesa del Cinquecento (voir n. 41), chap. VII, p. 143–190.

[94] Voir n. 70.

[95] Gigliola FRAGNITO, Aspetti e problemi della censura espurgatoria, dans: L'Inquisizione e gli storici, Rome 2000 (Atti dei convegni Lincei, 162), p. 164. D'autres motifs de censure sont

ses, en somme, chères à »l'arrabbiata e disperata politica«... La raison d'État obéit à ses propres lois; elle apparaît comme »une réalité scandaleuse et toute-puissante, dont la nature [...] constitue un mystère«[96]: l'État a ses raisons qu'ignore la religion. En confirmant les interdictions qui touchent les œuvres de Machiavel et de Bodin, l'Index de Clément VIII entendait condamner la doctrine de la raison d'État[97]: il prohibait ainsi la publication des »mystères de l'État« et s'opposait à la sacralisation du pouvoir temporel[98].

Reprenant les règles de l'Index tridentin de 1564, l'Index de 1596 dresse une liste complémentaire des motifs de censure, d'expurgation ou de correction, dans laquelle apparaît la raison d'État[99]. Pourtant, à partir de la fin du XVIᵉ siècle, des traités de raison d'État circulent largement en Europe. Pour comprendre cet état de fait, il faut, semble-t-il, concevoir un double mode d'exercice de la censure ecclésiastique face à l'écriture de la raison d'État: d'un côté, la stricte interdiction avec l'inscription dans l'Index de la »mauvaise« raison d'État s'impose comme motif de censure; de l'autre, l'expurgation et la prohibition par substitution impliquent un travail de »correction« qui mène, à terme, à une véritable production de textes assurant la promotion de la »bonne« raison d'État. Ainsi, que la raison d'État soit »mauvaise« ou »bonne«, elle présente un rapport déterminant à l'exercice de la censure: son dédoublement épouse la dualité des pratiques censoriales, prohibitives ou productives; l'avers et l'envers de la raison d'État se traduisent dans l'une ou l'autre des modalités de la censure. Alors que la »mauvaise« raison d'État fait l'objet d'un interdit censorial, la »bonne« raison d'État serait-elle fille de l'activité productrice de la censure[100]?

---

encore évoqués. Voir également, EAD, L'applicazione dell'indice dei libri proibiti di Clemente VIII, dans: Archivio italiano CLIX/587 (2001), p. 107–149.

[96] THUAU, Raison d'État et pensée politique (voir n. 9), p. 250.

[97] Peter GODMAN souligne ce point pour le cas de Machiavel; voir ID., Machiavel, l'Inquisizione e l'Indice, dans: L'apertura degli archivi del Sant'Uffizio romano, Rome 1998 (Atti dei convegni Lincei, 142), p. 68.

[98] En France, par exemple, les étatistes, bien qu'»arracheurs de masques«, ont largement contribué à cette sacralisation qui demandait que »les mystères d'État remplacent ceux de la foi«, THUAU, Raison d'État et pensée politique (voir n. 9), p. 390.

[99] Voir les »Index de Rome, 1590, 1593, 1596«, § 2 des règles »de correctione librorum«, p. 927. Sont désormais considérés comme »matière censurable«, »les arguments et exemples [...] qui opposent la raison d'État à la loi évangélique«, BUJANDA (dir.), Index de Rome. 1590, 1593, 1596 (voir n. 84), p. 350.

[100] L'étude des liens entre censure et raison d'État est l'objet principal de notre thèse de philosophie politique, intitulée »Censures et raisons d'État aux origines de la modernité politique. Dialogues franco-italiens des XVIᵉ et XVIIᵉ siècles« (université Paris X Nanterre 2008). Cette question est née d'une interrogation plus générale concernant le rapport entre droit et raison d'État, particularisé au cas de la censure. Dans la thèse, nous traitons ce rapport selon trois expressions de la censure: a) au sens du *census* romain; b) du jugement critique; c) de la censure (ici considérée dans son acception courante). Cet article expose donc un seul de ces trois aspects.

L'ÉCRITURE DE LA RAISON D'ÉTAT ET LA PRODUCTIVITÉ DOCTRINALE DE LA CENSURE: DEUX NÉCESSITÉS CONTINGENTES DE LA MODERNITÉ POLITIQUE

Giovanni Botero occupait la fonction de consulteur à la congrégation de l'Index depuis deux années environ lorsqu'il publia son »Della ragion di Stato«[101]; l'auteur du premier traité de raison d'État, en bonne et due forme, fut aussi un agent de la censure ecclésiastique. Il s'agissait, pour cet ancien jésuite[102], de veiller à la conformité des textes avec l'esprit de la Contre-Réforme. Sa tâche consistait donc en propositions de corrections, en transformations doctrinales permettant d'assurer cette adéquation: si certains passages devaient être censurés, mieux encore était de les remplacer par de »justes doctrines«. Alors que l'Inquisition visait principalement à condamner les ouvrages et leurs auteurs, en une condamnation totale et irréversible, la congrégation de l'Index examinait les textes et déterminait à quelles conditions ils pourraient éventuellement être tolérés[103].

Ce mode expurgatoire de la censure engendrait, entre les cardinaux de la congrégation et leurs consulteurs, de vastes débats. Ces derniers généraient une véritable dynamique intellectuelle, créant un espace de discussion des thèses les plus avancées et les

---

[101] Botero entre à la congrégation de l'Index le 14 juillet 1587 (Congregazione per la dottrina della fede, Archivio, Diarii, vol. I, fol. 25r). Gigliola FRAGNITO dans La Bibbia al rogo (Bologne, 1997 [Saggi, 460], p. 146, n. 12) indique cette appartenance de Botero à la congrégation. Enzo Baldini souligne le lien qui semble exister entre l'entrée de Botero à la congrégation et la publication du premier traité de raison d'État: »la sua ›Ragion di Stato‹, pubblicata con estremo tempismo nella primavera del 1589, fu molto verosimilmente dettata dal suo ingresso nella Congregazione« (BALDINI, Primi attacchi [voir n. 42], p. 13), ou encore: »L'opera gli era stata forse commissionata nell'ambito della congregazione dell'Indice? È molto verosimile [...]« (BALDINI, Jean Bodin e l'indice dei libri proibiti [voir n. 41], p. 85). Romain Descendre consacre un passage à la fonction de consulteur exercée par Botero (DESCENDRE, L'État du monde [voir n. 86], p. 33–40), étayé par quelques pages rappelant les traits principaux du fonctionnement de la censure ecclésiastique (ibid., p. 40–44). Cette dernière est étudiée en détail notamment par Antonio ROTONDÒ, La censura ecclesiastica e la cultura, dans: Storia d'Italia, vol. V-I Documenti II, Turin 1973, p. 1399–1492; Adriano PROSPERI, Intelletuali e Chiesa all'inizio dell'età moderna, dans: Corrado VIVANTI (dir.), Storia d'Italia, Annali IV, Intelletuali e potere, Turin 1981, p. 159–252; et, plus récemment, par l'ensemble des contributions réunies dans STANGO (dir.), Censura ecclesiastica e cultura politica (voir n. 41).

[102] Botero quitta la Compagnie de Jésus en 1580; il fut par la suite le secrétaire de Charles Borromée. Pour une présentation biographique synthétique, voir la notice que Luigi FIRPO consacre à Botero, dans: Dizionario biografico degli Italiani, publié par l'Istituto della Enciclopedia italiana, vol. XII, Rome 1971, p. 352–362.

[103] Cette différence de procédés dans l'exercice de la censure fut à l'origine de tensions entre la congrégation de l'Inquisition et la congrégation de l'Index: voir Gigliola FRAGNITO, La censura libraria tra congregazione dell'Indice, congregazione dell'Inquisizione e maestro del Sacro Palazzo (1571–1596), dans: Ugo ROZZO (dir.), La censura libraria nell'Europa del secolo XVI, Convegno internazionale di studi, 9–10 nov. 1995, Udine 1997 (Libri e biblioteche, 5), p. 163–175.

plus scandaleuses de l'époque au sein même de la curie romaine[104]. Les idées les plus neuves y circulaient, et l'on cherchait à y »répondre« de la façon la plus efficace qui soit[105]. Ainsi, le premier traité de raison d'État constitue paradoxalement un second temps dans l'histoire de la notion: une »réponse« à la »mauvaise« raison d'État. Pour comprendre les tenants et les aboutissants de cette série de répliques et d'objections qui s'instaure entre raison d'Église et raison d'État, il est essentiel d'avoir présent à l'esprit l'environnement dans lequel naquit le premier traité de doctrine consacré à la raison d'État[106] – la notion étant elle-même issue du contexte des guerres de Religion.

La naissance du premier traité de raison d'État advint dans une contiguïté éloquente avec le fonctionnement de la censure ecclésiastique: où, en effet, mieux que du sein même de la congrégation de l'Index, pouvait-on saisir la nécessité de »répondre« au »scandale de l'ordre nouveau«[107] et concevoir la teneur de cette »réponse«? Cet ancrage originaire a, semble-t-il, déterminé le lien qui existe entre l'inflation de la littérature sur la raison d'État et la Contre-Réforme[108]. L'Index des livres interdits, »creatura della Controriforma«[109], constitua une première arme pour combattre l'hérésie. La censure expurgatoire en offrit une seconde.

Botero, du cœur de la congrégation, était fort bien placé pour percevoir l'insuffisance de la censure prohibitive en matière de raison d'État. Si l'interdiction constituait une solution efficace pour enrayer la diffusion de certaines idées, il semble qu'elle n'ait pas convenu pour le cas de la raison d'État: comment, en effet, les instances de censure auraient-elles pu interdire toute discussion sur la raison d'État, à propos de laquelle tout le monde discourt en cette fin de XVIe siècle? Face à cet engouement pour la raison d'État, face à l'intérêt qu'elle suscita chez les gouvernants comme chez les gouvernés, la censure prohibitive devait bien reconnaître l'inefficacité de ses méthodes. Mieux valait donc combattre sur le même terrain et avec les mêmes armes: se positionner visiblement sur la place publique en utilisant la force de l'imprimerie au lieu de

---

[104] Ainsi, la consultation du fichier papier de la bibliothèque de la congrégation de l'Index montre que celle-ci conserve un panel représentatif des »classiques« de la raison d'État »impie« (notamment Tacite, Machiavel et Boccalini).

[105] Sur cette capacité de la censure ecclésiastique à formuler des »réponses«, voir Paolo CARTA, Nunziature apostoliche e censure ecclesiastiche, dans: STANGO (dir.), Censura ecclesiastica e cultura politica (voir n. 41), p. 166.

[106] Le »Della ragion di Stato« de Botero apparut bien comme »l'armata doctrinale antimachiavellica«, Rodolfo DE MATTEI, Critiche secentesche alla »Ragion di Stato« del Botero, dans: Studi di storia e diritto in onore di A. Solmi, vol. II, Milan 1941, p. 328.

[107] C'est ainsi que THUAU, Raison d'État et pensée politique (voir n. 9), p. 167, désigne la raison d'État.

[108] Voir Rodolfo DE MATTEI, Il Problema della »ragion di Stato« nell'età della Controriforma, Milan, Naples 1979; Adriano PROSPERI, La Chiesa e la circolazione della cultura nell'Italia della Controriforma. Effetti imprevisti della censura, dans: ROZZO (dir.), La censura libraria (voir n. 103), p. 147–161; de façon plus générale, Luigi FIRPO, Filosofia italiana e Controriforma, dans: Rivista di Filosofia XLI (1950), p. 150–173, p. 390–401 et XLII (1951), p. 30–47; plus récemment, Gigliola FRAGNITO (dir.), Church, Censorship and Culture in Early Modern Italy, Cambridge 2001.

[109] Jesús Martinez DE BUJANDA, Sguardo panoramico sugli indici dei libri proibiti del XVI secolo, dans: ROZZO (dir.), La censura libraria (voir n. 103), p. 13.

se limiter à l'exercice de son contrôle, qui demeure partiel. Ainsi, l'origine doctrinale de la raison d'État ne serait pas tout à fait étrangère aux efforts de la censure ecclésiastique effectués pour s'adapter à cette situation[110]. Confrontée à ses faiblesses concernant sa capacité à censurer le débat sur la raison d'État, elle semble devoir adopter une stratégie de publication assortie d'une large diffusion sur la place publique. Ce faisant, la censure ecclésiastique contrôle au mieux l'arme par excellence des Politiques et endigue le mal qu'elle ne peut éradiquer. En favorisant ce type de réponse et en se présentant sous les traits de la »bonne« raison d'État, la raison d'Église se place au cœur des débats sur la raison d'État. De ce point de vue, le »phénomène éditorial« qu'a constitué le »Della ragion di Stato« peut être compris: de nombreuse fois réédité, traduit et imité, il fut, en son temps, »il libro del giorno«[111].

Le »Della ragion di Stato« s'imposa comme la référence en la matière. La définition donnée par Botero à la raison d'État[112] fut largement critiquée, positivement ou négativement, par les traités venus à sa suite. Par son geste inaugural, Botero changea le statut de l'expression de »raison d'État« qui passe alors d'un registre essentiellement oral au domaine de l'écrit[113]. Ce faisant, il confère à la notion une diffusion inédite: Botero donne le coup d'envoi du développement de la littérature sur la raison d'État. Ces traités, se répondant les uns les autres, en langues vulgaires et par-delà les monts, engendrent de riches dialogues à travers lesquels la notion de raison d'État prend corps[114].

Toutefois, Botero semble ne pas avoir développé le geste fondateur qu'il accomplit: si la notion de raison d'État s'affiche avec audace au frontispice de son traité, elle se

---

[110] Adriano Prosperi, dans son article consacré aux »effets imprévus« de la censure, analysa cette dernière comme »condizione normale della circolazione della cultura« dans l'Italie de la Contre-Réforme – mettant ainsi en évidence l'influence décisive alors exercée par la congrégation de l'Index sur la circulation des idées. Voir PROSPERI, La Chiesa e la circolazione della cultura (voir n. 108), p. 147–148.

[111] DE MATTEI, Critiche secentesche (voir n. 106), p. 327. L'ouvrage connaîtra, dès l'année de sa première publication, diverses éditions; il sera rapidement et abondamment traduit en diverses langues: l'édition réalisée par Luigi FIRPO du Della ragion di Stato di G. Botero con tre libri delle città, due Aggiunte e un Discorso [...] (Turin 1948, p. 458, n. 4) fait le point sur cet aspect. Le contenu du traité ne permet pas à lui seul d'expliquer cette abondante diffusion par rapport aux autres traités de raison d'État.

[112] »Estat est une ferme domination sur les peuples; & Raison d'Estat est la cognoissance des moyens propres à fonder, conserver, & agrandir une telle domination & Seigneurie«, BOTERO, Raison ou gouvernement d'Estat, liv. I, p. 4.

[113] Dès le »Dialogo del reggimento di Firenze«, rédigé entre 1521 et 1525, François Guichardin emploie l'expression, mais il faut attendre Botero pour voir un traité entier placé sous son signe. L'origine orale de la notion est rappelée par Botero lui-même au début de son ouvrage. Voir BOTERO, Raison ou gouvernement d'Estat (voir n. 50), liv. I, avant-propos de l'auteur, p. 1–3.

[114] Ces dialogues mettent en œuvre une véritable »censure«, au sens du jugement critique, portée sur la place publique: sur les »censure al Botero«, comme dit l'italien, voir DE MATTEI, Critiche secentesche (voir n. 106). Cet enchaînement de réponses successives, qui s'exprime par la voie de l'imprimé, constitue une dynamique fondamentale de l'élaboration de la notion de raison d'État. Il s'agit ici d'une modalité particulière du rapport entre censure et raison d'État (voir n. 100).

fait ensuite fort discrète[115]. Ainsi, nombre de théoriciens de la raison d'État reprochèrent à Botero de n'avoir posé le problème qu'en apparence[116]. Certains insistèrent sur le caractère trop vaste de sa définition, concernant finalement tous les domaines de la politique[117]. D'autres encore démontrèrent que la célèbre définition pouvait aussi bien s'appliquer à la »bonne« raison d'État qu'à la »mauvaise«[118]... À certains égards, il est vrai que la notion semble prendre un »sens inoffensif« chez Botero – préoccupé à »ôter le dard empoisonné du terme [...] qui rappelait fâcheusement Machiavel«[119]. Mais, ce faisant, il déplace les préoccupations de la raison d'État, vers le domaine économique notamment, et inaugure un nouveau visage de la raison d'État: Botero met en lumière sa participation à un vaste programme de description des États (de leurs ressources naturelles, humaines et matérielles), qui accroît les connaissances nécessaires au bon gouvernement[120].

Pourtant, aussi riche que soit ce déplacement de la notion opéré par Botero, il ne permet pas d'affranchir la raison d'État de la question du mal en politique. En consacrant son traité à la »bonne« raison d'État[121], Botero prive la notion de la moitié, au

---

[115] La notion apparaît dans le titre de l'ouvrage, dans l'avant-propos de l'auteur, dans le chapitre consacré à sa définition et, enfin, dans le chapitre conclusif. Cette remarque se fonde sur la lecture de la traduction de Chappuys.

[116] Les premières objections au traité de Botero se firent entendre dès 1591. On jugea, par exemple, que cet ouvrage »non conteneva altro, di Ragion di Stato, che la inscrizione«, voir DE MATTEI, Critiche secentesche (voir n. 106), p. 328.

[117] Dans les »Ragguagli di Parnasso«, Apollon déplore la »falsità« dont use Botero dans son ouvrage et demande que le titre de »Politique« lui soit substitué (voir BOCCALINI, Ragguagli di Parnasso (voir n. 62), I, 87, p. 289–292). Cette critique sera surtout développée par ZUCCOLO dans son »Della ragione di Stato« (voir n. 12), qui se distingue parmi les théoriciens de la raison d'État par ses efforts pour identifier ce qui dans le domaine de la politique relève spécifiquement de la raison d'État.

[118] Ce sera notamment le cas de Federico BONAVENTURA, qui ouvre son traité (Della ragion di Stato e della prudenza politica libri quarto, Urbin 1623, liv. I, chap. I, p. 1–2) en rappelant les erreurs attachées à la définition de la raison d'État donnée par Botero (voir DE MATTEI, Critiche secentesche [voir n. 106], p. 341, qui conclut lui-même en ces termes: »E verissima, indubbiamente, l'osservazione che al ›problema‹ [della ragion di Stato] il Botero avesse dedicato non più che le prime poche righe della sola prima pagina: resto dell'opera famosa non contenendo che un fascio, non sempre coerente, di precetti pratici«).

[119] MEINECKE, L'idée de raison d'État (voir n. 6), p. 68–69.

[120] Sur ce point, voir SENELLART, Machiavélisme et raison d'État (voir n. 43), chap. III et IV; ID., Le problème de la raison d'État de Botero à Zuccolo, dans: Christiane MENASSEYRE, André TOSEL (dir.), Figures italiennes de la rationalité, Paris 1997, p. 153–189; Dominique REYNIÉ, Le regard souverain, dans: Christian LAZZERI, Dominique REYNIÉ (dir.), La raison d'État. Politique et rationalité, Paris 1992, p. 41–82. Cet aspect peut également apparaître comme une modalité particulière du rapport de la raison d'État à la censure, cette fois entendue au sens du *census* romain, qui concernait aussi bien la collecte des impôts que le dénombrement des citoyens, l'évaluation de leur qualité et de leurs biens (voir n. 100).

[121] Botero nous confie avoir été, au cours de ses voyages auprès des »Cours des Rois & des grands Princes [...] fort esmerveillé d'ouïr parler tout le iour de la raison d'Estat; & alleguer sur telle matiere, ores Nicolas Machiavel, ores Cornelius [Tacite]«, BOTERO, Raison ou gouvernement d'Estat (voir n. 50), liv. I, avant-propos, p. 1. Ainsi, Botero eut »plusieurs fois la volonté d'escrire les corruptions«, mais jugeant qu'il n'auroit en cette matière ni »credit ny authorité« sans montrer »les vrayes et candides manieres que doit tenir un Prince, pour devenir

moins, de ses caractéristiques. Par-delà cette façon de poser le problème, qui scinde arbitrairement deux aspects d'une même réalité, »bonne« et »mauvaise« raison d'État restent foncièrement dépendantes[122]. Mais Botero, qui cherchait à concilier les exigences religieuses de son temps avec le réalisme politique[123], trouvait en cette division de la raison d'État une arme essentielle de son combat: l'écriture de la »bonne« raison d'État ne présuppose aucunement de se faire »profanateur des sacrés mystères de la philosophie politique«; elle permet au religieux de conserver le monopole du sacré et d'enrayer l'immixtion du divin et du profane. L'écriture de la »bonne« raison d'État pouvait ainsi donner l'illusion d'un accord entre raison d'Église et raison d'État. Cependant, si Botero souhaitait endiguer la propagation de la »mauvaise« raison d'État, l'effet produit par le »Della ragion di Stato« fut tout autre. Les théoriciens italiens de la raison d'État qui prirent la plume pour »répondre« à Botero ont finalement assuré une large réception de la notion – celle-ci se diffusant et se transformant rapidement. Ce fut le cas notamment en France, où la raison d'État devint une maxime de la consécration de l'État[124].

Dans ses »Considérations politiques sur les coups d'État«, Gabriel Naudé se fit l'héritier de cette riche réflexion italienne sur la raison d'État. Son ouvrage constitue un cas exemplaire du paradoxe des mystères publiés. Assumant un usage machiavélien de la notion de raison d'État, il renoua avec la question de sa publication. Car c'est bien là, en effet, que réside le cœur du problème. L'échec de la censure ecclésiastique à la prohiber malgré son inscription dans l'Index le démontre. Richelieu, lui-même cardinal et symbole de la raison d'État française, semble avoir tiré les conséquences de cet échec: par la productivité de son »cabinet de presse«[125], il tente de contrôler la diffusion de l'idée de raison d'État et, partant, la justification de ses pratiques. Étienne

---

grand, & gouverner heureusement les subiects«, il consacra à cette matière son »livre de la Raison d'Estat«, ibid., p. 3.

[122] La »bonne« raison d'État ne se conçoit qu'à partir de la »mauvaise«, et inversement. Ainsi, on a pu estimer que Botero aurait mal posé le problème de la raison d'État. Pour une synthèse sur ce point, voir SENELLART, Le problème de la raison d'État de Botero à Zuccolo (voir n. 120), p. 167.

[123] Voir Michel SENELLART, La raison d'État antimachiavélienne, dans: LAZZERI, REYNIÉ (dir.), La raison d'État (voir n. 120), p. 38.

[124] L'État acquiert son indépendance par rapport au pouvoir théologique à mesure qu'il met en œuvre les termes de sa propre consécration: dans l'opposition entre raison d'Église et raison d'État, l'autonomie revendiquée de l'État moderne face à la religion est tout autant impliquée que la capacité de ce dernier à s'arroger des attributs divins. Sur »la séparation de Dieu« qui engage une »élévation métaphysique de la puissance temporelle«, voir Marcel GAUCHET, L'État au miroir de la raison d'État, dans: Yves-Charles ZARKA (dir.), Raison et déraison d'État, Paris, 1994, en part. p. 205–215; et, pour un cadre d'interprétation plus général, ID., Le désenchantement du monde, Paris 1985.

[125] Voir THUAU, Raison d'État et pensée politique (voir n. 9), chap. V. Marcel Gauchet rappelle, pour sa part, »l'abondance et la diffusion de cette littérature de propagande qui étalait les mystères de l'État par les rues«, GAUCHET, L'État au miroir de la raison d'État (voir n. 124), p. 241. Voir, plus largement, William F. CHURCH, Richelieu and Reason of State, Princeton 1972; et Jeffrey K. SAWYER, Printed Poison. Pamphlet Propaganda, Faction Politics and the Public Sphere in Early Seventeenth-Century France, Berkley, Los Angeles, Oxford 1990.

Thuau, qui a mis en évidence l'efficacité de ce procédé, explicite le choix français en faveur du dévoilement de la raison d'État[126].

Ainsi, le premier XVIIe siècle fut, en France, celui de la publication de la raison d'État et des *arcana imperii*. Se faisant l'écho de son temps[127], Naudé introduit dans la définition de la raison d'État ce procédé de publication. Il s'agit ici d'une évolution décisive dans l'histoire de la notion, que Naudé accomplit en spécifiant la raison d'État face aux coups d'État. Certes, les coups d'État peuvent recevoir »la même définition [...] déjà donnée aux maximes et à la raison d'État«, à savoir:

un excès du droit commun, à cause du bien public, [...] des actions hardies et extraordinaires que les princes sont contraints d'exécuter aux affaires difficiles et comme désespérées, contre le droit commun, sans garder même aucun ordre ni forme de justice, hasardant l'intérêt du particulier, pour le bien du public[128].

Cependant, pour éclaircir leur distinction, Naudé précise:

en ce qui se fait par maximes [et donc par raison d'État], les causes, raisons, manifestes, déclarations, et toutes les formes et façons de légitimer une action, précèdent les effets et les opérations, où au contraire dans les coups d'État, on voit plutôt tomber le tonnerre qu'on ne l'a entendu gronder dans les nuées, il frappe avant que d'éclater[129].

Ainsi, à l'inverse des coups d'État, il est »permis« de publier les maximes et raisons d'État avant leur mise en œuvre: cette publication concourt à leur pleine réalisation, car elle leur confère la légitimité dont elles ont besoin pour atteindre leur efficacité maximale[130]. En centrant la question de la raison d'État sur le problème de sa légitimité, Naudé dépasse les écueils de la distinction entre »bonne« et »mauvaise« raison d'État. D'une casuistique produisant la justification de la raison d'État au cas par cas,

---

[126] THUAU, Raison d'État et pensée politique (voir n. 9), p. 376–377: »il semble qu'à l'époque de Richelieu les publicistes pro-espagnols aient opté pour la politique du voile et les pamphlétaires français pour celle du dévoilement«.

[127] Naudé le définit en ces termes: »l'on peut à peu près savoir et découvrir tous les plus grands secrets des monarchies, les intrigues des cours, les cabales des factieux [...] en un mot, ce que le roi a dit en secret à la reine, et les discours que Junon a tenus à Jupiter (Plaute), par le moyen de tant de relations, mémoires, discours, instructions, libelles, manifestes, pasquins et semblables pièces secrètes, qui sortent tous les jours en lumière «, NAUDÉ, Considérations (voir n. 5), p. 83.

[128] Ibid., p. 101.

[129] Ibid.

[130] Ibid.: »en celles-là [les maximes et raisons d'État] il est permis de les publier avant le coup, la principale règle de ceux-ci [les coups d'État] est de les tenir cachées jusques à la fin«. Il semble ici que »cachées« se rapporte aux maximes et raisons d'État. Si tel est bien le cas, la distinction entre raisons et coups d'État ne serait pas si claire qu'il y paraît au premier abord. Les raisons d'État pourraient donc concourir aux coups d'État et répondre à un double registre, à la fois ordinaire et extraordinaire, public et secret, de l'action politique. Naudé souligne d'ailleurs que »quand bien même les formalités auraient précédé l'exécution, si néanmoins la religion y est grandement profanée [...] ou que l'affaire est du tout extraordinaire et de très grande conséquence pour le bien et le mal qui en peut arriver; alors on se peut encore servir du terme de coup d'État«, ibid., p. 102.

selon la fin qu'elle poursuit, on passe à l'exposition claire et distincte d'un de ses attributs essentiels: la raison d'État a pour caractéristique de pouvoir se publier – sa capacité à se légitimer et à s'imposer au cœur de la vie politique en dépend directement. Ainsi, le problème de la raison d'État ne se pose pas parce que le secret qui lui est originairement attaché serait, malgré lui, découvert, mais parce que la raison d'État se constitue – au cours du premier XVIIe siècle français notamment – à travers le paradoxe des mystères publiés.

Naudé nous l'enseigne par une fine dialectique entre secret et publication, qu'il met en œuvre dans ses »Considérations«. Le chapitre I est consacré aux »objections que l'on peut faire contre ce discours avec les réponses nécessaires«[131]. Le »danger qu'il y a de vouloir déchiffrer les actions des princes, et faire voir à nu ce qu'ils s'efforcent tous les jours de voiler avec mille sortes d'artifices«[132] méritait bien un chapitre entier: Naudé y expose les raisons pour lesquelles il n'a pu se résoudre à faire »vœu d'éternel silence«[133]. Conscient du paradoxe de sa situation, Naudé limite à une douzaine d'exemplaires la publication des »Considérations«. Fin connaisseur de l'imprimé et de ses effets, il collectait le moindre libelle et chaque »pièce curieuse« pour constituer le fonds de la bibliothèque Mazarine pourtant »destinée à la publicité«[134]. N'ignorant pas la force de l'imprimerie, qu'il compare au canon[135], Naudé déclare contre toute attente: »Aussi n'est-ce pas pour rendre cet ouvrage public qu'il a été mis sous la presse«[136]… L'intention peut, pour le moins, étonner. Quoi qu'il en soit, diverses rééditions sont venues remédier à cette diffusion minimale pour »donner au livre la seule perfection qui semblait y manquer«[137]. Ce jugement cependant ne doit pas faire oublier que la publication des arcanes politiques s'accommode fort bien d'une certaine »clandestinité«: le principal demeure sa divulgation première répondant au »principe de publicité[138]« qui gît au cœur de la raison d'État.

---

[131] Ibid., p. 73–85.
[132] Ibid., p. 73.
[133] Ibid., p. 85.
[134] G. SERVOIS, Notes sur la bibliothèque du cardinal Mazarin, dans: Advis a nos seigneurs du Parlement sur la vente de la Bibliothèque de Mr le Card. Mazarin, par Gabriel Naudé, s.l.n.d., p. 15. L'ouverture de cette bibliothèque au public semble dater de la fin de l'année 1643; elle fut saisie et vendue en 1651. Dans l'»Advis pour dresser une bibliothèque«, dont l'édition originale date de 1627, Naudé affirmait déjà un des principes directeurs de son activité de bibliothécaire: »une Bibliothèque dressée pour l'usage du public doit estre universelle« (Gabriel NAUDÉ, Advis pour dresser une bibliothèque, Paris 1990, p. 31). Sur la bibliothèque publique comme »lieu de conservation et de propagation de l'hétérodoxie«, voir Sophie GOUVERNEUR, Prudence et subversion libertines. La critique de la raison d'État chez François de La Mothe Le Vayer, Gabriel Naudé et Samuel Sorbière, Paris 2005 (Libre pensée et littérature clandestine, 25), et la discussion qu'elle engage avec l'ouvrage de Robert DAMIEN, Bibliothèque et État. Naissance d'une raison politique dans la France du XVIIe siècle, Paris 1995.
[135] Voir n. 1.
[136] NAUDÉ, Considérations (voir n. 5), p. 69.
[137] Ibid., p. 68, Au lecteur (ajout par rapport à l'édition originale). Après la première édition (1639), l'ouvrage connut plusieurs rééditions (en 1667, 1679 et 1744 notamment).
[138] GAUCHET, L'État au miroir de la raison d'État (voir n. 124), p. 198.

Laurens Melliet, traducteur et éditeur en langue française des »Discorsi sopra Tacito« de Scipione Ammirato[139], a donné une expression saisissante de cette nécessité paradoxale de la publication de la raison d'État. Dans son épître dédicatoire, Melliet déclare explicitement les raisons d'État devoir être publiées afin que leurs aspects les plus néfastes soient »empêchés«:

> Sire, l'usage des Maximes, & des Regles enseignées par ces Discours, empeschera le ruineux, & calamiteux effect de leur pernicieux monopole, & le progres de leur intention, pourvu qu'en practiquant les Raisons de Guerre, & d'Estat, qui y sont proposées, V. M. ne se sépare point de la Pieté, ny de la Iustice[140].

Soumettant la raison d'État à la piété et à la justice, Melliet présente les »Discorsi« d'Ammirato comme un enseignement des règles et maximes propres aux »affaires d'Estat, puisez dans la doctrine des plus fameux & renommez Historiographes«[141]. D'emblée, Melliet pose la question du rapport entre vérité historique et écriture de la raison d'État: si la mémoire des faits et la compréhension de l'histoire veulent être sauvegardées, la raison d'État doit être publiée, »mais qui plus est, enseignée. Ainsi Melliet place-t-il en fin de volume un extrait du »Discorso della ragione di Stato« de Girolamo Frachetta[142]: la raison d'État y est définie comme une »pédie« ($\pi\alpha\iota\delta\epsilon\acute{\iota}\alpha$), une »discipline« que l'on peut acquérir par la lecture des histoires, des écrits politiques ainsi que des relations nous entretenant des habitudes, des mœurs et des inclinations des princes[143]. Enfin, l'»expérience des choses du monde«, recueillie »en notre mémoire«, constitue un élément essentiel de cette discipline: elle conférera, avec le temps, la prudence nécessaire à l'apprentissage de la raison d'État[144].

---

[139] Édition originale des »Discorsi« de Scipione AMMIRATO: Florence, 1594; »traduits, paraphrasez, et augmentez« par Laurens MELLIET, sous le titre: Discours politiques et militaires sur Corneille Tacite, Lyon 1628. Sur les problèmes posés par cette traduction, voir Michel SENELLART, La traduction des »Discorsi« d'Ammirato par Laurens Melliet (1628). Déplacements, additions, reconstruction, dans: Giovanni DOTOLI, Paolo CARILE (dir.), Politique et littérature en France aux XVIe et XVIIe siècles. Actes du colloque international de Monopoli, 28 sep.–1 oct. 1995, Bari, Paris 1997 (Quaderni del Seicento francese, 12), p. 273–290. Melliet, selon Senellart, »a fait siens [les »Discorsi« d'Ammirato], substituant sa propre voix à celle de l'auteur« (ibid., p. 281). Toutefois, c'est bien la réception d'Ammirato en France, qui passe par Melliet, qui nous intéresse ici pour son adéquation avec le choix français en faveur du dévoilement de la raison d'État (voir n. 126).

[140] MELLIET, Au Roy, dans AMMIRATO, Discours politiques et militaires [...], (voir n. 139), p. 3–4.

[141] Ibid., p. 3.

[142] Ce texte est une traduction d'une partie de L'idea del libro de'governi di stato e di guerra, di Girolamo Frachetta, con due discorsi, l'uno intorno la Ragione di Stato, l'altro intorno la Ragion di Guerra del medesimo, Venise, 1592, fol. 37v–47r.

[143] FRACHETTA, dans AMMIRATO, Discours politiques et militaires (voir n. 139), p. 885 (fol. 39r–v de l'édition italienne).

[144] Ibid., p. 885 et 888, où Frachetta spécifie cette expérience: »[celle] de laquelle nous parlons, *est un recueil en nostre memoire de plusieurs actions particulieres, qu'on a faictes, ou qu'on a veu faire*«. Cette expérience étant moindre chez les jeunes gens, il n'est pas possible qu'une véritable prudence se trouve dans leurs esprits ni, non plus, une »bien accomplie Raison d'Estat«.

Ainsi, la raison d'État relève d'une instruction particulière et gagne à sortir du »pernicieux monopole« où elle se trouve: elle concourt à l'élaboration d'une mémoire collective, elle crée des modèles exemplaires et transforme certains faits historiques en de véritables paradigmes. La raison d'État est ici conçue comme un projet d'éducation poursuivant l'obéissance des sujets; elle s'adresse donc à tous. Comme l'affirma Ammirato, à la »discrétion« de Melliet: »pour tenir les subjects en bride, il n'y a point de plus grande finesse, que de les rendre vertueux. Et ie ne peux trouver une meilleure raison d'Estat«[145].

Mais qu'en est-il lorsque la raison d'État se sépare de la piété et de la justice? Doit-on constituer une mémoire de la »mauvaise« raison d'État? Doit-on l'enseigner, puisqu'elle appartient à l'histoire? L'écriture de la »mauvaise« raison d'État doit-elle être prohibée ou au contraire autorisée? Ammirato, après avoir rappelé quelques rares cas de censure qui lui semblent justes et nécessaires[146], déclare:

Quant à défendre aux Historiographes d'inserer en leurs Histoires les vices, mauvaises mœurs, & meschantes actions & des Princes & des particuliers, je n'estime pas que ce soit une sentence moins inique & pleine d'injustice, que de leur defendre d'escrire leurs vertus & gestes memorables. Sur ce propos, Tacite, qui savoit son mestier, & des choses du monde, tout ce qu'un homme en pouvoit sçavoir, dit, Que c'est le propre office de ceux qui escrivent des Annales, d'inserer en icelles les choses qui sont excellentes pour leur honnesteté, ou notables pour leur infamie, afin que les vertueuses ne soient ensevelies dans le silence, & qu'il y aye quelque crainte de mal dire, & de mal faire pour l'infamie & memoire de la posterité [...][147].

Ammirato rappelle ainsi que »Tacite se mocque de ceus qui abusent du temps & du pouvoir qu'ils ont, pensans esteindre la memoire du temps à venir«[148]. Même condamné à être brûlé, un livre est facile à cacher: »la memoire du temps« semble survivre aux bûchers... Ammirato intègre ici Tacite à l'imagerie baroque qui fait du temps le garant de la vérité[149]. Au regard de la finitude humaine et de l'épreuve temporelle, maîtresse de la vie de chacun, la censure des faits historiques semble inepte dans son principe[150].

---

[145] AMMIRATO, Discours politiques et militaires (voir n. 139), p. 823.
[146] Ibid., liv. IV, chap. X, p. 237–243: »Que c'est une meschante œuvre, & digne de perpétuelle infamie, de punir ceux qui escrivent«. Toutefois, »si les Escrivains parlent contre la Religion, ou contre les bonnes coustumes, leurs escrits doivent estre interdits & supprimez, & qu'en vain aucuns se lamentent, que quelques livres ont esté censurez par les Docteurs & Prelats de nostre Eglise«. De même, »écrire en detraction du Prince, ou de personnes privées par impostures, contre la vérité, par une pure intention de médire et scandaliser des gens de bien et d'honneur, [...] est une chose detestable, & digne de punition exemplaire«, ibid., p. 239.
[147] Ibid., p. 240
[148] Ibid., p. 238.
[149] Louis Marin, dans son introduction aux »Considérations« de Naudé, rappelle »ce thème bien connu de l'imagerie baroque« représenté, par exemple, par »Le Temps sauvant la Vérité« de Poussin.
[150] En pratique, cependant, et pour une tout autre période historique, Hannah Arendt rappelle qu'»éliminer de l'histoire certains faits »ne demanderait pas moins qu'un monopole du pouvoir sur la totalité du monde civilisé. Or un tel monopole du pouvoir est loin d'être inconcevable, et il n'est pas difficile d'imaginer quel serait le destin de la vérité de fait si l'intérêt du pouvoir [...] avait le dernier mot sur ces questions« (Hannah ARENDT, Vérité et politique, dans: EAD.,

En outre, »ce que l'on craindra d'escrire en France, sera escrit sans crainte ny difficulté en Italie; & ce que l'on osera escrire en Italie, sera recité en Alemagne. Ce que l'on taira en Alemagne, sera publié en Espagne, & parmy les autres nations où il y a des langues & des Escrivains«[151] – à quoi il faut enfin ajouter qu'un ouvrage prohibé est d'autant plus recherché[152]. Afin d'élaborer une connaissance véritable de l'histoire, Ammirato fait valoir cette tradition d'écriture inaugurée par Tacite et dont Machiavel se fit l'héritier, devenant ainsi l'»inventeur« de la raison d'État[153]. Mais par-delà cette figure torse du Florentin, le récit de la »verità effetuale« demeure problématique, et Ammirato fait à son tour l'expérience du lien consubstantiel qui existe entre censure et raison d'État. Il tempère alors sa position initiale:

Je ne nie pas qu'il ne faille quelquefois taire certaines choses, tout ainsi que nous cachons les parties honteuses de nostre corps, & quand il faut parler d'icelles, nous les nommons par autre nom que le leur propre[154].

Tacite, insiste Ammirato, nous a lui-même transmis ce »prudent enseignement«, mais il n'est pas le seul. Plutarque, par exemple, »ne nie pas que certaines choses ne se doivent taire en reverance de la nature humaine«[155]. Or, parmi ces »choses«, ne trouve-t-on pas au premier chef ce qui relève de la raison d'État? La question du mal en politique peut-elle être crûment publiée, débattue et enseignée? La publication de la raison d'État ne touche-t-elle pas, en quelques occasions, à ce respect de la nature humaine évoqué ci-devant? Face au doute, si Ammirato oscille entre le secret et la publication, il se prononce finalement en faveur d'une véritable liberté: le choix entre taire ou rendre public »certaines choses […], affirme-t-il, depend de la prudence de l'Escrivain, auquel il ne faut prescrire aucune loy par authorité, & ne luy marquer ny limiter sa leçon«[156]. En démontrant que renoncer à la publication des arcanes politiques »c'est ignorer la pédie«[157] dont ils relèvent, Gabriel Naudé a donné un exemple éclairant de

La crise de la culture, trad. de Patrick LÉVY [dir.], Paris 1972, p. 304–305). Étudiant les caractéristiques du mensonge moderne, Arendt met en évidence l'importance pour ce dernier du développement d'une »mentalité de la raison d'État« et indique, ce faisant, une modalité de la réception de la question de la raison d'État au siècle dernier: »La possibilité de mensonge complet et définitif, qui était inconnue aux époques antérieures, est le danger qui naît de la manipulation moderne des faits. Même dans le monde libre, où le gouvernement n'a pas monopolisé le pouvoir de décider ou de dire ce qui est ou n'est pas factuellement, de gigantesques organisations d'intérêts ont généralisé une sorte de mentalité de la *raison d'État* [en français dans le texte]«, ibid., p. 324–325.

[151] AMMIRATO, Discours politiques et militaires (voir n. 139), p. 241.
[152] Ibid., p. 239.
[153] Sur cette figure du Florentin et sa critique, voir Cesare VASOLI, Machiavel, inventeur de la raison d'État?, dans: ZARKA (dir.), Raison et déraison d'État (voir n. 124), p. 43–66.
[154] AMMIRATO, Discours politiques et militaires (voir n. 139), p. 242.
[155] Ibid.
[156] Ibid.
[157] NAUDÉ, Considérations (voir n. 5), p. 77: »vouloir parler de la politique suivant qu'elle se traite et exerce aujourd'hui, sans rien dire de ces coups d'État, c'est proprement ignorer la pédie« – le terme étant entendu au sens grec de *paideia*, d'éducation et d'instruction que l'on trouve également chez FRACHETTA, Discorso della ragione di Stato (voir n. 142), fol. 39r–v.

cette prudence de l'écrivain. C'est pourquoi, tout en procédant au dévoilement des *arcana imperii*, Naudé assume le paradoxe de la publication du secret[158].

Pourtant, s'il est vrai que ce qui relève de la raison d'État fait l'objet d'une pédie – comme en témoigne depuis fort longtemps l'éducation des princes –, son apprentissage semble devoir suivre des usages et des codes précis. Machiavel raconte comment l'enseignement de certaines »nécessités« se fit »à mots couverts«; au chapitre XVIII du »Prince«, par exemple:

il est nécessaire à un prince de savoir bien user de la bête et de l'homme. Cette partie a été enseignée, à mots couverts, aux princes par les écrivains anciens, qui écrivirent qu'Achille et de nombreux autres princes furent donnés à élever à Chiron le centaure, qui les instruisit à son école[159].

Cheval à tête et torse d'homme, Chiron, être fabuleux à l'aspect monstrueux, apparaît ici sous les traits d'un »instructeur mythologique«: lui-même mi-homme mi-bête, il procède aux enseignements les plus délicats, requérant une transmission secrète, voire initiatique. À la fois semblable et dissemblable, il dévoile l'étrangeté de la condition humaine à elle-même; il initie aux mystères les plus obscurs. Que le combat par les lois, pourtant propre aux hommes, se révèle insuffisant; que l'usage de la force brute ne saurait être éradiqué par le droit; qu'il faille savoir entrer dans le mal lorsque la situation l'exige; et, en somme, que le prince sache se comporter telle une bête pour le bien de ses sujets, cela relève d'un enseignement particulier enraciné simultanément dans le réalisme politique et dans l'univers des mythes et des légendes. La raison d'État, qui porte en elle cette »impossible« mais nécessaire instruction du mal en politique, puise abondamment dans cet univers: il semble que Machiavel, »instructeur diabolique« en la matière, se substitue métaphoriquement à Chiron et hérite de sa monstruosité. Mais, diabolisé, le Florentin n'en constitue pas moins »un personnage populaire«[160] – une figure »mythologique« de la raison d'État. En elle, la rationalité politique moderne en construction côtoie l'»épiphanie de la violence«[161], l'éclatement de la force bestiale et l'arbitraire pur. Son côté solaire ne saurait effacer son obscurité, et inversement. Par sa polymorphie constitutive, la raison d'État se présente tour à tour comme une pointe du réalisme politique, une maxime de la consécration de l'État et un »mythe« fondateur de la modernité politique[162].

---

[158] Voir Jean-Pierre CAVAILLÉ, Dis/simulations. Jules-César Vanini, François La Mothe Le Vayer, Gabriel Naudé, Louis Machon et Torquato Accetto. Religion, morale et politique au XVIIe siècle, Paris 2002 (Lumière classique, 37), en part. p. 231–240.

[159] Nicolas MACHIAVEL, Le Prince, trad. de Marie Gaille-Nikodimov, Paris 2000, p. 128.

[160] L'expression »personnage populaire synonyme de corruption et de perfidie« est employée par Anna-Maria Battista pour désigner Machiavel (BATTISTA, Sur l'antimachiavélisme français du XVIe siècle [voir n. 44], p. 506). Toutes les distorsions, les exagérations et les imaginations appliquées à Machiavel, pour fausses qu'elles soient, disent quelque chose de profondément vrai de notre histoire. À ce titre, il est nécessaire de les prendre au sérieux et de les étudier pour ce qu'elles sont.

[161] Louis MARIN, Pour une théorie baroque de l'action politique, dans: NAUDÉ, Considérations (voir n. 5), p. 22.

[162] À plus d'un titre, et avec le recul historique nécessaire, la raison d'État semble pouvoir être perçue aujourd'hui comme un »mythe« de l'État moderne, au sens où Mircea Éliade entend ce

Face à l'écriture de la raison d'État, et à son dévoilement auprès d'un public s'élargissant au cours des XVIe et XVIIe siècles, la nécessité d'un »parlar oscuro«[163] – qui procède par images, métaphores et allégories – s'impose de plus en plus impérieusement. Car il ne suffit pas de »garder les mystères cachés«[164], encore faut-il faire savoir qu'ils existent. L'élaboration d'un »langage des mystères«[165], entre parole et silence, entre secret et dévoilement, constitue le moyen de leur perpétuation. Ainsi, l'interrogation qui touche à la nature de ce dévoilement se déplace et devient plus subtile. La dialectique à partir de laquelle il opère ne se situe plus véritablement entre secret et publication, mais entre publication et réception: les mystères, même publiés, peuvent-ils être entendus par des oreilles profanes?

Alors qu'ils nous entretiennent des arcanes politiques, les traités de raison d'État font la preuve que tout un chacun ne peut accéder à leur compréhension: si les théoriciens de la raison d'État reconnaissent que tout le monde discourt, en tout lieu et sans compétence aucune, de la raison d'État, ils insistent sur le fait que peu savent de quoi il s'agit exactement[166]. Le paradoxe est au comble: les clés du déchiffrement sont données en même temps que l'affirmation autoritaire de son incompréhension, de son inaccessibilité aux profanes. Finalement, la publication des secrets concourt aux »mystères de l'État«[167], affirmant ainsi leur transcendance et leur hermétisme. Tout en procédant à un véritable dévoilement, l'écriture de la raison d'État participe d'une

---

terme: le mythe, généralement confondu dans le langage courant avec la fable ou le discours mensonger, est »réel et sacré«, »exemplaire et [...] répétable«; il sert conjointement »de modèle« et »de justification« aux actes (Mircea ÉLIADE, Mythes, rêves et mystères, Paris 1957 [Folio. Essais, 123], p. 21–22). C'est à partir de ce »renversement total des valeurs« concernant le mythe, mis en évidence par Éliade, que nous interrogeons le rapport entre mythe et raison d'État – et ce, pour deux raison au moins. D'une part, selon Éliade, »il paraît improbable qu'une société puisse s'affranchir complètement du mythe«, la fonction traditionnellement remplie par les mythes (dans les sociétés archaïques) s'exprimant chez les modernes dans les domaines de l'instruction et de l'éducation (ibid., p. 31). D'autre part, s'interrogeant sur le »camouflage des mythes« du monde moderne, Éliade souligne que, »à l'échelle collective, il [le mythe] se manifeste parfois, avec une force considérable, sous la forme du mythe politique« (ibid., p. 38). Ce ne serait donc pas par un simple hasard que la question de l'enseignement de la raison d'État conduit à une réflexion sur les mythes et leurs usages dans le domaine politique. De manière plus générale, voir Laurie CATTEEUW (dir.), Réalisme et mythologie de la raison d'État, dans: Revue de synthèse 130/2 et 130/3 (2009).

[163] BOCCALINI, Ragguagli di Parnasso (voir n. 62), I, 29, p. 90. Il est intéressant de noter que cette question est traitée dans une riche allégorie, publiée à l'époque de la divulgation des arcanes politiques.

[164] Edgar WIND, Mystères païens de la Renaissance, trad. de Pierre-Emmanuel Dauzat, Paris 1992, p. 22.

[165] Wind consacre le premier chapitre de son ouvrage à cette question, ibid., p. 13–27.

[166] Sur ce point, l'entrée en matière du texte de ZUCCOLO, Della ragione di Stato (voir n. 12), p. 25, § 1, est fort claire. Ainsi, dans la raison d'État, il est autant question du secret que de son déchiffrement (voir GAUCHET, L'État au miroir de la raison d'État [voir n. 124], p. 198).

[167] Voir Ernst KANTOROWICZ, Mystères de l'État. Un concept absolutiste et ses origines médiévales (bas Moyen Âge), trad. de Laurent Mayali, dans: Mourir pour la patrie, Paris 1984, p. 75–103, ainsi que l'interprétation de ce texte par Michel SENELLART, Les arts de gouverner, 3e part., chap. II, Paris 1995, p. 246–248.

»›mystique‹ de l'État«[168]. C'est pourquoi, la valeur et l'usage de cette divulgation peuvent être entendus en des sens différents. D'un côté, il semble que les »secrets«, les »mystères« et les »coups d'État«, une fois publiés, ne puissent plus être placés au cœur des arts de gouverner[169]. D'un autre côté, pourtant, il apparaît que leur publication persuade de leur existence, légitime leur bien-fondé et renforce leur autorité. Le paradoxe des mystères publiés relève d'un usage politique de la publication du secret dans sa modalité spécifiquement moderne[170]. Il s'arroge, sur ce mode contradictoire, une place centrale dans la question du gouvernement.

Dès sa naissance, la raison d'État cultive aux yeux de tous un rapport à l'invisible et constitue une expression clé du langage des »mystères de l'État«. Entre ombre et lumière, la raison d'État décline son mode d'être selon les circonstances, les occasions et l'esprit du temps. De la censure à la publication de la raison d'État, l'ombre semble ployer et la lumière s'accroître. De la publication à la compréhension de la raison d'État, la lumière paraît diminuer et l'ombre gagner. Pourtant, la raison d'État, ce miroir de l'opacité politique, réfléchit la lumière. Mais il est vrai qu'une taupe en plein soleil ne voit pas mieux qu'en ses galeries souterraines...[171]

---

[168] Sur cette notion, voir Jean-François COURTINE, L'héritage scolastique dans la problématique théologico-politique de l'âge classique, dans: MÉCHOULAN (dir.), L'État baroque (voir n. 65), p. 89–118.

[169] LAZZERI, Introduction, dans: ROHAN, L'intérêt des princes et des États de la chrétienté (voir n. 13), p. 136.

[170] Jean-Pierre Chrétien-Goni explicite clairement cette modalité: »Que des contenus éminemment publics soient traités comme des secrets représente pour H. Arendt un trait spécifique de la modernité«, CHRÉTIEN-GONI, *Institutio arcanae*. Théorie de l'institution du secret et fondement de la politique, dans: LAZZERI, REYNIÉ (dir.), Le pouvoir de la raison d'État (voir n. 59), p. 186. Voir ARENDT, Vérité et politique (voir n. 150).

[171] Sur l'usage de l'image de la taupe et de la métaphore de la cécité, symboliquement opposées aux représentations du pouvoir de la raison d'État, voir par exemple, ZUCCOLO, Della ragione di Stato (voir n. 12), p. 41.

Index des personnes

Adam, Antoine 135, 140
Adelphes, les, voir aussi Dupuy 111
Albergati 190–191
Alciat, André (Alciato, Andrea) 87
Alexandre 49
Althusius, Johannes 78
Alvares, Nuno 37
Ammirato, Scipione 8, 200–202
Amurat I (Murat Ier) 47
Anne d'Autriche 109, 121, 147
Apollon 187, 190, 196
Aristote 14, 81, 84, 89, 147, 160, 181
Auguste 47
Automne, Bernard 86
Ayrault, Pierre 19
Azon de Bologne 15

Bagno, Giovan-Francesco Guidi di (De Bagny, De Bagni), cardinal 154–159, 163–166, 174–175, 177
Balde 25
Baldini, Enzo 37
Barberini, Francesco 170
Bardin, Erard 144
Barillon, Jean-Jacques de 149
Bartole 16
Basile 58
Battista, Anna-Maria 100
Bayezit II 51
Bernard, abbé de Clairvaux 155
Berns, Thomas 81
Bèze, Théodore de 89–90
Bibliander, Theodor 38, 62
Billaut, Adam 143–144
Blickle, Peter 78
Boccalini, Trajano 187, 194
Bodin, Jean (bodinien, bodinienne) 18, 20–21, 24–26, 34, 42–48, 54–55, 60–62, 77, 80–85, 87, 92, 99, 102, 104–106, 117, 180–192
Botero, Giovanni 56–57, 59, 119, 180, 185–187, 193–197
Boulliau, Ismaël 132
Braudel, Fernand 39
Brisson, Barnabé 7, 63
Buckley, Samuel 95
Budé, Guillaume 63, 81
Brutus, Stephanus Junius 89, 94

Cajetan (Gaetani, Constantino) 154–162, 167–169, 171, 173
Calvin, Jean 50, 87
Campanella, Tomaso 38
Cervantès 61
César 31, 49
Chalcondyle 54
Chapelain, Jean 135, 145
Chappuys, Gabriel 52–55, 59, 63
Charles-Quint 51, 83
Chasseneuz, Barthélemy de 16–18
Choppin, René 87
Ciceron 81, 110
Cinq-Mars 100, 114, 127, 149
Clément VIII 188, 191–192
Colbert, Jean-Baptiste 149
Colletet, Guillaume 135, 169–170
Colonna, Marc'Antonio 41
Commode 58, 121, 125
Conring, Hermann 106
Contarini, Gasparo 81–82
Coquille, Guy 93, 144
Cosme de Médicis 84
Crosilles, Jean-Baptiste de 135

Della Casa, Giovanni 37
Demante, Georges 108
Denis l'Aréopagite 163
Denys d'Halicarnasse 81, 181
Denis de Paris (saint) 163
Diane 181
Dion 43, 181
Domat, Jean 86
Duchesne, André 145
Du Moulin, Charles 86, 96, 100
Dupuy, Christophe 94
Dupuy, Claude 64
Dupuy, Jacques 152, 157–160, 162–164
Dupuy, Pierre 96, 99–100, 108–109, 112–131
Dupuy, les ou les frères, voir aussi Adelphes 7, 94–95, 98, 106, 108, 111–115, 118–119, 121–122, 130–132, 135, 149, 154, 167, 174
Duret, Jean 86
Du Ryer, Pierre 79, 103–104

Eleusis 181
Emilio Paolo 29

Index des personnes

Erasme 99, 112
Estienne, Henri 41

Ferrault, Jean 16
Foglietta, Uberto 40–42
Fonseca, Jeronimo Osório da 37
Fortin de la Hoguette 132
Frachetta, Girolamo 57–59, 200
François 1er 18
Fronteau, Jean 158, 167, 170, 174
Fumaroli, Marc 109–110
Furetière, Antoine 148

Gaetani, Constantino, voir Cajetan
Gassendi, Pierre 135
Gaston, duc d'Orléans 113, 115, 123, 127, 143
Georges de Trébizonde 81–82
Georgieviz, Bartholomaeus, 38, 54
Gersen, Jean 152, 154–155, 157, 160–162, 167–168, 171–172, 174–176
Gerson, Jean 155–156, 158, 160, 162–163, 168, 172, 176
Gesvres, marquis de 147
Giannotti, Donato 82
Giovio, Paolo, voir Jove, Paul
Godefroy, famille ou les 98, 106
Godefroy, Théodore 99, 114
Gomberville, Marin Le Roy de 138, 144
Gonzague, les ou maison de ou famille de, voir aussi Nevers 134, 138–139, 142, 144
Gonzague-Mantoue, maison de 140
Gonzague, Anne de 140, 142–143
Gonzague, Charles Ier de 142
Gonzague, Marie de, voir aussi Marie, la Princesse 134, 140, 142–143, 145
Goujet, Claude-Pierre 136, 139
Gournay, Marie de 135
Grassaille, Charles de 16–17
Grégoire, Pierre dit Toulousain 34–35
Grégoire XIII 162, 168

Henri de Navarre 57
Henri III 53
Henri IV 191
Henri VI (empereur) 15
Hotman, François 23, 28, 30–35, 87–92, 96–97, 101
Huet, Pierre-Daniel 135

Jove, Paul (Giovio, Paolo) 38, 59, 62, 119
Juan d'Autriche 51

Kantakouzène 38
Koenigsberger, Helmut 22

Lampadius, Jacob 106
Languet, Hubert 76–79, 87, 101, 106
La Forest, Jean de 39
La Mothe Le Vayer, François 112, 132, 135, 169–170
Launoy, Jean de 147, 163, 172
Laurière, Eusèbe 86
La Vigne, Jean de 43, 48
Le Bret, Cardin 117
Léon l'Africain 37
Le Roy, Louis 32–35
L'Estoile, Pierre de 35
Le Voye (Le Voix), Loyse 64
L'Hommeau, Pierre de 86
Lipse, Juste 61
Lodewijcksz, Willem 37
Lothaire de Crémone 15
Louis XI 90, 125
Louis XII 58
Louis XIII 109, 113, 118–119, 124, 126–128–129, 148
Louis XIV 60, 144, 147
Louvet, Pierre 86
Loyseau, Charles 16
Lucinge, René de 49–51, 56
Luther 38, 50, 62
Lycurgue 82

Machiavel 37, 180–182, 184–190, 192, 194, 196, 202–203
Machault, Jean-Baptiste 74
Machault, Jean 96
Mantoue et de Nevers, maison de, voir aussi Nevers 139
Marillac, Charles de 22, 34
Marolles, Michel de 133–150
Marie de Médicis 125
Marie, la Princesse, voir aussi Gonzague, Marie de 134, 140–145, 149
Martinellli, Fioravante 156, 174
Masparraulte, Pierre de 64
Mattei, Domenico 37
Maucors, Piat 135
Maximilien 83
Mayenne, duc de 57
Mazarin 118, 121, 130, 132, 144, 148–149, 167
Mehmet II 38, 46–47, 49, 60, 62,
Mehemet (Mahemet) 44, 46
Meinecke 37

Melanchthon 38, 62
Melliet, Laurens 200–201
Michelet 108
Molé, Mathieu 112
Molière d'Essertines, François-Hugues Forget de 135
Montaigne, Michel de 33, 59, 99
Montholon, François de 141
More, Thomas 52, 54, 112, 186
Moreau-Reibel, Jean 81

Naudé, Gabriel 7, 132, 152–174, 177–178, 197–199, 202–203
Nevers, ducs de ou maison de, voir aussi Gonzague; Mantoue et de Nevers 134, 138, 141–142
Nicolay, Nicolas de 37–38, 59

Orcibal, Jean 108

Panormitain 18
Pasquier, Étienne 23–25, 31, 118
Pastoureau, François 65
Patin, Guy 132, 135, 155, 161, 163
Pétrarque 110, 112, 119
Piccolomini, Enea Silvio 28
Pie II 28, 38, 62
Platon, platonicien, platonicienne 14, 20–21, 33, 81–82, 89, 186
Plutarque 181, 202
Poille, Jacques 73
Polybe 181
Postel, Guillaume 30, 39–40, 49, 54, 59, 63–64, 81
Prévost d'Exiles, Antoine-François 79, 104–105
Prévost, Bernard 63
Ptolémée le Flûtiste 48

Quatremaires, Robert 168–169
Quintilien 19

Racine, Jean 61
Ramusio, Giovanni-Battista 37
Ramée, Pierre de la 30–31
Reffuge, Eustache du 73
Régnier de la Planche, Louis 22
Retz 109, 131
Ribadeneyra 184–185
Richelieu 9, 99–100, 108–109, 113–116, 118–119, 121–132, 143, 148–149, 154–160, 163, 165

Rigault, Nicoles 112, 132
Rivière, Denis de 63
Ronsard, Pierre de 30, 33
Rousseau, Jean-Jacques 78
Rustem Pacha 48

Saint André, Pierre de 63
Sansovino, Francesco 51–55, 63
Séguier, Pierre 146, 149, 159
Selim 49, 51
Sénèque 110
Seyssel, Claude de 88–89, 118
Sinan Pacha 44, 59
Sirmond, Jacques 163
Sixte Quint 191
Skalweit, Stefan 77–78
Sorbière, Samuel de 135, 149
Spandounes, Théodore 51–54
Strada, Famien 152
Suleyman 44, 48–49, 52
Suriano, Michele 21

Tacite 61, 129, 181, 184–185, 189, 194, 201–202
Tallemant des Réaux, Gédéon 135
Théodose le Grand 46–47
Thomas a Kempis 154–158, 162, 167–168, 170–172, 174
Thou, Christophe de 91, 99
Thou, François-Auguste de 100, 114, 121–122, 127
Thou, Jacques-Auguste de 61–63, 65, 76, 79, 91, 93–106, 111, 113
Thou, les de 7, 10, 132
Tite-Live 81
Toledo, Francisco 191
Tschudi, Aegidius 29
Thucydide 81

Ventura, Comino 55
Viala, Alain 140
Viole, Jacques 65
Viroli, Maurizio 37

Wolsey 120–121, 125

Xiphiline 43

Zarka, Yves-Charles 37
Zuber, Roger 99, 140

Index des matières

Académie Dupuy, voir aussi cabinet Dupuy 108–109, 111–114, 118–119, 121, 130–132
alliance(s), voir aussi confédération(s) et ligue(s) 84–85, 92, 103–104, 106
acte public 98, 117
Antiquité 15, 18
– tardive 19
antimachiavélisme 184, 186
arcana imperii (arcanes) 179–181, 188–189, 198–199, 202–204
assemblée(s) 77, 79, 83–85, 87–91, 93, 102–103, 105–107, 116–117, 126
– représentatives 21–23
assamblea delli tre stati 21

cabinet Dupuy, voir aussi académie Dupuy 100, 109, 132, 154
censure écclésiastique 96–98, 182–183, 191–195, 197
comparaison 8–9, 14–16, 18–27, 29–31, 34–37, 60, 77–82, 86–87, 89, 102
confédération(s), voir aussi alliance(s) et ligue(s) 83–84, 87, 103–104
conférence(s) 86–87
congrégation de l'Index, voir aussi Index 99, 191, 193–194
constitution mixte, voir mixte
corps (politique) 79, 82, 84–85, 90, 92, 97, 102–103, 105, 107
corpus iuris, voir droit romain

diètes 22, 77, 83, 104, 107
droit de vérification 24
droit romain, *corpus iuris* 14–16, 18–21, 32, 80, 83, 86–87

élite(s) 10, 27, 29, 31–32, 44–45, 80, 92, 98, 108, 113, 119, 129, 165–166
empereur(s) 9, 14–18, 38, 47, 58, 83, 89–90, 101–102, 104, 106, 121, 125
Empire (Saint Empire, Allemagne) 15, 25, 76–77, 83–85, 87, 89–90, 101–106
estat(s) 8, 22, 25, 46, 49, 51, 53, 55, 59, 76, 82–83, 85, 87–92, 97, 99, 101–104, 117, 124–127, 129, 182, 185
états généraux (états) 21–22, 24, 29, 32–33, 35, 77

favori(s) 119–122, 125, 127–128, 130
Fronde, guerre civile 108, 118, 122, 130–131, 173
– parlementaire 131

gallican(s), gallicane(s), gallicanisme 86, 99–100, 112–116, 118–119, 121, 155
glose 18
glossateurs 19
guerre civile, voir Fronde
guerres de religion 14, 19, 21, 24, 182, 194

historiographie humaniste 28
humanisme, humaniste(s) 7–8, 16, 18, 27–29, 31–32, 34–36, 81, 87, 93, 96–99, 110–112

incommensurabilité, incommensurable 8, 83, 102
Index, voir aussi Congrégation de l'Index 99, 180, 182, 191–192, 194, 197
imprimerie 28, 154, 158, 160–161, 178–179, 194, 199
intérêt politique, intérêt de l'État 158, 160–161, 164, 166, 179–180, 194, 198, 201–202

légistes 15–16, 85–86, 100
légitimité politique 28, 36
ligue(s), voir aussi alliance(s) et confédération(s) 79, 83–85, 92–93, 102–105, 107

machiavélisme 182–184, 186, 188
mixte (constitution, régime) 81–82, 90
monarchie mixte, voir aussi mixte 14, 22–23, 25
monarchomaques 22–25, 77–78, 87
mos gallicus 20, 86–87, 93, 96–98
mystère(s)
– de l'État 179–181, 186, 188–189, 192, 197, 199, 203–205
– de la monarchie 109

pape, papauté, voir souverain pontife
parlement
– de Paris 15, 23, 61, 63, 73, 82, 94, 100, 109, 112–119, 121, 129–131, 149, 162, 171–173
– de Provence 17

parlements, les 24, 29, 32, 114, 124, 126
place publique 179, 194–195
Politiques, les 8–9, 23–24, 182, 184
post-glossateurs 19
publication(s) 22, 44, 79, 109, 119, 124, 147, 152–153, 158, 165–167, 170, 172, 178–181, 188–189, 192, 195, 197–200, 202–205

raison d'Église 184–186, 190–191, 194–195, 197
raison d'État 8–9, 37, 56, 59–60, 178–205
régime mixte, voir mixte
république des lettres, *respublica litteraria* 7–8, 10–11, 27–30, 32, 35, 107, 109–113, 115, 128, 131–132, 134–135, 141, 152–154, 158–166, 170, 172–173, 178, 187

relativisme, relativiste, relativité 8–9, 23–26, 33–34

Saint-Empire (Allemagne), voir Empire
Saint-Office 182, 190
secret 10, 37, 154, 157, 166, 178–181, 189, 199, 202–205
science politique 9, 14, 24, 55, 61
science juridique 21
souverain pontife, pape, papauté 15, 17, 56
souverains(es), souveraineté 8–9, 18, 25–26, 29, 31–32, 54–55, 58, 60, 77, 83–85, 89, 94, 102, 104–105, 112, 116–118, 120–121, 125, 127, 131, 142, 178, 182, 188–189

Les auteurs

Laurie CATTEEUW est responsable éditoriale de la »Revue de synthèse«. Elle poursuit ses recherches sur les rapports entre la raison d'État, la mémoire historique et l'écriture de l'histoire.

Jean-Pierre CAVAILLÉ est maître de conférences à l'EHESS. Il mène des travaux sur les phénomènes de dissidence au début de l'époque moderne dans l'espace européen.

Albert CREMER était, de 1976 à 2006, chercheur à l'Institut Max-Planck d'histoire à Göttingen. Ses recherches portent sur la haute magistrature parisienne du XVIe au XVIIe siècle et sur la pensée politique de la même époque.

Giuliano FERRETTI est professeur d'histoire moderne à l'université Pierre-Mendès-France – Grenoble 2. Il est spécialiste du cardinal de Richelieu et de la monarchie absolue en France dans la première moitié du XVIIe siècle.

Armelle LEFEBVRE, ancienne boursière de l'Institut historique allemand, mène des recherches de sémantique historique articulées autour des concepts de »l'État« et du »mondial«.

Thomas NICKLAS est enseignant-chercheur au département d'allemand de l'université de Reims Champagne-Ardenne (URCA).

Dinah RIBARD est maître de conférences à l'EHESS. Elle est spécialiste de l'histoire du travail intellectuel.

Lothar SCHILLING est professeur d'histoire moderne à l'université d'Augsbourg. Il travaille, entre autres, sur l'histoire des systèmes de pouvoir et sur la pensée politique et juridique de l'époque moderne.

www.ingramcontent.com/pod-product-compliance
Lightning Source LLC
Chambersburg PA
CBHW030442300426
44112CB00009B/1116